U0543739

江门五邑美术文史丛书

井喷的年代

江门五邑籍美术名家活动年表 1869—1949

江门市文艺精品重点扶持项目

主编／王畅怀
编著／冯 锦

上海社会科学院出版社
SHANGHAI ACADEMY OF SOCIAL SCIENCES PRESS

图书在版编目(CIP)数据

井喷的年代：江门五邑籍美术名家活动年表：1869—1949 / 冯锦编著.— 上海：上海社会科学院出版社，2020
（江门五邑美术文史丛书）
ISBN 978-7-5520-2998-7

Ⅰ. ①井… Ⅱ. ①冯… Ⅲ. ①美术家－列传－江门－1869-1949 Ⅳ. ①K825.72

中国版本图书馆CIP数据核字(2020)第012195号

井喷的年代：江门五邑籍美术名家活动年表：1869—1949

主　　编：王畅怀
编　著：冯　锦
责任编辑：霍　覃
封面设计：关英俊
出版发行：上海社会科学院出版社
　　　　　上海顺昌路622号 邮编200025
　　　　　电话总机021-63315947　销售热线021-53063735
　　　　　http://www.sassp.cn　E-mail:sassp@sassp.cn
排　　版：鲜大伟
印　　刷：广州市丽彩印刷有限公司
开　　本：889毫米×1194毫米　1/16
印　　张：28.75
印　　数：2000册
插　　页：4
字　　数：760千字
版　　次：2020年10月第1版　2020年10月第1次印刷

ISBN 978-7-5520-2998-7/K・542　　　　定价：398.00元

版权所有　翻印必究

江门五邑籍美术名家活动年表

序

江门市所辖五邑，今为蓬江区、江海区、新会区、台山市、开平市、恩平市、鹤山市，是驰名中外的侨乡。五邑的历史积淀深厚。宋元崖门血战的悲壮历史在新会，中国已知最早的油画作品《木美人》在新会。据近年统计，江门市三区四市本地常住人数约400万，在海外的五邑籍侨民也有400余万，其海外影响可想而知。五邑更是人杰地灵的一方沃土，明代思想家、哲学家陈白沙德高望重，一生培养大量人才，也把胸怀宽广、关心民瘼、言行方正、律己宽人的风气传递至今，成为五邑人以至岭南人的人格精神特色。近代以来五邑所出梁启超、陈垣、司徒美堂、红线女、陈少白、冯如、陈宜禧等一大批中国文化名人，影响之钜无须多说。

在中国近现代美术版图上，这方土地养育出了众多美术大家。明清以来五邑籍书画家如陈献章、高俨、李魁、郑绩、甘天宠、罗天池等名字，备受史论学界关注。近代以来，五邑籍人多到古巴、墨西哥、加拿大、美国、英国等海外学艺。学成归国后致力传播新知，倡办新学，推动现代新艺术。陈抱一在上海成为中国早期美术教育中坚，胡根天、冯钢百、司徒槐、李研山、谭华牧、赵雅庭、赵浩公等曾参与广州市市立美术学校创建或教学。在中西文化碰撞大潮中，有加入岭南画派矢志建立现代新国画的司徒奇、杨善深等，也有以国画研究会为阵地力争保守文脉复兴传统的赵浩公、李研山等人。2017年举办的广东美术百年大展，广东评选出影响中国百年美术进程的21位巨匠，其中李铁夫、司徒乔、黄新波、罗工柳四位即出自江门五邑，广东百年以至中国近现代美术的奇姿异彩，与五邑这方神奇土地密不可分。

五邑的历史文化让人景仰。更让人高兴的是，21世纪的江门重视文化惠民，对文化的投入不断增加，注重完善公共文化设施。近年建成的五邑华侨华人博物馆、江门市星光公园、江门美术馆等文化设施已成为一张张城市文化名片。下属各市区还按一级馆标准，改造改建基层文化站，兴建了几十个文体小广场，活跃普通民众的文化生活。观众走入江门美术馆，二楼走廊有一组"五邑美术名人系列"展览，展示了30位五邑籍美术名人事迹。李铁夫、司徒乔、黄新波、罗工柳、冯钢百、陈抱一、王少陵、杨善深、陈丹青等名人悉在其中。这样的展示，无疑是最直观，最接地气，能产生社会示范效应，因而也是值得公众和文博界关注的。

本册书的编撰出版，或可看作江门美术馆二楼展览的深化版。成书后更详实了，更细化、更系统、更丰富的资料，使之更具学术价值，值得读者尤其美术、文博界专业同行的重视。此前，江门尚无此类著述，筚路蓝缕，岂易言哉？组织编撰这样的著述，有功于五邑，有益艺林，有助于当今岭南近现代美术研究，兹表达谢意和敬意！

2018年6月23日
梁　江（现为广州美院中国近现代美术研究所所长、中国美协理论委员会副主任
　　　　原中国美术馆副馆长、中国艺术研究院美术研究所所长）

井喷的年代，激浪的人生

序

　　2018年3月中旬，江门美术馆馆长王畅怀先生拿了一本文献著作《井喷的年代：江门五邑籍美术名家活动年表：1869—1949》的样稿，请我写序。翻动数页，巨大的信息量如"井喷"般的逼面而来。本书以年表的形式，完整地呈现了从19世纪中叶到20世纪中叶，江门五邑籍的美术名家们，如何以他们对中国、对世界所持有的一种社会认知和文化认知，如何用他们的艺术实践，在中国现代美术史的书写中，写下了墨彩华美的篇章。

　　《井喷的年代：江门五邑籍美术名家活动年表：1869—1949》，记录了一大批在中国现代美术史上占有重要篇章的江门五邑籍的著名美术家。他们中有最早的油画家如李铁夫、冯钢百等，有中国早期的美术教育家和油画家如胡根天、陈抱一、关墨园等，有20世纪二三十年代中国最活跃的一批油画家如谭华牧、何三峰、陈士洁、黄潮宽、关金鳌、余本、司徒乔、司徒奇、朱沅芷、潘思同、伍步云、李秉、胡善余、王少陵、罗工柳、郑可、林达川、汤由础、陈锡钧等，有著名中国画家黄幻吾、伍蠡甫、李居端（李研山）、容大块、李逸峰、李抚虹、吕寿琨、陈子毅等，有著名版画家黄新波，著名漫画家叶因泉等。

　　20世纪上半叶，面对西方美术的冲击和如何回应，是每个中国美术家都无法避免的话题。辛亥革命、五四运动，科学、民主和新文化运动，促进了美术革命思潮的蓬勃发展，"西化派""国粹派""折衷派"三足鼎立形成中国美术的基本格局。20世纪初的广东，西画的引进如火如荼，"岭南派"的出现，"国画研究会"的声势显赫，都有广东江门五邑籍的美术名家们的身影，他们身处大变革的时代，始终立在时代潮流和旋涡中心，成为广东美术变革乃至中国美术变革的重要力量。特别是以被称为中国油画之父的李铁夫为代表的五邑籍油画家们，为广东美术在全国美术大格局中奠定了重要的历史地位。可以说，一部中国现代美术史，油画的章节，基本是江门五邑籍的美术名家书写而成。而积极参与"岭南画派"变革中国画的五邑籍的画家们，更是积极实践岭南画派"折衷中西、打通古今、关怀民生"的艺术主张；参与"中国画研究会"五邑籍的画家，为保存中国文化的精粹，在20世纪上半叶全盘西化的浪潮中，做了最大努力坚守。在其后的不同历史时期，江门五邑籍美术家们，把自我的艺术生命与20世纪国家的文化变革和文化精神叠合起来，在每一历史时期都书写着辉煌的篇章。

　　这部著作的重要特色是重新发掘史料，以年表的形式将不同历史时期的江门五邑籍的美术家与时代做动态联系，将地域的研究放在全国乃至全球化的视野中动态化的进行，使原本孤立的美术家个体的活动在中国大历史的变革中贯联起来。编著者以江门五邑籍美术名家活动年表（1869—1949）作为线索，以20世纪上半叶中国现代艺术运动作为轴心，通过跨文化（留欧、留日艺术家等）和跨媒介（油画、中国画、版画、雕塑等）的新视角，来呈现20世纪上半叶中国美术的发展以及变迁的整体面貌。

　　本书的主要突破在于全书虽以年表的体例编著，但极具作品的可读性，有点、有面，有纵向的历史事件，有横向的艺术家的故事，有人物间的对话，有专家的访谈，有人物的回忆，作者将这些事件、故事、对话、访谈和回忆放在历史的纵向年表中，以详实的史料，将每一位江门五邑籍的美术名家们的生活轨迹，艺术经历，艺术理念、艺术成就等方方面面的点滴信息鲜活地呈现在读者面前，每个艺术家的形象自然生动，可触可感。

这部编年体著作的学术创新在于一组问题意识，即20世纪上半叶，面对西方文化思潮的冲击，以江门五邑籍美术家为个案的实例表明，中国美术家对西方文化思潮冲击的个体回应不是孤立封闭的产物，而是现代中国与国际环境积极互动的成果，是全球化语境下的现代事物。

这部著作的学术意义由三大特点支撑而成：

一、梳理了20世纪中国美术变革的源流——日本与法国。中国现代美术变革的历史源流主要有两个，一个是19世纪下半叶的法国，一个是明治至大正时期的日本，这两个源流形成了现代美术体制输入中国的一个重要背景。年表以艺术家活动的大事记呈现了中国美术在这两个源头影响下发生、发展的历程，并追溯中国现代美术早期变革阶段的几个案例。如以李铁夫为代表的油画家们留学欧美的历史描述以及江门五邑籍"岭南画派"名家与日本的关系等。

二、对早期广州美术学校的初创与社团活动有详细的描述。年表重点呈现了广东早期美术专科学校的成立背景，以早期美术教育家胡根天等人的教育思想和办学思路，客观、真实地呈现了他们是如何运用西式美术教育体制来促进广东美术的发展。

三、注重将个体艺术家的案例考察置于地域性与全球化的关系中进行。这部著作呈现了现代美术运动发展至高潮阶段一些代表性美术家的活动案例。在这几个案例中，我们可以看到江门五邑籍美术名家在巴黎、东京、北京、上海、广州等城市之间形成的网络，如何在一定层面上主导了中国现代美术的活动。同时，年表也全方位地呈现了新文化运动以来，广东的美术社团和美术留学生们是如何借鉴西洋、东洋的教育制度建立美术学校，办美术展览会，建设现代印刷传播媒介（美术期刊、报纸专栏等）。

本书深化了我们对于中国现代美术运动的认识。

这部年表以大量的事例表明，20世纪上半叶，江门五邑籍的众多美术名家，在中国美术的发展中发挥了变革创新和引领前行的重大作用。

而我作为最早阅读这本编年体专著的读者，在书写以上文字时，既对众多江门五邑籍的美术名家对推动中国现代美术发展所进行的卓绝努力赞叹不已，更对编著者的学术精神赞叹不已。

罗一平

（国务院特殊津贴专家、中国美术家协会策展委员会副主任、广东美术馆协会会长、中山大学教授）

时代风景与五邑美术家

序

在晚清民国以来的美术视野中，很难找到第二个像广东江门五邑那样艺术名家扎堆的地方，随便列举一些人名，都可以在20世纪美术史中找到他们的重要位置：留学欧洲的早期油画家李铁夫，篆刻家易大厂，广东"国画研究会"的中坚人物赵浩公、冯缃碧、李研山、黄金海，早期油画家和美术教育家冯钢百、胡根天、陈抱一、谭华牧、何三峰，美术理论与创作兼善的伍蠡甫，"岭南画派"的传人容大块、李抚虹、黄幻吾、杨善深，油画家司徒乔和雕塑家司徒杰兄弟，漫画家叶因泉，油画家余本、胡善余、王少陵，版画家黄新波，版画家和油画家罗工柳，水彩画家黄笃维等。他们都是出生在江门五邑且均系近世美术界的风云人物。在这些叱咤风云的人名之外，还有不胜枚举的其他美术家，他们共同缔造了20世纪中国美术史的辉煌。

究其原因，不外乎江门五邑是中国最早的侨乡，是中国民间最早与欧美接触之地，他们以务工、留学等形式开启了中西交流的模式。所以，早期的这批留洋的美术家，返回故土后多以油画创作和美术教育为主，客观上促进了西式美术教育，培养了一大批学贯中西的美术领军人物，其筚路蓝缕之功，不克尽述。另一方面，因此地在近代开风气之先，开眼看世界，在与外界交流的同时，吸引了来自海内外的艺术赞助人，无论是油画还是中国画，都比其他地方较早介入艺术市场之中，因而客观上也促进了艺术的传播与影响。在此文化语境下，江门五邑的美术事业，呈现雨后春笋之势，出现"井喷"的年代，也就在情理之中了。

关于五邑地区的美术家个案研究，在20世纪的美术史学史中，方兴未艾。尤其是近三四十年以来，对这些美术家生平事迹的梳理、作品的研究、文献资料的钩沉以及由此而举办的展览和学术研讨会，成一时之显学。无论在这些美术家郡望所在地的广东，还是在美术话语权中心的北京，对他们的深度研究已经有蓬勃发展之势。但从宏观的角度来整理这一地区的美术家活动状态的研究，却并未出现。基于此，全面整理19世纪末期以来，以江门五邑为中心的美术家艺术活动年表，也就显得甚为迫切和极为重要了。因而，摆在眼前的这本《井喷的年代：江门五邑籍美术名家活动年表：1869—1949》也就成为该主题研究之嚆矢，我对它的期盼自然也是无以复加的。

对美术家的研究，第一步自然是对基本情况的熟悉和了解。其资料大抵包括生卒年、活动区域、所受到的相关教育、朋友圈、作品的创作和流传情况、时人的评述等。如果是活跃于20世纪以来的美术家，还应包括其加入的美术社团、参与的展览以及登载于期刊的文章或作品等。其第二步才是对其艺术风格的解析以及在美术史上的意义探讨，在政治、文化及美术等领域中地位的剖析。很显然，美术家的活动年表应当属于前者。所以，在本书中，我们获得了美术史研究最直接的素材，为深入研究美术家提供了可能。而对于非专业人士来说，通过年表，亦可洞悉这一时期五邑地区美术界曾经有过的繁华。

一般说来，对于美术家年表的编撰，能搜集到来自美术家本人及交游圈的原始文献、作品信息固然重要，如若不然，对美术界现有学术成果的爬疏与甄别，并在广泛参证相关美术文献的基础上做一种的合理取舍，也是一种不错的选择。本书所付出的艰辛劳动，大多属于后者。无可置疑，我们在感受到五邑地区美术家所经历的世纪沧桑与百年辉煌的同时，亦可对20世纪以来对该地区美术家研究的学术史有所了解。记得在数年前，我曾供职于粤省时，对民国时期风靡一时的广东"国画研究会"有过关注与研究，并主编了《广东"国画研究会"研究》及参与编辑了《守望传统：广东国画研究会1923—1937》。书中所涉五邑地区美术名家赵浩公资料尤多。在本年表中，多处引用并标注出处。其他关于五邑地区美术家个案研究的成果，如迟轲主编《李铁夫》、广东美术馆编《中国早期油画大师冯钢百》、陈瑞林编《现代美术家陈抱一》、广东美术馆编《谭华牧："失踪者"的踪迹》、冯伊湄《未完成的画》、谢钧主编《永恒的朴素：余本作品及评论集》、吴瑾《青年艺术社与广州现代美术（1927—1937）》、广州美术馆编《胡根天作品集》、李允鉌等编《李研山书画集》、中央美术学院编《罗工柳》、司徒乃钟等《司徒奇传》、广东省美术家协会编《黄新波纪念文献集》以及《黄幻吾薛宇才双百书画遗珍合集》等，都在本书的选材之列。因此，将此书作为江门五邑地区美术家研究的学术史来阅读，也未尝不可。一举两得，成为本书的一大特色。至为难得的是，书中在每一年所遴选的相对应的图像资料，如美术家活动影像、美术作品、期刊书影等，大大提升了本书的含金量，这对于后续的美术史研究来说，无疑提供了珍贵的蓝本。

回望百年中国美术，江门五邑作为一颗璀璨的明珠，镶嵌在中国的美术星空。直到今天，五邑地区所延续下来的美术文脉，还在世界各地滋养，直接或间接影响着海内外美术发展。当我们翻看着这本勾勒出近百位五邑地区美术家行迹的年表时，发自内心的敬意油然而生，相信对于关注这一地区美术发展状态的人来说，或许都会有同感！

2018年7月11日于京华

朱万章（中国国家博物馆研究馆员，中国美术家协会理论委员会委员）

江门五邑美术文史丛书

序

五邑地处广东江门，是我国著名的华侨之乡，早在秦汉时期就有了行政区域的划分。除了拥有悠久的出洋史，五邑地区在文化艺术领域也在漫长的历史发展中，逐渐形成了自己独有的风格和气质，诸如戏曲表演、舞台艺术以及书法绘画等无不给予这片土地以艺术的灵韵与温情。或许，正是在这样一片沃土的滋养中，五邑地区诞生了许多名留青史的"画坛巨擘"。他们跨越绘画的不同门类，拥有不同的人生背景或艺术经历，对我国美术事业的发展起到了无可比拟的重要作用。然溯其源，我们会惊异于这些艺术大家都与五邑有着密不可分的联系——五邑乡籍。这种"血浓于水"的故土情结让好几代艺术家无论身处何处都时刻铭记故乡，心系家园，在艺术传承和创新的过程中不忘本初，终其一生追求理想，投入到艺术创作的事业当中。

江门五邑美术文史丛书，尝试以文献研究的方式收集、整理、记录和保存诸多五邑籍美术名家的重要资料，涵盖艺术家的出生背景、教育成长、社会活动、社团交流、艺术创作和展览等重大事件，可以说是对美术家进行的全面而深入的档案建构，具有较强的历史感和参考性。这套丛书的第一卷《井喷的年代：江门五邑籍美术名家活动年表：1869—1949江门五邑籍美术名家活动年表》开启了五邑籍重要美术家的生平履历和艺术活动的有序叙述，从这些前辈的史料记载中我们可以窥探当时整体的艺术面貌和动态，尤其是广东地区美术发展的历史性进程。从某种意义上讲，这些重要美术家详尽的文献史料有助于该领域专家学者进一步探索广东美术的流变和发展，这在学术性上给予学界以重要的文献数据支持。无论卷一的活动年表还是卷二的艺术家传记，这套系列丛书在确保严谨的学理和研究方法的基础上，兼顾文学性、艺术性和阅读感，让该读本能够突破专业范畴而进入到更为广泛的读者视野里。

人类记录自身和世界的方式除了抽象的逻辑、文字，还有形象的视觉语言。当图像与文字完美结合，在时间的线索中共同勾勒出历史的轮廓，那么，文献史料对于人类重要的历史责任和文化担当就体现得淋漓尽致。对于人类千百年来所累积的珍稀艺术，我们应尽心尽力地保护好所遗存的实物，加之历史文献上的佐证和配合才得以共同营造出一个跨空间和维度的艺术文化场域，在全社会公共文化传承与保护的职责和践行中让我们美的艺术和人文精神更好地流传下去，一代又一代。

2018年4月

王绍强（广东省美术家协会副主席，广东美术馆馆长）

目录

001—050 前言：广东江门五邑籍美术名家综述

051—078 1869—1899
李铁夫　易　孺　赵浩公　冯钢百　郑伯都　梁竹亭　罗　卓　胡根天　吕灿铭　陈抱一　陈锡钧
谭华牧　何三峰　李九皋　黄潮宽　冯缃碧　关墨园　李逸峰　吕　镕　李居端（李研山）　关金鳌
黄金海

079—098 1900—1909
容大块　伍蠡甫　谭连登　司徒乔　李抚虹　雷浪六　叶因泉　李　秉　潘思同　伍步云　余　本
林荣俊　黄幻吾　朱沉芷　郑　可　伍千里　周清泉　司徒奇　胡善馀　王少陵　李慰慈　卢振寰

099—132 1910—1919
张　影　曾景文　林达川　汤由础　余所亚　崔德祺　许乐之　林　镛　杨善深　邓长夫　罗工柳
黄新波　温水源　伍廷杰　黄笃维　林千石　关曼青　陈海鹰　吕寿琨　陈子毅

133—194 1920—1929
司徒杰　谭雪生　陈柏坚　黄磊生　陈洞庭

195—288 1930—1939
胡钜湛　黄　云　司徒常　邝　声　苏　以　余其万　刘达滚　陈勤卓　李　征　周树桥　汤集祥

289—362 1940—1949
司徒兆光　戴国顺　李金明　苏　华　李醒韬　伍启中　李润堂　卢延光　马华坤

363—388 江门近现代五邑籍美术家名录

389—442 江门五邑美术研究文献资料索引

443—448 后记

前言:广东江门五邑籍美术名家综述

冯锦　王畅怀

前言：广东江门五邑籍美术名家综述

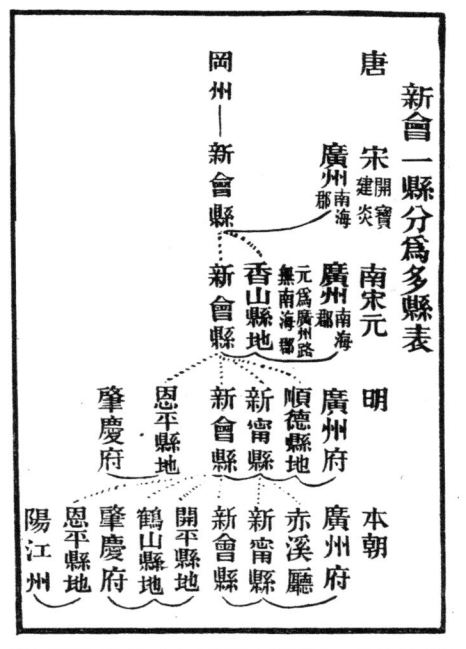

清末所撰《新会乡土志辑稿》附新会一县分为多县表。

[1][清]蔡垚燨主修、谭镳等纂：《新会乡土志辑稿》，清光绪三十四年（1908），粤东编译公司印本，第9—21页。

今之广东"五邑"地区，即广东省江门市所辖蓬江区、江海区、新会区，及其所代管的开平市、台山市、恩平市、鹤山市，地处珠江三角洲西岸，是广东乃至全国闻名的著名侨乡，其行政管辖范围在历史上虽不断经历分分合合，但大体仍同出一郡。

最早在这个地区设行政建制的王朝要追溯到三国孙吴政权，黄武元年（222）始设"平夷县"，此名没有丝毫隐晦地揭示了此地当时在政治经济文化上的落后状况。岭南地区地处偏僻，古时交通不便，气候恶劣，经济文化整体开化较晚，文化艺术上的发展远较中原、江南、巴蜀之地缓慢。新会的正式定名在南北朝时期，南朝宋政权于永初元年（420）划南海地辟新会郡；隋朝废郡为州，改称冈州；唐朝废州为县，复名新会；至明代中期直到清初，因海防及经济开发、社会治安的需求，开始分立五邑诸县，先后划出恩平县（明成化十四年，1478）、新宁（台山）县（明弘治十二年，1499）、开平县（南明永历三年，时值清顺治六年，1649）和鹤山县（清雍正十年，1732）[1]。从清末至今，五邑辖地随广东行政区域的变更，中间屡有分合，但大体不差。江门原为新会县所辖一镇，在历史的变迁中于新会县划出。1951年中华人民共和国政府设立江门市，1983年江门市成为新会、开平、台山、恩平、鹤山五邑首府，直至形成今日的行政区域。

一、民国之前的五邑地区美术发展

广东画坛，自明代始有具备全国性影响力的画家被载入各类画史著录。五岭之南虽自秦始便已纳入中国版图，但由于地理、气候、人文等诸多因素，其经济文化开发远较中原为晚。唐宋之际，岭南之行多被人们视作艰险畏途，其地远离中央政治文化中心，加之山高路险，气候恶劣，成为贬谪官吏与文人的流放之所。流放岭南对文人官吏来说自然是人生和仕途上的双重磨难，但这些饱读诗书的官场失意者也为当时一片荒芜的岭南文化带来了零星的生机萌发。唐末五代以来的宋辽、宋金南北政权对峙隔断了中国与中、西亚大陆及欧洲的陆路商贸通道，宋室南渡后，中原经济文化中心亦随之进一步南移。宋朝较为重视商业，海上丝绸之路得到快速发展，福建泉州、广东广州发展为当时最重要的海上港口。南宋最后的小朝廷覆灭于广东新会，战后幸存的数十万南宋军民遗属散布岭南各地，进一步促进了岭南沿海与中原内地的人文交流。明清之际，岭南经济文化获得较大发展，尤其是对外商业贸易。明末海禁松弛后，东、西方文化再次接触。岭南商业繁荣，商人亦成为艺术之有力赞助人。岭南人雅爱书画，能人辈出，虽还未能与当时的全国文化艺术中心江南之地分庭抗礼，但在岭南独特的地理气候、人文风貌影响下，也发展出颇具岭南地域特征的画坛风貌。诸如明代林良、清代苏六朋、苏仁山"二苏"、居巢、居廉"二居"等著名画家，在美术史上均曾镌下特定的印记。

民国十七年（1928），汪兆镛多年辛勤所辑《岭南画征略》成书，书中搜集罗列了唐以来尤其是明清至近代岭南籍和活跃于岭南一带的画人400余位，述其生平及艺术成就，创研究著录岭南书画人物之先。之后尚有其子汪宗衍整理收集的续录，所录画人增至600余人，成为研究岭南地区书画发展的重要文献资料。该书（含续录）录明清时五邑籍书画人物27位，计有陈永宽、陈献章、陈瑞、邓信、李以麟、李之世、廖明士、汤英上、高俨、胡懋猷、梁素、梁岱、甘天宠、黄其勤、罗天池、李翔光、李兆椿、黎维枞、郑绩、梁天桂、李魁（籍贯误为南海，应为新会）、崔芹（籍贯误为番禺，应为鹤山）、黄明薰、林滋德；续录有何九渊、任清涟、任榛。泰半皆为新会籍，仅梁天桂为开平人，崔芹为鹤山人。[2]2004年《江门五邑籍书画名家作品集》编委会多方寻访资料，又录得自明清至近现代五邑籍书画名人134位[3]。明清时期具有一定影响力的五邑籍书画家主要有明代陈献章、高俨；清代李魁、郑绩、罗天池等，其身份则各具特色，既有受人尊崇的知名大儒，文人进士，隐逸遗民；也有流落民间的落魄文人，盐贩商贾、民间工匠等。这也从侧面反映了岭南地区的书画发展不囿于文人一系，更为平民化、商业化，并多有与西方艺术进行接触的特点。但除了陈献章在书法上的成就之外，五邑籍书画家在艺术上的影响力能辐射到岭南之外的人物并不多见。

有明一代长居于新会白沙乡的陈献章无疑是岭南地区的重要文化名人之一。陈献章，字公甫，号石斋，又号碧玉老人，广东新会人，世称白沙先生。他既是明代前期的心学大儒，又是极富个性的重要书法家。论者认为陈献章首创的茅笔书体不仅个性强烈，有异于台阁体甜媚规整的书风，在明代中期书法变革运动中起到了重要的推动作用。[4]岭南一带制笔一向缺少上好的兔毫、狼毫，学子常以雉羽、雁羽、狐毛等将就代之，因佳毫难得，陈献章索性弃之不用，就地取材，以新会茅草代之，形成了独具特色的"茅笔书"。

▶ 陈献章，《茅龙笔行草书卷》（《雨中偶述效康节诗卷》），明弘治四年（1491），30.7×308厘米，纸本墨笔，现藏于江门市新会区博物馆。

白沙先生64岁时作品，其用笔纵敛有度，行气酣畅淋漓。

▶ 现存的白沙祠位于江门市白沙乡仁贤里（西区大道44号），始建于明万历十二年（1584），由曾任南京礼部尚书何维柏、饶州知府陈吾德、新会县知县袁奎等人倡议捐资建造。明崇祯、清乾隆年间有过明确的重修记载。图片供稿：江门市博物馆。

江门市白沙纪念馆。

[2]汪兆镛编纂、汪宗衍增补：《岭南画征略》（外二种，含《岭南画征略续录》《岭南画人疑年录》），广东人民出版社2011年版。

[3]陶四强编：《江门五邑书画名人录》，江门市政协学习文史资料，第41辑，2004年版印刷本。

[4]李遇春：《陈献章茅笔书的历史作用》，《故宫博物院院刊》2006年第4期，第146—155页。

[5]汪兆镛编纂、汪宗衍增补：《岭南画征略（附续录、校记、画人疑年录）》（影印版），收入《清代传记丛刊·艺林类18》第80册，明文书局（台湾）1986年版，第106—108页。

[6]汪兆镛编纂、汪宗衍增补：《岭南画征略（附续录、校记、画人疑年录）》（影印版），收入《清代传记丛刊·艺林类18》第80册，明文书局（台湾）1986年版，第106—108页。

死者已矣，而生者却仍将面对漫长的生命。有人在生活上弃富贵如敝屣，有人在行动上持续进行斗争反抗，有人在思想上对历史和现实展开了痛苦而激烈的批评，如此种种，其刚毅与坚忍都令观者心生敬仰。物质上的匮乏贫困，精神上的孤独寂寞，都是遗民生活的常见状态。明清之际岭南的遗民书画家，大多屈身荒野之中而矢志于书画，其生平事迹大多湮没无闻，但其书画却极具艺术价值，后人透过重重笔墨丘壑，仍可触摸到三百多年前变乱时代中人心所坚持的光彩。

虽然流传至今的"遗民故事"有观者及后世的渲染，但整体上仍能帮助我们理解和感受那个时代的世事人情。高俨"博学，工诗、画、草书，称三绝，又喜文章"[5]，在明末即有声望。顺治六年（1649），清藩尚可喜入主广东，据载曾屡次征辟，而高俨不就。对于遗民来说，"衣冠"即是文明的象征，高俨亦在服饰穿着上表明自己的心迹，"以赭石染布为野人服，冠屦俱与时异"[6]，令人一望即知自身气节。高俨擅画山水，但不轻易予

▶ 从明代开始，崖门当地的乡民在南宋小朝廷遗址上兴建慈元庙，俗称国母庙，屡废屡建，至今仍供奉祭祀赵昺、赵昺之母杨氏，悼怀千百年来不屈的抗争精神。

新会崖山寺的慈元庙。

▶ 黄公辅的衣冠冢位于江门杜阮镇叱石山。墓建于清代，民国后曾重修，碑上刻"大司马黄公辅之墓"。墓后石壁镌刻有黄公辅《戆叟初登叱石岩》诗，诗云：一派青山俨画图，山名羊石旧相呼。初平仙去谁还叱？居士今来趣更殊。地僻秦人鞭不到，岩幽黄老静传符。世途久厌浮尘恶，愿与山灵借一区。

江门杜阮叱石山黄公辅衣冠冢。

人[7]，所结交者也多为遗民，据载"明亡后与陈子升、王邦畿、陈恭尹、张穆辈游"[8]，与东莞画马名家张穆情义尤笃，曾有"偕隐之约"。广州博物馆藏有彭睿壦草书《七言诗二首》，第一首为《秋夜罗澹峰自李石湖与黄君简、高望公分赋》，高望公即为高俨，彭睿壦也是遗民诗人。当然遗民的交往也并非禁绝当世，他们往往很小心地避免与作为政治实体的清王朝也就是所谓"公门"发生关系，却并不禁绝当世的个人交际，包括与在朝为官者的私人交往。康熙三十一至三十二年（1692—1693），词坛领袖朱彝尊曾有广州一行，与屈大均、梁佩兰、陈子升、张穆、高俨等聚会交往，有诗赠高俨、张穆[9]。朱彝尊在论画诗中曾提及："吴中好手有四王，常州二恽桐城方。岭南高俨歙黄伋，亦有傅山居晋阳。"[10]在一定程度上可以看出高俨在当时画坛的声名。

明清以来，江南或北方至为推崇的正统派文人画风对广东地区的绘画风格影响较为有限。一方面由于粤地僻处南海，而正统

[7] "求画者踵相接，意稍不合，即麾去。"汪兆镛编纂、汪宗衍增补：《岭南画征略（附续录、校记、画人疑年录）》（影印版），收入《清代传记丛刊·艺林类18》第80册，明文书局（台湾）1986年版，第106—108页。

[8] "求画者踵相接，意稍不合，即麾去。"汪兆镛编纂、汪宗衍增补：《岭南画征略（附续录、校记、画人疑年录）》（影印版），收入《清代传记丛刊·艺林类18》第80册，明文书局（台湾）1986年版，第106—108页。

[9] "高生老画师，往往赋新诗。能事苏来重，狂歌和者谁。饮知犀首好，情识虎头痴。不向铜鞮去，寻常倒接篱。"朱彝尊：《赠高俨》，载《曝书亭集》卷第三，古今诗二，第38页。

[10] 注：汪兆镛编纂、汪宗衍增补：《岭南画征略（附续录、校记、画人疑年录）》（影印版），收入《清代传记丛刊·艺林类18》第80册，明文书局（台湾）1986年版，第106—108页。

[11] 李铸晋、万青力：《中国现代绘画史：第一卷》，浙江大学出版社2011年版，第159页。

[12] 陈滢：《岭南花鸟画流变：1368—1949》，上海古籍出版社2004年版，第119—123页。

[13] 陈滢：《岭南花鸟画流变：1368—1949》，上海古籍出版社2004年版，第119—123页。

张穆，《秋猎获熊图手卷》（局部），26.7×363.4厘米，纸本设色，现藏于江门市新会区博物馆。

▶ 画卷描绘秋天猎人猎熊的情景，浅绛设色。卷首高俨题"秋猎获熊"，卷末钤朱文、白文印各一枚，卷末有高俨草书题跋，介绍张穆的绘画历史。

高俨，《春雨图卷》，24×49.5厘米，纸本水墨，现藏于江门市新会区博物馆。

文人画植根于江南，囿于条件，正统文人画家很少到访广东，在图像传播手段非常有限的时代，岭南画家得见正统文人画精品佳作的机会较少；另一方面，宋元早期的书画珍品多被收入宫廷内府，一般平民画家更无缘得见。广东地区的画家更多依靠粉本、画谱等图像复制品来了解文人画的样式，但也因此发展出自然而生动的风貌。例如清初《芥子园画谱》风行全国，以画谱的方式系统化和标准化了宋元名家的画风，对平民出身的艺术家影响颇为深远。另外清中期以来，天下承平日久，清政府又以"文字狱""博学鸿词"等手段恩威并施，遗民画家在江南地区的影响逐渐被淡化。但广东地区却因为"山高皇帝远"，反而保留了不少遗民传统，遗民画家的影响力在岭南仍有持续，石涛的画风经黎简、谢兰生等人传承，在广东一地形成潮流。但由于广东当地缺乏深厚的文人传统，亦缺乏画派组织，并未形成共同的绘画风格[1]。五邑地区较有影响力的画人有甘天宠、郑绩、李魁、罗天池等。

甘天宠，字正盘，号倚鹤，广东新会人。乾隆三十五年（1770）岁贡生，未有官职，在景贤书院以教学为生。据记载其性情孤介，绝迹公门，但其接人温厚，乐于与乡民交往，家贫而未尝有忧色，对钱财不甚在意，以其教书所得供给文会经费，其画风"瘦秀孤高，如其为人"。甘天宠存世的作品以花鸟居多，有多幅荷花、水鸟题材的作品藏于广州艺术博物院，另有作品散见于香港中文大学文物馆、香港艺术馆等[2]。广州艺术博物院学者称其为"新朝士人学子平和娴静的花鸟画"，"以水墨意笔画荷花，其构图十分清简，在大片的空白之中，往往只有一朵荷花，两片荷叶和一只水鸟……甘天宠的荷花虽然清瘦，但并不枯索，也不单薄，虽然孤高，但却不乏蓬勃的生气。其笔墨虽然疏简，但却十分的润泽厚实"。[3]

▶ 画面中部画有大铜钱，男女老少等18人围绕在大铜钱周边。人物简约粗放，造形夸张写意，以谐俗画形式画出人们追逐财富的丑态。画面上部有长篇题诗："钱钱钱，命相连，黄童白叟口流涎。读什么书，参什么禅？屈膝低头望周全。得了十数又想百，一百到手复求千。聋瞽痴哑日奔波，士农工商夜无眠。舔铜臭，咬铜边，多般丑态世称贤。山僧百炼舍利子，钱中说法互牵缠。钱钱钱，命相连，有钱四海皆兄弟，无钱骨肉亦徒然，英雄钱尽归故里，妻不下衽欲绝缘。庸富施施娇妻妾，步步相随夸宿缘。无钱徒磋经满腹，有钱能掣生杀权。将来训话钱神论，此后文章悲共传。相争相夺无他事，为钱钻弄颠倒颠。我曰：多钱终多累，画破钱世别有天。道光甲辰冬纪常憨士并画。"

郑绩，《金钱图》，1844年，93×178厘米，纸本设色，现藏于江门市新会区博物馆。

江门杜阮吒石山腰，岩下石壁上留存有郑绩的擘窠大书"一洗红尘"四字。

郑绩，字纪常，号憨士，新会双水人，因晚年在广州越秀山南麓筑别墅而居，名曰梦香园，故又自号梦香园叟。梦香园现已不复存在，据记载园中"叠石成峰，编篁作径，矮楼三楹"[14]，"有三丑石，颇怪伟"[15]。郑绩年轻时曾意在科举，然而屡试不第，就不再应考，初习医术，后以鬻画为生，活跃于广州北京路、文德路一带的城隍庙，其好友苏六朋亦曾在此卖画。在一般人的印象中，落第书生以鬻卖字画为生，经济上不免捉襟见肘，但郑绩此人的商业天赋颇为不俗，中年以后转而行商，经营贩盐业务，竟然大获成功，赚了不少钱财。他为人甚具江湖侠气，急公好义，乐善好施，仗义疏财，乐于为人排忧解难。郑绩虽是读书人出身，但半生游走于市井之间，一方面雅好文人墨客的诗酒风流，有清高脱俗之志；另一方面又在广州这个商业城市沾染了满身的商业气息。他在漫画《金钱图》中对嗜钱如命的人间丑态进行了无情嘲弄，寄愿能够"一洗红尘"，但却总免不了在现实庶务买卖中经营生活。

郑绩能诗，辑有《梦幻居诗稿》一册，晚年著有《梦幻居画学简明》存世，在艺术理论方面具有一定影响力，并对当时盛行于广州的"西洋画"表示了关注。郑绩一生流传作品不多，善画人物，兼写山水，江门新会区博物馆藏有其山水立轴。

相传新会画人李魁曾向郑绩学画，但李魁要比郑绩年长二十余岁，属于半路出家的学画人。历史文献包括地方县志对李魁的记载非常少，《岭南画征略》曾援引《鹓淞阁随笔》《竹实桐华馆谈画》二书所载，对李魁有极其简单的介绍。李魁，原名魁业，又名奎，字斗山，号青葵，别号颇多，尚有匡门老

[14] 梁有章：《贫雄先生传》，载郑绩《画学简明》（梦幻居本影印），中国书店出版社1984年版，无页码。
[15] 汪兆镛：《岭南画征略》，卷十。
[16] 欧阳云：《李魁：被画史遗忘的岭南名家》，《中国书画》2015年第11期，第46—51页。

▼ 卷一山水总论、山水述古、论形、论忌、论笔、论墨、论景、论意、论皴、论树、论泉、论界尺、论设色、论点苔、论远山、论题款、论图章；卷二人物总论、人物述古、论工笔、论意笔、论逸笔、论尺度、论点睛、论肖品；卷三花卉总论、花卉述古、论树本、论草本、论藤本；卷四翎毛总论、翎毛述古、论山禽、论水禽；卷五兽畜总论、论兽畜、论鳞虫；总跋。图为中国书店影印版书影。

郑绩：《梦幻居画学简明》五卷本，九曜聚贤堂，同治三年（1864）刊刻。

郑绩，《高士图轴》，清同治年间，103×46厘米，纸本水墨，现藏于江门市新会区博物馆。

李魁，《山水图轴》，138×46厘米，纸本设色，现藏于江门市新会区博物馆。

渔、圭峰樵长、斗室居士、冈州画隐等。新会司前人。生卒年没有详细的记载，根据现今能看到的李魁书画作品题款推断，他应是一位比较长寿的画家，至少经历了清朝乾隆、嘉庆、道光、咸丰、同治、光绪五代，卒年或在八十以上。[16] 从现存郑绩、李魁的作品来看，二者画风确有一定渊源。李魁的习画途径主要来自画谱，而郑绩在其《画学简明》中所录的各种皴法，甚至一些冷僻皴法如弹蜗皴、鬼皮皴、骷髅皴法等，李魁曾都有所应用。李魁用笔较郑绩更为工整浓厚，这可能与其职业有关，他主要在乡间以建筑彩画谋生，建新宅，起祠堂，画彩画，人称"新会李斗山，良溪老粹溪"。李魁曾读过一些书，虽未跻身文人行列，但具有一定的文化素养，兼具了文人画家与民间艺人的特色，融合职业画工的装饰性与文人画的审美趣味。李魁能画多种作品，最擅山水，能造崇山峻岭的巨景，力追宋元画意，但其出身寒素，对宋元古画的认识，可能是从一些临本画谱或民间装饰性的壁画中得到启示。其作品现多藏于广东省博物馆、广东艺术博物院，以山水为主。此外香港中文大学文物馆、香港艺术馆、江门市新会区博物馆也藏有其作品，香港艺术馆所藏的《植物禽鸟》册页为其现存少见的花鸟画。

罗天池，初名汝梅，字华绍，别号六湖，新会良溪人。道光五年举人，六年进士。曾官至四品云南迤西兵备道按察使司，后因云南永昌"回汉互斗"事件被黜，后返乡以教学为生。罗天池在云南为官不过四年，却爱上云南人嗜饮普洱茶的习俗，返乡后将普洱茶与家乡新会的特产陈皮相结合，炮制出独具特色的柑普茶，糅合了广陈皮与普洱茶的功效，能够化痰止咳，消滞提神，一直流传至今[17]。据良溪《萌底本原堂罗氏族谱》记载，罗天池于道光二十七年（1847）归籍乡里，历主冈州书院、古冈书院讲席，绝不涉公事。罗天池爱梅，善画梅花，擅作梅花诗，且精于收藏，岭南硕儒张维屏将他与黎简、谢兰生、张如芝并称为清粤东四家[18]。其流传下来的作品多为花鸟，梅花作品占了绝大部分，其画风"文静恬淡，温润含蓄"，即使是象征富贵的牡丹，亦以水墨为之，简淡的水墨使富丽堂皇的牡丹花别具一种清新绝俗的意味。罗天池的花卉画虽然画得淡然，但并不枯寂，充满了亲切盎然的生活情趣[19]。现存作品多藏于广州艺术博物院、香港艺术馆、香港中文大学文物馆等。

明清以来，广东福建沿海等地成为中国与西方文化交流与碰撞的前沿阵地。五邑地区存有一件明代木板油画《木美人》，原为新会司前镇天等村天后宫所供奉，相传在明朝时期由该村李姓族人由福建莆田携回，1958年移交博物馆收藏至今。该套作品分为两件，在拼接的木板上画有两位差不多与真人等高的"美人"，民间称之为"烂大门"。虽然缺乏足够的文献证据，"木美人"的来历仍有模糊之处，但根据作品图式、材料技法、创作意图以及民间传说进行分析，该作品被认为是一件迄今为止在中国见到的最早的西方油画作品，现藏于江门市新会区博物馆，并作为中西文化交流融合的历史实物多次出借参加国家级展览，如2018年6月9日至8月19日参加中国国家博物馆"无问西东——从丝绸之路到文艺复兴"国际展览。

该作品使用了油性颜料，部分画面呈现出油画特有的小方块龟裂。人物采用光影明暗的技法进行表现，美人高鼻深目，

[17]蒙胜福：《良溪掌故》，岭南美术出版社2009年版，第59—60页。
[18]李遇春：《岭南名士罗天池》，载广东省珠江文化研究会岭南考古专业研究会编《岭南考古研究》第9期，中国评论学术出版社2010年版。
[19]陈滢：《岭南花鸟画流变：1368—1949》，上海古籍出版社2004年版，第170—171页。
[20]吴杨波：《中国早期油画〈木美人〉考辨》，《美术》2013年第4期，第98—102页。
[21]吴杨波：《中国早期油画〈木美人〉考辨》，《美术》2013年第4期，第98—102页。
[22]张晓茜：《木美人今晚登陆央视国宝档案》，《南方都市报》2012年6月25日。

▼ 美人体量与真人相若，其面左右相对，均梳有高髻并戴有抽纱类盖头，穿低领汉式襟衣，两幅人像面部保存较好，部分画面呈现出油画特有的小方块龟裂，身体和头发部分皆似被烟火熏黑。造型上具备西方文艺复兴时期的典型图式特征：人物惯用3/4侧面，光线从左30度左右的侧面顶光打下；采用柔和的明暗交界线及反光；人物的下眼睑、嘴角等处的刻画精致细微；袖口处的立体处理符合圆透视等[21]。

佚名，《木美人》，约明代，左159×38.7厘米，右160×41.5厘米，木板油画，现藏于江门市新会区博物馆。

面目特征甚为西洋化，但却身着汉人女子服饰。早期西方传教士带入中国的油画作品主题皆与基督教密切相关，该图像却采用了中国门神的形制，其创作目的或无关于传教，被倾向于认为是中国雇主邀请西洋画工所绘。有研究者指出，新会《木美人》使用了类似西方油性坦培拉技法，根据西方油画发展史和材料史推断其创作年代应在15至16世纪之间，约明朝中叶时期。原作相传从福建莆田地区带回，与该地区所流行的妈祖庙宫娥门神的图式最为接近，有可能是以西方油画图式为基础，添加了福建沿海妈祖文化元素的油画作品，并非由传教士或官方途径传入中国，而是随着明代东西方民间贸易而产生，是中国民间东西方文化交流的重要实物[21]。

新会坊间所传的木美人故事颇具传奇色彩，体现出中国乡民在初次接触写实性油画时的猎奇心态："据司前镇天等村老人介绍，……传闻在明代成化年间，福建省莆田县开有一间小酒馆，店主是个鳏寡老人。有一天，老人救助了一位饥寒交迫的客人。其后，客人在店主家中的两块大木板上作画，画出两个仕女。画完后，客人对店主说，用竹叶蘸水洒在木板上，一连七天，就会有两位姑娘从画中走出。客人去后，店主半信半疑，一连七天用竹叶蘸水洒在木板上，果真有两位姑娘从画中走出。而后，村中恶霸想强抢姑娘，两位姑娘回到画中，再未现身。"[22] 将外来的新奇事物一直供奉于乡间的妈祖庙，也从侧面说明五邑地区乡民对新事物的接受度很高，早有与世界沟通之雄心壮志。

二、中国近现代五邑籍美术家概况与研究价值

从广东全省范围来看，明清以来的五邑籍书画家数量不多，远逊南海、顺德、东莞等地方县市，影响力亦不能称巨，几乎皆未及岭表以外。其美术活动的发力至清末民国初年方始大放异彩，在中国近现代美术发展进程中留下了特殊的痕迹。

2017年7月14日，在中国美术馆举办的"其命惟新——广东美术百年大展"评选出广东美术百年史中21位"广东美术大家"[23]，他们以创造性和思想性标举出一个时代的高度。其中李铁夫、司徒乔、黄新波、罗工柳四位美术大家出身五邑，除此以外近现代美术史上还集中涌现出冯钢百、胡根天、赵浩公、谭华牧、陈抱一、李研山、伍蠡甫、余本、司徒奇、杨善深等一大批举足轻重的五邑籍美术家及教育家，为中国早期油画发展、现代中国画发展道路探索及中国现代美术教育体系建立等做出了伟大贡献。近现代史上，五邑籍美术家数量之多，分布之广，影响之巨，蔚为壮观。

中国近现代的政治、社会、文化整体发展都离不开对西方世界的冲击做出回应，美术亦如是。大时代下的中国美术家无论坚守传统还是矢志革新抑或尝试折中中西，任何一条道路的选择都无法回避要对西方美术表明态度。从"洋务运动"的技术引进到"戊戌变法""辛亥革命"等政治体制更新，再到"五四运动""新文化运动"对生活、思想、文化进行全面怀疑和挑战，文学革命、诗界革命、戏剧革命、美术革命等逐一登场，促进了美术思潮的蓬勃发展。"西化派""国粹派""折衷派"三足鼎立形成了近现代中国美术的基本格局，其间都包含着广东江门五邑籍的美术名家们的身影。他们身处大变革的时代，作为广东美术变革乃至中国美术变革的重要力量，始终立在时代潮流和旋涡中心。他们或漂泊海外谋生，不忘孜孜求学，成为中国油画史上的留学先驱，如李铁夫、冯钢百、黄潮宽、余本等；他们或学成归国，广为传播海外的新思想、新美术，主导各类公私新式美术学校的建设与发展，如胡根天、冯钢百、陈抱一、谭华牧等。在中西文化对撞中，他们有

2017年"其命惟新——广东美术百年大展"所评选出的二十一大家，摄于中国美术馆。

[23] 李铁夫、何香凝、高剑父、陈树人、高奇峰、林风眠、关良、方人定、司徒乔、赵少昂、李桦、王肇民、胡一川、黎雄才、关山月、廖冰兄、赖少其、黄新波、罗工柳、古元、杨之光。

[24] 参见《前言》，载广东美术馆编《中国早期油画大家冯钢百》，人民美术出版社2003年版，第6页。

[25] 结构主义诗学。

人主张"倡导艺术革命，折衷中外，融会古今"建立现代新国画，如李抚虹、司徒奇、容大块、黄幻吾、杨善深等；还有人则于中西对比中认识到中国传统不可磨灭的价值，号召并实践如何从传统自身去发展复兴中国画，如赵浩公、李研山、罗艮斋等。他们还有人怀抱救国理想，激情昂扬，毅然用手中画笔投身革命，如司徒乔、黄新波、罗工柳等。五邑籍美术人从未如此广泛地、深入地、积极地、有影响力地介入岭南地域以及全国性的美术运动中，使江门五邑成为广东乃至中国近现代美术整体发展进程中某一个具有特殊意义的"地域"，具备极高的研究探讨价值。一方面，五邑美术是整个江门五邑华侨文化的有机组成部分，对其展开深入研究有助于呈现五邑华侨文化的辐射深度和广度；另一方面，对该地域的美术发展进行深入探讨，也有助于更加具体而微地展现19世纪末至20世纪上半叶中国美术发展及变迁的整体面貌。

关于江门五邑这一地域的美术研究，当务之急是进行原始资料收集保存、史料梳理、图像整理等文献汇集工作，这也是地域美术研究开展的基础。但地域美术的相关研究不能仅仅停留在史料整理和补充的层面上，局部研究的普适价值挖掘不可或缺。有学者指出，"地域"这个空间概念中同时包蕴着时间概念，地域美术研究应注重时间性和空间性两个维度。"一项深入的地域美术史研究，应力求发掘并展现出这种时空并置的微妙结构，从中追求一种多样性基础上的共同感。……这就要求地域美术研究不能局限于现状考察，而应追溯研究该地域美术的纵向特征，即各个断代的时间段内形成的地域特征，同时要研究特定历史环境下的地域美术的发展，及其在交叉、流动、迁徙中造成的影响，以揭示在特定时空中存在的价值。"[24]

从时间维度和空间维度对五邑籍美术家的状况进行考察，对江门五邑的地域特性展开叙述，可以进一步挖掘该地域美术叙事形成的内部支撑结构[25]，有助于呈现特定历史环境下的美术整体发展进程中更丰富的参与因素。

从时间维度将不同历史时期的江门五邑籍美术家与时代进行动态关联，可以看到明清时期的五邑书画发展并无太多波澜，其小地域的特性更多地体现在岭南这一大地域的文化共性之中。但由清末至民国，江门五邑这一地区所孕育的美术家却在数量和质量上出现了井喷式飞跃，并极具流动性地不断向外迁徙，其艺术创作呈现出跨地域（以北、上、广为中心）、跨国家（中国、日本、欧美地区等）、跨文化（中、西文化）、跨媒介（中国画、西洋画、雕塑等）、跨时代（继承传统与革新）的包容性、革命性和创新性等特征。

从空间维度将五邑地域研究放在全国乃至全球化的视野中动态化进行，则可以看到在中国近现代美术整体发展中，美术家的孕育在江门五邑这个地域表现出明显的局部聚集特征，该地区所诞生的美术家数量和质量远超一般城乡，也与岭南大部分地区的发展状况呈现出有所不同的独特状态。其特殊性不仅体现在美术家的集中爆发式的涌现，更体现出在特定历史时期该地域的独特文化背景对文化艺术发展的巨大推动力。

三、五邑华人华侨文化对中国近现代美术发展的推动作用

中国近现代史上三位倡导变法或革命的风云人物——康有为，南海丹灶（今佛山南海丹灶镇）人；梁启超，新会茶坑（今江门市新会区茶坑人村）人；孙中山，香山翠亨（今中山市翠亨村）人，他们均来自珠三角一隅，在地图上画个圈，就能发现他们的家乡相距不过数百里。就像江门五邑籍美术家为何在清末民初井喷般涌现，历史仅仅是偶然巧合，还是有其必然的发展脉络呢？

广州在明清时已成为最为繁盛的对外口岸。尤其自乾隆二十二年（1757）撤销闽、浙、江海关之后，全国只保留了粤海关对外通商，广州总揽了全国的进出口贸易，在此后80余年间形成了独特而畸形的贸易繁荣。而以广州为中心的珠三角地区，以南岭为屏障远离中央朝廷，却最早面向泰西，浸染"欧风美雨"，成为中国近代史上政治、文化、艺术变革思潮涌动的急先锋。岭南自开埠以来，外来文化从涓滴之流至汹涌澎湃，与本土文化逐渐碰撞交融，其文化艺术的独特面貌也开始形成了。

生活在"山高皇帝远"的大陆一隅，岭南人的宗族封闭性十分突出；而粤地近海，勇于扬帆远行的重商精神也沉淀在他们血脉之中。因此，在岭南人的性格中，传统守旧与激进开拓达成了奇异的平衡，岭南地区亦成为19世纪末至20世纪初中西文化碰撞交汇的前沿地带。岭南乡人虽眷念故土，但因当地生活艰辛，遂不断有先辈奋勇前行，漂洋过海，往他乡寻求新的谋生之路。为了生存和发展，大量的岭南人背井离乡，散播到世界各地，他们的游走拼搏，为当时"万马齐喑"的大陆旧景象带来了新的生机涌动。

五邑人正是岭南人早期海外移民运动的重要代表之一，且独具特色。鹤山倚靠西江南岸，开平、恩平、台山、新会民众则依潭江而居，这些水系皆能独立出海，更易于激起乡民奔赴海外谋生的勇气。且广东珠三角是我国较早与海外产生联系的地区，如台山广海镇是海上丝绸之路通往南洋、西亚、东非的

[26] 胡乐伟：《近代五邑华侨群体形成的内因：以"挑战与应战"学说分析》，《惠州学院学报》2014年第1期，第55—60页。

[27] 参见《前言》，载广东美术馆编《中国早期油画大家冯钢百》，人民美术出版社2003年版，第6页。

[28] 赵力、余丁编：《中国油画文献：1542—2000》，湖南美术出版社2000年版；李超：《中国早期油画史》，上海书画出版社2004年版，第327—336页。

[29] 胡光华：《20世纪前期中国美术留（游）学生与中国近现代美术教育（上）》，《美术观察》2000年第6期，第60—62页。

[30] 张国雄：《唐人街经济结构中的五邑华侨因素》，《五邑大学学报》2002年第2期，第40—44页。

古老口岸之一，新会崖门水道也是古代海上贸易的的通道之一。借助商业的交流互动，该地区较早地接触到西方的文化，可以说是开风气之先，这对五邑人此后在面临内部困难时毅然选择移民海外的道路是不无影响的。从南宋末年到鸦片战争之前的几百年间，是五邑地区海外移民的序幕阶段，五邑人涓滴细流地迁入了以东南亚为主的传统移民地域。而鸦片战争以后，受到内因和外因的双重刺激，五邑地区的海外移民如开闸的洪水般掀起了第一个移民高潮，从而奠定了五邑华侨在世界各地的分布格局[26]。自清中期以来，五邑地区的社会矛盾日益严重，天灾不断，匪祸连年，社会贫富差距增大，土地占有严重不均，由于人口增长，地少人多，粮食不足的情况显得尤为严峻。与此同时，随着西方资本主义海外扩张，美国、加拿大相继发现金矿需要开采，太平洋铁路亟待修建，南美洲开辟种植园急需人手，遥远的美洲大陆对廉价劳动力的需求不断扩大，这对急于寻找出路的五邑民众产生了强烈的诱惑力和吸引力。大量五邑人通过自主移民，"契约劳工"，甚至被"卖猪仔"而进入美洲大陆。与潮汕、闽南等地华侨多集中前往东南亚的海外移民道路有所不同，五邑等地侨民的海外迁移目的地主要是美洲、澳洲，尤其是北美的美国、加拿大。当地俗语有云："家里贫穷去亚湾（古巴），为求出路走金山（美国旧金山）。"[27]

因此，在整个中国近现代美术发展都被中西交流与碰撞所笼罩的大环境中，近现代史上的五邑地区最独特的地域特质就是长期大规模地面向欧美进行移民。成规模的早期海外移民运动推动了当地的中西民间交流，促使当地民间自发地、主动地向西方汲取现代社会各方面的营养。在五邑地区的近现代史上，不仅有美术家的井喷式涌现，各行各业都不曾停下他们的脚步。可以说，五邑地区为近现代史上政治、科技、商业、文化、艺术等各行各业的人才培养做出了突出贡献。在五邑籍美术家以及各行各业的人才身上，有着五邑华侨文化的深刻烙印，更凝聚着中国人百年来自强救国、奋斗不息的命运缩影。

那么五邑华人华侨文化在推动中国近现代美术发展中起到了何等作用？将地域美术研究放置到广东乃至全国的美术发展进程中考察，五邑华人华侨文化又展现出什么样的价值和意义？

（一）海外移民直接促进华人华侨美术留（游）学活动

在中国早期油画、雕塑和近现代美术教育的发展进程中，海外美术留（游）学生群体的作用不容忽视，也多为学界所重视[28]。但从地域角度细辨，能够发现早期留学欧、美的美术留（游）学生群体中存在着籍贯的地域聚集现象，整个中国早期油画家、雕塑家名录中，五邑籍美术家是其中的一股重要力量，这也体现了早期华侨海外移民运动与国人对西洋美术学习吸收之间的发展互动。

与清朝末年踏出国门的官费留学生相比，早期很多所谓的"自费出国留学"[29]大多出于一种浪漫想象。至少这些出身广东农村的五邑籍美术求学者在其少年时代背井离乡、漂泊海外之初，大多数人并非家庭有足够经济实力供其读书，而主要是为了打工谋生。19世纪中期至20世纪初，洗衣业逐步发展成为美国华侨的第一产业。据统计，五邑华侨对美国、加拿大、英国等地洗衣业的垄断是一种普遍现象[30]。除此以外，美国、加拿大、澳大利亚、秘鲁等国唐人街的餐饮业、杂货商业等产业中五邑华侨都占据了比较显著的地位。因此有关李铁夫出国至北美投奔开洗衣店的族亲，冯钢百远赴墨西哥务工的记载都是有其相应经济背景的。在务工、投亲的滚滚洪流中,少数人有志于美术的火种在异国他乡被点燃,这些青年华侨们最终凭借着个人天赋、兴趣和机遇,在半工半读中百倍艰辛地完成了学业,成为最早系统接受西方美术高等教育的一批人,也是最早前往美洲的美术留学生。正是在这种背景下,五邑籍美术家中诞生了第一个具备划时代影响力的大师——李铁夫。李铁夫也通常被公认为是最早前往欧美系统接受西方美术高等教育的第一人[31]。这个最早的记录,正是鸦片战争以后五邑籍华人华侨前仆后继地向欧美移民的大环境中所产生的偶然和必然。

此地乡间如李铁夫般闯荡欧美者尚有不少,多数人少年时便已离乡谋生,大都靠半工半读完成学业。早期五邑籍海外留（游）学生伴随着华侨移民的脚步,来到了墨西哥、古巴、加拿大、美国、法国等一切有可能学习到西方美术的国家,哪里有活路,他们的生命种子就撒到哪里。1904年,新会人冯钢百（1883—1984）前往墨西哥务工并寻找机会学习美术,在半工半读的艰苦环境中学习了四年,随后又转入美国留（游）学多年[32]。冯钢百归国后与另一位开平籍华侨家庭出身的日本留学生胡根天一起,创办了广东第一所公立美术学校广州市市立美术学校。

1923至1928年曾在广州市市立美术学校及赤社美术学校任职的西画教师台山人赵雅庭（生卒年不详）也毕业于墨西哥国立美术学校[33],其油画作品《老人》曾入选1937年第二次全国美术展览会[34],赵氏后来的专业领域离开油画界转入了速记学[35]。1926年,开平人关墨园（1897—1944）毕业于古巴国立艺术大学油画系,1931年归国后一直在家乡从事中、小学美术教育。一般没有学生特意去墨西哥、古巴等地求学,这些极为冷门的留学地点带着五邑华侨移民运动轨迹的深深印记。

中国近现代美术留（游）学生主动选择的求学地主要集中于日本和法国[36]。早期在美国、加拿大留学美术的青年则大多数具有华人华侨背景。五邑华人华侨的早期北美移民运动,受到美国对华政策的直接影响。1882年美国《排华法案》[37]是其历史上第一个以特定族裔为目标的歧视性法案,使华人成为不能向美国自

冯钢百,《自画像》,年代不详,77×66厘米,布面油画,现藏于广东省美术馆。

[31] 李铁夫的出生年月记载差距极大,且已难以考证。但综合各方面的资料判断,其前往北美的时间至迟不超过20世纪,仍属19世纪末。即使采用其出生年月的记载下限,李铁夫仍被认为是最早前往西方留学的美术留学生。李铁夫的求学生涯历时漫长,兼有留、游学的性质,所进修读的学校不仅包括正规的高等教育学院,也可能包括一些美术培训机构或自由画室,这也导致其留游学经历更加难以被厘清。李铁夫最被强调的重要学历主要有位于纽约的美国国家艺术学院（National Academy of Design）和纽约艺术学生同盟（Art Students League of New York）。其学习内容有称包括油画、水彩画、钢笔画、炭笔画、粉笔画、图案画,并研习雕塑,包括青铜铸像、石膏像、木刻、石雕等。参见谈月色：《李铁夫师事略》,《艺彀》创刊号1932年6月,第11—12页；钟耕略：《从历史的角度看中国近代油画先驱李铁夫的艺术》,《美术研究》2016年第5期,第60—71页；冯锦、王畅怀：《李铁夫出生时间各家观点考辨》,《美术学报》2017年第4期,第78—84页。

[32] 据冯钢百自述:"……直到廿一岁,为了寻求艺术的秘奥,决意出国。但当时我的家庭经济凭借不多,幸赖朋友的帮助,才得成行。先到墨西哥去……。到了墨西哥,首先参观博物馆,看到世界上艺术家们成功的伟大,更加激动了我爱美的情绪,坚定了我绘画的志趣,因而克励克服种种困难,入墨西哥京城的国立美术学院,边做工,边学画,在艰苦的处境里,整整学了四年。……随后转到美国去,……初入金山卜忌利美术学校一年,继到芝加哥美术院观摩学习六个月,最后才到纽约,加入纽约美术院学生研究会。又经过八年的时间,这时我已经是三十七岁了。"见冯钢百：《我学习绘画的过程和体验》（写于1962年,未发表）,载广东美术馆编《中国早期油画大家冯钢百》,人民美术出版社2003年版,第144—145页。

[33] "1923年加入了一位赵雅庭,他是在墨西哥国立美术学校毕业归来的。1924年3月,附设美术学校招生开课也实现了,教务主任是赵雅庭。"见胡根天：《赤社美术研究会的始末》,载《广州文史资料》第17辑,广东人民出版社1979年版,第160—165页。

由移民的唯一民族群体。在日益严厉的各项"排华法"实施后，华侨以华工身份进入美国的道路完全被封堵，但并不意味着华侨无法进入美国。从合法的角度来看。华侨可以通过获得商人的身份或美国公民的身份，或者以家属的身份进入美国；从非法的角度来说，华侨可以以偷渡的方式，或者以虚假的移民身份进入美国[38]。以华人华侨移民运动为依托的五邑籍美术留（游）学生，其留（游）学的时间、地点和经历也都难以脱离大环境的影响。

1907年，14岁的台山少年陈锡钧（1893—1951）前往加拿大蒙特利尔投奔亲友并入读教会学校，1917年至1928年在美国波士顿波博物馆美术学校（Boston Museum School of Fine Art）学习西洋绘画及雕塑，后在法国巴黎及意大利的佛罗伦萨游学数年[39]。1931年，陈锡钧与意大利妻子莉娜·德·玛利亚（Lina de Maria）完婚，之后夫妇二人乘船经过香港抵达台山，陈锡钧去国25年后重归故里。陈锡钧归国后曾任教于广州市市立美术学校雕塑系及广东省立勷勤大学[40]。1914年，台山人梁竹亭（1887—1974）赴加拿大，后毕业于加拿大安大略省国立美术专科学校雕塑科。1928年回国后担任广东民众教育馆艺术股委员及中山学艺会委员。后再度赴美深造，1934年归国后，曾在广州作古应芬（古勷勤）像，为十九路军淞沪抗日将士陵园创作《无名英雄》铜像（广州沦陷后被毁），为海珠公园创作海军上将《程璧光像》，为广州市女子师范学校制作《女篮运动员石膏像》等[41]。1935年任南京建设委员会技术设计委员，其雕塑作品《铜龟》曾参加1937年的第二次全国美展[42]。1937年离职赴香港，中华人民共和国成立后回广州任美协广东分会专业创作员。中国古代多认为雕塑是工匠之事，其艺术地位远不如绘画，因此专门学习西方雕塑并一直从事该专业的陈锡钧、梁竹亭在早期中国美术留（游）学生中更为少见[43]。20世纪上半叶，西方雕塑体系传入中国后，现代意义上的中国雕塑才得以发展，而这些雕塑专业的美术留学生，正是中国现代雕塑兴起的开路先锋。陈锡钧、梁竹亭都曾活跃于民国时期雕塑教学的第一线，为中国现代雕塑人才培养播撒了种子。

除油画、雕塑外，中国现代壁画的肇始发展也离不开五邑华侨的身影。1910年，开平人黄潮宽（1896—1971）随族亲前往美

[34] 教育部第二次全国美术展览会管理委员会编：《现代西画图案雕刻集》，商务印书馆1937年版。

[35] "赵雅庭晚年舍去绘画而钻研速记，而且设馆授徒，其快字开香港速记及传播学新风。抗战后期逝于香港，据说其巨幅油画代表作被女儿携去美国，连哲嗣赵宏毅也不知其遗作下落。"见陈继春评赵雅庭油画《老人》，引自《赤社（1921—1935）赤诚的心启蒙广东洋画运动》，《南方都市报》2008年10月9日。参见中国文献信息速记学会编：《中国速记百年史：1896—1996》2000年版。赵雅庭：《赵氏国语速记学》1926年版，赵雅庭《赵氏国音快字》1928年版，赵雅庭《赵氏国音快字速记学》1946年版。

[36] 阮荣春、胡光华所整理的《中国近现代美术界留（游）学人员名录》列举1949年前美术留（游）学人员434人，覆盖面较为宽广，虽难穷尽所有美术留（游）学生名录，但大体面貌已然具备。依该名录统计留学日本的人数最多，其次为法国。参见阮荣春、胡光华：《中国近现代美术史：公元1911—1949》，天津人民美术出版社2005年版，第292—303页。

[37] 美国自1882年便推出《关于执行有关华人条约诸规定的法律》（即通称《排华法案》）共15条，其中最重要的一项就是在十年内禁止那些被雇用为矿工的华人劳工进入美国。1888年，国会通过法令禁止华工重新进入美国，除非他们在美国有家庭或具备价值一千美元以上的财产。同年通过的《斯科特法案》（Scott Act）扩展了《排华法案》，禁止华人离开美国后再次返回，使得在美华人鲜有机会与家人重聚。1904年4月27日，美国国会通过将所有《排华法案》无限期延长的议案。不但华人劳工来美被完全禁止，就连《排华法案》中列明可以自由往来的教师、学生、商人、旅游者和政府官员，来美时也受到多方阻滞和刁难。参见黄智虎：《美国〈排华法案〉的兴废与中美外交关系》，《世界经济与政治论坛》2013年第3期，第97—111页。

[38] 莫光木：《20世纪初美国华侨对"排华法"的调适与挑战：以〈中西日报〉资料为中心的探析》，《暨南史学》2016年第1期，第197—211页。

[39] 陈锡钧入读法国巴黎的Académie de la Grande Chaumière，意大利佛罗伦萨的Florence Academy of Art。

[40] 陈伟祥、陈秀华：《家父陈锡钧》，载琥珂主编《陈锡钧雕塑绘画作品集》，西泠印社出版社2011年版，第7—11页。

[41] 刘立彬：《民国时期现代雕塑研究》，博士论文，中央美术学院，2007年，第119—120页。

[42] 国立美术陈列馆编：《教育部第二次全国美术展览会展品目录》，国立美术陈列馆1937年版，第69—71页。

[43] 有学者整理了《中国近现代美术家留学雕塑情况简表（1900—1949）》，统计了68位美术家有出国学习雕塑的经历，所属地域遍布全国18个省份，但以东南沿海为主力，其中广东14人（鹤山、台山、新会、开平等五邑籍学子7人，占据广东籍学子半壁江山）、江苏11人、浙江9人（该表所统计的台湾籍日学生9人并未在大陆从事艺术活动，且主要在台湾日据时期赴日本留学）。除却偶然因素外，这也从某个侧面反映了这些地区的经济实力，思想开放程度以及对现代雕塑这种西洋文化的认可度。参见彭飞：《近现代美术留学生与中国现代雕塑的兴起》，《雕塑》2011年第6期，第34—37页。

▶ 1933—1934年度陈锡钧与广州市市立美术学校的教职合约："广州市市立美术学校关约，敬延陈锡钧先生由廿二年八月一日起至廿三年一月卅一日止担任教授本校雕塑。以上每周授课共十四小时月送薪金八十四元正。校长李居端谨订。（如请人代课须得本校同意）中华民国二十二年八月一日。"陈锡钧先后曾在广州市美任教6年。

在美国波士顿博物馆美术学校学习雕塑的陈锡钧和同学们，右一为陈锡钧，摄于20世纪20年代[44]。

国谋生，1917年进入纽约州法布罗城美术学院（Buffalo Fine Arts Academy of New York）学习，1920年转读费城的宾夕法尼亚美术学院（Pennsylvania Academy of the Fine Arts），以半工半读为生。1925年毕业后又入读费城工业美术学校，但因兴趣不大，未几离开[45]。黄氏1926年回国，曾较早地为国内商业机构进行现代壁画的绘制，开国内画家绘现代商业壁画之先河[46]。黄潮宽后定居于香港，致力于美术教育事业，历任岭南中学教席直到退休，1961年起担任香港美术专科学校副校长至去世[47]。

1924年，美国国会重启排华政策[48]，限制力度较之以往有过之而无不及。先前存在的疏漏被封堵，对商人、教育工作者、学生及其配偶的小额津贴也被取消。美国华人的谋生方式越加狭窄，处境越来越艰难。在美国排华政策的带动下，澳大利亚（1901）、新西兰（1920）、加拿大（1923）等相继实施排华法律，掀起了世界性的排华浪潮。1929年爆发于美国的世界性大萧条造成北美社会经济整体滑落，北美华人的生存处境也进一步艰难，同时促使了部分美术留（游）学生归国[49]。

台山人余本（1905—1992），少年时投亲远赴加拿大，1928年考入加拿大温尼伯艺术学院（Winnipeg School of Art）半工半读，1929年转入多伦多（Toronto）安大略省立艺术学院（Ontario College of Art），1931年毕业。后归国至香港设立画室进行创作和授徒，推动了香港西洋画发展。在1935年至1956年期间，先后举办个人展十余次[51]，1956年返回广州定居工作。李

《良友》杂志1934年第99期刊载："黄潮宽氏，美国潘雪维尼亚美术专门学校毕业，归国后刻意研求，艺益精进。最近落成之上海证券交易所及南京中国银行之巨幅壁画，皆由黄氏绘制。设色用笔，稳重圆熟。上刊之《古城之秋》为黄氏近游故都所作。"

[44]《广州市市立美术学校主要教师名录（1922—1938）》，广东美术馆"艺圃开荒——从赤社到广州市市立美术学校"展览资料，2016年9月。

[45] 简又文：《黄潮宽的画》，《逸经》1937年第25期，第45—49页。

[46] "晚近上海新建筑中，亦有壁画可见，惟皆出外人手笔，岭南画家黄潮宽氏，近应上海证券交易所之聘，借同助手余子强、王少陵两君来沪，为该所新屋绘制壁画二幅，现已完成。中国画家之从事壁画工作者，黄氏兹番实为创举也。"见《黄潮宽壁画》，《良友》1934年第90期，第9页。

右一李秉，右二余本，1930年摄于加拿大多伦多安大略艺术学校。[51]

1932年1月22日，加拿大《渥太华日报》上对余本的简介报道"Work of Chinese in Ottawa Gallery"（中国人作品在渥太华画廊）。"余本，26岁，多伦多市，他的作品入选了渥太华国家艺术画廊，这是中国人首次有作品入选。"

[47]《画家黄潮宽病逝》，《大公报》（香港版），1971年12月9日。

[48]1924年美国通过《国籍法》，该法也称为"第二次排华法案"，禁止所有无权入籍的外国人（华人）移居美国，限制中国留学生入境，美国公民的中国妻子不得入美。1930年又连续颁布新的移民规定，杜绝华工进入美国。直至1943年美国才废除《排华法案》，2011年10月6日和2012年6月18日，美国参、众议院才分别通过法案，正式以立法形式就《排华法案》道歉。参见黄智虎：《美国〈排华法案〉的兴废与中美外交关系》，《世界经济与政治论坛》2013年第3期，第97—111页。

[49]如余本1980年在广州接受采访时谈及回国原因时提到："毕业后，正遇上世界性的经济萧条，所以就失业了。生活非常困难。"因为经济困难，余本后来选择从加拿大回国。参见唐乙凤：《透入著名油画家余本的绘画世界》，原载香港《风格》丛刊1980年第二期，转引自谢钧主编《永恒的朴素：余本作品及评论集》，岭南美术出版社2017年版，第190—194页。

[50]谢钧主编：《永恒的朴素：余本作品及评论集》，岭南美术出版社2017年版，第11页。

[51]余锦森：《余本艺术活动年表》，载黄笃维、黄树德编《余本画册》，岭南美术出版社1994年版，第141—144页。

[52]"由外国回来先后加入'赤社'的画家页逐年增加……由法国回来的关金鳌"。见胡根天，《赤社美术研究会的始末》，载《广州文史资料》第17辑，广东人民出版社1979年版，第160—165页。

[53]顾跃：《世界名画家：朱沅芷》版，第2—3页；[美]安东尼·W.李（Anthony W. Lee）：《美国华人绘画简史，讫于1945年》，收录于美国古根海姆博物馆著《美国艺术三百年》，上海辞书出版社2006年版，第234—241页。

秉（1903—1994）比余本年长两岁，与其既是同乡又是同学，同往加拿大谋生，同一年毕业于加拿大多伦多安大略艺术学校（Ontario College of Art, Toronto），又先后回到香港，同为香港美术会成员。李秉、余本与香港本地的陈福顺，共同被称为"西画三杰"，1952年三人又共同组织了"香港艺术社"。1955年之后，李秉携家人重返加拿大，后定居于加拿大。

还有一些五邑籍华人美术家，最终选择长期在海外发展，成为近现代早期中国文化艺术在异域落地生根的火种。开平人关金鳌（1900—1992），早年随亲人移居美国，1917年进入位于纽约的美国国家艺术学院（National Academy of Design）学习油画，毕业后于1925年移居法国，1928年回国时曾参与胡根天等人在广州组织的赤社美术研究会活动[52]，后再次前往法国，常年旅居海外，曾著书《中国百绘》向外国人介绍中国五千年的悠久历史和灿烂文化。1921年，开平人朱沅芷（1906—1963）借助华侨父亲的帮助，以美国公民的身份移居美国，1924年进入加州美术学院（即旧金山艺术学院）学习"立体主义"等现代主义绘画画风，后长期在美国和欧洲发展，是20世纪上半叶活动于西方世界的重要美籍华裔艺术家，他"渴望东方文化所拥有的神奇力量能够融入美国主流文化并成为独特的一支"。[53]

第二次世界大战结束以及美国旧有的排华法案解除后，新的移民又陆续不断地来到美国，他们的子嗣也越来越多地开始学习或工作，华人社会在美国开始复兴，绘画艺术也得到前所未有的繁荣和发展。在美国出生并接受教育和训练的新一代华人移民，开始全面开掘各类风格和题材，并且从20世纪50年代开始积极参与美国各类重要的艺术运动。

台山籍的曾景文（1911—2000）是重要的美籍华裔水彩画家，1981年曾应中国文化部邀请在北京、杭州、广州举办个人水彩展览，成为"中美建交"后首位在中国举办个人画展的美籍艺术家。曾景文是出生于美国加州的五邑华人移民后代，家庭以开干货店为生，1916年其父举家搬迁到中国香港，1929年曾景文又回到美国[54]。曾景文一直按中国的传统，把他英文名字的姓放在名字的前面，写成Dong Kingman。曾景文回到美国后，最初以洗碗盘、卖报纸为生，这也是当时华人最典型的的谋生方式。曾景文一边打工一边努力学习，最初在奥克兰（Oakland）的霍士美术工作室（Fox and Morgan Studios）学习油画，但霍士先生觉得曾景文学习油画的天赋有限，建议他另谋出路。年轻的曾景文倍感压力，后考虑自己在中国香港曾学习过中国彩墨画，从1931年起决定专攻水彩画。为了谋求更好的发展，1934年，曾景文离开奥克兰唐人街来到旧金山，以做美国人家庭男仆为生，每周能有半日空闲，他便利用这半日外出写生，集腋成裘。1935年，曾景文在旧金山举办了一次个人画展，从此走向职业画家的道路。1933年，罗斯福当选总统后制订了一系列计划帮助各方面人才。1936年，曾景文的申请被面向艺术家的WPA计划所接纳，每月可领80美元津贴，于是他辞去工作开始专业作画。从20世纪40年代开始，曾景文逐渐在美国水彩画界崭露头角。曾景文生于城市，长于城市，一生创作亦多以世界各大城市图景入画，他的绘画题材和风格为非华人受众展现着他们自身所能体现的中国元素，被认为在当时华人画家中具备典型的代表意义。曾景文在很短的时间内蜚声全美，享誉甚广，美国各州博物馆或艺术馆乃至纽约大都会博物馆、纽约现代艺术博物馆、波士顿美术博物馆等著名艺术展馆都收藏有曾景文作品[55]，这在当时的华人艺术家中是绝无仅有的。1954年，曾景文成为美国国务院的文化大使，代表美国进行了多次国际文化交流访问。20世纪70年代后中美关系解冻走向邦交正常化时，曾景文在中国举办的水彩画展也在其中扮演了文

关金鳌，《玩雀的人》，年代不详，103.5×67.5厘米，布面油彩，现藏于广州艺术博物院。

朱沅芷，《吹笛者》（自画像），1928年，58.6×48.3厘米，布面油画，私人收藏。

曾景文在北京颐和园写生，是"中美建交"后首个在中国举办个人画展的美籍艺术家。

1981年曾景文受中国文化部邀请举办个人水彩画展的展览图录内页。

王少陵与其水彩画作《纽约远眺》。"少陵曩日已工油彩，今其作风益阔大雄奇，如《金门渡桥》，如《纽约远眺》，如《红巾女郎》，又如《烽火余生》。"徐悲鸿卅六年六月寄于北平国立艺专。

[54]曾景文的祖父曾龙祥生活在新加坡，其父曾传辉在14岁时移民美国，后以开干货店为生，育有3个儿子，5个女儿，1916年时举家搬迁至香港。参见"An Exhibition of Dong Kingman's Watercolors in People's Republic of China Beijing, Hangzhou, Guangzhou 1981"展览印刷资料。

[55]收藏曾景文作品的机构包括：Art Institute of Chicago; The Brooklyn Museum of Art; Butler Institute of American Art; Fred Jones Jr., Museum of Art, The University of Oklahoma; The Frye Art Museum; M.H. de Young Memorial Museum of Art; The Metropolitan Museum of Art; Museum of Fine Arts, Boston; Museum of Modern Art; the Pennsylvania Academy of Fine Arts; San Diego Museum of Art; Springfield Art Museum,and the Toledo Museum of Art. 参见曾景文个人网http://www.dongkingman.org。

[56][美]安东尼·W.李（Anthony W. Lee）：《美国华人绘画简史，讫于1945年》，收录于美国古根海姆博物馆编著《美国艺术三百年》，上海辞书出版社2006年版，第234—241页。

[57]1935年12月17日徐悲鸿致王少陵一函中有言："英行筹备就绪否？""英行"一事是指王少陵向徐悲鸿请教欲往英国留学深造，徐悲鸿提出可以信函介绍王少陵认识英国皇家美术学院的画家费·布兰温（Frang Brang Wyn，1867—1956）。参见王震：《徐悲鸿文集》，上海画报出版社2005年版，第82页、第182页。1937年5月22日徐悲鸿致王少陵一函："……闻兄去美，欣慰无极。护照事应无何等问题，大概须有保人，若系留学者，须在教部取得留学证书，我想现在手续或不须如此麻烦（照片、保人两要件），请兄寄函广州中华书局郑子展兄，询问市府英文秘书林芳伯先生，就近办妥，想并不费事也（不必介绍要人，因取护照乃小事）。"载王震编著《徐悲鸿年谱长编》，上海画报出版社2006年版，第180页。

化交流的角色。"他身上所结合的中美双重特质，跨越了太平洋，在东西方之间飞扬"。[56]

第二次世界大战后在美国美术界发展的旅美华裔还有台山人王少陵（1909—1989）。他的留学情况又有所不同。王少陵出生于台山，1913年随家庭迁居香港，他早年已开始学习美术并参与了大量美术活动，留学之前已经是香港地区比较活跃的青年画家。1935年王少陵在香港结识徐悲鸿时，已在筹谋留学之事，并向徐悲鸿咨询请教，之前考虑过去英国留学，后因"二战"阴云笼罩欧洲而决定前往美国留学，在留学事宜上得到徐悲鸿的一些建议和帮助[57]。1939年，王少陵从香港乘邮轮赴美国旧金山加州美术专科学校学习，完成三年的学业后又至纽约，在纽约艺术学生同盟（Art Students League of New York）继续修习，1943年转入纽约哥伦比亚大学艺术系学习。同年，水彩画《纽约远眺》获美国全美艺术家作品荣誉奖（Exhibition of Works by American Artists），该作品后被纽约大都会博物馆收藏，也被画家本人视为其代表作之一。1947年春，王少陵回国在南京中央大学举办画展，并受聘为该校艺术系教授。1948年受国民政府教育部委派与汪亚尘同行前往美国考察西方美术教育。1949年后长留美国发展，旅居纽约曼哈顿46年，以水彩和油画成绩最为突出。

（二）侨汇涌入所支撑的主动美术留学活动

五邑地区的经济状况与世界经济发展紧密相关，两者之间的连接桥梁则是海外华人华侨汇寄回乡的侨汇。五邑地区的侨汇数额在广东乃至全国都有很突出的表现。在1929年席卷西方国家经济大萧条发生之前，侨汇的不断涌入使五邑地区的经济实力得以提高，部分侨眷过上了较为富裕的生活。"在侨汇的带动下，一座座墟镇在五邑大地崛起。以墟镇为中心，以侨眷的消费为核心，一种有别于中国农村传统自然经济的独特经济形态逐渐形成。"[58]

20世纪20年代，随着五邑华侨在海外创业进入黄金期，侨乡经济也呈现出繁荣景象，独具五邑特色的碉楼建筑也成为这一时期侨乡经济实力的突出象征。据田野调查统计，开平有相当一部分碉楼修建于20世纪20年代，如自力村共有9座碉楼和6座居庐，其中9座碉楼全部修建于1917至1925年之间，有3座居庐分别修建于1920年、1926年和1929年；俗称"加拿大村"的灵源村耀华坊共有10座洋楼，其中有4座修建于1923至1924年间[59]。据研究者统计，广东乃至全国在20世纪30年代所接受的侨汇主要来自美洲，美洲的侨汇经常占全国侨汇总数的三分之一或二分之一[60]，而美洲的华人华侨主要来自五邑地区及中山。20世纪40年代还曾有过"四邑侨汇为粤省之冠"的说法[61]。

这种依赖海外汇款而产生的以消费为主的经济模式虽然非常脆弱，也造成了奢靡攀比、贪图享乐的不良社会风气[62]，但总体而言，作为五邑地区经济重要来源的侨汇为侨乡新生活的发展提供了保障。经济条件的改善，使五邑侨眷有余力、有余钱对子女开展教育，也能够负担子女自费出国留学的学费。与前面所述以务工谋生为主的华侨青年漂泊海外而伺机求学有所不同，部分侨眷在侨汇经济的支持下，开始目标明确的主动出国求学，这种状态比较接近于当代民众对于"自费出国留学"的一般性认知。

20世纪上半叶，主动自费留学的美术留学生与华人华侨移民美术留学的情况存在一定差异。其一是留学动机有所不同。华侨移民留学生最初的出国动机往往是为了谋生，学习的目标并不一

[58] 刘红卫：《20世纪20—40年代五邑侨眷的生活状况：以开平、台山为例》，《五邑大学学报》2012年第1期，第16—19页。

[59] 张国雄、梅伟强：《开平碉楼与村落田野调查田野调查》，中国华侨出版社2006年版，第29—198页。

[60] 林家劲、罗汝材、陈树森、潘一宁、何安举：《近代广东侨汇研究》，中山大学出版社1999年版，第108页。

[61] 刘进：《"四邑侨汇为粤省冠"说辨析》，《五邑大学学报》2005年第4期，第40—43页。

[62] 如光绪年间的《新宁县志》云："近年藉外洋之资……民风渐入奢靡，冠婚之费，动数百金。田既硗薄，力复不齐，岁入粮食，仅支半年，余则仰给洋米；倘舟楫偶梗，炊烟立断，是诚可忧。"见《新宁县志》（今台山市）卷八《舆地略》，清光绪十九年纂修，1921年铅印本。《开平县志》云："风俗日趋浮靡，踵事增华。"余荣谋修，张启煌等纂，《开平县志》卷五《舆地略》，成文出版社1966年版，据民国二十二年（1933）排印本影印。

[63] 据1980年唐乙凤在广州采访余本，余本回忆其在加拿大的求学动机和经历："我心中想学一门专业技术，以后可以回国工作，但是，我的英文程度差，所以，我虽喜爱学自然科学也不行。不过，我也同样爱画画，所以就决定去学画。于是我便去中部，进入了温尼佩格艺术学院学画。第一年半工半读交学费，成绩优良，第二年就获得了可以免费读书的奖学金。两年毕业后，我再到多伦多省立艺术学院深造三年。当时学校一定要中学毕业证书，但是我没有，结果我就说在中国的中学毕业的，他们也不追究了。"唐乙凤：《透入著名油画家余本的绘画世界》，原载香港《风格》丛刊1980年第2期，转引自谢钧主编《永恒的朴素：余本作品及评论集》，岭南美术出版社2017年版，第190—194页。

[64] 陈滢：《广东现代美术的先驱胡根天》，《胡根天作品集》，广州美术馆、开平美术馆1993年版印刷本，第7—19页。

胡根天（胡毓桂），《胡根天自画像》，1919年，60.6×45.5厘米，布面油彩，现藏于日本东京艺术大学美术馆。

陈抱一（陈洪钧），《陈抱一自画像》，约1921年，60.6×45.5厘米，布面油彩，现藏于日本东京艺术大学美术馆。

定非常明确坚定，更多的可能是被命运所推动。例如余本在回国结婚后再度奔赴加拿大求学时，本意是想学一门专业技术以便将来回国工作，但因为英文程度不佳，虽喜爱自然科学却无力投考，正好同样热爱美术，就决定学习绘画专业[63]。而主动自费留学的学生一般在出国之前就已明确目标，意志坚定。其二是留学地点有所差异。整个20世纪上半叶，主动谋求自费留学的中国美术留学生的求学地主要集中于日本和法国。五邑籍的美术留学生所主动选择的求学地也基本符合这个规律。而华人华侨美术留学生则因谋生所需，其留学地点五花八门，遍布欧美乃至拉丁美洲、东南亚地区，如冯钢百、赵雅庭曾在墨西哥学习，关墨园在古巴求学，伍步云留学于菲律宾，汤由础靠在新加坡的广告公司做徒工学习美术等。其三是在海外的生活经历有区别。主动自费留学的美术留学生学成归国者多，在国外定居者较少，他们在国外的读书生活大多集中在3至5年间，即使延长也少有超过10年者，与国内的同学亲友仍然保持着密切联系。而华人华侨往往是少小离家，即使学成后归国，也是长年生活在海外，反而对祖国的情况有所隔膜，其多年海外经历往往导致与国内生活有所脱节。综上情况，总体而言，早期的华侨归国美术留（游）学生对国内美术发展的影响相较主动留学的美术生来说较为薄弱，大多数人位于主流文艺圈的边缘位置。而主动自费留学的学生，不少在归国之后，积极主动地投入中国现代美术教育建设事业中，五邑籍留学生中的胡根天、陈抱一、谭华牧、何三峰、郑可、胡善馀、林达川等人都曾奋斗在美术教育第一线。

最早主动前往日本正规美术院校自费留学学习美术的五邑籍学生是开平人胡根天（1892—1985）。他的父亲是旅美华侨工人，定时从美国汇寄生活费供给家庭生活。胡根天先后毕业于开平县第一高等小学、广东省高等师范学校图画手工科，并在此过程中对西洋美术产生了浓厚的兴趣[64]。但广东当时的西洋画艺术环境一片荒芜，激发了胡根天渴望出国留学的心愿。从广东高等师范学校毕业后，胡根天曾短暂做过约一年时间的小学教员，然后开始谋求留学。胡根天的家庭难以负担留学欧美所需的高昂经费，但自1895年清廷战败于甲午中日战争以后，渴望留学救国的青年发现东渡日本是一条省钱的捷径。就美术领域而言，早在1906至1908年间，广东的高剑父、高奇峰兄弟就已前往日本游学。而在更正规的美术学校中，可以看到最早到东京美术学校学习的中国留学生是1905年9月入学的黄辅周，此后有1906年10月的李叔同（名簿登记为李岸）、曾孝谷（名簿登记为曾延年），除却籍贯不详的留学生，最早的广东籍学生是来自四会的雷毓湘，入学于1911年9月[65]。

东京美术学校是从1887年到1952年间日本唯一的国立美术学校，在其前身工部学校的基础上建设起来，1889年正式开学。该校最初排斥西方美术，只设置属于日本传统美术体系的绘画、雕刻、美术工艺、漆工四科。1896年在留法油画家黑田清辉的主张下，原绘画科改称日本画科，增设属于西方美术体系的西洋画科、图案科，黑田清辉担任西洋画科的主任教授。1899年又增设塑造科，1907年增设图画师范科，从而完备了东西方美术教育体系。该校的西洋美术科系由留学法国受过正规教育的画家和雕塑家作为教师，并实施了和巴黎相同的体系进行教育，成为东亚富有影响力的西洋美术教育之地[66]。

胡根天与远在美国的父亲通过信件进行商议，得到家庭的同意，使用父亲寄回国筹备儿子结婚成家用的侨汇，作为其前往日本留学的经费。1914年10月，胡根天登船踏上东瀛之旅，1915年9月考入东京美术学校西洋画科，成为入读该校的第一位五邑籍留学生。其后尚有一批五邑籍学生陆续入读该校，从年份上看更多集中于1931年日本侵华之前，1918至1922年有一批台山籍学子集中入读。名簿中可以找到陈抱一、谭华牧、何三峰、林达川等熟悉的五邑籍美术家姓名，他们归国后都曾对中国现代美术界作出过一定贡献。

[65]日本学者吉田千鹤子所编纂的《东京美术学校外国人留学生名簿》，来源资料主要有《东京美术学校校友会月报》、东京美术学校各种旧文书、《昭和15年（1940）东京美术学校校友会员名簿》、《昭和40年（1965）东京美术学校毕业者名簿》《平成2年（1990）同窗生名簿》《昭和17年（1942）中途退学者名簿》；鹤田武良：《近百年来中国画人资料》，美术研究第293—307号1975年11月—1978年9月；小谷一郎有关论文：《左联研究》第1—3集，1990—1993，汲古书院。刘晓路：《让先辈们名垂史册〈东京美术学校中国留学生名簿〉的世纪沉思》。[日]吉田千鹤子原著、刘晓路整理订正：《东京美术学校中国留学生名簿》，原载《美术家通讯》1996年第3期，转引自赵力、余丁编《中国油画文献：1542—2000》，湖南美术出版社2000年版，第312—321页。

[66][日]吉田千鹤子：《林达川与东京美术学校》，载潘耀昌、龚鹰主编《大璞不雕：纪念林达川诞辰一百周年文献·作品集》，中国美术学院出版社2015年版，第33—36页。

[67]刘晓路：《让先辈们名垂史册〈东京美术学校中国留学生名簿〉的世纪沉思》。[日]吉田千鹤子原著、刘晓路整理订正：《东京美术学校中国留学生名簿》，原载《美术家通讯》1996年第3期，转引自赵力、余丁编《中国油画文献：1542—2000》，湖南美术出版社2000年版，第312—321页。本表格根据该名簿整理并补充一些信息，如雷毓湘该名簿标称籍贯新会，实际应为四会；补充一些已知信息，如胡毓桂为胡根天、何善之为何三峰，谭华牧为广东（台山）人，并补充某些留学生已知的生卒日期。

[68]连冕：《郑可研究暨重订郑氏简编年谱》，《装饰》2007年第1期，第37—47页。

[69]"我（郑可）学过室内外的装饰设计，学过家私装饰设计，学过陶瓷、玻璃器的样式设计，学过钱银币的样式设计，学过铁工设计，首饰设计，丝织品设计等，对于工业的实用美术，我甚感兴趣。"见吴琬：《雕刻家郑可》，广州《民国日报》1934年10月27日。

[70]参见郑可：《现代工业美术之轮廓》，《广州民国日报》副刊《艺术周》1934年11月10日第二十七期；郑可：《实用美术在现社会的地位》（民教馆艺术演讲会），《广州民国日报》副刊《艺术周》1934年12月29日第三十四期；郑可：《关于小品展的几句话》，《广州民国日报》副刊《艺术周》1935年1月5日第三十五期；郑可：《图书装饰的意义》，《广州民国日报》副刊《艺术周》1935年5月18日第五十四期。

▶ 附：日本东京美术学校五邑籍中国留学生名簿[67]

有关历史的记忆都留在了名簿里，可以看到早期到日本留学的美术生大多数选择了在日本学习西洋画，将日本视为学习接触西洋文化的跳板。其中1919年有4个台山籍的学生同时考入了东京美术学校，他们原本就是同学，结伴来日本留学。

入学日期	姓名	生卒日期	专业	指导教师	毕业或退学日期	出生地或籍贯
1915.9.21	胡毓桂（根天）	1892—1985	西洋画科		1920.3	开平
1916.9	陈洪钧（抱一）	1893—1945	西洋画科		1921.3	新会
1918.9.21	伍子奇	不详	西洋画科	藤岛武二	1923.6	台山
1919.9.23	陈元翰	不详	西洋画科	藤岛武二	1924.6	台山
1919.9.23	雷公贺	不详	西洋画科	和田英作	1924.6	台山
1919.9.23	谭华牧	1895—1976	西洋画科	藤岛武二	1924.6	广东（台山）
1919.9.24	何善之（三峰）	1895—1949	西洋画科	和田英作	1924.6	台山
1920.9.22	余兰初	1899—？	西洋画科		1921.9.28	台山
1922.9.20	谭连登	1901—？	西洋画科		1927.3	台山
1926.4.1	叶仲豪	1905—？	西洋画科	冈田三郎助	1930.3.1	新会
1929.4.5	司徒慧敏	1910—1987	图案科		1930.5.31	开平
1934.4.1	胡光弼	1912—？	雕刻科		1937.12	开平
1935.4.1	林达川	1911—1985	雕刻刻		1943.9	新会
1947.2.1	陈绿妮	1925—	油画科		1951.3	新会

郑可（1906—1987），本名郑应能，祖籍新会，出生于广州，热爱文学艺术，能演奏萨克斯、单簧管及长笛。1925年曾在广东省立工业专科学校学习了一年机械专业，掌握并奠定了从事金属工艺制作等的基础理论和科学实践能力[68]。1927年，郑可通过中山大学代办签证前往法国，从香港乘船预备到里昂中法大学勤工俭学。11月抵达里昂后不久，为了更好地学习语言，转往法国南部的格勒诺布尔市（Grenoble）。次年5月，入读格勒诺布尔市立工业美术学习绘画基础（素描、构图、色彩、临摹、写生）、家具木雕、建筑雕塑等课程。郑可在格勒诺布尔学习一年后前往巴黎勤工俭学，在巴黎国立高等美术学院做旁听生。当年夏天曾前往德国德绍（Dessau），在国立包豪斯学校旁听了两节设计课程。1930年，郑可正式考入巴黎国立美术学院雕塑系，还在巴黎市立实用美术学校修习染织图案、室内外装饰、家具、陶瓷、玻璃、金属、首饰等工艺和设计[69]。

1934年郑可归国后，一方面在广州参与了旧友伍千里、李桦、吴琬所主持的青年艺术社的展览、撰文、演讲、出版装帧等活动[70]；一方面进行了一些设计、建筑装饰和雕像创作，其雕塑《肖像》入选1937年第二次全国美术展览会[71]。1937年夏，郑可受广州市教育局委派，前往法国参加世界博览会，归国途中曾经过新加坡并参与艺术活动。1938年底广州陷落后，郑可受新加坡友人邀请，前往新加坡从事室内设计、家具设计等项目。1940年迁居香港，开办设计、生产企业。1941年底香港陷落，1942年郑可曾在韶关开办的广东省立艺术专科学校教授雕塑。后经时任第四战区政治部职务的伍千里介绍，阖家奔赴第四战区司令部所在地的广西柳州，在伍千里协助下，于黄图出版社内成立郑可工作室，主要进行雕塑创作，兼及建筑、家具设计。1945年抗日战争胜利后，再次赴香港创办数间工厂，包括中国工业美术工厂、郑可美术供应厂等，主要从事工商业美术设计与金属工艺研究与生产。1951年出售在港企业，携家眷和机器设备赴北京定居，曾任中央美术学院实用美术系教授，负责陶瓷科建立，参与雕塑系教学；1956年转入中央工艺美术学院任陶瓷美术系教授。郑可多年来从事中国工艺美术、现代设计的草创和教学工作，为中国现代设计事业培养了大批后继者。

新会人李慰慈（1909—2003），笔名杜金、彭兑，是少见的早期留法学习美术理论的女学者[72]。1929年，李慰慈毕业于北京私立中法大学，同年11月至法国留学，至1934年6月，先后就读于法国里昂美术学院和法国巴黎考古学院[73]。归国后曾在广州市市立美术学校教授美术理论，同时参与了李桦、伍千里、赵世铭、吴琬等人组织的青年艺术社活动，为该社主办的刊物《青年艺术》月刊、《广州市民日报》副刊《艺术周》撰稿，发表大量介绍西洋美术的文章，包括介绍西欧各国各时期、各流派画家、雕塑家以及各类实用美术，如介绍西班牙绘画、各个时期的瑞士艺术、俄罗斯建筑、荷兰画家伦勃朗、尼德兰画家鲁本斯、法国雕刻家堡尔丹、黑人雕塑等，还与李桦合作编写了《西洋美术家人名小辞典》[74]。在郑可的鼓励和怂恿下，李慰慈将法国实用美术名家（Edme Couty）的实用装饰学论色彩部分翻译编著为广州省立第一职业学校的讲义，后以《实用色彩学》之名由商务印书馆出版发行。内容包括物象色彩的模仿、和色的创造、和色原理之应用三章。该书实用性强，传播广泛，曾不断再版，至1956年已印至第7版，并多次重印。抗日战争爆发以后，李慰慈逐渐脱

▼ "编者的话：这原是替广州省立第一职业学校编的讲义，全文根据法国实用美术名家（Edme Couty）的实用装饰学论色部分写成，至于论形部分，俟有机会当接续编完。中国工业正在踏上力求发展的阶段，这项实用美术书籍，也许还用得着。这小册子，从起至终，全由郑可君的鼓励与怂恿而成，这是合该在此深谢的。李慰慈，廿五年十二月。"

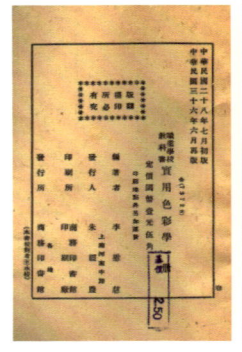

李慰慈编著《实用色彩学》书影，1939年初版，1947年再版，江门市美术馆藏。

[71] 教育部第二次全国美术展览会管理委员会编：《现代西画图案雕刻集》，商务印书馆1937年版。

[72] "毕业于法国巴黎大学专攻美术史及美学的李慰慈……李氏是国立中山大学地质学教授吴尚时的夫人。"参见赵世铭：《老同学吴子复》，香港《开卷》1979年第4期。

[73] 吴瑾：《青年艺术社与广州现代美术（1927—1937）》，岭南美术出版社2010年版，第167—169页。

[74] 李慰慈：《西班牙绘画概况》，《青年艺术》创刊号1937年2月1日；李慰慈：《西班牙十八世纪后之绘画》，《青年艺术》1937年4月1日第二期；李慰慈：《俄国彼得大帝前之建筑》，《青年艺术》1937年5月1日第三期；李慰慈：《林布兰》《慰慈》《林布兰的代表作》（笔名彭兑）《林布兰的自画像》（笔名杜金），《青年艺术》1937年5月1日第三期；慰慈：《西洋美术家人名小辞典》，《青年艺术》1937年5、6、7月1日第三、四、五期；李慰慈：《图案讲话》，《青年艺术》1937年6、7月1日第四、五期；李慰慈：《黑人雕塑》，《青年艺术》1937年7月1日第五期；杜金（李慰慈）：《关于康斯他堡》，《青年艺术》1937年7月1日第五期；李慰慈：《西班牙的"波得贡"画》；李慰慈：《现代家庭设计家沙鲁》；李慰慈：《瑞士的哥特艺术》；李慰慈：《文艺复兴时期瑞士的艺术》；李慰慈：《瑞士十七八世纪的美术》；李慰慈：《现代瑞士的美术》；杜金（李慰慈）：《法国现代动物雕刻家蓬蓬》；杜金（李慰慈）译：《访问西蒙利西之后》；彭兑（李慰慈）译：《中国古代的殉葬物》；杜金（李慰慈）：《黑人的面具雕》；杜金（李慰慈）：《一九三七年巴黎国际博览会》；

离美术理论领域转向法语工作，后主要从事法语教学和研究，1953年以后任广州外语学院法语教授。

开平人胡善馀（1909—1993）出身华侨家庭，父亲在美务工早亡，家庭经济困顿，后兄长亦赴美国务工，不定期接济家用。1927年，受家族资助，胡氏追随时任广州市市立美术学校校长的堂兄胡根天进入市美学习，但入学不久便遇到风潮，1928年2月胡根天被迫辞去市美校长职务，冯钢百后亦辞去市美学校职务[75]，胡善馀便转至胡根天、冯钢百等人主持的赤社美术研究会所附的美术学校，跟随冯钢百学习素描。一年后转入私立上海人文艺术大学，适逢杭州国立艺专招生，1930年考入国立杭州艺专绘画系，成为该校绘画系的首届学生，师从林风眠、蔡威廉，同学有林达川、卢鸿基等。1931年得到家乡亲戚资助前往法国留学。1932年，考入法国巴黎高等美术学院，师从于上世纪传承学院派画风而卓有成就的著名画家卢锡安·西蒙（Lucian Simon）和古斯塔夫·莫罗（Gustaw Morean），当时与他同一画室学习的还有秦宣夫等。1934年，胡善馀作品《自画像》《静物》入选法国春季沙龙，这对胡善馀起到了非常大的鼓舞作用。1935年胡善馀归国后，先后任教于广州市市立美术学校、国立重庆师范学校、国立杭州艺专，中华人民共和国成立后任中央美术学院华东分院、浙江美术学院教授。

在胡善馀赴法留学时，其杭州艺专的同班同学新会人林达川（1912—1985）则决定前往日本留学。凭借父亲从加拿大寄回的侨汇，林达川于1932年9月从上海搭日本"长崎丸"客轮出国，在东京东亚高等预备学校学习日语，晚间在川端画校补习木炭素描。1934年3月考入川端画学校，1935年4月考入日本东京帝国美术学校雕刻科，在校期间选修油画。1937年回国结婚，1939年重返日本继续完成在该校的学业，1943年9月修完雕塑和绘画毕业。林达川后在日本成为职业画家，1953年8月携家眷归国时，已在日本学习、生活二十余载，是当时在战后日本美术界获得最高荣誉的华人[76]。归国后任教于浙江美术学院，与昔日同窗胡善馀再成同事[77]。

彭兑（李慰慈）：《现代建筑家科柏士埃的思想与生活》；彭兑（李慰慈）：《二全美展与提倡美育》，以上均载《广州市民日报·艺术周》1937年1—6月版。

[75]1928年2月，胡根天被迫辞去广州市市立美术学校校长职务，由司徒槐接任校长。各方面矛盾激化，爆发学潮。3月29日，学生列队到黄花岗参加七十二烈士纪念祭，警察称有异党从中活动，逮捕数名学生。引起广州市学生联合会和市教职员联合会的反对针对学生的声援，数日后，当局释放学生。学潮延续了七八个月，学生有十多人被开除学籍，三十余人自动退学或转学到上海、杭州。参见胡根天：《记全国最早一间公立美术学校的创立和发展过程的风波》，《广州文史资料》27辑，广东人民出版社1982年版；安潮：《市美易长风潮的解剖》，《青年艺术》1928年7月7日第3期。

[76]林达川是多次参加日本全国性美展的中国人，具有"无监查"和"依嘱"资格，其油画作品《窗前的景致》1949年参加第五回日本美术展览会，荣获该展览会"特选奖"，1951年加入全日本美术家联盟，是当时唯一的中国籍画家。见潘耀昌：《孤独的先行者：林达川的艺术之路》，载潘耀昌、龚鹰主编《大璞不雕：纪念林达川诞辰一百周年文献·作品集》，中国美术学院出版社2015年版，第29—31页。

[77]《林达川艺术年表》，载《大璞不雕：林达川油画作品集》，中国美术学院出版社2006年版，第249—254页。

(三)侨乡较高的基础教育水平促进美术人才谋求深造

侨汇涌入所刺激的地方经济实力提升,不断与西方沟通所带来的重视人文环境建设的社会风气[78],使五邑地区的整体教育、医疗、交通环境都有所改善,对当地的民智开发起到了重要作用。

1906年,清政府诏令废除科举制度,各府厅州县开始在乡城各处设置新式学堂。五邑地区的反应极为迅速,1906年春,开平县第一间新式学堂——开平县第一高等小学便建立起来,校址在县城苍城的东门内。该校学制为五年,按现代教育体制设置课程,有国文、修身、算术、物理、化学、英文、历史、地理、体操、图画和音乐,办学宗旨先进,管理制度严格。随着华侨对家乡教育的重视,五邑地区不断积极兴办新式学校,引进新学教师,建立现代化的基础教育体系,整体教育水平比较高。据不完全统计,在1949年前由华侨华人、港澳同胞捐建的学校,台山县有84所,恩平县有13所[79]。除了学校外,民间还兴建了各种公益图书馆,如开平县司徒氏图书馆、关氏图书馆、周氏图书馆等,这些学校和图书馆为学子提供了有关西洋新学的学习场所,开拓其视野,增进其与世界的交流意识。

海外归侨也提升了五邑地区的基础教育师资力量。如毕业于古巴国立美术大学油画系的归侨关墨园,1932年回国后长期在开平乡间从事基础教育,曾在希宪小学、越华中学、广东长师、开平一中、金鸡小学等多间学校任教,与岭南派画家司徒奇、关山月曾有往来,培养出岭南画家黄笃维(1918—2004)等学生[80]。据黄笃维回忆:"五年级了,我离家去(开平)赤坎继续读书。这是一个较大的圩镇,却是我当时眼中的大城市。……小学的图画教师叫关墨园,是出洋学油画回来的。他按照西洋的画画方式教学生,学写生、学素描、学水彩,每星期上两三次图画课。不时给小学生们讲国外所见所闻,讲外国的博物馆,讲蒙娜丽莎的神秘微笑……他也成了我第一位启蒙老师。"[81]

五邑乡间良好的基础教育环境培养出大量优秀人才,其中有志于美术的学子在家乡接受了良好的基础教育之后,不断向外流动迁徙,谋求深造。

1911年胡根天从开平县第一高等小学毕业后,到省城广州投考了广东高等师范附中[82],毕业后又东渡日本留学[83]。

1914年原本在开平县塘边村鸣鹤小学读书的司徒乔,随父亲工作转至广州岭南大学附属小学就读;1920年就读于广州岭南中学;1924年就读于燕京大学神学院;后前往法国、美国游学[84]。

1922年新会人伍千里(1906—1969)考入广州市市立美术学校西画科,1925年成为该校第一届毕业生[85]。

1924年司徒乔的表弟司徒奇考入广州市市立美术学校西画科,1926年转入上海中华艺术大学[86]。

1921年林达川在由华侨捐款建立的新会独洲小学就读;1925年小学毕业后随父亲到香港入读九龙鑰智中学读书,后转入海南中学;1927年海南中学毕业后,北上北平求学,同年秋入读北平文治高中;1929年高中毕业后入北平辅仁大学;1930年6月考入杭州艺专,成为该校第一届学生;1932年前往日本留学[87]。

1927年胡根天堂弟胡善馀入读广州市市立美术学校;1930年考入国立杭州艺术专科学校,与林达川成为同学;

[78] 如光绪年间的《新宁县志》指出："近年藉外洋之资，宣讲堂、育婴堂、赠医院、方便所、义庄，诸善举所在多有。"见《新宁县志》（今台山市）卷八《舆地略》，清光绪十九年纂修，1921年版铅印本。

[79] 广东省地方史志编纂委员会编：《广东省志·华侨志》，广东人民出版社1996年版，第151—152页。

[80] 张巨川编：《开平文化名人传略》，教育科学出版社2003年版，关墨园条目。

[81] 黄笃维：《自序》，载《黄笃维画集》，岭南美术出版社1991年版，第1—10页。

[82] 陈滢：《广东现代美术的先驱胡根天》，载《胡根天作品集》，广州美术馆1993年版，第7—19页；《胡根天年表》，第87—101页。

[83] 《胡根天年表》，载广州市书法家协会编《胡根天作品集》，岭南美术出版社2011年版，第206—215页。

[84] 《司徒乔年表》，载吴为山主编《赤子之心：20世纪中国油画名家司徒乔》，文化艺术出版社2017年版，第330—335页。

[85] 王嘉：《历史视野中的广州市市立美术学校：以胡根天、冯钢百、谭华牧、梁锡鸿、赵兽为例》，载王绍强主编《艺圃开荒：从赤社到广州市市立美术学校》，岭南美术出版社2018年版，第1—23页。

[86] 《司徒奇艺术年表》，载《中国近现代名家画集：司徒奇》，人民美术出版社2016年版，第203—206页。

[87] 《林达川年表》，载潘耀昌、龚鹰主编《大璞不雕：纪念林达川诞辰一百周年文献·作品集》，中国美术学院出版社2015年版，第284—287页。

[88] 《善徐艺术年表》，载吴为山主编《善彩徐韵：20世纪中国油画名家胡善徐》，人民美术出版社2017年版，第388—402页。

[89] 《罗工柳年表》，载陈琦编《罗公路研究文献集》（全3辑）2014年版，第3辑，第278—283页。

[90] 《黄笃维年表》，载《黄笃维画集》，岭南美术出版社1991年版，第143—151页。

[91] 张运华：《从文化视角关照五邑侨乡社会与妇女：兼与潮汕侨乡比较》，《五邑大学学报》2008年第1期，第1—6页。

1932年前往法国留学[88]。

1928年，台山人黄新波（1916—1980）入读家乡的凤堂小学和缉熙补习学校；1930年考入台山县立中学（现台山第一中学）；1933年入读上海侨光中学；1934年考入上海美术专科学校西洋画系；1935年曾赴日本游学。

1931至1934年，罗工柳在开平乡间读至小学毕业后进入广州中山大学附中学习；1936年考入杭州艺专[89]。

1928年黄笃维入读开平希宪小学，后转入振华小学；1933年，入读华侨兴办的开侨中学；1935年入读广州市市立美术学校。1938年广州沦陷后市美解散，黄笃维辗转至香港，后到上海进入上海美专西画系插班就读，1940年于上海美专毕业[90]。

（四）开明的社会风气催生各抒己见的艺术观点

移民是文化的传播者，五邑民众向海外移民并非仅是单方向的移出，他们或自身往来于侨居国与祖籍地之间，或与亲属保持着通信、经济等多种联系。长期不断的海外移民和海外联系，不仅在经济上给侨乡带来深刻的影响，并且潜移默化地影响到侨乡居民的社会生活和风俗习惯。华侨自身在海外接受了新的思想观念，学到新的生活习惯，通过侨居国与祖籍地之间的多种联系进行文化传播。他们既将中国文化传到侨居国，又将异域文化带回来，在侨乡形成了中外文化的大碰撞。从西方文明中所输入的科学与民主精神、天赋人权思想、平等自由观念等，给中国本土文化注入了新鲜血液，也刺激了本土文化思想的更新。伴随着频繁的对外交往，在这种新型文化的刺激和熏陶下，五邑侨乡民众的思想逐渐解放，形成了比较开放的心态。传统观念意识对该地的束缚相对较少，社会整体风气比较开明活跃。如相较以移民东南亚为主的潮汕侨乡，移民欧美为主的五邑侨乡妇女往往获得了更多的受教育权，享受到更高的自由度[91]。

在近现代中国新旧杂陈的思想环境中，五邑侨乡这种开明的社会风气能够包容共生各种新旧思潮以多元化的形式发展，五邑籍美术家也更容易被鼓励而形成百花齐放的审美偏好和艺术风格。五邑地区所涌现的近现代美术家们不但持有各种各样的艺术观点，还主持或参与各种美术社团活动进行观点的表达和宣扬。

结社，是中国近现代政治、文化史中令人瞩目的特殊现象。从清末以来，以孙中山为首的革命党人在粤港策动民主革命，各种或秘密、或公开、或暴力、或改良的政治社团纷纷组建。新文化运动之后，在中西文化碰撞的深刻刺激下，文艺人士迅速集结在一起为中国艺术之发展而出谋献策。随着各种新思潮的传播与发展，以及新式美术学校的兴起等多方面的因素影响，美术社团组织与活动发展迅速，数十年间，涌现出数量诸多、种类丰富的美术社团，社团的活动也日益频繁化、学术化，对当时社会及美术发展产生了深刻影响。在近代史上留下过痕迹的大多数美术家几乎都曾是某个或多个美术社团的成员，或曾与某些社团组织发生过密切的关系。

除了宣扬西洋美术的社团外，传统书画也发展出近现代意义上的美术社团。这与传统文化氛围中的文人结社、书画雅集等有所不同，其组织与运作带有更多的主动性和目的性。虽然文人酬唱、雅集等松散的传统结社活动依然存在，但部分传统书画家和文人雅士为了发出自己的声音，也开始组成团体进行宣传。国画、油画、版画等不同画种都组织起自己的团体，在组织和运作方面也日趋成熟和完备。

部分美术社团还与近现代学校美术教育紧密相连。一方面，美术学校网罗了众多艺术人才，富有激情的年轻学生渴望在艺术和社会上有所作为，于是志趣相投的三五同好组织在一起，就有了美术社团组织的诞生。学校美术教育的兴起与发展，大批专业美术人才的培养和造就，也是近代美术社团兴起壮大的前提和条件。另一方面，有一些社团以社团成员为班底，成为某些美术学校的师资，或直接发展和扩大为美术学校。如赤社美术研究会和广州市市立美术学校初设时西画系的师资，广东国画研究会与李金发接任校长之前广州市美国画系的教师队伍之间都有着千丝万缕的联系。赤社美术研究会还直接兴办了其私立附属学校——赤

[92] "在赤社成立之前，广州已经有过几个大大小小的美术团体，但范围只限于研究国粹画及所谓折衷派画，西洋美术是不过问的。而且那时擦炭相、摹影片、临印刷品之风颇盛行，投机者纷纷开斋设馆，招徒传授，因为这些不入国粹画及所谓折衷派的范围，乃自我标榜曰'西洋画'。因此，当时社会上所谓西洋美术，不过拉着臭莸当香草一样可笑罢了。"参见《赤社小史》，尺社第九次绘画展览目录，1930年。

[93] "'赤'字在色彩心理学上是表示热烈、诚挚、积极、刚强几种比较好的意义；同时它在地理上根据我国古书说南方属赤，广东位于我国南方，取名'赤社'也有根据。可是，自从1917年俄国十月革命成功之后，国际形势出现了新的动向，不久，中国又出现了五四运动和新文化运动，进步与反动势力的斗争形势是十分剧烈的，在这个形势当中，联系到一个'赤'字，不少比较年青的人在思想上均受到启发，表示赞成和向往；但也有人认为这意味着'叛逆'，是'洪水猛兽'，怕得要死。"参见胡根天：《赤社美术研究会的始末》，载《广州文史资料》第17辑，广东人民出版社1979年版，第160—165页。

社美术学校。除此之外，为了普及传播美术作品，宣扬各自的艺术观念，社团也积极兴办杂志刊物，出版画集著作等，为各种美术作品图像发表传播，艺术观念交锋对话提供了平台，促进了现代美术出版事业的发展。

1.赤社美术研究会

在广东近现代的美术社团中，赤社美术研究会是其中重要的西洋美术社团，也是广东第一个研究西洋美术的社团[92]。它聚集了当时广东画坛的一批艺术精英，尤其是从欧美及日本学习西洋美术后归国的青年英才，通过开画展、办学校发挥其社会影响力，对繁荣绘画艺术创作，提高社会的艺术基础和中小学图画教育的革新起到了积极作用。1921年秋，胡根天、陈丘山、容有玑、徐守义、梅雨天等七人相聚于广州，成立赤社。"赤"在传统文化中有"南方"之意，象征热烈、诚挚、积极、刚强等，这也是赤社得名的来由[93]。但在共产主义运动兴起以后，广东当局对于赤社之名有所忌讳，1928年后被迫更名为"尺社"，直至1935年该社因经费来源不足停止活动。

因该社团注重研究西洋美术且留学人才荟萃，因此其组织者和参与者多有五邑籍美术家的身影，除了胡根天是该社团的发起者和主导人物之外，曾在赤社活动过的五邑籍美术家多为留学归国者，包括冯钢百、赵雅庭、黄潮宽、关金鳌、李铁夫等。冯钢百、赵雅庭还参与了赤社美术学校和最初以赤社为班底筹建的广州市市立美术学校的教育教学工作。赤社成立之初制定了两大工作目标和任务：其一，至少每年开设一次展览会；其二，创立美术学校以培养美术人才。

20世纪20年代初期，当时的广东西洋画艺术氛围和民众认知皆十分薄弱，赤社认为需要通过举办西洋画展向市民及艺术爱好者介绍何为真正的西洋画。1921年11月1日，赤社展览会开幕，借广州永汉路市立师范学校的两个操场，展出西洋画作品160张。该展览联合了由美国、日本学成归来的画家们，共展出油画

胡根天在赤社第二次展览会门前，摄于1922年冬。

赤社同人在广州市市立美术学校前合影，摄于1922年4月。

水彩等160多幅作品，这是广州市民首次能够在画展中集中欣赏学院派的西洋画，引起了强烈反响，并启蒙吴子复、司徒乔等一批年轻人走上美术之路[94]。从1921年起至1930年，赤社共举办9次展览会。在1928年第7次展览会以前，赤社是一个比较纯粹的研究并展览西洋美术的团体。从第七次展览开始，因"念及研究中国的美术到了现代就一天衰退一天，这不但在研究中国美术的人们应当负改进之责，就是在研究西洋美术的人们也不能持袖手旁观的态度。"此后赤社同时也展览中国画。

在开办学校方面，广州市市立美术学校最初的教职员队伍即以赤社成员为班底。胡根天是教务主任兼西画、美术史教师，冯钢百为总务主任兼西画教师，关良、赵雅庭也是西画教师，陈丘山、梅雨天是水彩画教师，梁銮负责图案构成，他们都是赤社成员。人体解剖学教师陈士洁、西画教师谭华牧、何三峰也都有过与赤社成员一同创办私立学校的经历。除此之外，赤社还自行创办了附属的美术学校。1925年3月，赤社美术学校招生开课，教务主任为赵雅庭，分上午、下午两班上课，另外还添设一个晚班，以便一些中小学校美术科教师有补习机会。各班教师由赤社社员轮流担任，课程首重木炭或铅笔素描，也兼学水彩或油画。教学在教师指导下采取自由研究方式，不设毕业年限。学习成绩优秀的则吸收为赤社社员。[95] 该校于1935年与"赤社"一齐结束。

2.青年艺术社

1937年，广州市美第一届毕业生，并曾留校任教数年的吴琬执笔为青年艺术社社刊《青年艺术》写下《二十五年来广州绘画印象》一文，提到："赤社同人的画风，后一辈多受了冯钢百的影响，无形中做成稳健沉实的趋向，和何三峰、谭华牧的作品把广州洋画界划分了两种不同的形态。"

何三峰、谭华牧皆从日本东京美术学校留学归来，师从藤岛武二（1867—1943）、和田英作（1874—1959）等日本西画家。日本的油画自黑田清辉（1866—1924）等留学欧洲的画家归国

▼ "从墨西哥回来的赵雅庭先生，也是（赤社）社员之一，以百多号大小的画布，写一个人，雄健的笔触，沉着的色调，是颇喧动过一时的。"

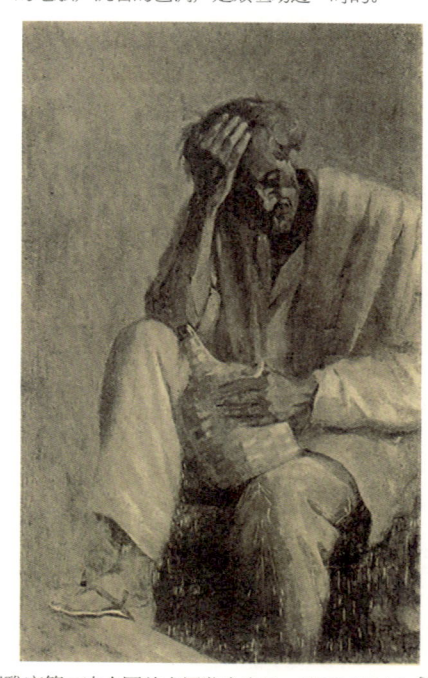

赵雅庭第二次全国美术展览会出品，油画《老人》[图]。

尺社画室情景照片，摄于广州，20世纪20年代。

[94] 参见吴琬：《二十五年来广州绘画》，载广州市文史研究馆、广州画院研究部编《吴子复艺谭》，岭南美术出版社1994年版，第145—156页。"一九二一年广州成立了一个美术团体赤社（后称尺社），并举行展览，会上展出了几位刚从日本、美国回来的画家画的油画。第一次广东全省美展也有油画。乔看了之后，自己也跃跃欲试。"参见冯伊湄：《未完成的画》，人民文学出版社1978年版，第21—23页。

[95] 胡根天：《赤社美术研究会的始末》，载《广州文史资料》第17辑，广东人民出版社1979年版，第160—165页。

[96] 教育部第二次全国美术展览会管理委员会编：《现代西画图案雕刻集》，商务印书馆1937年版。

[97] 漆澜：《现代语境中的中国画》，博士论文，上海大学，2015年。漆澜：《经典回顾：林达川》，载潘耀昌、龚鹰编《大璞不雕》，中国美术学院出版社2012年版，第43—48页。

[98] 陈独秀：《美术革命》，载郎绍君、水天中编《20世纪中国美术文选》，上海书画出版社1999年版，第29—30页。

[99] 括号内译文为笔者所加，引用的原文使用的是法语名词。

[100] 吴琬：《二十五年来广州绘画》，载广州市文史研究馆、广州画院研究部编《吴子复艺谭》，岭南美术出版社1994年版，第145—156页。

藤岛武二，《黑扇》，约1908—1909年，布面油画，63.7×42.4厘米，现藏于东京石桥美术馆。

后，开始形成一种外光派的新样式，它仍然注重形体和轮廓的刻画，并非完全像印象派那样追求瞬间的感受，但着重运用印象派的某些色彩技法，创造明亮的外光色感。这种新样式在日本也被称为新派或紫派。"紫"是指描绘暗部时不用黑色，而以紫色求得画面的明亮感。国内亦有学者称其为"准印象派"[97]。尽管中国青年去欧美留学的不比去日本留学晚，但中国美术家对于印象派的了解和接受，主要是通过日本美术教育这一环节展开的。真正在中国推广和实践印象派艺术的主要是从日本归来的美术留学生。

广州市市立美术学校的学生在接触到这种颜色绚烂闪耀的外光式画法后，非常兴奋，对关于艺术的种种问题展开了思考和探求。如何从西方"输入写实主义"[98]是很多负笈远行的中国美术留学生想要解决的问题。但当他们抵达欧洲时，所遭遇的艺术情境似乎十分吊诡。具象写实的艺术追求在20世纪的欧洲似乎已经迂腐过时，各类先锋艺术流派此起彼伏，令人目眩神迷。而中国美术留学生成规模地接触西洋艺术恰逢此时代，带着东方的眼光去西方学习，他们很难不感受到困惑。一方面，从康有为的重视写实技巧的"国画改良"论到陈独秀明确认为中国画需要输入写实的主张都提醒着中国美术留学生，我们要到西方学习本土不曾有过的科学写实技术。另一方面，现代主义艺术流派的活动刺激了中国美术留学生，从中西艺术的对比中挖掘出与自身兴趣相投的兴奋点，他们所借鉴的西方现代主义绘画深受"印象派—野兽派—表现主义"这个历史序列的影响。

作为本地新式美术学校培养的新型知识青年，仅仅进行技术的实践不能完全满足他们的求知欲，他们还希望获得绘画理论的灌溉。广州市美的部分学生对西方现代主义绘画发展产生了浓厚的兴趣，他们开始怀疑"绘画是自然物体的复述吗"？他们希望了解"近代西洋画进展到怎样情形，什么是写实主义、印象主义、后期印象派、表现主义、立体主义、Fauvisme（野兽派）、Neo—Classicisme（新古典主义）、Purisme（纯粹主义）、Surrealisme（超现实主义）[99]等事情"。[100]

早期的赤社成员，即广州市美西画系的主要教师的绘画语言涵盖了较为古典的写实性风格，也包括印象派、后印象派、野兽派、表现主义等风格，但总体趋向于写实主义与印象派。这种情况随着年青一代较为激进的艺术家的加入发生了变化，各种现代主义的时髦取向更加吸引某些青年学生的注意力。主要由市美第一届西画系毕业生组织的"青年艺术社"，就是广州现代艺术拥趸的聚集地。他们的艺术命运在也一定程度上侧写了西方现代主义艺术在20世纪中国的命运。

李桦、梁益坚、吴琬、伍千里、赵世铭这些志同道合、怀揣梦想的年轻学生成立了"野草社"，把招牌挂在胡根天与何三峰合办的东山美术学校门口，这就是"青年艺术社"的前身。上海《良友》画报曾以专刊印发该社成员的《青年艺术社秋季展览》作品，称他们"放胆创作，不问客观形似与否，但求表现作者之情绪与个性"。[10]青年艺术社之社徽采用简单的几何形式"圆、方、三角"遮挡重叠构成，颇有当时世界上最前卫的德国设计学校包豪斯的特征。

1929年秋季绘画展览结束后不久，青年艺术社成员为了生活不得不各奔东西，其艺术活动逐渐沉寂。他们以团体的名义再度活跃于广州艺坛，是在20世纪30年代以后，从法国留学归国的郑可、李慰慈，市美毕业生林绍仑、梁兆铭先后加入社团。虽然青年艺术社的活动一直备受资金困扰，但这些艺术青年富有激情，勇于奉献，出钱出力编辑出版了各种艺术杂志并与报纸合作开设各种艺术专栏，发表对当时画坛的见解，对文艺问题的讨论，介绍欧美现代艺术等文章，撰稿人除了青年艺术社的骨干外，主要是以市美为核心的师生同学。

伍千里与朋友合作在广州永汉北路107号开设了一间大众公司，经营摄影冲印并代理书籍画报、文化用品等，二楼展厅可以举办各种展览和讲座。青年艺术社以此为联络点，有了较为固定的活动场所。李桦创作版画个展、青年艺术设计小品展、郑可人体素描个人展览会等先后在大众公司二楼举办。青年艺术社诸成员活跃于广州艺术界，为广州市美学校校刊《美术》撰写、翻译

和田英作，《火柴的红光》，1914年，布面油画，尺寸不详，现藏于日本鹿儿岛市立美术馆。

▼ 作品图录中李俊英即李桦，所刊合影照片由右至左为梁益坚、伍千里、吴琬、李俊英、赵世铭。

莫霍利·纳吉所设计包豪斯校徽与青年艺术社校徽。

《青年艺术社秋季展览》，载《良友》1929年第40期，第32—33页。

青年艺术社编撰过的若干报纸艺术专栏及杂志书影。左：1934年《广州民国日报》艺术周刊刊头。右：1937年《青年艺术》创刊号。

艺术文章；在省民众教育馆举办讲座；在市立美术学校为法国浪漫主义绘画大师德拉克罗瓦举办纪念会；到番禺县立师范学校举办书画展览和艺术演讲会；组织发起广州学生摄影比赛等活动[102]。

1937年1月教育部决定举办第二次全国美展。广东省教育厅决定举办省级预展会以选拔作品并推动本地美术运动。胡根天代表省教育厅出任筹备委员兼征审部主任干事。伍千里由省党部派遣担任筹备委员。西画审查员为李铁夫、冯钢百、胡根天、关良、谭华牧、李桦等，郑可为三位雕塑审查员之一。吴琬担任展览管理部干事。广东预展于1927年2月举行，伍千里在展览筹备和资料汇编工作上发挥了重要作用。青年艺术社有多人参加此次展览，包括李桦的静物，吴琬的油画，郑可的雕塑，伍千里的油画、摄影，梁兆铭的油画等。

[101]《青年艺术社秋季展览》，《良友》1929年第40期，第32—33页。
[102] 吴瑾：《青年艺术社与广州现代美术（1927—1937）》，岭南美术出版社2010年版，第45页。

该年这也是青年艺术社最后的集中活动时间。1937年7月卢沟桥事变后，日本南侵形势日益紧迫，成员从此各散东西。整体上来说，该社团的艺术活动主要集中在学校和学术小圈子内，具有实验性质，在社会上影响不大。他们在看待西方现代主义艺术时，着重于从中国人的视野出发，追求油画中的中国文人趣味。用西方现代艺术理论来比较理解中国文人画，又借用西方现代主义艺术中的某些技巧和方法表达中国文人画的某些审美趣味。这种对表现形式的关切和较为个人化的趣味取向，必然与社会现实存在一定距离，他们的理想整体浮游于现实之上，在旷日持久的抗日战争的洗礼下，他们的理想，他们的生活、艺术思想、风格和形式都陆续有了很大改变。有论者谓："当年曾经在广州从事现代艺术的人，最终都难逃改弦易辙的命运。……曾经穷毕生精力辛勤耕耘的先行者，种瓜得豆已是不幸中的万幸了。……在中国社会现代化之前，中国艺术又怎能现代化？"[103]

3.广东国画研究会

"民国十二年（1923），岁在癸亥。一个新生的绘画团体在广州出现，它的名称就以年干为号，叫作癸亥合作社。"[104]新会人罗艮斋（1890—1954）任该社首任会长。1926年，癸亥合作社扩组为国画研究会，上报广东省教育厅得到批复同意，正式宣告成立，设立常务委员管理，潘致中任主持人，潘去世后由赵浩公接任，并在东莞、香港两地设立分会。国画研究会初成立时已有会员160余人，后迅速扩展为数百人的庞大美术团体，远在上海的黄宾虹也参与了广东国画研究会活动，以示声援。

国画研究会及其前身癸亥合作社所成立的20世纪20年代，中国传统文化已在社会生活中广遭质疑。1917年，康有为执笔《万木草堂藏画目》，以其"遍游欧美各国，频观于其画院"之经历，指出中国画在文人画笼罩画坛之后，轻视写实技法，背离自然写生路线，图式因循守旧，笔墨陈陈相因而走向衰落，所谓

伍千里《自画像》。教育部第二次全国美术展览会管理委员会编：《现代西画图案雕刻集》，商务印书馆，1937年版。

[103]吴瑾：《青年艺术社与广州现代美术（1927—1937）》，岭南美术出版社2010年版，第182—185页。

[104]长平：《癸亥合作社》，广州《天行报晚刊》1946年11月1日。

[105]康有为：《万木草堂藏画目》（节选），载郎绍君、水中天主编《二十世纪中国美术文选》（上），上海书画出版社1999年版，第21—25页。

"中国近视之画衰败极矣"[105]。康氏认为唐宋院画与欧美写实性绘画之间存在契合点，于是呼吁以唐宋院体为正法"复古而更新"进行中国画变革。1919年，陈独秀在《新青年》上发表文章，也将美术革命的矛头直接指向了正统文人写意画"若想把中国画改良，首先要革王画的命"。同时陈独秀并不像康氏那样"乐观"，他认为中国绘画不存在类似于西方的写实传统，力倡要向西方学习"输入写实主义"。

新文化运动兴起后，传统几乎被批判得一无是处，画学衰微已极，但这也激起了有志者"振兴国画"的反弹。《合作画社呈请立案》中声明："降至今日，士多鄙夷国学，画学日就衰微，非急起而振之，恐文化荡然，将为印度之续。某等有见于此，于是联合同志，设立斯社，以研究国画振兴美术为宗旨。"在新的思维和行为方式猛烈冲击并试图全面瓦解传统之际，广东国画研究会敏锐地意识到"全盘西化"的危险性，他们在传统文化被"整体负面化"的大环境中，对中国绘画精神的理论展开了研究，部分学贯中西的成员还运用中西比较研究的方法对"传统绘画精神"进行了现代表述，发表了一些极富开创价值的理论文章。这些文章的特殊价值在于：当整体社会文化大环境将包括文人画在内的中国绘画的写意传统视为衰落之际，他们坚持推崇中国绘画重视主观表现的精神。当以康有为、陈独秀、徐悲鸿等人为代表的文艺界认为数百年来的文人画是死水一潭，中国绘画自宋元以来是一代不如一代的大倒退之际，他们重新挖掘出中国绘画精神从唐代递至今日的变幻不息。

由于清末民初以来军事政治上的屡屡失败逐渐导致国人对传统文化"全面不自信"，国画研究会成员在撰文探讨中国绘画精神时，不仅十分注重与西方绘画进行对比，甚至不能免俗地跟随"全盘西化"者的思路，用所谓"西洋教授"的言论来为中国传统绘画精神树立"自信"。此种思路亦深深表明当时传统守望者在话语权上的艰难处境——意即西方才是正确的标准。中国传统绘画精神的好，中国人自己说出来不算，必须列举西洋教授之语录来证明。在此等氛围下，广东国画研究会诸公尽其所能地传承宣扬中国传统价值，挖掘中华民族文化认同感的思想及行动在这个大论争时代展现出一种"成熟的中、西辩证语境"。这使我们看到，社会文化以及艺术的变革正是在"裂变"与"传承"的摇摆中沿着"之"字路线前进的。

广东国画研究会并不是一个画派，其成员身份构成来源多样，有传统意义上的文人，也有职业画工、裱画匠等。如新会人李居端（李研山，1898—1961）出身书香之家，毕业于北京大学法律系，曾在司法界任官，又曾任广州市市立美术学校校长，作风开明。而台山人赵浩公（1881—1946）从裱画店起家，时常有临摹修复古画的机会，为摹古仿古之高手。清末民初以来，曾经笼罩天下的文人画"南北宗"体系早已被打破，民国传统派画家多有北宗倾向，一方面是对清代南宗一统天下的反拨，另一方面也带有"北宗最适合古董市场"的社会现实原因。此外上下追摹，融汇南北而发有新意者也不在少数。广东国画研究会主要成员的画风也各不相同，但总体主张守望传统，打破门户偏见，融汇古今，力图从传统本身复兴并发展中国画。但在广东这样一个长期处于中西方文化交流中的地区，该团体画家并非一味抱残守缺的顽固守旧派，而对世界文化多有所闻，其对传统的坚守，可谓一种文化对比中的"自觉"选择。

如李研山在主持市美期间，虽聘任大量国画研究会成员任教，但他受蔡元培学风影响，办学开明，鼓励学生发展个性。"注意学习中国画和西洋画的理论。观察、分析和写作，做到发展其所长，以弥补自己的不足。每言在北

癸亥合作画社1924年举办第一次展览,图为展览目录封面。 　　李居端题《国画特刊》书影,广州市市立美术学校国画研究会印行,1935年。 　　《国画特刊》第二号书影,国画研究会编纂部印行,1928年,黄大德先生藏品。

京得师于徐悲鸿,使自己的画学增益极大。"[106] "教学所选的名画范本,如董源、黄公望、"四王"、文徵明、沈周等,都由学校提供,概述其要。学生可以自由选择,用自己领会所得,采取各种形式来表现,即不拘于一定的某人的画是某种画派。学校不强令学生依式仿习。美专对师生们的思想倾向,讲研画理,都不大干预,可以说是纯艺术的画学教育,造就不少美术专才。"[107]《李研山书画集》[108]记载画家于北京求学时曾利用一些机会"遍览历代名家真迹",但他当时感兴趣的不仅仅是中国画,甚至更多时间放在西洋画的学习和研究上,在素描、水彩画和油画上也下过不少功夫,尤其擅长人像素描。篆刻家冯康侯与李研山当时同在北京,言及他与李研山"一起追随徐悲鸿研习西洋画,中国画反而画得很少。徐悲鸿那时候很年轻,和我们差不了太多,但总算是我们的导师了。"李研山逝于香港,后人整理其藏书时还发现有凡·高、塞尚的画集,以及一些日本的浮世绘。

　　国画研究会长期举行的活动包括:其一,编纂与出版。国画研究会设立了编纂部,出版了2期《画风》、7期《国画特刊》;其二,长期举办展览;其三,会中常设图书馆供会员借阅参考;其四,雅集挥毫。每逢周日会员到集,挥毫作画,互相观摩。雅集所绘,即行出售,拨为会中经费。

　　1937年抗战时广东国画研究会解散,1938年广州沦陷后,彻底停止一切艺术活动,前后活动逾15年,参与画人一度达200余人,是20世纪二三十年代以广州为重镇,辐射东莞、香港等珠三角地区的重要美术社团,也是民国时期广东参与人数最多,影响最大的一个美术团体。

人间画会主办首次漫画展"风雨中华"宣传广告，香港《华商报》，1947年3月。

参展作者在"风雨中华"漫画展海报前合影，摄于1947年3月。左起：黄新波、黄蒙田、陆地、陈雨田、梁永泰、廖冰兄、陆无涯。

[106] 曹云峰：《记三十年代广州美专校长李居端》，载《广州文史资料》第40辑，广东人民出版社1989年版，第190页。
[107] 曹云峰：《记三十年代广州美专校长李居端》，载《广州文史资料》第40辑，广东人民出版社1989年版，第190页。
[108] 李允鉌等：《李研山的书画艺术及其生平记要》，载《李研山书画集》，东方文物图籍出版社（香港）1974年版，第7—27页。

4.五邑籍美术家所参与的其他社团活动

除上述五邑籍美术家比较集中参与活动社团外，其他美术家亦有零星参与其他美术社团的活动。如1933年中国留法艺术学会成立于法国巴黎。由常书鸿联络留学巴黎的美术学生发起组织。郑可、胡善馀等赴法美术留学生参与活动。香港美术会，也称香港艺术会（Hong Kong Art Club），是在香港活动多年的西洋画团体。初时会员以洋人为主，也有少量华人。华人会员中有李铁夫、李秉、陈福善、余本、黄潮宽、王少陵等，大多具有海外留（游）学背景。

黄新波曾参与一些左翼思潮和木刻社团活动，1933年奔赴上海不久即先后加入"上海反帝大同盟""新诗歌会""中国左翼作家联盟""中国左翼美术家联盟""MK木刻研究会"等。1945年9月，黄新波受广州中共地下组织安排到香港开展活动，并筹备建立一个符合港英政府规定的合法社团以方便活动，并于次年成立了"人间画会"，其五邑籍成员还包括台山人黄茅（黄蒙田，1916—1997），新会人陆无涯（1912—1984），余所亚（1912—1991），开平人谭雪生（1921—2000）等。该画会通过举办美术展览，成立出版社，培养漫画新人，开展美术普及活动等吸引和接待了大批来港避难的艺术家。如李铁夫1948年底再次回到香港后即与人间画会成员经常有联系。1949年中华人民共和国成立后，画会的核心成员黄新波、符罗飞、廖冰兄等陆续回到内地工作，黄蒙田、陆无涯后来仍留在香港，该会实际上已经解散。

5.中国近现代五邑籍美术家主要活动区域

考察20世纪中国美术史的整体面貌，几乎每一个角落都曾浮现五邑籍美术家的身影。迁徙性、流动性是五邑籍美术家活动分布的重要特点。其主要活动区域仍多在以广州为中心的珠三角地区（含香港、澳门），国内其他活动地区则呈点状分布，主要位于上海、杭州及抗日战争时期的延安，另有部分美术家久居海外，成为较早在欧美有知名度的华裔画家，如朱沅芷、曾景文等[109]。从五邑籍贯地缘上看，台山籍美术家最多，新会、开平次之，鹤山较少，恩平罕有，但在本土成名的五邑籍美术家极少，多数人少年时代即已外出闯荡，还有人父祖辈即已背井离乡，在外地出生成长，大量美术家的命运轨迹均打上了深深的侨乡烙印。

（一）粤—港—澳大湾区

大多数五邑籍美术家主要来往于粤、港、澳之间。部分美术家长期在香港居留，特别是早期主攻西画方向的华侨华人留学生，如李铁夫、黄潮宽、余本、李秉、王少陵等。抗日时期躲避战火，不少美术家在澳门亦有数年居留，如李铁夫、司徒奇、李研山都曾在澳门避难，但主要定居于香港。

（二）上海—杭州—南京长三角地区

部分五邑籍美术家活跃在长三角地区，以上海—杭州—南京为中心，另有部分美术家往来于岭南与江南之间。侨乡的移民文化削弱了中国传统农村安土重迁的思想，五邑乡民勇于向外迁徙发展，除了向海外移民之外，也不断流动、迁徙到中国其他的发达城市。不少五邑籍美术家从父祖辈就已迁出乡里，定居于广州、香港、上海等大城市，因此部分五邑籍美术家实际上是在五邑之外，甚至在广东省外出生成长的。而"五方杂处、海纳百川的上海"[110]无疑是颇具吸引力的地方之一。粤沪美术家曾相互交往，活跃沟通于岭南与江南之间，架起文艺沟通桥梁。

第一种情况：陈抱一、潘思同、伍蠡甫等人父祖辈便已背井离乡，在外省出生、求学或出国留学，主要活跃在上海地区。黄幻吾出生在广州，1941年后移居上海，其主要艺术活动也在长三角地区。

第二种情况：有些美术家在五邑本地出生，前往外省求学及出国留学：如胡善馀、林达川为杭州艺专学生，后前往法国、日本留学，归国后留在杭州任教。司徒奇在上海就读中华艺术大学；罗工柳曾在杭州美专求学。

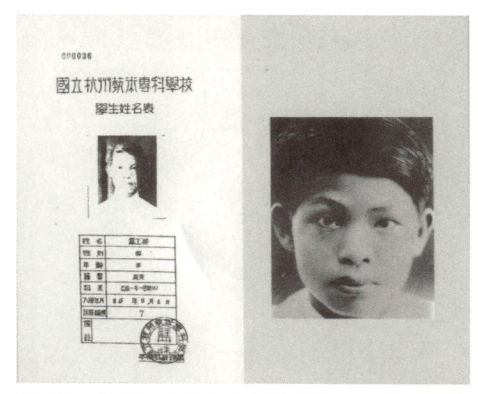

罗工柳在国立杭州艺专的入学证明，1936年，现藏于中国美术学院档案室。

陈抱一，《香港码头》，1942年，72×90.5厘米，布面油画，现藏于中国美术馆。

潘思同，《卸货》，1935年，38.2×50.1厘米，纸本水彩，现藏于中国美术馆。

[109] [美]安东尼·W.李（Anthony W. Lee）：《美国华人绘画简史，讫于1945年》，收录于美国古根海姆博物馆编著《美国艺术三百年》，上海辞书出版社2006年版。

[110] 潘耀昌：《海派与岭南派的关系（民国初到抗战前）》，载上海文史馆、广东文史馆编《海上潮岭南风：海上画派与岭南画派研究集》，上海书画出版社2011年版，第142—147页。

[111] 潘耀昌：《海派与岭南派的关系（民国初到抗战前）》，载上海文史馆、广东文史馆编《海上潮岭南风：海上画派与岭南画派研究集》，上海书画出版社2011年版，第142—147页。

[112] 胡根天：《记全国最早一间公立美术学校的创立和发展过程的风波》，载《广州文史资料》第27辑，广东人民出版社1982年版。

第三种情况：来往于广东至长三角之间办学、任教。如胡根天、谭华牧都曾任教于广州、上海两地。胡根天、陈抱一、潘思同，作为广东老乡，即使远客上海亦相互交游。

陈抱一（1893—1945）、潘思同（1904—1980）祖籍皆属广东新会，都出身于商宦家庭，在上海出生及成长。这些远在异乡的粤籍美术家，相互之间也时常交游往来。据潘思同哲嗣潘耀昌先生回忆，潘思同在家中接待亲友时，经常提到的同乡有陈抱一、符罗飞（海南文昌人）、王远勃（广东澄海人）。其中谈得最多的要数陈抱一。不仅因为陈抱一是同乡和亲戚，更重要的是他被大家认同的艺术观和在话语上的影响力[111]。陈抱一与胡根天是日本东京美术学校的校友，胡根天回国后受广州政府委托创办广州市市立美术学校，在教学中缺乏石膏教具，便委托陈抱一自日本购回[112]。

陈抱一家族原籍广东新会，是上海开埠以来较早活跃于沪上的粤籍商宦。其父在招商局担任要职，家境富裕，思想开明，曾搜求不少西方绘画印刷作品及书籍供陈抱一学习。陈抱一少年时曾在上海的私人图画传习所学习，主要学习一些中西合璧的水彩画，画一些照像间的布景。同学者有刘海粟、乌始光等人，创办者周湘是中国最早创办私立美术学校的画家。1913年陈抱一东渡日本求学，后因病短期回国，在上海停留期间曾任上海图画美术院的西画教员，并组织参与了东方画会的写生活动。1916年陈抱一继续前往日本东京学习，后考入东京美术学校。1916年在东京留学的中国美术留学生组织了中华美术协会作为他们的联谊机构。毕业后陈抱一返回上海筑画室于江湾，并参与上海美专、艺术专科师范学校、神州女学美术科、上海大学美术科、中华艺术大学等校的西画教学，是早期洋画运动与现代美术教育的重要先驱者。

潘思同原籍广东新会，生于上海。1925年在上海美术专科学校毕业，奠定了素描和水彩画基础。1928年与陈秋草等人创办的我国最早的业余美术教育机构"白鹅绘画研究所"，次年起任教上海美专，教授素描、水彩。他深知素描基础"极难深造"，所以在教学中格外强调素描，水彩之造型亦有素描之功。20世纪30年代，他在对英国水彩画各流派进行研究学习之后，又兼收中西绘画的特点，致力于水彩画各种表现技法的探索，形成了造型写实而水分挥洒自如的独特风格。《卸货》以生动的笔法、沉稳的色调迅疾地捕捉了这一运动中的劳动场景，并以水的充分运用和大面积的冲染强化了港口傍晚的气氛，仿佛使观者嗅到了潮湿的空气，感知到了卸货时的喧闹。唯有澄明的水面和淡远的坡岸为观者带来些轻松和舒缓，也许这正是画家把握水彩画韵味的着意之处。1955年起潘氏任教于中央美院华东分院。

祖籍新会麦园（现江门市江海区外海镇麦园村）的伍蠡甫（1900—1992）也出生于上海。从其父辈就开始赴海外留学，其父伍光建（1867—1943）曾在英国留学，是中国早期的著名翻译家。伍蠡甫幼时随父亲辗转于北京和上海，受父亲影响，博学且喜好文艺。1923年毕业于私立复旦大学文科，获学士学位；1936年入读英国伦敦大学深造。伍氏逐渐成长为著名翻译家、美术理论家、西方文论专家、文学家、国画家，曾任复旦大学文学院院长。伍氏除在其它领域成就斐然之外，也热衷于中国画创作和画论研究，出版有《谈艺录》（1947）、《中国画论研究》（1983）、《山水与美学》（1985）等著作[113]。

祖籍新会的黄幻吾（1906—1985）出身于教师家庭，在广州长大，中学毕业后，黄幻吾在广州从事印刷及广告美术工作，并学习了水彩、水粉、油画等西洋画。20世纪40年代后黄幻吾长留上海发展，历年来执教于苏州美术专科学校和上海轻工业学校，并担任上海中国画院画师。画风写实，取法中西，注重光影渲染和意境营造，并带有部分海派的用色特点。岭南画派在地域上退守粤语地区后，广东以外的不少人是通过黄幻吾来了解岭南画派的。黄幻吾虽然与"二高一陈"没有明确的师承关系，但却认同其艺术观点，并私淑高、陈的风格。他尤其称赞陈树人画风，称"在岭南新派国画领袖中，其（陈树人）作品最富于个性者。"黄氏非常重视写生，足迹遍及海内外，数十年来游历日本、越南、菲律宾、加拿大、美国等多国，游踪所至，遍览国内外名山大川，并在当地开办展览，宣扬画艺。黄幻吾曾三次横渡太平洋，刻有"三渡太平洋"之印。

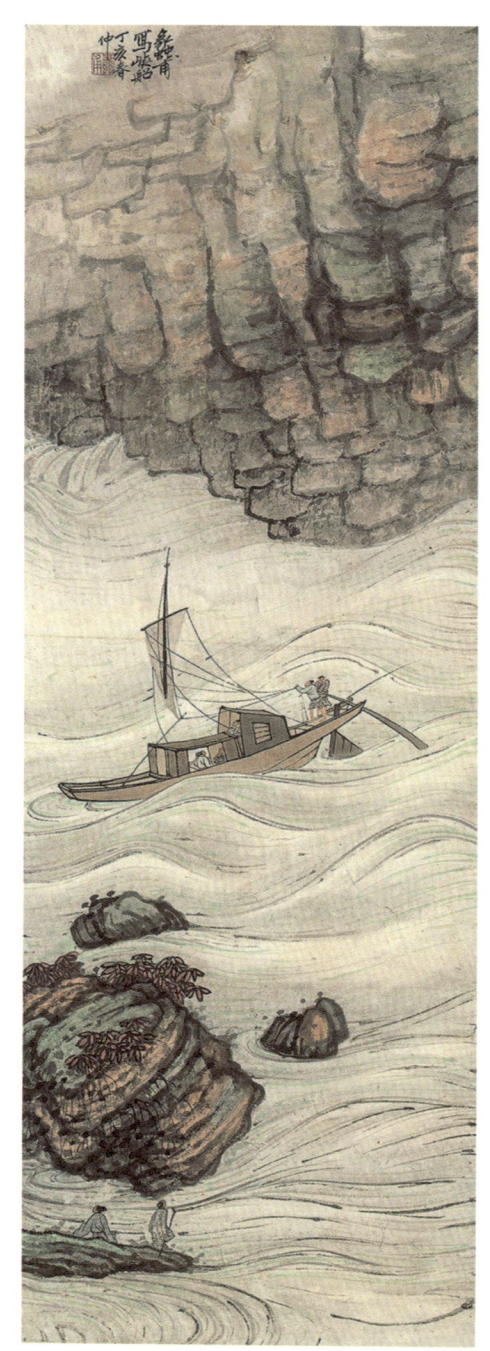

伍蠡甫，《峡江行船图》，1947年，103×34厘米，纸本彩墨，私人收藏。

黄幻吾，《英雄花放漫天红》，20世纪70年代，纸本彩墨，私人收藏。

[113] 参见刘媛：《论贯中西，艺通古今：伍蠡甫的艺术研究之路》，《美术观察》2016年第8期，第132—133页。
[114] 刘曦林：《司徒乔与新疆》，《美术研究》2003年02期，第15—21页。
[115] 鲁迅：《看司徒乔君的画》，《语丝》1928年第4卷第14期。

（三）全国各地大后方

郑可曾留学于法国，活动于中国粤港澳地区及新加坡，中华人民共和国成立后受邀到北京，任教于中央工艺美术学院。司徒乔是中国较早前往新疆写生的美术家之一，也是较早发掘新疆创作主题的美术家，他或缘异域风景而陶醉，或观马而生命奔腾，或察人而捉神采见深情，或对异域风情做激情之记录，"异域风光陶醉了他，也塑造了他"[114]。黄新波曾在上海求学，并短暂地前往日本游学，主要活跃于广东、广西、香港等华南地区，从20世纪30年代开始进行木刻版画的创作，是鲁迅所倡导的新兴木刻运动的主力军之一，对中国现代版画的发展做出了突出贡献，中华人民共和国成立后回到广东担任美术界领导职务。罗工柳在抗日战争时期活跃于延安，中华人民共和国成立后前往首都北京，任教于中央美术学院并担任领导工作。

司徒乔（1902—1958），出生于开平赤坎镇塘边村。开平赤坎镇的司徒家族依托近现代五邑华侨的海外移民道路，爆发式涌现出大量人才，涵盖教育、绘画、雕塑、电影、音乐、文学、商业、通信、制造业、军事、政界等各界，分布于世界各地，如美洲华侨领袖司徒美堂、香港企业家司徒辉、电影艺术家司徒慧敏、教育家司徒赞、音乐家司徒汉、雕塑家司徒杰等，形成了脉络根植于五邑，开枝散叶到五湖四海，极具华侨移民发展象征意义的家族。

司徒乔是一位独行侠式的天赋型画家，其足迹遍及法国、美国、东南亚等世界各地，也是20世纪较早前往新疆等西北地域写生的中国画家之一，他在油画、色粉画、竹笔画上都有自己独特的成就。司徒乔的写实主义作品包含着博爱悲悯之心，对生活最艰难、最困苦的社会底层人民饱含着最真挚的同情。司徒乔父亲曾在基督教背景的广州岭南大学附属小学工作，作为职员家属，司徒乔得以从家乡转入岭南大学附小就读，后入读岭南大学文学院，再进入北京燕京大学神学院学习。在广州读书期间，司徒乔就开始自学西洋画，到北京之后更将大部分精力用于钻研绘画技术，"终日在画古庙、土山、破屋、穷人、乞丐"[115]。也为"未名社"和北新书局的杂志、个人著作及译著等设计绘制了不少封面和插图。其1926年在北京中央公园（中山公园）水榭举办的个人画展得到了鲁迅肯定，鲁迅高价购藏了《五个警察一个〇》和《馒头店门前》两幅作品。"司徒乔绝不仅是在舞台上给工人阶级一点同情，而且他后来在北京、上海，画的也主要是穷人、工人和乞丐。这好像成了司徒乔画笔长征的始。以后无论什么地方、什么时候，他描写的大都是漂泊的穷人、受压迫的工人、年老的流浪汉，或是用强烈的色彩来讴歌他如此热爱祖国山河大地。"[116]

1928年底司徒乔曾前往法国学习油画，但未几因经济困难而辍学，又辗转至美国，接触了现代壁画，但因惹上美国移民局的"官非"被拘捕并驱逐出境。虽然是一段波折坎坷的海外求学之路，但提升了司徒乔对绘画的认知，并在法国结识了其妻冯伊湄。1931年司徒乔回到广州，任教于母校岭南大学，创造性地以用旧毛笔管削成竹笔，蘸墨汁作竹笔画。1936年鲁迅去世后，他以竹笔饱蘸墨汁，画下了鲁迅最后的遗容，并为鲁迅葬礼绘制了巨幅遗像。1937年抗日战争爆发后，司徒乔一家先后流亡缅甸、马来西亚和新加坡等地，直至1942年回国。在新加坡他观看抗日话剧后创作了著名作品《放下你的鞭子》。1946年远涉广东、广西、湖南、湖北、河南5省作长卷《义民图》《父女》等，并先后在上海、南京展出。中华人民共和国成立时司徒乔仍在美国治疗肺病，后星夜赶回国内，归国旅途中根据同船的三个老华工的血泪控诉和形象，创作了反映华侨苦难生活的名画《三个老华工》。1950年10月，司徒乔到北京参加中国革命历史博物馆筹备工作。1952年开始任教于中央美术学院。1956年9月，司徒乔回到家乡开平数月，创作了《故乡的早晨》等10多幅充满南国情调的优秀作品。1958年2月16日，因旧病复发英年早逝。

黄新波出身于台山斗山镇的华侨工人家庭，幼年时曾随母亲到香港生活读书，后返回家乡台山在新式学堂完成小学教育。1930年秋，黄新波入读台山县立中学（现台山第一中学），在学校积极参加各种抗日宣传活动，1932年被学校开除。1933年后黄

司徒乔，《新疆五姐妹》，1943—1944年，53.1×38.9厘米，纸本水彩，现藏于开平市美术馆。

司徒乔，《新疆骑兵》，1943—1944年，36×44.9厘米，纸本水彩，现藏于开平市美术馆。

[116]廖承志：《〈司徒乔画集〉再版序》，《文汇报》1978年版。

[117]鲁迅：《且介亭杂文末编·〈凯绥·珂勒惠支版画选集〉序目》，载《鲁迅全集》第6卷，人民文学出版社2005年版，第487—488页。

[118]陈迹：《理性激情与历史规训：黄新波研究》，广东人民出版社2016年版。

司徒乔，《三个老华工画稿》，1950年，20.4×13.3厘米，纸本钢笔，现藏于开平市美术馆。

司徒乔，《三个老华工》，1950年，48.3×39.4厘米，纸本彩色铅笔，现藏于中国美术馆。

新波奔赴上海求学并先后参加"上海反帝大同盟""新诗歌会""中国左翼作家联盟""中国左翼美术家联盟"等左翼社团活动，开始学习并参加鲁迅所倡导的新兴木刻运动。他的木刻作品受到德国表现主义艺术家珂勒惠支等人的影响。鲁迅曾评价珂勒惠支："为一切被侮辱与损害者悲哀，抗议，愤怒，斗争；所取题材大抵是困苦，饥饿，流离，疾病，死亡，然而也有呼号，挣扎，联合和奋起。"[117] 在黄新波的作品中，我们也能看到这些表现城市贫民、农民、逃难者的苦难生活的现实主题，充满人道主义悲悯的情绪，使弱者得到温暖的抚慰；并从悲悯上升到愤怒与反抗，给人以力量与希望。除版画艺术，黄新波在油画、色粉画、插图、时政漫画、连环画、宣传画、素描以及书刊设计等方面有突出的表现。他有相当不错的文学造诣，常年写作并发表诗歌，从事进步的文化活动和革命活动。

1935年5月至1936年6月，黄新波前往日本游学，在日期间主持"中国左翼美术家联盟东京分盟"工作，并参加"中华学术研究座谈会""中华留日学生座谈会"等在日留学生团体活动并举办展览，还参与编辑一些留学生刊物。广州沦陷后，黄新波来往于桂林和香港之间，先后在桂林参与各项木刻展览、参与主编木刻刊物，并进行教学活动。1941年1月5日皖南事变后，黄新波创作了《他并没有死去》纪念牺牲的革命烈士。此后转移到香港，在年底香港沦陷后又回到桂林。1942年至1943年间，黄新波曾在离桂林不远的鹰山居住，创作了《心曲》组画等一大批具抒情性格的木刻作品。"这些作品突破了阶级的、民国家的以及时空的界限，在战时的社会共同要求之外，从人类悲悯和人性拯救的层面，来思考整个人类的生存状态。这一时期的作品多借助自然环境烘托情感，直面战时人类的孤独、沦落、苦难、挣扎等现实人生，具有内省和浪漫的文学性表达，多寓意生命本源的命题。"[118] 1944年7月湘桂大撤退至抗日战争结束，黄新波在柳州、宜山、贵阳、昆明等第绘制了大量抗日反战宣传作品。抗日战争结束后，黄新波在再赴香港，组办"大千印刷出版公司"，担任《华商报》外勤记者，发起组织"人间画会"团结了众多优秀画家，发起组织"人间书屋"出版各种文艺创作、翻译书籍等，开展各项美术组织和社会活动。工作之余还进行了大量木刻作品与油画作品的创作。这批油画作品"在内容上凝聚了他对战争和苦难深刻的现实体验，在形式上借鉴了西方超现实主义的表现技法，以至于这批作品受到了当时香港左翼文艺界的质疑。然而，在个性化表达与群体性争议中，也体现了黄新波潜意识里的现代思想和文学洞察力，也许更为接近"五四"精神的意旨"[119]。

黄新波，《鲁迅先生的葬仪》，1936年，25×35厘米，木刻版画，黄元女士捐赠，现藏于江门市美术馆。

罗工柳出生于广东省开平县月山镇罗村，取名瑞和，在家乡接受了新式学堂和私塾双重基础教育。其私塾教师根据古代典故，为其改名工柳，即为人要学习"和圣"柳下惠。罗工柳16岁时进入广州中山大学附中学习，"九一八"事件发生后，少年罗工柳开始参加学生运动，也因此被学校开除。失学后，罗工柳在广州自学绘画，虽然找到工作，有了收入，但内心并不能满足于这种生活。1935年，罗工柳以入学考试第一名的成绩考入国立杭州艺术专科学校，得到免费生的名额。但在杭州艺专仅仅读了一年就离开了校园生活，投身到抗日救亡的洪流中。1938年，中国共产党的六中全会以后，延安大批干部到敌后去开辟抗日根据地，罗工柳参加"鲁艺木刻工作团"前往大后方，并开始与团友一起思考作为革命宣传工具的木刻形式中国化问题。"我们带来的全国木刻展的作品加上延安的作品，实际上还是西方风格的作品。所谓西方风格，就是突出明暗和光影，刻法是阴刻。群众反应不好看，追求明暗的阴刻，把脸刻成一条条，一道道的，群众看了说：'怎么都是一脸胡子？'"经过研究，罗工柳等人决定尝试吸收民间年画中的阳刻特点，在借鉴中国传统民间版画语言的过程中，也借鉴了西方现代版画的观念，做出了木刻版画的中国化尝试，受到群众欢迎。

黄新波，《卖血后》，1948年，33×21厘米，木刻版画，黄元女士捐赠，现藏于江门市美术馆。

新中国成立后，罗工柳从木刻转向油画发展，创作了《地道战》《整风报告》等被人们称为"土油画"的代表性作品。1955年至1958年秋，罗工柳前往苏联列宁格勒（圣彼得堡）列宾

▼《毛泽东在井冈山》是幅肖像画，作品以抒情色调和写意笔法描绘了毛泽东在井冈山麓静思的坐像，寓动于静，寓疾风暴雨于静思，将叙事因素隐藏到了肖像之中，侧面表现了在敌人围剿和党内斗争的极端严酷和剧烈动荡的现实面前，毛泽东的焦虑以及革命根据地艰难曲折的发展历程。[120]

罗工柳，《毛泽东在井冈山上》，1961年，290×193厘米，布面油画，现藏于中国国家博物馆。

美术学院留学进修，归国后致力于"变洋为中"与"变古为今"。20世纪60年代，中苏关系破裂，原本拟由苏联专家教学的油画研究班（简称"油研班"），最后由罗工柳独立主持，成为新中国油画教学史上的最有成果和学术意义的教学活动之一，影响深远[121]。罗工柳除了绘画创作、教学，还做了很多在其他人看来是"打杂"的事情。如先后担任了主持第二套至第四套人民币的设计、筹建中国革命博物馆、中央美术学院的油画教学及领导等工作。

（四）海外艺坛

关金鳌、朱沅芷、王少陵、曾景文等移居海外的五邑籍华人，曾活跃于欧美艺坛。尤其是朱沅芷，活跃于美国及欧洲，其艺术成就突出，油画作品在拍卖市场上表现较好。曾景文活跃于美国水彩画界，1979年中美建交后，成为首个在中国美术馆举办个展的美籍艺术家。美国学者认为华人在美国的艺术努力是美国绘画史中不可或缺的组成部分。曾景文的经历，折射了华人绘画在美国所经历的缓慢但却坚定的转变，以及美籍华裔艺术家从最初在西海岸的生发到逐渐向东拓展的过程。在第二次世界大战以及美国旧有的排华法案解除之后，新的移民又陆续不断地来到美国，他们的子嗣也越来越多地开始学习或工作，华人社会在美国又开始复兴，绘画艺术也得到前所未有的繁荣和发展。在美国出生并接受教育和训练的新一代人，开始全面开掘各类风格和题材，并且从20世纪50年代开始积极参与美国各类重要的艺术运动[122]。

[119]陈迹：《理性激情与历史规训：黄新波研究》，广东人民出版社2016年版。
[120]刘骁纯：《论罗工柳的艺术》，载《罗工柳油画》，山东美术出版社2004年版，第29页。
[121]闻立鹏：《历史的贡献：罗工柳先生的油研班教学实践》，《美术研究》1997年第4期，第13—17页。
[122][美]安东尼·W.李（Anthony W. Lee）：《美国华人绘画简史，讫于1945年》，收录于美国古根海姆博物馆编著《美国艺术三百年》，上海辞书出版社2006年版，第234—241页。

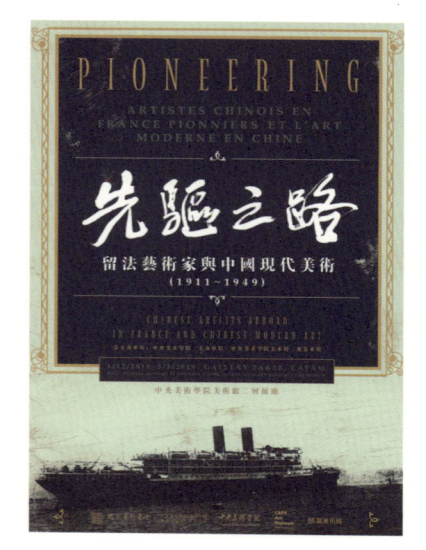

2019年1月12日至3月3日，中央美术学院美术馆主办"先驱之路——留法艺术家与中国现代美术（1911—1949）"展览。

2015年9月16至10月25日，广东美术馆主办"世纪对话——岭南画派与广东国画研究会的学术论争"展览。

2016年3月29日至5月3日，中央美术学院美术馆主办"创新先驱之路：罗工柳百年诞辰纪念展"。

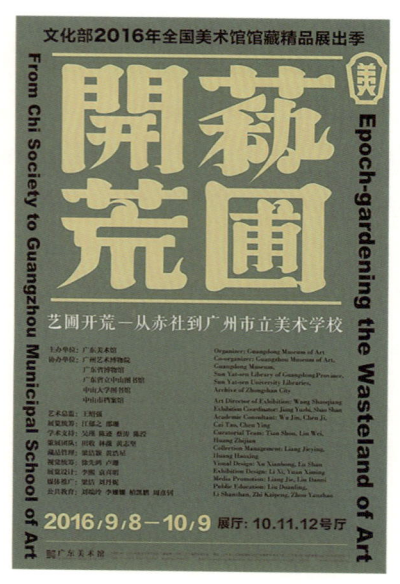

2016年9月8日至10月9日，广东美术馆主办"艺圃开荒——从赤社到广州市市立美术学校"展览。

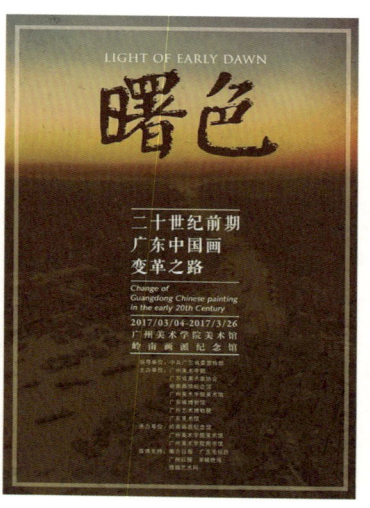

2017年3月4日至3月26日，广州美术学院美术馆、岭南画派纪念馆等联合主办"曙色——二十世纪前期广东中国画变革之路"展览。

2017年7月12日至8月13日，广州美术学院、中国画院主办"心曲人间：黄新波艺术研究展"。

五、结语

依托于广东早期华侨华人移民运动的大背景的近现代五邑籍早期美术家，其分布极广的艺术活动，几乎就是中国近现代美术活动的缩影。

他们既是近现代美术史上的留学潮先驱，又广泛促进了中国早期油画、水彩、雕塑等西洋艺术的引进及本土化发展。

他们结合西方的艺术教育模式创办中国新式美术学校，投身现代美术教育体系建设，为新时代的文艺苗圃培养人才。

当中国画语言形态受到西洋美术的刺激时，他们或坚守传统，或奋勇革命，为中国画的现代发展道路而论争探索。

他们承载了美术发展的社会责任意识，以木刻版画为武器奔走于解放区和国统区，宣传、促进革命和民族解放，也为版画艺术的本体语言发展做出了诸多贡献。

中国近现代五邑籍美术家的主要成就贡献、艺术风格及时代命运与波澜壮阔的中国近现代美术史同呼吸共命运，已非此处所能赘，留待专文再论。中华人民共和国成立后，新一代江门籍艺术家继承和发扬了侨乡先辈的优良传统，关注时代发展潮流，热情拥抱与讴歌新时代的新生活。

前人之行，后人之志，激励吾辈不忘初心，砥砺前行！

1869—1899

1869
己巳 清同治八年

⧗ 生卒　📚 教育　🌐 流动　⛩ 交游　👥 社团　🖼 展览　🎨 创作

⧗ 李铁夫（1869—1952）出生。李铁夫，广东鹤山雅瑶陈山人，原名李玉田。

- 1949年11月21日，香港文艺人士冯钢百、赵少昂、黄潮宽、张光宇、陈福善、郑可、廖冰兄、陈海鹰等人借为李铁夫庆祝八十大寿的名义而在香港金陵酒家二楼聚会。据此反推，一般出版物大多记载李铁夫出生于1869年。

- "港九美术界人士昨天（11月21日）下午在金陵酒家二楼举行茶会，为革命老画家李铁夫祝八十大寿。"（《李铁夫昨寿诞，港九美术界举行茶会祝嘏，李氏吁吁努力为人民服务》，《大公报》（香港版）1949年11月22日；迟轲：《李铁夫》，岭南美术出版社1985年版，第118—123页；罗淑敏：《1940至1959香港亲中报章刊载的艺术家活动年表》，载唐锦腾编《香港视觉艺术年鉴2010》，香港中文大学艺术系2011年版，第167—195页。)

1949年11月大公报（香港版）上刊登有关李铁夫八十寿辰的新闻报道。

- 但实际上，李铁夫生前对年龄的自称或其朋友对其年龄的记载，与外界报道已经存在巨大的差距。有友人称李铁夫本人也不清楚自己生辰，记不清出国的年月。有关李铁夫年龄的相关记载差距极大，他的年龄变成了一个神秘莫测的问题。（参见冯锦、王畅怀：《李铁夫出生时间各家观点考辨》，《美术学报》2017年第4期，第78—84页。）

1869

- 李铁夫归国后，曾于广州盘桓，在参与黄花考古学院的活动中结识谈月色。谈月色追随其学习了一段时间的绘画，并于1932年在《艺觳》创刊号发表《李铁夫师事略》记载其生平称："师年甫十一，游学英国……二十年秋，师甫回粤，计去国已三十有六载矣……"按谈月色的记载，李铁夫于1931年回国，去国36年，则应于1895年出国。出国时11岁，如不计算虚岁，则生于1884年。而这一年龄记录远小于其他记述。（谈月色：《李铁夫师事略》，《艺觳》1932年6月创刊号，第11—12页。）

1980年版《李铁夫画集》，即"他归国后五十年来的第一本正式的画集"扉页上所刊李铁夫生卒年。

▶ 谈月色（1891—1976），顺德人，其身世颇具传奇色彩。幼时曾在广州檀度庵为尼，法名悟定，师从画尼文信[1]，习得书画，尤擅画梅。31岁时还俗嫁给蔡守（即蔡哲夫、蔡寒琼）为如夫人，二人均为南社成员。1931年，谢英伯、胡肇椿、蔡哲夫（蔡守）、曾传轺、杨成志、朱庭祜等文化名人筹备发起成立广州黄花考古学院，这是广州第一个现代意义上的职业考古学术团体。1932年1月，该院正式发行了《考古学杂志》（创刊号），也是该院唯一一期杂志，由蔡元培题写杂志名，张继（溥泉）题辞。1931年3月，蔡守与谈月色主持发掘了广州东山猫儿冈汉墓，其考古报告后发表于《考古学杂志》上。蔡守、谈月色所成立的"艺觳社"，在1932年出版了唯一一期杂志《艺觳》，旨在介绍金石书画，由张继题写刊名，蔡元培为其撰写《艺觳发刊语·寒琼说》，封底并有"蔡元培、邹鲁、于右任、戴传贤、林森、孙科、胡汉民、叶楚伧、张继、邵元冲代订"的字样。正是在蔡氏夫妇参与黄花考古学院的活动中，谈月色认识了李铁夫，并追随其学习了一段时间的绘画。按其自述："因同创办黄花考古美术院，余乃得受业而学世界画焉，十月五日师因张溥泉（张继）为介，陈铭枢延师至东山芳园供养，每星期六日必过寒闱，亲授画法，故得略闻其生平如是。"

谈月色照片及《艺觳》书影。

▶ 《艺觳》所刊《本社同人欢迎张蔡二公摄影》："从右至左第一行：一谈月色，二蔡寒琼，三蔡子民（蔡元培），四曾传轺；第二行：一冯钢百，二谢英伯，三张溥泉，四胡肇椿，第三行独立者，李铁夫也"。[2]

---

[1] 注：文信（1825—1873），俗姓刘，名芳，广州檀度庵比丘尼，工度曲，善诗画，民国时期画艺渐为时人所重。
[2] 注：《艺觳》1932年6月创刊号，第11页。

- 1943年初，徐悲鸿发表《中国新艺术运动回顾与前瞻》，文中谈到李铁夫："中国洋画家之老前辈，当首推李铁夫，今年七十余，其早年所画像，实是雄奇。"（徐悲鸿：《中国新艺术运动回顾与前瞻》，载《社会教育季刊》1943年第1卷第2期，第32—35页。）
- 1946年7月7日至8月25日，郭沫若在上海《文汇报》副刊《世纪风》上连载《南京印象》时，曾在第十二篇《慰问人民代表》中提到与李铁夫的会晤："李铁夫是值得认识的一位奇人。……他原籍广东，是孙中山先生的一位老朋友，已经八十五岁了。"（《郭沫若全集·文学编·第十四卷》，人民文学出版社1992年版，第506—514页。）
- 1947年上海《人物杂志》所发表的署名木龙·霞奇的《东亚第一画家李铁夫》则模仿李铁夫的语气自称："老夫今年八十四岁了，早年从事革命，学画之初，民国还没有影子咧！"（木龙·霞奇：《东亚第一画家李铁夫》，《人物杂志》1947年总第2年第3期，第6—9页。）

木龙·霞奇，《东亚第一画家李铁夫》书影，1947年。

- 李铁夫有一批书法作品现藏于广州美术学院美术馆，钤有"港人美术界劳军1949年11月"印章，其中3件款署"八十八老人李铁夫"，另有1件款署"己丑秋日"，应是同一时期作品。与贺寿所称的"八十岁"相比，李铁夫所自称的"八十八岁"又更为高寿。

1874
甲戌 清同治十三年

⌛ 生卒　📚 教育　🌐 流动　⛩ 交游　👥 社团　🖼 展览　🎨 创作

- ⌛ 3月13日，易孺（1874—1941）出生。易孺，广东鹤山沙坪玉桥人。初名廷熹，原名开骐，字季复，号魏斋、韦斋、大厂、大厂居士、鄎斋、待公、屯老、念翁、不玄、大岸、玦亭、守愚、孝谷、花邻词客、前休后己庵主等，署号繁多。（李万安：《易大厂篆刻艺术》，《荣宝斋》2007年第4期，第234—237页；李云井：《易大厂生平及交游考略》，《荣宝斋》，2013年第2期，第266—273页。）

  - 在篆刻艺术上多以易大厂（音ān）之名行世，其名号中的"厂""庵""岸""盦"属于同音假借，可以互用。"厂"，《说文》释为："山石之厓岩，人可居，象形，凡厂之属皆从厂，呼旱切。"

易大厂像。

易大厂，《花卉》，1939年，78×36厘米，纸本设色，现藏于鹤山博物馆。

1877
丁丑 清光绪三年

📖 生卒　🎓 教育　🌐 流动　⛩ 交游　🏛 社团　🖼 展览　🎨 创作

🎓 1877年至1883年间，李铁夫就学于同乡吕辉生孝廉家（编者注：孝廉是明清两代对举人的称呼），习诗文、书法，喜绘画。（迟轲：《李铁夫》，岭南美术出版社1985年版，第118—123页。）

▶ 李铁夫书法作品。1950年9月2日晚，华南文联从香港接李铁夫回到广州后，在文联礼堂为老先生举行欢迎会。会后李铁夫振笔写下一幅中堂题给华南文学艺术界联合会，乃是论语中的名句："丘也闻有国有家者，不患寡而患不均，不患贫而患不安。盖均无贫，和无寡，安无倾。"表达了李铁夫对中华人民共和国建设的无限热望。

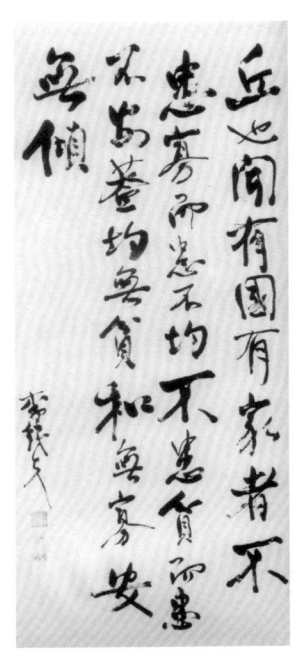

李铁夫书法作品。

1881
辛巳 清光绪七年

⌛生卒　🎓教育　🌐流动　⛩交游　👥社团　🖼展览　🎨创作

⌛ 赵浩公（1881—1948）出生。赵浩公，广东台山人。名浩，字士毅，号石佛、秀石，别署浩气、浩公、牛口、离合浩子、牛口水、赵王孙，大宋王孙（台山赵氏本宋室帝系）。斋名："无所容居"（取东方朔答客难句"无所容居"名之）、赵倚楼（赵嘏诗名，藏书画所）、千甓精庐（好收藏古砖瓦）、黄石斋（因好奇石而名）。（黄大德：《赵浩公年表》，载朱万章、郭燕冰主编《广东"国画研究会"研究》，岭南美术出版社2010年版，第178—204页。）

▶ 赵氏曾以摹古画为业，擅长摹仿唐宋名迹。曾任广东省第一次美术展览审查委员，是癸亥合作社及广东国画研究会主要成员，曾在广州市市立美术学校、中山大学任职中国画教师。

赵浩公像。

赵浩公，《南山松柏图》，1935年，120.5×61.6厘米，绢本设色，现藏于香港中文大学文物馆。

1883
癸未 清光绪九年

⌛ 生卒　🎓 教育　🌐 流动　🏛 交游　👥 社团　🖼 展览　🎨 创作

⌛ 农历五月初十，冯钢百（1883—1984）出生。冯钢百，广东新会古井田寮人，曾用名冯百炼，号均安。[《冯钢百年表（1883—1984）》，载广东美术馆编《中国早期油画大家冯钢百》，人民美术出版社2003年版，第120—142页。]

▶ 百岁高龄的油画家并不多见。冯氏是广东早期油画的先驱者和美术教育家，其自幼爱好绘画，青年时代曾赴墨西哥、美国务工留学。1921年回国后参与赤社、广州市市立美术学校的创办与教学活动。其油画创作以肖像为主，被中国美术馆、广东美术馆等地收藏。晚年曾任广东省文史馆副馆长、中国文学艺术工作者联合会广东分会委员、中国美术家协会广东分会理事、广东省政协委员。

冯钢百照片。

冯钢百，《冯钢百自画像》，年代不详，77×66厘米，布面油画，现藏于广东美术馆。

1884
甲申 清光绪十年

⌛生卒　📚教育　🌐流动　⛩交游　🏛社团　🖼展览　🎨创作

⌛ 郑伯都（1884—1980）出生。郑伯都，广东新会人，名乘闓，字伯都。曾任广东省高等法院刑庭庭长。他虽然供职于法院，绘画乃其余事，但画艺不亚于专业画家，书法秀整，兼工篆刻，为广东国画研究会成员。广州沦陷后寓居香港。李健儿在《广东现代画人传》中称其"山水法倪云林、大痴，花卉工笔宗徐崇嗣，意笔取陈白阳，墨笔朱笔兰竹兼采郑所南、吴仲圭、大涤子之长皆有所得"。广东省博物馆藏有其与周鼎培合作于1931年的《牡丹螳螂图扇面》，为意笔之作，颇具生气。[李健儿：《广东现代画人传》，俭庐文艺苑（香港）1941年版，第81页；朱万章：《广东"国画研究会"及艺术风格解读》，载广东省博物馆、香港中文大学文物馆编《守望传统：广东国画研究会1923—1937》，香港中文大学文物馆2006年版，第25页。]

1885
乙酉 清光绪十一年

🕰生卒　📚教育　🌐流动　⛺交游　👥社团　🖼展览　🎨创作

🌐 李铁夫赴北美洲英属加拿大，依族叔谋生及求学。（迟轲：《李铁夫》，岭南美术出版社1985年版，第118—123页。）

李铁夫的求学生涯历时漫长，兼有留、游学的性质。据生前的报章及同事、朋友所记载的学习经历已然各有差异，其出国时间的记录之间也相互矛盾，根据其生年记载的差距，出国时间在1885至1895年之间。

- 谈月色记载李铁夫"父亮南公，商于美洲"。（谈月色：《李铁夫师事略》，《艺觳》1932年6月创刊号，第11—12页。）

- "他记得当初出洋的路线是：先到加拿大，后到美国，父亲在纽约经商，他在那里进学校读书。他记得在校中因图画课的成绩优异而多次得奖，记得一八八七年更获得首席奖学金，被选送到英国皇家艺术学院深造。在英国学画达九年之久才回美国。"（公孙龙：《画家李铁夫的为人和治艺》，引自广州美术学院、鹤山县文化局编《李铁夫诗联书法选集附文献资料及评论文章》，1989年版印刷本，第116—119页。）

▶ 李铁夫去世前的居所及其作品收藏所在地广州美术学院和其家乡鹤山县文化局于1989年"李铁夫诞辰120周年"之际编印的《李铁夫诗联书法选集附文献资料及评论文章》，成为现今研究李铁夫的重要文献材料。该材料收录了大量民国时期有关李铁夫讯息的报章资料，但遗憾的是多数资料未注明清晰的文献来源，现今难以稽考其原始出处。据该书的编注者，时任广州美术学院陈列馆馆长曾庆钊先生陈述，书中文献资料及评论文章由迟轲先生负责提供。[1]

《李铁夫诗联书法选集附文献资料及评论文章》书影。

---

[1] 注：参见李铁军：《关于李铁夫研究的若干问题》，载王见编《李铁夫研究》，岭南美术出版社2014年版，第51—54页。

1887
丁亥 清光绪十三年

⌛生卒 📚教育 🌐流动 🏛交游 👥社团 🖼展览 🎨创作

⌛ 梁竹亭（1887—1974）出生。梁竹亭，广东台山人，中国近现代早期雕塑家，曾两次赴加拿大留学学习雕塑，归国后从事雕塑创作工作。

▶ 1957年第7期《美术》杂志内页所刊登的华南美术展览会展品之《广东东江客家农妇》木雕，梁竹亭作。同时刊登的尚有詹行宪的雕塑《农村姑娘》、田野的套色木刻《阳朔山水》、黎葛民的国画《漓江初夏》和黄笃维的水彩《雨后晨曦》。

📚 李铁夫入阿灵顿美术学校（Arlington School of Art）学习，考试获第一名，得奖学金一年。有关李铁夫最早的学历记载一般为阿灵顿美术学校。早期材料无统一译名，又写作奥令顿画院、奥令登画院。限于资料，该校现今仍未能详细查考，甚至难以确认该校究竟位于何地，有记载在英国者，也有认为在加拿大者。

- 1925年《国民政府委员邓家彦等之介绍书》，称李铁夫"一八八七年留学英国……第一次赛考得冠军及奖学额一年，并当大学生首领副教授"；1915年孙文（孙中山）、黄兴、海军司令程璧光、美京参赞总领事梁联芳为介绍人的《李铁夫画家事略》称"一八八七年五月二日奥令顿画院（即阿灵顿美术学校另译）全堂大考，李君得第一等第一名兼学生首领副教授"；1932年谈月色记载李铁夫"师年甫十一，游学英国，肄业坎那大学校"；新会籍画家、教育家陈抱一在其1942年的《洋画运动过程略记》中也提到"李（铁夫）氏年龄已过六十光景，从前他在加拿大侨居很久，也是一个很早在外国习画的人"。由于李铁夫少年时投奔族亲往加拿大谋生，故此该"阿灵顿美术学校"也有可能位于英属加拿大，而非英国本土。

1889
己丑 清光绪十五年

📖 生卒　🎓 教育　🌐 流动　🏛 交游　👥 社团　🖼 展览　🎨 创作

🎓 冯钢百在新会古井乡田寮私塾读书，并开始了习画生涯。他以书本上的木刻画、故事人物插图和墙壁上的年画为范本，传移模写。
[《冯钢百年表（1883—1984）》，载广东美术馆编《中国早期油画大家冯钢百》，人民美术出版社2003年版，第120—142页。]

冯钢百，《手持毛选的女青年像》，约1969年，72.5×60厘米，布面油彩，现藏于广东美术馆。

1890
庚寅 清光绪十六年

⌛ 生卒　📚 教育　🌐 流动　🏛 交游　👥 社团　🖼 展览　🎨 创作

⌛ 罗卓（1890—1954）出生。罗卓，广东江门蓬江棠下梁溪人，字艮斋，号华之。广东国画研究会成员，癸亥合作社首任社长。少从冯润芝（1851—1937）学，工雕塑，善画人物、鸟兽，兼课于广州市市立美术学校，晚年移居澳门。（广东省博物馆、香港中文大学文物馆编：《守望传统：广东国画研究会1923—1937》，香港中文大学文物馆2006年版，第48页。）

▶ 罗卓担任首任会长的癸亥合作社成立于1923年，后扩组为广东国画研究会，1926年上报广东省教育厅得到批复同意，正式宣告成立，1937年抗日战争时解散，1938年广州沦陷后，彻底停止一切艺术活动。从癸亥合作社到广东国画研究会，前后活动逾十五年，参与画人一度达两百余人，是20世纪二三十年代以广州为重镇，辐射东莞、香港等珠三角地区的重要美术社团，也是民国时期广东参与人数最多，影响最大的一个美术团体。

罗卓像。

成立于1923年的癸亥合作社于次年举办第一次展览，图为展览目录封面。

罗艮斋，《花卉》，年代不详，138×32.5厘米，绢本设色，私人收藏。

📚 六岁的冯钢百对绘画的兴趣日益浓厚，虽时常受到私塾老师的责骂与惩罚，但仍不减爱美的观念。［《冯钢百年表（1883—1984）》，载广东美术馆编《中国早期油画大家冯钢百》，人民美术出版社2003年版，第120—142页。］

1892
壬辰 清光绪十八年

⏳ 生卒　🎓 教育　🌐 流动　🏛 交游　👥 社团　🖼 展览　🎨 创作

⏳ 9月23日，胡根天（1892—1985）出生。胡根天，广东省开平县儒良乡汤边村人，原名胡毓桂。胡根天的父亲是旅居美国的华侨工人；母亲是家庭妇女，也常到田间种植蔬菜和杂粮。（陈滢：《广东现代美术的先驱胡根天》，载《胡根天作品集》，广州美术馆1993年版，第7—19页。）

▶ 约20世纪20年代，摄于广州。胡氏曾留学日本，归国后受广州市教育局邀请创办广州市市立美术学校，是中国近现代早期的重要美术教育家。

胡根天像。

胡根天，《北江风景》，抗日战争时期，37×28厘米，布面油彩，现藏于广东美术馆。

⏳ 吕灿铭（1892—1963）出生。吕灿铭，鹤山人，世寓佛山，字智惟，号禅侣。就读于佛山书院，于经史、古文辞极有根基。擅书画，书法取东坡，画以山水著。尝云："立德、立功、立言，皆非易事，性以书画传名艺苑，如飞鸿爪迹，于愿已足。"因自颜所居曰"鸿变斋"。曾任四会县教育局局长，龙门县县长等职。著有《中国画学纵谈》。[郑春霆：《岭南近代画人传略》，广雅社（香港）1987年8月版，第72—74页。]

1893
癸巳 清光绪十九年

⌛ 生卒　📚 教育　🌐 流动　⛩ 交游　👥 社团　🖼 展览　🎨 创作

⌛ 陈抱一（1893—1945）出生。陈抱一，祖籍广东新会，生于上海。陈抱一之父在上海招商局任要职，曾协助盛宣怀办理洋务，长期与富商巨贾打交道。陈抱一的家境富裕，其父在当时人烟尚稀的上海江湾，修造了幽深曲折的陈家花园。江南园林，假山兀立，亭轩相望，树木花卉四时不断，家具陈设则全部为西洋古典款式，家中藏书丰富。（刘海粟、柯载文：《怀念陈抱一》，载陈瑞林编《现代美术家陈抱一》，人民美术出版社1988年版，第129—133页。）"陈家花园是我祖父母的住宅，祖父是前清时广东的一名秀才，后在上海招商局任职。……父亲上有一位姐姐，终身未嫁，是一位教育家；原有两位哥哥，早夭；下有弟弟两人，一人留学德国，学医，一人留学美国，学习植物病理学。只有父亲走上了艺术的道路。"（陈绿妮：《怀念我的父亲陈抱一》，载陈瑞林编《现代美术家陈抱一》，人民美术出版社1988年版，第163—168页。）

▶ 陈抱一出身豪富。年轻时有志于学，往日本留学学习美术，归国后在上海设画室，注重学术研究，著有《油画法之研究》《静物画研究》《人物画研究》等，其油画画风近于印象派，是近现代早期颇具影响力的美术教育家。

日本东京留学时的陈抱一，约1916至1921年。

⌛ 陈锡钧（1893—1951）出生。陈锡钧，广东台山人。1907年至加拿大蒙特利尔学英文，然后转入美国波士顿博物馆美术学校学习艺术及雕塑，并游学法国及意大利。曾任教于广州市市立美术学校雕塑系及广东省立襄勤大学。

少年陈锡钧。

留学北美学习雕塑的陈锡钧，摄于1926年。

十岁左右，冯钢百渐渐爱上临摹岭南名画家居廉和招子庸的作品，审美能力跃进了一大步。[《冯钢百年表（1883—1984）》，载广东美术馆编《中国早期油画大家冯钢百》，人民美术出版社2003年版，第120—142页。]

▶ 居廉（1828—1904），字士刚，号古泉，番禺隔山乡（今属广州海珠区）人，故别号隔山樵子，晚号隔山老人，近代岭南地区著名的花鸟画家，与从兄居巢并称"二居"。

居廉，《南瓜花·螽斯》，绢本设色，现藏于广州艺术博物院。

▶ 招子庸（1793—1846），原名功，字铭山，号明珊居士，东南海横沙人。出身于书香之家，善骑射，精音律，工绘画，活动于清嘉庆至道光年间，嘉庆二十一年（1816）举人。曾为山东潍县知县、青州知府。

招子庸，《墨竹图》，67×109厘米，绢本水墨，私人收藏，浙江西泠印社拍卖有限公司2013年春季拍卖会拍品。

1894
甲午 清光绪二十年

📖 生卒　📖 教育　🌐 流动　⛩ 交游　👥 社团　🖼 展览　🎨 创作

📖 赵浩公习装裱于广州司后街（今越华路）五云亭。老板名彭宜宾。店中业务，以经营古今名画为主，装裱为辅，经常收到残破不堪的旧画，对其进行修复、重新装裱后待价而沽。按照行规，学徒进店必先在伙房打杂一年，再到裱房跟班三年。因赵浩公粗通文墨，被老板认为有培养前途，免去杂务，一面学裱画，一面学习临摹绘画。（黄大德：《赵浩公年表》，载朱万章、郭燕冰主编《广东"国画研究会"研究》，岭南美术出版社2010年版，第178—204页。）

⛩ 在学习过程中，赵浩公得以广泛接触、观摩、修复、临摹历代名贤真迹。同时认识了有业务往来的广东著名收藏家新仿苏、何荔甫等，以及北京琉璃厂铭古斋老板韩敬斋、北京古董巨商马澍元和上海古董巨商程炳生（秉泉），向他们学习鉴古知识。（黄大德：《赵浩公年表》，载朱万章、郭燕冰主编《广东"国画研究会"研究》，岭南美术出版社2010年版，第178—204页。）

▶ 赵浩公摹古功力深厚，与李凤公合作追摹清代画家金农的作品《无量寿佛》，金氏真迹已佚，由李凤公根据双钩摹本重绘，赵浩公设色。据题跋所记："净慧禅堂旧藏金冬心有此无量寿佛真迹，咸丰甲寅乱后失去，辛未春雅集，铁公上人出双钩摹本属凤公重绘，予为设色。牛口蕙沐并记。"

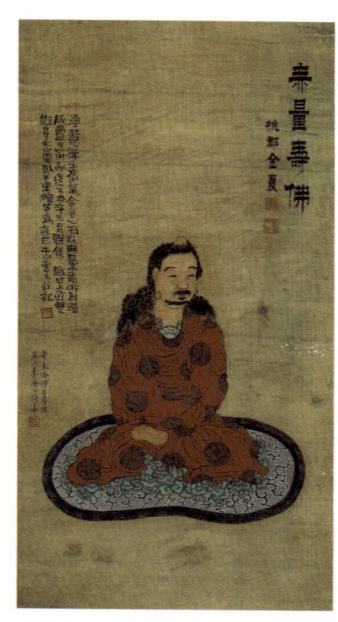

李凤公、赵浩公，《无量寿佛》，1931年，71×37.5厘米，绢本设色，私人收藏。

1895
乙未 清光绪二十一年

⌛ 生卒　🎓 教育　🌐 流动　🏛 交游　👥 社团　🖼 展览　🎨 创作

⌛ 11月，谭华牧（1895—1976）出生。谭华牧，广东台山人，笔名谭牧。日本国立东京美术学校毕业，历任上海艺术大学西洋画科主任，中华艺术大学、广州市市立美术学校教授，上海美术专门学校教授。（《广州市市立博物院成立概况》，1929年3月刊，转引自《谭华牧艺术活动年表》，载广东美术馆编《谭华牧："失踪者"的踪迹》，岭南美术出版社2006年版，第227页。）

谭华牧照片。

谭华牧，《自画像》，年代不详，54×41厘米，布面油画，现藏于广东美术馆。

⌛ 何三峰（1895—1949）出生。何三峰，广东台山人，为谭华牧留日同学，学成归国后任教于广州市市立美术专门学校。"何三峯先生是台山县人。沉默寡言，举止言行，都很庄严，个性也强，但是，待人接物，十分诚恳而且谦恭。不慕势利，淡泊自处。爱好文学，精于绘画，勤奋向前，努力创作，每有所得，便欣然忘食。早期留学东瀛，专攻西洋画，造诣很深，学成归国后，热心于艺术教育。"［阮云光：《西洋画伯何三峰》，《工商晚报》（香港）1960年8月21日。］

阮云光：《西洋画伯何三峯》，《工商晚报》（香港）1960年8月21日。

何三峰，《观音山下》，1949年，62.5×90.7厘米，布面油彩，现藏于广州艺术博物院。

⧖ 李九皋（1895—1959）出生。李九皋，广东鹤山雅瑶陈山村人，字家鹤，号五味斋主，山水画家。

李九皋，《松山云影图》，139×67.5厘米，纸本设色，现藏于鹤山市博物馆。

1896
丙申 清光绪二十二年

⏳ 生卒　📖 教育　🌐 流动　🏛 交游　👥 社团　🖼 展览　🎨 创作

⏳ 黄潮宽（1896—1971）出生。黄潮宽，开平人，1986年出身于华侨家庭，1971年12月8日病逝于香港。黄潮宽早年半工半读留学于美国，毕业于宾夕法尼亚州费城美术学院，作品曾数次入选国际展览；归国后曾为上海证券交易所及南京中国银行绘制巨幅壁画。"黄潮宽氏，美国潘雪维尼亚美术专门学校毕业，归国后刻意研求，艺益精进。最近落成之上海证券交易所及南京中国银行之巨幅壁画，皆由黄氏绘制。设色用笔，稳重圆熟。"（《良友》1934年第99期。）抗日战争后定居香港，致力于美术教育事业，历任岭南中学教席，直至退休，1961年起担任香港美术专科学校副校长。[参见《画家黄潮宽病逝》，《大公报》（香港版）1971年12月9日；《画坛前辈黄潮宽前日逝世今出殡》，《华侨日报》1971年12月10日。]

《黄潮宽的绘画》封面书影。李世庄、郑文豪编：《黄潮宽的绘画》，香港艺术历史研究会2002年版。

⏳ 冯缃碧（1896—1974）出生。冯缃碧，广东鹤山人。原名丙太、永康，字缃碧，以字行。曾从程景宣（1874—1934）习山水，任教于广州市市立美术学校，晚年聘为广州市文史馆馆员，是广东国画研究会的重要组织者和骨干成员。（广东省博物馆、香港中文大学文物馆编：《守望传统：广东国画研究会1923—1937》，香港中文大学文物馆2006年版，第48页。）冯缃碧专写山水，从宋元诸家到石涛皆所取法，论者谓其"范水归源，沛江河于腕指；模山作骨，舒丘壑之胸襟。存花草之精神，极烟云之变幻"。（梁广照：《冯缃碧画展启》，载《广东文征续编》第二册，香港广东文征编印委员会1987年版，第148页。）

冯缃碧、潘和合作，《扇面山水》，1928年，私人收藏，广州市艺术品（公物）拍卖有限公司2010年夏季拍卖会拍品。

🌐 冯钢百的家境逐日艰难贫困，其祖父托人带他到广州的一家扎纸店做童工。其在做工期间，仍不忘绘画。
[《冯钢百年表（1883—1984）》，载广东美术馆编《中国早期油画大家冯钢百》，人民美术出版社2003年版，第120—142页。]

🌐 1896—1905年，孙中山多次到美国、英国及加拿大的蒙特利尔、温哥华、维多利亚等地，在华侨中进行民主革命宣传活动和组织工作，并于1896年6月在旧金山首建兴中会旧金山分会。为争取更多群众支持民主革命，孙中山于1904年1月在檀香山加入致公堂（即洪门会，在美洲拥有广泛影响的天地会组织）。李铁夫在这段时间亦参与了致公堂及兴中会的活动，成为孙中山早期的支持者之一。他还参加了宣传民主革命及募捐的演剧活动，并为此组织过华侨电影公司，自任导演。（《李铁夫年表》，载迟轲主编《李铁夫》，岭南美术出版社1985年版；载广州美术学院、鹤山县文化局编《李铁夫诗联书法选集附文献资料及评论文章》，1989年版印刷本，第173—176页。）

1897
丁酉 清光绪二十三年

▣ 生卒　📖 教育　🌐 流动　⛩ 交游　👥 社团　🖼 展览　🎨 创作

▣ 关墨园（1897—1945）出生。关墨园，广东开平赤坎大梧村人，又名墨缘。1898年美西战争以后，美国代替西班牙成为古巴的宗主国。关墨园1926年毕业于古巴国立美术大学油画系，曾任古巴侨报《民生日报》编辑。1932年归国后，在开平乡间从事小学教育，在希宪小学、越华中学、广东长师、开平一中、金鸡小学等多间学校任教，是黄笃维的启蒙老师。其子嗣后代仍然留在开平。（张巨川编：《开平文化名人传略》，教育科学出版社2003年版，关墨园条。）

关墨园，《乡间小路》，34×43厘米，布面油彩，现藏于开平市美术馆。

▣ 李逸峰（1897—1992）出生。李逸峰，广东开平人，1923年毕业于广东省立工业学校美术专科班，得岭南派大师高剑父、高奇峰的传授，毕业后留校任教十余年，后任开平广东省长沙师范学校教师。

李逸峰，《雄鹰》，1989年，131×99厘米，纸本设色，现藏于开平市美术馆。

📖 约在此时，冯钢百拜袁述祖为师，学习人像写真。[《冯钢百年表（1883—1984）》，载广东美术馆编《中国早期油画大家冯钢百》，人民美术出版社2003年版，第120—142页。]

🌐 赵浩公参股经营兰雪斋。（黄大德：《赵浩公年表》，载朱万章、郭燕冰主编《广东"国画研究会"研究》，岭南美术出版社2010年版，第178—204页。）

1898
戊戌 清光绪二十四年

🕰 生卒　📚 教育　🌐 流动　⛩ 交游　👥 社团　🖼 展览　🎨 创作

🕰 农历元月，吕镕（吕化松）（1898—1982）出生。吕镕，广东鹤山人，寄籍番禺。字化松，以字行，颜其居曰松庐画苑。早年卒业于番禺师范及广州大学，为广州大学法学学士。幼嗜画，课余辍寄情丹青，后东渡日本，探研美术于白马会。日本大学肄业。工书、能画、擅诗词，并长于摄影技术。性好游，画以南田、藕塘、隔山诸家为法，但不为各家各派所囿，而能参以己意，挥洒自如。历任广东省立、市立各中学中文、国画教席、香港中国美术会执行委员。著有《吕化松花卉画稿》《国画花卉写作法》。[郑春霆：《岭南近代画人传略》，广雅社（香港）1987年8月版，吕化松条，第78—80页。]

吕化松签名样式之一。

🕰 农历十月初七日，李居端（李研山）（1898—1961）出生。李居端，广东省新会县荷塘乡皇湾村（现江门市蓬江区荷塘镇）人，本名耀辰，字居端，号研山，在书画上多以号行。兄弟姐妹共十人，李研山排行第二，故有他人称"研山二兄"的款语。在他的书画上，所用过的书斋画室名号有：苏井亭，凤研楼，伫晴阁，石溪壶馆，双铁笛楼，九龙山居，上元山居，尘定轩，皇蝉室，居广堂，瑶草草堂等。祖父李士龙，薄有功名，父亲李载枰，雅爱书画。[《李研山的书画艺术及其生平记要》，载李允鉌等编《李研山书画集》，东方文物图籍出版社（香港）1975年乙卯春初版，第7—27页。]李研山少时就读于广州广府中学，曾随美术教师潘至中学习书画。毕业于北京大学法律系，曾任开平县教育科科长，曾在汕头法院、广州法院历任书记、推事、庭长等职务，但工作之余醉心绘事，加入潘至中等组织的广东国画研究会。曾出任广州市市立美术学校校长，为画坛培养人才做出重要贡献。

李研山照片及签名样式之一。

🌐 冯钢百辞去扎纸店工作，到广州彩祥绸衣公仔铺当学徒。因不满店铺老板刻薄及对他学习写真绘画的刁难，工作一年多后愤然辞职。［《冯钢百年表（1883—1984）》，载广东美术馆编《中国早期油画大家冯钢百》，人民美术出版社2003年版，第120—142页。］

🎓 广东名家王竹虚不事生产，常有升斗之虑，又沉迷鸦片，常持画作贱值售于兰雪斋，以解燃眉之急。赵浩公先生对于王竹虚仪其人，钦其能，伤其遇，时以微薄工资加以接济，并虚心向其求教。王竹虚喜之，以为先生孺子可教，遂收为徒，授以心法。先生由是从根柢学起，并以职业之便，每遇名迹巨制，必细加临摹，所接益多，所成益大。（黄大德：《赵浩公年表》，载朱万章、郭燕冰主编《广东"国画研究会"研究》，岭南美术出版社2010年版，第178—204页。）

1898

🎓 胡根天在开平乡间私塾读四书五经。（《胡根天作品集》，广州美术馆1993年版，第87—101页。）胡根天进私塾读书，以读四书、五经为主，学吟诗作对，读八股文和策论等。胡根天从传统的书法、旧体诗词中，汲取了他人生中最早的艺术养料。据胡根天回忆：他"十五岁以前还没有执笔写画，也没有人教我写画。……离我的乡村不远的百合墟有一间黄寿山画店，专业写相和写画，是经常吸引我趁墟时驻足观看，对他很羡慕"。（胡根天：《艺圃耕耘录》，转引自陈滢《广东现代美术的先驱胡根天》，载《胡根天作品集》，广州美术馆1993年版，第7—19页。）

1899
乙亥 清光绪二十五年

⌛生卒　📖教育　🌐流动　⛩交游　👥社团　🖼展览　🎨创作

⌛ 关金鳌（1899—1991）出生。关金鳌，广东开平赤坎两堡塘美村人。广东早期华侨油画家。少年时随父到美国就学，考进美国国家美术学院。毕业后，到巴黎深造。1928年归国，在广州参加了胡根天等人组织的"赤社美术研究会"，从事西洋画的教育、研究和创作活动。1931年携美国妻子赴法国定居。1985年通过老画友胡根天把自己历年创作的油画、水彩画和珍藏的西欧油画分别捐赠给广州美术馆（现广州艺术博物院）、开平美术馆和故乡的赤坎关氏图书馆。

关金鳌，《玩雀的人》，年代不详，103.5×67.5厘米，布面油彩，现藏于广州艺术博物院。

关金鳌，《风景》，1986年，45×64厘米，布面油彩，现藏于开平市美术馆。

⧗ 黄金海（1899—2001）出生。黄金海，广东台山三八人。又名甓叟、甓斋，别字一航。原三多轩文房用品店经理，广东国画研究会成员，曾任广州市文史研究馆馆员，粤海诗社名誉社长，粤海诗书画社顾问。

黄金海，《梅雀祝寿图》，1927年，96×35.5厘米，纸本设色，现藏于台北问学社。

1900—1909

1900
庚子 清光绪二十六年

⌛生卒　📖教育　🌐流动　⛩交游　👥社团　🖼展览　🎨创作

⌛ 容大块（1900—1963）出生。容大块，广东省新会县荷塘乡东良村（现江门市蓬江区荷塘镇）人，原名容建勋，名冲，又名星哲。毕业于广东省立第一甲种工业学校美术科，曾随高剑父习画，是其早期弟子之一。擅山水、走禽、花鸟、虫鱼，亦工书法，其写生、山水，早年与黎雄才齐名。曾任教于上海美术专科学校，广西省立第二、第三师范学校，为广州清游会及上海百川书画会员。20世纪30年代初至40年代末，遍游祖国各地，后回广州定居，中华人民共和国成立后任广州市文史馆馆员。

容大块，《睡狸图》，年代不详，66.5×35厘米，纸本水墨，现藏于广州艺术博物院。

⌛ 伍蠡甫（1900—1992）出生。伍蠡甫，广东新会麦园乡（现江门市江海区外海镇麦园村）人，出生于上海。其父伍光建（1867—1943）早年考入北洋水师学堂，后赴英国留学，归国后成为翻译家。伍蠡甫幼时随父亲辗转于北京和上海。受父亲影响，博学且喜好文艺，成长为著名翻译家、美术理论家、西方文论专家、文学家、国画家。曾任故宫博物院顾问，复旦大学外文系博士研究生指导教授，上海画院兼职画师，《辞海》编委及美术学科主编，中华全国美学学会、全国外国文学学会顾问，上海社联、上海文联委员，《中国大百科全书》中国文学、外国文学卷编委等。伍蠡甫去世时，美学家蒋孔阳送上挽联"中国画论西方文论论贯中西，西蜀谈艺海上授艺艺通古今"。

伍蠡甫像。

▶ 款识一：僧巨然秋山问道。癸未五月，临奉心之方家大雅，伍蠡甫。
款识二：故宫藏巨然橐琴怀鹤、层岩丛树、溪山林薮、秋山问道四轴，余俱之，以秋山问道图祖述北苑，最臻妙理，峦色清润，积墨幽深，平淡趣高，盖晚年得意笔也。癸未夏始，背临于渝州雨浮小楼并识，敬盦伍蠡甫。

伍蠡甫，《临巨然〈秋山问道〉图轴》，1943年，143×52.5厘米，纸本水墨设色。北京诚轩拍卖有限公司2006年春季拍卖会，成交价2.42万元。

1901
辛丑 清光绪二十七年

⌛生卒　📚教育　🌐流动　🏛交游　👥社团　🖼展览　🎨创作

⌛ 谭连登（1901—？）出生。谭连登，广东台山人。曾留学入日本东京美术学校西洋画科学习美术，1926年毕业后作为研究生继续深造，1927年因家事退学。（刘晓路：《各奔东西：纪念近代留学东洋和西洋的中国美术先驱们》，《新美术》1998年3号，第23—29页。）

🎨 赵浩公二十岁后，专为金碧界画，尝作《汉宫行乐图》。其中结构，精妙卓绝，费时阅月，仅博炊爨之资，然亦不以为苦，闭室下帷，益用心力。（黄大德：《赵浩公年表》，载朱万章、郭燕冰主编《广东"国画研究会"研究》，岭南美术出版社2010年版，第178—204页。）

1902
壬寅 清光绪二十八年

⧗ 生卒　📖 教育　🌐 流动　⛩ 交游　👥 社团　🖼 展览　🎨 创作

⧗ 司徒乔（1902—1958）出生。司徒乔，广东开平县赤坎镇塘边村人。幼时家境贫寒，父亲司徒郁爱好绘画，母亲谭季兰精工刺绣。"一年又一年，洋米随着其他洋货越来越多地涌进市场，加上父亲又不会做生意，不到几年工夫，小米店就关了门。父亲回到家乡没事干，竟弄起画笔来了，学着给人画真容，画关羽、岳飞像。……母亲有一双巧手，不但绣得一手好花，剪花样还不用打粉稿，随手剪出来的花朵、蝴蝶，都栩栩如生。……乔的五弟司徒杰五岁的时候，有一天从幼儿园哭着回来，说手工课老师叫他用胶泥捏只鸭子，他怎么也捏不象。母亲拿过他手里的彩泥，捏了一只很生动的小鸭子，还把剩下的泥捏了只小兔、小船，孩子从此爱上了手工课。"（冯伊湄：《未完成的画》，人民文学出版社1978年版，第14—19页。）司徒乔成为画家，五弟司徒杰成为雕塑家，六弟司徒汉成为作曲家和合唱团指挥，与家庭教育不无关系。

▶ 司徒乔曾远赴法国、美国学画谋生；也曾到过缅甸、槟榔屿与新加坡，在国内则远游新疆等地。司徒乔擅长油画、水彩、粉彩画，他的作品多以群众生活为题材，入微地刻画出劳动人民的生活和情感，有真切的感染力。

司徒乔照片。

司徒乔，《画家父亲司徒郁画像》，1955年，北京。

⌛ 李抚虹（1902—1990）出生。李抚虹，原名耀民，一名鸿，字抚虹，又字照人，以字行，广东新会人。曾随其母陈味菊以及新会人郑伯都习画，后问学于岭南画派高剑父。广州法政专门学校毕业，曾东渡日本，专志于美术考察。"金石书画，间寄情于诗，亦清顺可喜，所为印章，深得秦汉遗意。又尝攻申韩术（指法律），盖家学渊源所自，非其志也。既而本其所学，为社会服务，为人排难解纷。然于治律之余，犹孳孳研绘事不稍辍。旅游于名画家高剑父先生之门，艺益进，顾不自满足。以为史迁（即司马迁）文章有奇气，尚藉山川之助，于是屏弃一切，橐笔挟册，飘然作海外之游，以求深造。"（《画家李抚虹君小传》，《艺风》1936年4期，第21页。）历任广州市立艺术专科学校暨广州南中美术院秘书、教授、署理校长，香港中国美术会第六届执行委员会主席及执委秘书、香港书道协会监事长，中国书画学会监事长及会长。曾任专上校院教授及系主任，华侨书院艺术系主任，喇沙书院、香港教师会暨香港政府文员会学术组国画导师，曾应司徒奇之邀，任教于苍城画院七年。（《李抚虹君教授小传》，载《抚虹画集》，1993年版，第5—6页。）

李抚虹与高剑父及同门师兄弟合照。站立者为高剑父，左三李抚虹，左一黄独峰。

李抚虹，《秋意》，1936年，126×46厘米，纸本设色，现藏于广东省博物馆。

⌛ 雷浪六（1902—？）出生。雷浪六，广东台山人。1922年毕业于日本国立东京艺术大学，曾任武昌美术专科学校及上海艺术大学等院校教席。1940年移居香港，曾任香港中国美术会会长及永远顾问。擅西画、国画，又精于书法、木刻、篆刻及诗文。

1903
癸卯 清光绪二十九年

⧗生卒　📖教育　🌐流动　⛩交游　👥社团　🖼展览　🎨创作

⧗ 叶因泉（1903—1969）出生。叶因泉，常用笔名叶些刹，广东台山敦寨叶屋村人，出身于香港富商之家。广东早期重要的漫画家，一生以画漫画为专业。早年毕业于香港华人书院和香港大学，自学绘画，擅长人物写生和漫画，其作品多取材民间生活。在20世纪20年代末期，于广州主编出版以娱乐性为主的16开对折四页的漫画刊物《字纸篓》。这份图文并茂的套色不定期刊物，颇受市民欢迎。为适应社会需求，后期更名为《半角漫画》周刊（以售价每份半角钱取名）。周刊发表了黄苗子、李凡夫、陈青白等人的作品，因其内容多反映当时现实生活中下层贫民、市民生态，故每期都吸引了不少市民购读。（蒋志华：《难忘〈抗战流民图〉》，《岭南文史》2005年第3期，第6—9页；李焕真：《〈抗战流民图〉画家流亡途中的"报导画"》，《羊城晚报》2015年8月29日。）

⧗ 李秉（1903—1994）出生。李秉，广东台山人。李秉与余本既是同乡又是同学。同往加拿大谋生，同毕业于加拿大多伦多安大略艺术学校（Ontario College of Art, Toronto），又先后回到香港，同为香港美术会成员。李秉、余本与香港本地的陈福顺，共同被称为"西画三杰"。1952年三人又共同组织了"香港艺术社"。1955年之后，李秉携家人重返加拿大，后定居于加拿大。

右一李秉，右二余本，1930年摄于加拿大多伦多安大略艺术学校。

🌐 冯钢百回新会乡下与高氏结婚。同年再度从广州乘船返乡，途经古兜山，被绿林土匪误作富商，将他"标参"（即绑票）。后逃脱，不敢再回古井，前往香港，住同乡冯亚荣家。在冯亚荣的帮助下，到香港的美国茂利轮船公司属下的一艘轮船上当杂工。[《冯钢百年表（1883—1984）》，载广东美术馆编《中国早期油画大家冯钢百》，人民美术出版社2003年版，第120—142页。]

1904
甲辰 清光绪三十年

⌛生卒　📖教育　🌐流动　🏛交游　👥社团　🖼展览　🎨创作

⌛ 潘思同（1904—1980）出生。潘思同，广东新会人，出生于上海四川路聚贤里。因其父是来往于上海和广州的商人，其早年一直生活在这两个开放的城市中，先后毕业于上海美专水彩画科函授班、上海美专西画科。曾为书商做书籍装帧，为店铺画广告，主攻水彩画，刊行了大量有关铅笔画、水彩画教学的普及读物。1959年潘思同在上海人民美术出版社出版的《怎样画水彩画》，一再重印，至1966年第9次印刷，印数已达278000册之多，影响了众多水彩爱好者及知名水彩画家。（潘耀昌：《潘思同：伟大独特之精神，坚贞热烈之怀抱》，《艺术当代》2017年第1期，第92—95页。）

潘思同，《河坝工程远望》，1964年，17×26厘米，纸本水彩。

⌛ 伍步云（1904—1992）出生。伍步云，广东台山人。父亲为菲律宾华侨。20世纪20年代于菲律宾修读美术，是时家贫，几经艰苦，前后六七年方完成美术课程。20世纪30年代返回香港后正式开始从事美术创作生涯。早期定居于香港，写尽香江风貌，作品中有强烈的生活气息。20世纪80年代初期，应中国文化部和中央美术学院邀请，出任客座教授，更游遍中国名山大川，山河风貌尽入画图中。其后定居加拿大，致力多元文化，曾在台湾展出90回顾展，甚获好评。（陈君葆：《伍步云先生的画展》，载《陈君葆诗文集》，三联书店香港有限公司1998年版，第271—272页。）

伍步云，《新婚图》（加拿大多伦多），1976年，布面油画。

🌐 冯钢百在船务工作中与轮船二副福成结识。在他的帮助和介绍下，越洋赴墨西哥首都墨西哥城，在一间广东开平人当老板的洗衣馆做工。在此期间，冯钢百利用工作之余，多次参观墨西哥城博物馆，饱览了世界艺术家名作，眼界大开，坚定了绘画的志趣。[《冯钢百年表（1883—1984）》，载广东美术馆编《中国早期油画大家冯钢百》，人民美术出版社2003年版，第120—142页。]

1905
乙巳 清光绪三十一年

⌛ 生卒　📚 教育　🌐 流动　🏛 交游　👥 社团　🖼 展览　🎨 创作

⌛ 6月13日，余本（1905—1995）出生。余本，原名余建本，字道庆，出生于广东省台山县（市）三八区（镇）里边高阳村。父亲余庭礼，旅美华侨。（《余本艺术活动年表》，黄笃维、黄树德编《余本画册》，岭南美术出版社1994年版，第141—144页。）"我是一九零五年在台山出生，我的祖父是耕田的农人，后来过不下去，只好到墨西哥去找生活，再转到美国去做厨师，又再返回香港来做厨师。他做的面包好吃极了，很出名的。那时候我才几岁，很顽皮，他就骂我。"（唐乙凤：《透入著名油画家余本的绘画世界》，原载香港《风格》丛刊第二期1980年，转引自谢钧主编《永恒的朴素：余本作品及评论集》，岭南美术出版社2017年版，第190—194页。）

唐乙凤在广州访问余本，1980年摄于广州。

▶ 1932年1月22日，加拿大《渥太华日报》上对余本的简介报道"Work of Chinese in Ottawa Gallery"（中国人作品在渥太华画廊）："余本，26岁，多伦多市，他的作品入选了渥太华国家艺术画廊，这是中国人首次有作品入选。"

图为22岁的余本在其位于加拿大多伦多华人聚居区之一的芝兰西街（Gerrard Street West）19号的画室进行创作。

📚 冯钢百克服种种困难，一边工作，一边在墨西哥城的国立美术学院学习油画。在艰苦的处境中，整整持续了4年半工半读的绘画学习，于1909年毕业。[《冯钢百年表（1883—1984）》，载广东美术馆编《中国早期油画大家冯钢百》，人民美术出版社2003年版，第120—142页。]

📖 李铁夫开始追随美国画家及教育家威廉·切斯（William M. Chase, 1849—1916）学习油画。李铁夫自己所印的名片，其上用英文自称为"肖像画教授，1905—1925年间威廉·切斯和约翰·萨金特（John Sargent, 1856—1925）的追随者"。（Lee Y. Tein A.M. Professor of Portrait, Follower of Mr. William M. Chase and John Sargent, 1905—1925）早期文献中译名不规范，Chase又译作蔡斯、威林赭士、车时等，Sargent又译作沙金蒂、沙展等。

▶ 铁夫名片。中文为：美国雅士蕉殿力美术大学副教授，万国老画师画院会员，李铁夫，真像大油画博物院系专门学。英文为：Lee Y. Tein A.M. Professor of Portrait, Follower of Mr. William M. Chase and John Sargent, 1905—1925.（李玉田，肖像画教授，1905—1925年间威廉·切斯和约翰·萨金特的追随者）。

李铁夫名片影印件。

▶ 威廉·切斯是美国19至20世纪之交的印象派画家及重要的美术教育家，他曾在国家设计绘画学院所开设的短期培训班进修过，后受到赞助人的资助前往德国慕尼黑访问学习。他于1896至1909年间于纽约艺术学生联合会任教，他所成立的切斯学校（Chase School）后来发展成为享誉设计界的帕森设计学院（Parsons School of Design）。李铁夫有可能在1905年进入纽约艺术学生联合会学习后直接受教于威廉·切斯。

威廉·切斯像。

威廉·切斯，《静物》，1903或1917年，46×74.3厘米，布面油画，现藏于美国休斯敦美术博物馆。

1905

▶ 约翰·萨金特是主要活动于欧洲的美国籍重要肖像画家，出生于意大利，在法国展览《X夫人肖像》时饱受争议，后移居英国伦敦，并逝于英国，但其作品经常到美国展出，本人也时常往来于欧美之间。李铁夫与萨金特的关系比较模糊，其履历中查询不到与萨金特的直接关系，但切斯与萨金特曾有过交往。萨金特曾在1902年为切斯画过肖像，不排除李铁夫由切斯的途径接触到萨金特的可能。李铁夫名片上所印的时间下限1925年，正是萨金特去世的年份。

约翰·萨金特与他饱受争议的著名作品《X夫人肖像》（*Portrait of Madame X*），摄于萨金特画室，1885年。

1906
丙午 清光绪三十二年

⏳ 生卒　🎓 教育　🌐 流动　🏛 交游　👥 社团　🖼 展览　🎨 创作

⏳ 1月9日，林荣俊（1906—？）出生。林荣俊，广东台山人。毕业于台山县立中学，后留学日本学习西洋画，曾在川端画学校、东亚学校修业，毕业于东京美术学校。曾任广州市立艺术专科学校教授。（刘晓路：《各奔东西：纪念近代留学东洋和西洋的中国美术先驱们》，《新美术》1998年3号，第23—29页。）

⏳ 11月5日，黄幻吾（1906—1985）出生。黄幻吾，名罕，号罕僧，广东新会双水龙头乡人。其父黄福贵，字求新，是一位基督教会学校的教师，母邝氏。"1906年10月我出生于广东省新会县城里，这时我父亲在县城里一间基督教会学校做教师。"［黄幻吾，《自传：童年及求学时代》（手稿影印件），收入《黄幻吾薛宇才双百书画遗珍合集》，浙江大学出版社2013年版，第113页。］"我九岁在县城里启蒙入学，到了十二岁那年（1917），父亲为着我和弟弟们的升学问题，便把家从县城里迁居到广州市来。"1941年后移居上海，历年来执教于苏州美术专科学校和上海轻工业学校，并担任上海中国画院画师。其画风写实，取法中西，注重光影渲染和意境营造，并带有部分海派的用色特点。岭南画派在地域上退守粤语地区后，广东以外的不少人是通过黄幻吾来了解岭南画派的。

黄幻吾在位于上海静安区的自家画室。

黄幻吾，《鱼塘》，1942年，105×30厘米，纸本设色，现藏于香港艺术馆。

⌛ 2月22日，朱沅芷（1906—1963）出生。朱沅芷，广东省开平县朱家村人。其父是在美国旧金山工作的华工，每隔数年返乡一次。朱沅芷有四兄妹，他是家中次子。早年接受传统私塾教育，绘画之路受"岭南画派"的影响，后移民美国，并成为长期活动在海外的美籍华人艺术家。美国现代批评家安东尼·W. 李（Anthony W. Lee）评价朱沅芷："现代派画家、美籍华人朱沅芷既是位政治革命家、文化激进分子、社会幻想家，也是教师、发明家和机会主义者，孜孜不倦的自我推销者。"（[美]安东尼·W. 李：《美国华人绘画简史，讫于1945年》，载美国古根海姆博物馆编著《美国艺术三百年》，上海辞书出版社2006年版；顾跃：《朱沅芷年表》，载《世界名画家：朱沅芷》，河北教育出版社2013年版，第206—209页。）

朱沅芷像。

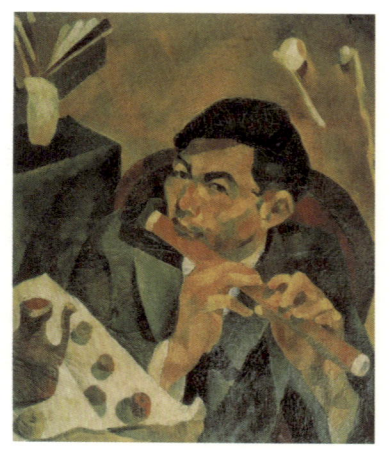

朱沅芷，《吹笛者》（自画像），1928年，58.6×48.3厘米，布面油画，私人收藏。

⌛ 6月末，郑可（1906—1987）出生于广州。郑可，本名郑应能，乳名阿能，广东新会人，著名工艺美术家与雕塑家。其父是香港的一名西餐厨师。郑可生长于广州手工业区，该区域的金属工艺、牙雕、玉器等传统工艺美术较为发达。1927至1934年间，郑可入读法国巴黎国立高等美术学院和巴黎工艺美术学院，学习雕塑、工艺和设计。（连冕：《郑可研究暨重订郑氏简编年谱》，《装饰》2017年第1期，第37—47页。）

郑可像，摄于法国留学时。

⌛ 伍千里（1906—1969）出生。伍千里，原名自重，又名时骥、朝栋、栋，广东新会虎溪乡山溪村人。[伍千里条，吴瑾：《青年艺术社与广州现代美术（1927—1937）》，岭南美术出版社2010年版，第162页。]

▶ 左伍千里、中徐悲鸿、右赖少其，1935年赖少其、陈仲纲、潘业在广州举行木刻三人展，徐悲鸿参观并与赖少其、伍千里合影。

⌛ 周清泉（1906—1987），原名荣尧，号在询，11月24日出生于开平蚬岗至得乡东和里村。小学毕业后，在蚬岗启新小学教书。因有排球特长，由时任杭州艺专体育教员关清华老师推荐，被杭州艺专录取，师从李苦禅。周清泉在学期间，除擅长国画、油画、肖像、漆画装饰画等，以书法最有特色。毕业后返回广州在岭南大学附小工作，一年后出国前往马来西亚，从事华人文化教育工作，先后任柔佛州华人教育协会主席和国家华人教育协会副主席。"当时李苦禅比我父亲年长七岁，因周清泉成绩优良，被选为班长，李苦禅上课示范的作品交由周清泉代为保管。到周清泉毕业时，李老师对周清泉同学说：上课示范那些东西拿出来看看，好一点的给你签个名送给你留念，这将来便是钱啦！于是我父亲便把这些题了字的画收藏了，其他的则没有拿走。……他还与民国将军冯玉祥结为好友。……毕业后游历祖国名山大川，拓印名家书法。留下米芾的拓印品和看上去像寿星公的巨大'寿'字，极为难得宝贵，学生年代他已收藏伍铨萃的书法。"（资料由周清泉哲嗣周树桥先生提供。）

杭州艺专老同学相叙于广州美术学院旁北园餐厅，1973年10月，周树桥摄。从左到右，王肇民、赵蕴修、周清泉、胡一川。

民国卅三年四月廿日，冯玉祥赠周清泉《冯玉祥先生题诗赵望云农村写生集》，周清泉志。

🎓 春，开平县第一间新式学堂——开平县第一高等小学建立，校址在县城的苍城东门内。因胡根天的大哥在省城接受过现代科学的教育，被聘为该校的数理化教员。14岁的胡根天得以成为开平县第一批接受新式教育的学生。（陈滢：《广东现代美术的先驱胡根天》，载《胡根天作品集》，广州美术馆1993年版，第7—19页；《胡根天年表》，第87—101页。）

- 开平县第一高等小学的学制为五年，课程有国文、修身、算术、物理、化学、英文、历史、地理、体操、图画和音乐。这所在中国新教育的草创时期兴办起来的县立小学，办学宗旨先进，管理制度也相当严格。按现代教育体制设置的课程，为胡根天开拓了一个全新的天地。如胡根天喜爱的图画课，课本有四册，是日本的教材，由商务印书馆复印，内容有静物、人物、风景。这些从未见过的"洋画"，令胡根天爱不释手。然而不尽人意的是，有新式的教材却找不到新式的老师。广东省的新学堂兴办之后，图画、音乐教师奇缺。到开学时，图画、音乐课还找不到人来教。最后只得由其他科的老师来兼任，仍是以临摹为主，根本谈不到写生。尽管如此，胡根天"通过铅笔画的临摹，初步掌握了西洋画在形象表现方面的特殊技法，启发了对写生的向往"。（胡根天手稿《艺圃耕耘录》，引自陈滢《广东现代美术的先驱胡根天》，载《胡根天作品集》，广州美术馆1993年版，第7—19页。）

- 此外，胡根天还在学校里看到了《芥子园画传》《古今名人画稿》《十竹斋画谱》《醉墨轩画梅》等书籍，并利用星期天的时间，到县城一个善画花鸟画的人那里学习。

1907
丁未 清光绪三十三年

⏳ 生卒　📖 教育　🌐 流动　⛩ 交游　👥 社团　🖼 展览　🎨 创作

⏳ 农历十一月十五日，司徒奇（1907—1997）出生。司徒奇，广东开平县赤坎镇中股乡桂郁里人。乳名燮芬，又名仕煌。父亲司徒枚，号东臬先生，为前清己酉科（1909）拔贡（清朝科举制度中由地方贡入国子监的生员之一种，逢酉年一考，即12年考一次，每府学二名，州、县学各一名，由各省学政从生员中考选，保送入京，作为拔贡。经过朝考合格，可以充任京官、知县或教职），年青时尝习画；母亲谭氏，精于女红。司徒奇自幼受父母影响和鼓励，勤习丹青。（《司徒奇年谱》，载司徒乃钟、梁立鸿、李日明《司徒奇传》，广州出版社2016年版，第129—142页。）

司徒奇之父司徒枚。司徒奇，《我的父亲》，1934年，87.5×67厘米，布面油彩，私人收藏。

司徒奇照片，其子司徒乃钟摄，1991年。

📖 1907年至1908年陈抱一在上海四川路中国青年学校读书，图画教员张聿光。（《陈抱一年表》，载陈瑞林编《现代美术家陈抱一》，人民美术出版社1988年版，第124—126页。）

📖 陈锡钧离开中国，到加拿大蒙特利尔留学。（陈伟祥、陈秀华：《家父陈锡钧》，载琥珂主编《陈锡钧雕塑绘画作品集》，西泠印社出版社2011年版，第7—11页。）

14岁的陈锡钧在加拿大蒙特利尔的一间教会学校，摄于1907年。

1909
己酉 清宣统元年

⌛ 生卒 📖 教育 🌐 流动 🏛 交游 👥 社团 🖼 展览 🎨 创作

⌛ 胡善馀（1909—1993）出生。胡善馀，学名胡笃庆，广东开平人，出身于华侨家庭。父亲胡维燉在美国做工人谋生，母亲黄菊在家乡务农。胡善馀早年就读于杭州国立艺专，后留学法国，毕业于巴黎国立高等美术学院。归国后先后任广州市市立美术学校、国立杭州艺术专科学校、中央美术学院华东分院、浙江美术学院教授。（《胡善馀艺术年表》，载吴为山主编《善彩馀韵：20世纪中国油画名家胡善馀》，人民美术出版社2017年版，第388—402页。）

胡善馀，《静物》，38×45厘米，布面油彩，现藏于开平市美术馆。

⌛ 王少陵（1909—1989）出生。王少陵，广东台山人。早年活跃于香港画坛，与王济远、汪亚尘及王季迁（己千）合称四王。王少陵的作品，多为油画及水彩画，好画风景及人物，风格写实，运笔大胆，气势雄浑自然，作风阔大雄奇。并且具有严整的构图、纯正的线条、和谐的色调和沉郁的笔触，充分反映出各个不同时代的真实特色。

4岁的王少陵（右）与父亲王鲤枰（中）、姐姐王瑞枰（左）合影。

王少陵，《自画像》，年代不详，40×51厘米，布面油画，现藏于江门市美术馆。

⌛ 李慰慈（1909—2003）出生。李慰慈，女，笔名杜金、彭兑，广东新会人。曾留学法国，先后就读于法国里昂美术学院和法国巴黎考古学院，回国后曾在广州市市立美术学校教授美术理论。曾翻译编著《实用色彩学》，由商务印书馆出版，实用性强，传播广泛。后长期在各大学教授法语。［李慰慈条目，吴瑾：《青年艺术社与广州现代美术（1927—1937）》，岭南美术出版社2010年版，第167—169页。］

🌐 11月8日，孙中山由欧洲到达纽约，第三次赴美。（《致吴稚晖函》《复张继函》，载《孙中山全集（第一卷）》，中华书局1981年版，第424—426页。]

- 农历十一月，北美第一个同盟会分会——纽约同盟会成立，李铁夫为始创人员之一。该会成立时留有一张非常珍贵的摄影照片，由革命勋绩审查委员会摄影留存并附言："本会发起人黄麟思君，在于纽约孖士列街四十九号溪记二层楼上。主盟孙逸仙君、会长周植生君，书记钟性初君，管库赵哀涯君。"（该照片及信息影印件，收入广州美术学院、鹤山县文化局编：《李铁夫诗联书法选集附文献资料及评论文章》，1989年版印刷本，第165页。）

  ▶ "当晚参加叙餐的除中山先生外，其余十二人皆是参加同盟会的同志。现在我（梁添）能回忆起来的人有：周超（开平人，是在纽约专招呼接引华侨来往美洲各埠做翻译的）、吴朝晋（新会人，是与我一起开设餐馆的）、李铁夫（鹤山人，画家）、赵公璧（新会人，开杂货店的）、谭赞（新会人，开设面厂的）、吴赞（新会人，开洗衣店的）、马兆（台山人，开洗衣店的）和黄溪夫妇与他们的义子某某（开洗衣店的）及我，另一位的姓名记不起来了。"[1]

己酉年农历十一月，纽约同盟会成立。照片上成员注有编号，分别为：1号黄就、2号黄蔡氏、3号黄麟思、4号梁添、5号陈永惠、6号吴赞、7号周植生、8号孙总理、9号吴朝晋、10号赵哀涯、11号唐麟经、12号马寿、13号李铁夫、14号钟性初、15号郑金睿。这些成员大部分为五邑籍华侨。

🌐 纽约同盟会的主要活动，其一是在北美华侨中发展革命同志，其二则是为革命筹款。"1909年与孙中山先生由英过美，在纽约埠密街四十九号溪记面厂二楼，设立同盟会，……李君任常务书记，历时六载，同时随孙先生向四处筹款，增设同盟会分部十九处。"谢英伯、黄芸苏、钟荣光、赵公璧、邓家彦、雷沛鸿、马小进、陈耀垣、朱卓文等同盟会同人后来都曾在李铁夫介绍书或拟订润例启事上署名为介绍人。（广州美术学院、鹤山县文化局编：《李铁夫诗联书法选集附文献资料及评论文章》，1989年版印刷本，第73—75页。）

- 同盟会员曾在一家华人餐馆中摆酒庆贺。席间李铁夫赋古诗一首以抒壮志。多年以后，他还在一张废笺上追写出这首诗，字句或有记忆不确之处，但豪侠之气溢于行间。诗曰："楚虽凡三户，足报亡秦仇。少林坐中客，浩歌醉江楼。颇疑屠博中，可与共奇谋。惟恨奸不仁，饿殍溢四沟。兼有某负人，无人敢负某。丈夫乐成仁，吊民除国寇。浩气贯长虹，剧演归空够。"（迟轲：《画坛奇杰李铁夫和他的遗诗》，《羊城晚报》1983年12月15日。）李铁夫还曾作诗《抒怀》，以同盟会为主题："草莽秦驰道，云烟越故城。千年不磨灭，惟有大同盟。"广州美术学院从李铁夫手写的书法行草书轴中整理出此诗文，原作时间未详。（广州美术学院、鹤山县文化局编：《李铁夫诗联书法选集附文献资料及评论文章》，1989年版印刷本，第6—7页。）

📚 卢振寰（1889—1979）出生。卢振寰，在宁耀堂门下学写真，专替人写死者遗容。赵浩公招之入裱画店学裱画，使之也得观摩及临摹古画之便。（黄大德：《赵浩公年表》，载朱万章、郭燕冰主编《广东"国画研究会"研究》，岭南美术出版社2010年版，第178—204页。）

---

[1] 注：梁添口述，陈庆斌笔记：《孙中山先生主持纽约同盟会成立及其活动概况》，载《广东文史资料》第52辑，广东人民出版社1987年版，第1—3页。

1910—1919

1910
庚戌 清宣统二年

⌛ 生卒　📚 教育　🌐 流动　🏛 交游　👥 社团　🖼 展览　🎨 创作

⌛ 1月，张影（1910—1961）出生于开平沙岗。张影，开平沙岗人，自小随父亲到印度尼西亚读书，后当影像工人，1931年回国求学，1935年毕业于广州市市立美术学校第11届西洋画系。在校期间参与李桦等市美师生发起成立的广东第一个木刻社团"现代创作版画研究会"（一般简称"现代版画会"）。提倡新兴木刻创作，开展革命宣传及抗日救亡活动，得到鲁迅先生的鼓励与赞赏。中华人民共和国成立后作品多次在全国、省市展览中展出，为广东省美术家协会会员，中国版画家协会会员。（资料由张影哲嗣张竞能先生提供。另参见开平市美术馆编：《开平书画集》，1995年版印刷本。）

张影（右）就读广州市市立美术学校时期与同学赖少其（左）合影，1936年，摄于广州。

▶ 现代版画会，全称"广州现代创作版画研究会"，正式成立于1934年6月19日，活动至1937年7月"七七事变"为止。是由李桦等广州市市立美术学校师生组成的新兴木刻社团。李桦当时在该校任教，最初加入该会的学生有唐英伟、赖少其、刘仑、陈仲纲、胡其藻、张影、潘业、张在民等27人。该会规定，每周举行一次内部习作观摩，称为"周展"。每四周选出优秀的作品在校内展出，称为"月展"。每半月或一月，评选佳作汇印木刻专刊，这就是连续出版了18期的《现代版画》丛刊。1934年12月，李桦及该会会员张影、赖少其等人尝试给在上海的鲁迅写信请教，其活动得到鲁迅的热情帮助与指导。

🌐 少年黄潮宽跟随其族伯至美国波士顿谋生。"黄潮宽是在……他十四岁那年，跟着他的族伯到美国波士顿去的，他也正如其他老华侨一样，是为了谋生而出国。"[敬群：《黄潮宽，画人的模范》（为香港美专"黄潮宽副校长追悼会"而作），《华侨日报》（香港）1971年12月20日。]"十四岁从族叔赴美国谋生，先到波士顿埠，半工半读，因生计困迫，流寓于东方各埠，艰苦备尝。"（简又文：《黄潮宽的画》，《逸经》1937年第25期，第45—49页。）

🌐 清廷海军大员程璧光、汤廷光驾军舰"海圻号"抵纽约，同盟会员李铁夫、赵公璧、邓家彦等人登舰游说官兵，宣讲革命，赢得官兵对革命的同情与理解。"又至六月时，我国海军大员程璧光、汤廷光两人驾'海圻'战舰乘载洵[1]赴英贺英皇佐治第五行加冕典礼。……程、汤两舰长递驾该舰赴古巴、墨西哥及南美诸国观光及考察，旋于六月间来纽约，寄锭于乞臣河。我等便欲乘机到该舰演讲革命，并分发革命书

---

[1] 注：吴朝晋回忆或有出入，1911年5月，清政府派往英国参加英王加冕礼的应是载振。

籍。……后来我等竟不顾一切冒险前往。既到该舰上，便先请求水兵代为通候程、汤两舰长，道达晋谒之意。斯时程璧光适上岸，独汤廷光延见。汤和蔼可亲，彼此通问姓名毕，相叙片时，适值美国之陪舰舰长将到来拜候，汤廷光于斯时又须分身整肃预为布置及招待。……我等于此时便在舰上向各水兵演讲革命真理，将各革命书籍分送之，又嘱各水兵有暇时可到勿街十二号楼上同盟会座谈。随后每日则有水兵十余名联袂到访。盖该舰寄锭于纽约乞臣河面，统共有三四个月之久。"〔吴朝晋口述，李滋汉笔记：《孙中山三赴纽约》，《近代史资料》（总64号），1987年版，第1—16页。〕

🌐 "七七"事变后，张影在家乡开平从事救亡宣传，与胡均、陈瑞元、张建中、周日晖、钟焕民等在开平长沙师范学校组织青年学生成立"抗日救亡歌咏团"，加入开平第四区抗敌后援会工作。在抗战年代，以木刻为武器，创作抗日救亡宣传画，以手拓木刻近千张发动群众。（该信息由张影哲嗣张兢能先生提供。）

1911
辛亥 清宣统三年

⌛ 生卒　📖 教育　🌐 流动　⛩ 交游　🏛 社团　🖼 展览　🎨 创作

⌛ 3月31日，曾景文（1911—2000）出生于美国加利福尼亚州奥克兰市（Oakland, California）。曾景文，广东台山人，父辈移民美国，家里以开干货店为生。曾景文一直按中国的传统，把他的英文名字的姓放在名字的前面，其英文名字一直写成 Dong Kingman。曾景文是重要的美籍华裔水彩画家，1981年曾受中国文化部邀请，作为"中美建交"后第一个在中国举办个人画展的美籍艺术家，在北京举办了他的个人画展。（[美]安东尼·W.李：《美国华人绘画简史，讫于1945年》，收录于美国古根海姆博物馆编著《美国艺术三百年》，上海辞书出版社2007年版。）

曾景文在颐和园写生。1981年曾景文受中国文化部邀请举办个人水彩展览，成为"中美建交"后首个在中国举办个人画展的美籍艺术家。

🌐 李铁夫任纽约同盟会常务书记，持续约6年。纽约同盟会员创始时所推选的书记为鹤山人钟性初。据吴朝晋讲述，钟性初性格比较悲观，1911年因黄花岗起义失败而自杀。另一名同盟会员梁添则回忆"李铁夫为书记"。那么李铁夫的书记一职可能是在1911年钟性初自杀后接任的。"自三月二十九（阳历4月27日）晚一役，七十二烈士殉难，革命失败后，凡我党人中固已太息兴叹，尤磨砺以待。侨界对是次之役同情最多。而抱悲观者，大不乏人。纽约同盟会书记钟性初君（广东鹤山人）对于是次革命之失败即抱悲观，日叹革命成功之艰难，乃潜往干地底嵩某旅馆吞服芙蓉膏毙命。……自此消息布告后，本会各人均感觉钟同志连两日不曾来会所一叙，当时有疑者，随有同志往其书记台内搜出遗诗一首：'大局如斯，虽生无益；中原已矣，不死何为！'自发觉该遗诗后，即知钟性初同志为对革命及国事之热情过于鼎沸，以致抱厌世之心，而服毒毕命。"[吴朝晋口述，李滋汉笔记：《孙中山三赴纽约》，《近代史资料》（总64号），1987年版，第1—16页；梁添口述，陈庆斌笔记：《孙中山先生主持纽约同盟会成立及其活动概况》，《广东文史资料》第52辑，广东人民出版社1987年版，第1—3页。]

📖 冯钢百到达美国三藩市（即旧金山），住自己幼时同学赵恒家；在旧金山卜忌利美术学校学习一年多。
[《冯钢百年表（1883—1984）》，载广东美术馆编《中国早期油画大家冯钢百》，人民美术出版社2003年版，第120—142页。]

🎓 春，19岁的胡根天从开平县第一高等小学毕业，他怀着强烈的探求新知识的愿望，到省城广州投考了广东高等师范附中。（陈滢：《广东现代美术的先驱胡根天》，载《胡根天作品集》，广州美术馆1993年版，第7—19页；《胡根天年表》，第87—101页。）

🎓 夏，陈抱一曾入周湘开办的布景传习所习画，同学有乌始光、刘海粟等人。（《陈抱一年表》，载陈瑞林编《现代美术家陈抱一》，人民美术出版社1988年版，第124—126页。）"布景传习所的同学中，年龄大的已40出头，如乌始光兄，除去我之外，最小的是陈抱一，17岁。他原籍广东新会，与梁任公、梁宗岱诸人同乡。……周湘先生的教学方式简单，老师作范画一张贴在墙上，我们照画，便算是完成了作业。偶然也有写生，画两排树木中夹有一条马路，不用范本。"（刘海粟、柯文辉：《怀念陈抱一》，载陈瑞林编《现代美术家陈抱一》，人民美术出版社1988年版，第129—133页。）

1912
壬子 中华民国元年

⧗ 生卒　📖 教育　🌐 流动　⌂ 交游　▦ 社团　🖼 展览　🎨 创作

⧗ 8月4日，林达川（1912—1985）出生。林达川，广东省新会县独联乡人，原名林北滔。其父林家英于1906年去加拿大谋生，1910年回国成家，后长期旅居国外，其母薛行道。林达川为家中独子。1953年8月，曾多次参加日本全国性美术展览并获得"无监查"（画家送展作品无须通过审查）及"依嘱"（每回开展览时作为特邀画家参展）荣誉资格，执教于神奈川鹤见美术研究所的林达川旅日多年后携夫人子女全家归国，执教于中央美术学院华东分院（现中国美术学院）。
（《林达川艺术年表》，载《大璞不雕：林达川油画作品集》，中国美术学院出版社2006年版，第249—254页。）

林达川与开平籍同学及同事胡善馀合影。

▶ 南山路39号是林达川归国后任教时被分配的住所，是林达川全家归国后新生活的开端，整幅作品充满了愉悦的希望与生机。"因刚自日本归国，保留了早期块面分明、形体坚定的风格特征。此画色彩沉郁、笔触厚拙、质地斑驳，在质感上追求近于毕沙罗式的毛苍厚实之感，强调形态的鲜明和充实，而汰炼了力量和速度，语言倾向于塑造，笔触相对沉静克制。"[1]

林达川，《南山路39号》，1953年，31.5×40厘米，布面油画，私人收藏。

[1] 注：漆澜：《经典回顾：林达川》，《艺术当代》2006年第4期。

⌛ 8月，汤由础（1912—1971）出生。汤由础，广东新会古井泗冲乡人。出身贫农家庭，幼孤，曾就读于广州花地公立孤儿教育院藤工科。曾往新加坡谋生，从事广告商标设计等工作。1950年回国，先后任职于华南文工团、广东人民美术社。1956年调入中国美术家协会广东分会，历任中国美术家广东分会工作部主任、党组书记和广东画院副秘书长等职务。擅长油画、版画和水彩画，经常深入农村、部队写生，作品极富生活气息。（《汤由础艺术活动年表》，载广东美术馆编《汤由础恬静的故土》，2008年版印刷本，第98—101页。）

2008年5月，广东美术馆策划举办了"汤由础恬静的故土"展览，展出其版画和水彩作品近80件。

▶ 汤由础一生作画勤奋，擅长油画、版画、水彩画。特别是在20世纪五六十年代，他的作品以充满时代精神的艺术追求，表现了农村、渔港、部队等各种题材的现实生活。曾描绘过不少五邑侨乡的风貌，其水彩作品《开平谭江》曾在2000年入选"中国百年水彩画展"。

汤由础，《开平谭江》，1962年，38.8×28.7厘米，纸本水彩，现藏于广东美术馆。

12月12日，余所亚（1912—1991）出生于香港。余所亚，广东台山人。其幼年患小儿麻痹症致双腿瘫痪，只能靠两张小木凳行动，以超人的毅力终身从事文艺工作，被誉为"画坛奇人"，作品常署名Soa。1992年7月16日，关山月曾赋诗缅怀所亚："风烟乱世炼骚人，跋涉坎坷履问津。流浪漓江行蜀道，饥寒棚舍住居邻。披荆斩棘为求美，健笔锋刀力索真。犹忆音容申正论，争先又诉别情亲。" 注曰："余所亚是位双足残废的老漫画家，抗战期间逃难四方而从事抗敌宣传工作，晚年又从事木偶戏剧研究，一生为党的美术事业辛劳，赢得了美术界同仁对他的尊重与敬佩。"（关山月：《怀念残足画友余所亚》，《美术》1993年第3期，第7—19页。）林焕平（1911—2000，台山人）回忆："他是我的小同乡。太平洋战争之前在香港，我们就认识了。他以漫画著名。不认识他的人，是万万意想不到的，他是一个残疾的人，一个失掉了两条腿，用两只手拿着两块木板在地上爬行的人！他心胸宽广，精神开朗，生活的意志无比坚定，画出一幅幅像枪炮炸弹一样的漫画，投向侵略中国的日本军国主义者和国民党反动派势力！"（林焕平：《生活的最强者：怀念余所亚同志》，《桂林抗战文化史料》，漓江出版社1995年版，第37—38页。）

崔德祺（1912—2007）出生。崔德祺，广东新会罗坑人。澳门东亚大学社会科学荣誉博士、澳门颐园书画会始创人兼会长、江门市政协书画院名誉院长。擅长中国画。

崔德祺，《节候宜人》，116.5×41.5厘米，纸本设色，收入江门市政协书画院，《江门五邑籍书画名家作品集》，岭南美术出版社2004年版，第26页。

⌛ 许乐之（1912—1997）出生。许乐之，广东新会会城人，曾于赵少昂主办的广州岭南艺苑美术科修业。

⌛ 林镛（1912—？）出生。林镛，广东新会人，曾在上海和日本的美术学校学习。曾求学于上海中华艺术大学，师从陈抱一，后留学日本东京文化学院美术科。1929年，作品参加在上海举行的教育部第一次全国美术展览；1943年，作品参加在重庆举行的第三次全国美术展览。曾任教于重庆国立艺术专科学校。1949年移居法国，作品在法国艺术家沙龙、秋季沙龙展出。"在陈先生的指点教导下，我的油画日渐进步。1929年教育部第一届全国美术展览会在上海举行。我送去一幅虹口公园风景、一幅朋友的女友像都入选了。这两幅油画我原来都请陈抱一先生看过，展出期间颇得报纸的好评，给了我很大的鼓舞。"（林镛：《往事的回忆：怀念陈抱一老师》，载《现代美术家陈抱一》，人民美术出版社1988年版，第152—156页。）

📖 余本在台山县里边乡读小学。（《余本艺术活动年表》，载黄笃维、黄树德编《余本画册》，岭南美术出版社1994年版，第141—144页。）"我父亲是去了美国找生活，我在乡下读小学，美术老师余清光适家传画人物肖像画的，我受他的影响，爱上了画画。那时我是画得好的学生中的一个。"（唐乙凤：《透入著名油画家余本的绘画世界》，原载香港《风格》丛刊1980年第二期，转引自谢钧主编《永恒的朴素：余本作品及评论集》，岭南美术出版社2017年版，第190—194页。）

📖 广东高等师范学校增设了图画手工科，胡根天从附中转到图画手工科学习。并自认为"毓桂"这个名字十分庸俗，自己改名为"根天"，取"托根天上，超尘脱俗"之意。（陈滢：《广东现代美术的先驱胡根天》，载《胡根天作品集》，广州美术馆1993年版，第7—19页；《胡根天年表》，第87—101页。）

许乐之，《花鸟》，66×33厘米，纸本设色，收入江门市政协书画院，《江门五邑籍书画名家作品集》，岭南美术出版社2004年版，第28页。

冯钢百转入芝加哥美术学院观摩学习了6个月。之后到纽约，一边在父亲开的洗衣店干活，一边加入纽约的美术学院学生美术研究会（Art Students League of New York，现译"纽约艺术学生联合会"），开始了长达八年的油画艺术深造与研究历程。[《冯钢百年表（1883—1984）》，载广东美术馆编《中国早期油画大家冯钢百》，人民美术出版社2003年版，第120—142页。]

位于美国纽约曼哈顿西57街的纽约艺术学生联合会。

该会最初成立于1875年，由一群美国国家艺术学院的学生推动创立，是一个非营利性的民间组织，旨在为社会大众提供一个自由、多元、完备且价格合理的艺术学习场所，为美术业余爱好者和专业艺术家提供灵活的培训课程，任何人不分年龄、性别、种族、国籍，任何时刻都可以报名参加。至今已有140余年历史。其官方网址为：https://www.theartstudentsleague.org/。

纽约艺术学生联合会的学习情景，教师Augustus Saint—Gaudens（1848—1907）和学生。

1913
癸丑 中华民国二年

⌛ 生卒　🎓 教育　🌐 流动　⛩ 交游　👥 社团　🖼 展览　🎨 创作

⌛ 杨善深（1913—2004）出生。杨善深，广东省赤溪县（今台山市赤溪镇）象岭村人，早年名淼青，子江，字柳斋。出身华侨家庭。其父杨凤书，农家出身，少年时随同乡漂洋出海，远赴秘鲁经营杂货买卖，随后返乡建宅成家。杨善深出生后，其父再次渡洋至秘鲁，其童年与母亲相依为伴。[《杨善深艺术年表》，载邓伟雄主编《春风草堂艺粹》，集古斋有限公司（香港）2012年1月版，第262—269页。]

⌛ 赵浩公长子赵不惶出生。不惶幼从父学画，后为国画研究会会员。篆"浩公延年"印。（黄大德：《赵浩公年表》，载朱万章、郭燕冰主编《广东"国画研究会"研究》，岭南美术出版社2010年版，第178—204页。）

🌐 王少陵随家人迁居香港。[《王少陵年谱》，载《旅美一代绘画大家：王少陵》，《美中画报》社（美国）2004年版，第150—165页。]

🌐 李铁夫入美国纽约艺术大学（National Academy of Design，旧译为纽约美术大学院、纽约艺术大学、纽约大学美术学院等）深造，考试获得肖像画冠军，获奖金400美元。（1915年《李铁夫画家事略》："一九一三年五月十日得冠军及奖美金四百元"；1925年《国民政府委员邓家彦等之介绍书》："一九一三年在美国纽约美术大学……考试时得肖像画冠军，奖金美币四百元。……一九一四年在纽约美术大学院大赛考试时，获铜像式雕刻学冠军，及奖金四百元。"转引自广州美术学院、鹤山县文化局编：《李铁夫诗联书法选集附文献资料及评论文章》，1989年版印刷本，第73—75页。）

▶ National Academy of Design现一般写作National Academy Museum and School，简称为"国家学院"（National Academy），位于纽约市曼哈顿区，是一所成立于1825年的艺术学校，由当时著名的艺术家托马斯·科尔（Thomas Cole, 1801—1848）、伦勃朗·皮尔（Rembrandt Peale,1778—1860）、萨缪尔·摩尔斯（Samuel F. B. Morse,1791—1872）、亚瑟·杜兰德（Asher B. Durand, 1796—1886）以及建筑师以铁尔·汤（Ithiel Town,1784—1844）等人发起组成，以集结有成就的艺术家、建筑师和它的年度大展而闻名。该机构分为两部分：一为指导性质的设计绘画学校；一为会员制的学院机构和美术馆。在有关李铁夫的资料中，该校还被写作纽约美术大学院、纽约艺术大学、纽约大学美术学院、纽约国家美术学院等。现代的"design"一词主要指"现代设计"，但该词汇早期的意味与"构成"类似。

杨善深照片，摄于加拿大温哥华市，1998年。

美国纽约艺术大学老照片。

🌐 约此时，冯钢百结识同在纽约美术学院学生研究会留学的广东同乡李铁夫。开始受业于美国现代大画家罗伯特·亨利（Robert Henri，1865—1929），约此时完成了《男人肖像》《马夫》《洗衣女》《工匠》等油画创作。[《冯钢百年表（1883—1984）》，载广东美术馆编《中国早期油画大家冯钢百》，人民美术出版社2003年版，第120—142页。]

▶ 罗伯特·亨利（Robert Henri，1865—1929）

罗伯特·亨利是美国20世纪初垃圾箱画派（Ash Can School）的领军人物。垃圾箱画派又称"八人画派"（The Eight），是反映现代生活的印象主义绘画，其主要成员是一群来自费城的年轻艺术家，他们后来奔赴巴黎而又栖身纽约，喜欢以狂放的笔触反映纽约这个城市的动感魅力。他们学习德加以及他对现代城市的观点，倡导对当代城市生活进行真实描绘，并将其作为唤起社会觉醒和变革的工具。由于他们在画中描绘了社会底层人物和各地移民，反映了贫穷肮脏的城市生活，色调灰暗，被讽刺为垃圾箱画派。他们的表现手法虽然更多地继承传统，但在主题内容上完全不同于以前的画作，他们追求画出"真实的生活"和社会现实。被美术史家高度评价，认为"应该算是美国第一批真正的现代艺术。"

亨利出生于俄亥俄州辛辛那提市，毕业于费城的宾夕法尼亚州美术学院，曾前往欧洲游学，深受17世纪现实主义大师伦勃朗、哈尔斯等艺术家作品的震撼，1892年开始任教于费城女子设计学院（Philadelphia School of Design for Women），1915至1927年间任教于纽约艺术学生联合会，是一位相当有影响力的艺术教师。他的艺术观点和理论由其学生收集整理，于1923年出版为《艺术的精神》（The Art Spirit）一书，至今仍在给予当代读者以灵感。

罗伯特·亨利全身像，摄于1897年。

罗伯特·亨利，《雪中纽约》（Snow in New York），1902年，布面油画，现藏于美国国家艺术博物馆。

🌐 4月，胡根天毕业于广东高等师范学校，到台山县广海镇宁海小学当教员。（《胡根天年表》，载《胡根天作品集》，广州美术馆1993年版，第87—101页。）

🌏 陈抱一东渡日本，入白马会的葵桥洋画研究所。在日本时结识江新（小鹣）、许敦谷等人。（《陈抱一年表》，载陈瑞林编《现代美术家陈抱一》，人民美术出版社1988年版，第124—126页。）

> ▶ 白马会洋画研究所（葵桥洋画研究所）
> "葵桥洋画研究所"（Aoibasi Yoga Kenkyujyo）的前身，即白马会洋画研究所作为白马会的附属机构，设立于明治三十一年（1898），为美术学校毕业生与普通学习洋画者继续进行研究提供便利。最初的地点位于白马会成员菊池铸太郎的寓所内，1899年迁入赤坂、溜池的合田清工方。之后，又分别在菊坂、驹込设置了第2与第3研究所。以上几个地点，人们通称为"白马会溜池（Tameike）研究所"。后来，研究所迁到葵桥。后虽然白马会解散，而葵桥洋画研究所则继续运作至大正十二年（1923）。因而，在留日学习美术的学生履历中出现的白马会赤坂、溜池研究所、葵桥洋画研究所等学校只是一所学校不同时期的校名，实指同一所学校。

青年时代的陈抱一，1913年，摄于日本东京。

> ▶ 白马会与太平洋画会
> 白马会是日本著名的洋画团体，成立于明治二十九年（1896）。日本最早的洋画团体明治美术会（后逐渐发展成为明治美术学校）与当时的官方展览相对立，该会中分离出一些新派画家，以宣传巴黎印象派新艺术为目的又组建了白马会。作为当时日本洋画学院派代表，白马会确立了新画风在洋画坛的支配地位，所倡导的美术理论对当时的美术、文学、诗歌产生重要影响。明治三十五年（1902），明治美术会的代表人物浅井忠（Chu Asai, 1856—1907）留法归来，毅然将明治美术会改组为太平洋画会，倡导西方的写实主义画风。由此引发了当时日本画坛的两派之争。这场纷争最终以白马会成为日本洋画学院派代表而告终，确立了新画风在洋画坛的支配地位。[1] 1906至1908年间，高剑父在日本游学时，曾在白马会以及太平洋画会开办的研究所接受短期的西画基础训练。高剑父曾谈到过他在太平洋画会的学习内容："他们的美术学校，一、二学期的功课，系写生与运笔。写生多写静物、花果，外则器物、茶具、爨具（即炊具），甚至绳索无意味的对象。我入太平洋画会，他给我三条绳教我写生，三条绳的组织都不相同，混成一堆。铅笔画怎样运笔呢？由教师以八寸大的小册子，每张画几花叶，一周临几张，用罗地纸（一种产于福建连城罗胜地乡间的手工竹纸，颇似宣纸）每临一二百张，临至烂熟为度。上课之外，带回家里临。"[2]

📚 郑可入私塾，喜好陶潜诗文，影响终身。（连冕：《郑可研究暨重订郑氏简编年谱》，《装饰》2017年第1期，第37—47页。）

---

[1] 注：徐立：《20世纪前期（1912—1937）上海粤籍美术家研究》，博士论文，上海大学，2011年，第33—39页。
[2] 注：高剑父：《纪念周演词》（1947），引自李伟铭辑录整理，高励节、张立雄校订《高剑父诗文初编》，广东高等教育出版社1999年版，第308—309页。

1914
甲寅 中华民国三年

⏳ 生卒　📚 教育　🌐 流动　⛩ 交游　👥 社团　🖼 展览　🎨 创作

⏳ 邓长夫（1914—1991）出生。邓长夫，广东鹤山址山人，别名春生。擅长中国画、版画，长期担任中学美术教师，曾任广州文史学院教师，广州教育学院教师，广东省文史研究馆馆员，广州荔湾区政协委员及诗、书、画室主任，广州市中国画会理事，广州荔湾区文联副主席，广州荔湾书画会副会长。

🌐 赵浩公先生全面顶承兰雪斋。先生与卢振寰、卢观海兄弟有"雪斋三友"之称。（黄大德：《赵浩公年表》，载朱万章、郭燕冰主编《广东"国画研究会"研究》，岭南美术出版社2010年版，第178—204页。）

📚 5月8日，李铁夫雕塑的铜像获奖。"一九一四年五月八日得铜像冠军。""一九一四年在纽约美术大学院大赛考试，获铜像式雕刻学冠军，及奖金四百元。"[《李铁夫画家事略》（署1915年）、《国民政府委员邓家彦等之介绍书》（署1925年），收入广州美术学院、鹤山县文化局编：《李铁夫诗联书法选集附文献资料及评论文章》，1989年版印刷本，第73页。]

📚 胡根天在美国做工的父亲寄回500元大洋，给胡根天娶妻成家。胡根天立即写信给父亲，要求把这笔钱作为旅费，以两年为期前往日本留学。父亲复信同意了。冬，胡根天到达日本东京。（陈滢：《广东现代美术的先驱胡根天》，载《胡根天作品集》，广州美术馆1993年版，第7—19页。）在东渡日本途中，胡根天路过江南感怀赋诗《甲寅孟冬，东渡日本，舟泊吴淞感事》："客舟暮泊吴江滨，历劫河山远未埋。残黑成旌迷白鹭，平沙渔火乱青磷。刀头大业衰旁落，枕底寒潮怒欱呻。不信兴亡归斗酒，龙蛇大泽待修鳞。"（广州市文史研究馆：《胡根天文集》，2002年版内部印刷本，第303页。）

📚 陈抱一因病短期回国，不久受刘海粟邀请，任教于上海图画美术院（1930年更名为上海美术专科学校）。在教学中，陈抱一首度提出写生之法，以改革国内早已落后的临摹式西画教法。刘海粟曾回忆，陈抱一对

邓长夫，《红棉》轴，93×32厘米，纸本设色，现藏于鹤山博物馆。

张聿光等先生的旧教学方法作了改革,向日本订购石膏像供学生写生,沈泊尘则请工友做了一些方、圆、三角、笔架等不同形态的写生模型。不过陈抱一等人此举最终引起了学校两位老先生的不满,认为这是时髦的举动。但刘海粟却十分支持此种教学方法,认为学校教学有了新风气。(刘海粟、柯文辉:《怀念陈抱一》,载陈瑞林编《现代美术家陈抱一》,人民美术出版社1988年版,第129—133页。)

- 陈抱一回忆这一段经历:"最初图画美术院还没有石膏模型,于是打算先从静物写生开始。同时,我也极希望石膏像素描也应早日开始。以当时的情形,固未能一步即开始人物写生,但至少感到临画教法大可废除,而代之以'写生法'为主要的基本课程。可是,在那根深蒂固的'临画教法'之前,'写生法'尚无伸展之余地,实际上也只能被采作从属的、或选习性的学课。虽则'写生'也未始不引起他们一点好奇心,但当时却被视为一种过激的举动。当时在那种混沌的空气中,我的见解很受人误会,或甚至几乎引起反感。我记得当时能够理解'写生之必要'者,似乎只有乌始光和有过教授名义的沈泊尘二人。但关于写生的提议,结果也并非完全失败,至少那时期我教过了一些静物写生。不久又代他们向东京的菊地石膏模型所定购了一个石膏像来。最初那一个我记得是Voltaire(伏尔泰)像了,教他们素描写生之初步方法。"(陈抱一:《洋画运动过程略记》,《上海艺术月刊》1942年4月号,第119页。)

🎓 司徒乔的父亲司徒郁在广州岭南大学附属小学膳食科做职员,因此司徒乔得以免费在该校读书。司徒乔自幼爱好美术,在小学里屡获图画奖。随堂叔司徒卫时任岭南小学校长练习写生绘画。"到了一九一四年,在乡间走投无路的父亲到广州岭南大学附小管杂务,后来学校又叫他搞伙食。每个校工照例可以有一个孩子享受免费入学的待遇。因此乔便从塘边村鸣鹤小学转到这家美国教会主办的只有买办官僚子弟才念得起的学校来了。在各项功课中,乔最喜欢图画。学校每年的图画奖都是让他领走的。岭南小学的校长是小学教育专家,又是乔的堂叔,是个业余画家,爱画水彩。每逢假日堂叔外出写生的时候,乔便抢着帮他提画箱,背画架,坐在他旁边,看他怎样把小桥、老树……搬入画幅。……堂叔明白侄儿的心意之后,有心要帮助他。做教育家的堂叔认为要教他学会用自己的劳力去获得所希望的东西,他吩咐乔每早七点钟来,给他打扫房间,每月给乔一元钱的工资。乔每天准时去,认真地执行他的职务。除了得到买画具的钱之外,还被允许翻阅叔叔书架上那些有着花花绿绿插图的外国书报、杂志。慢慢自己也胡涂乱抹起来,并且愈来愈沉醉在里面了。"(冯伊湄:《未完成的画》,人民文学出版社1978年版,第14—19页。)

夏，黄兴与孙中山组党观念不合，由日本赴美国。7月抵达旧金山，7月23日移居避暑地太平洋丛林镇（Pacific Grove）。其间李铁夫或从黄兴游，并在海滨进行风景写生。"民国三年，黄兴一鸥桥梓，与张继赴美洲，即召师同游埃伦，避暑海裔，居美丽美村四越月，每与克强、浦泉一沤海浴及风景写生，其时之作画，由林森携返祖国，曾陈列于民四全国美展……"（谈月色：《李铁夫师事略》，《艺彀》1932年6月创刊号，第11—12页。）黄兴7月27日致函友人，告以乡居情趣以及此行"讨袁护国"任务："其地滨海，气候适宜，花草长春，林木茂荫，为美人之避暑地。暂租一矮屋，自炊自读。……弟此行务将袁氏罪状，节节宣布，使世界各国皆知袁氏当国一日，即乱国一日，欲保东亚之平和，非先去袁氏不可。"（见中国国民党中央委员会编：《黄克强先生书翰墨迹》1973年10月增订本，第288—289页。）

美国西海岸加利福尼亚州度假胜地太平洋丛林镇。

1914

1915
乙卯 中华民国四年

⌛ 生卒　🎓 教育　🌐 流动　🏛 交游　👥 社团　🖼 展览　🎨 创作

🎓 胡根天报考东京美术学校西洋画科，考试通过，成为第一个入读东京美术学校的五邑籍学子。当年9月21日入读，名簿上仍登记为胡毓桂。（[日]吉田千鹤子原著，刘晓路整理订正：《东京美术学校中国留学生名簿》，原载《美术家通讯》1996年第3期，转引自赵力、余丁编《中国油画文献：1542—2000》，湖南美术出版社2000年版，第312—321页。）东京美术学校坐落在著名的上野公园内，周围有大片的樱花树，到樱花烂漫的时节，这里成了绯红的云海。美术学校旁边是音乐学校，常常飘过来悠扬的琴声。上野公园内还有博物馆、展览馆，一年一度的文部省美术展览会（后改名为帝国美术展览会），以及一些国际性的博览会就在这些馆举行。上野公园是当时日本的一个艺术活动中心，胡根天在这浓厚的艺术氛围中度过了难忘的五年留学生涯。（陈滢：《广东现代美术的先驱胡根天》，载《胡根天作品集》，广州美术馆1993年版，第7—19页。）

• 胡根天入学后，一、二年级学习木炭素描，以画石膏模型为主，教师是长源止水和冈田三郎助。到二年级下学期开始画人体。到四年级开始画油画，教师是田英作和藤岛武二。在这些日本著名的西画家的指导下，胡根天系统地、正规地接受了一套西洋学院式的绘画训练。（陈滢：《广东现代美术的先驱胡根天》，载《胡根天作品集》，广州美术馆1993年版，第7—19页。）

▶ 东京美术学校

东京美术学校前身工部美术学校，是日本最早设立的美术学校。江户时代（1603—1867）的日本，人们在被称为"画塾"的机构中学习美术，当时分为狩野派（Kano—ha）和住吉派（Sumiyoshi—ha）两大流派。教师被称为"师匠"，而学生则被称为"弟子"。明治时代（1868—1912），画塾引入"美术学校"这一西洋美术教育方式。1887年，由日本美术活动家冈仓天心和美国学者芬诺洛萨推进，工部美术学校更名为东京美术学校，迁移至上野校址，开学于1889年。该校初期排斥西方美术，只设置属于日本传统美术体系的绘画、雕刻、美术工艺、漆工四科。1896年在曾留法的新进油画家黑田清辉的极力主张下，原绘画科改称日本画科，增设属于西方美术体系的西洋画科、图案科，黑田清辉担任西洋画科的主任教授。1899年又增设塑造科，1907年增设图画师范科，从而完备了东西方美术教育体系。（刘晓路：《让先辈们名垂史册〈东京美术学校中国留学生名簿〉的世纪沉思》。[日]吉田千鹤子原著、刘晓路整理订正：《东京美术学校中国留学生名簿》，原载《美术家通讯》1996年第3期，转引自赵力、余丁编《中国油画文献：1542—2000》，湖南美术出版社2000年版，第312—321页。）

20世纪前期，东京美术学校作为当时日本最高的美术学府，汇集了日本画坛的顶尖人物，拥有一流的教学师资以及完备的教学制度，人才济济，吸引了众多

东京美术学校工艺部校舍及西洋画科教室，年代不详。

外国留学生。校长正木直彦、教务长黑田清晖、学监大村西崖都是日本社会的名宿。黑田清晖是著名的外光派油画家。有"画伯"之尊称的藤岛武二、和田英作等油画家，也是该校的教师。直至第二次世界大战，该校一直扮演着官展派东京画家根据地的角色。当年东渡留学的中国学子，多数选择在该校学习西洋绘画。[徐立：《20世纪前期（1912—1937）上海粤籍美术家研究》，博士论文，上海大学，2011年，第36页；陈滢：《广东现代美术的先驱胡根天》，载《胡根天作品集》，广州美术馆1993年版，第7—19页。]

东京美术学校明治年间的外国留学生入学率达到99%。进入大正年间，由于留学人数的增加，制定了相应的入学规则。1914年，学校一改以往仅在报名人数超过录取名额时进行考试选拔的入学方式，要求所有学生都必须通过入学考试。对接纳外国留学生的名额从大正初年的每年7名发展到后期的每年15名（合格率约57%）左右。（[日]吉田千鹤子：《近代东アジア美术留学生の研究——东京美术学校留学史料》ゆまに书房2009年版，第15页。）

▶ 曾在东京美术学校就读的五邑籍学生名单一览：

序号	姓名	籍贯	就读日期	专业	指导教师
1	胡毓桂（胡根天）	开平	1915年9月至1920年3月	西洋画科	
2	陈洪钧（陈抱一）	新会	1916年9月至1921年3月	西洋画科	
3	伍子奇	台山	1918年9月至1923年6月	西洋画科	藤岛武二
4	陈元瀚	台山	1919年9月至1924年6月	西洋画科	藤岛武二
5	雷公贺	台山	1919年9月至1924年6月	西洋画科	和田英作
6	谭华牧	台山	1919年9月至1924年6月	西洋画科	藤岛武二
7	何善之（何三峰）	台山	1919年9月至1924年6月	西洋画科	和田英作
8	余兰初	台山	1920年9月至1921年9月	西洋画科	
9	谭连登	台山	1922年9月至1927年3月	西洋画科	
10	叶仲豪	新会	1926年4月至1930年3月	西洋画科	冈田三郎助
11	司徒慧敏	开平	1929年4月至1930年5月	图案科	
12	胡光弼	开平	1934年4月至1937年12月	雕刻科	
13	林达川	新会	1935年4月至1943年9月	雕刻科	
14	陈绿妮（女）	新会	1947年2月至1951年3月	油画科	

陈抱一、汪亚尘、乌始光、沈泊尘等成立洋画团体"东方画会"，推乌始光、汪亚尘为正副会长，提倡写生画。后来因主要成员相继赴日留学，画会也告结束，它的使命由后起的"天马会"去完成。（刘海粟、柯载文：《怀念陈抱一》，载陈瑞林编《现代美术家陈抱一》，人民美术出版社1988年版，第129—133页。）

8月14日、30日"东方画会"在上海《申报》分别发布了两则招收会员的广告。

- 东方画会露布：本会集合有志研究洋画者精考斯道之学术，俾达最优美之画学程度为本旨，科目有静物写生、石膏写生、模型写生、人体写生、户外写生等，欲知本会章程者，函索即寄（附邮票一分）。发起人：陈洪钧、沈泊忱、乌始光、汪亚尘同启。上海西门外宁康里一零一号本会启。（《东方画会露布》，《申报》1915年8月14日。）

- 东方会招收会员：本会自露布后入会者甚众，远途来会寄宿者亦不乏其人。旧有宿舍势不能容，今特将会所推广至课堂，宿舍、膳堂、浴室等皆高畅清洁，颇合卫生。尚有退闲室、阅报所、藏书楼，均布置适当。科目有静物写生、石膏模型写生、人体写生、户外写生等，本会正式开会日期系阳历九月五号，嗣后逐日可以入会。寄宿者尚有余额，幸希从速，欲知详章，来会取阅，索附邮票一分。发起人：陈洪钧、沈泊忱、乌始光、江亚尘。上海西门外宁康里一百号本会启。（《东方画会招收会员》，《申报》1915年8月30日。）
- 汪亚尘曾回忆："因为每月收纳研究费，石膏模型既少，研究的兴趣便提不起，学员渐渐减少，办了半年，便收旗鼓。"（汪亚尘：《四十自述》，《文艺茶话》1933年，第7页。）

7月，陈抱一与乌始光、汪亚尘、俞寄凡、丁悚、沈泊尘、刘海粟等东方画会成员前往普陀写生。"画了不少风景，大家的心情都很舒畅。"（刘海粟、柯载文：《怀念陈抱一》，载陈瑞林编《现代美术家陈抱一》，人民美术出版社1988年版，第129—133页。）

赵浩公篆"学我者病，爱我者死"印，边款题"乙卯四月，浩公"。（黄大德：《赵浩公年表》，载朱万章、郭燕冰主编《广东"国画研究会"研究》，岭南美术出版社2010年版，第178—204页。）

1916
丙辰 中华民国五年

⏳ 生卒　📖 教育　🌐 流动　🏛 交游　👥 社团　🖼 展览　🎨 创作

⏳ 1月5日，罗工柳（1916—2004）出生。罗工柳，原名瑞和，广东省开平县月山镇罗村三和里（新村）人。（《罗工柳油画》，山东美术出版社2004年版，第228—233页；《罗工柳年表》，载中央美术学院编《罗工柳》，人民美术出版社2016年版，第366—375页。）

▶ 罗工柳曾先后就读于国立中山大学附中、杭州西湖艺专，抗日战争爆发后投笔从戎，先到武汉后赴延安，参加抗日战争和解放战争。中华人民共和国成立后后参加中央美术学院的组建工作并长期担任领导职务。历任中国文联委员、中国美术家协会常务理事、中央美术学院副院长等职。是现代著名的版画家、油画家和美术教育家。还主持过第二、三、四套人民币的设计工作，在国际上有重要影响。其书法别具一格，尤擅草书。

罗工柳像，1975年11月摄于延安宾馆，吴印成摄。

▶ "画家选择了准备战斗的瞬间，使静默的场面蕴藏着一种紧张的气氛，画面中刚从地道内探出身体的妇女、往房顶运送武器的青年、向屋外张望的持枪人，都巧妙地拓展了画面的空间，同时也将这特殊的游击战形式表现得十分典型和生动。"[1]

罗工柳，《地道战》，1951年，170×140厘米，布面油彩，现藏于中国国家博物馆。

---

[1] 注：高剑父：《纪念周演词》（1947），引自李伟铭辑录整理，高励节、张立雄校订《高剑父诗文初编》，广东高等教育出版社1999年版，第308—309页。

⌛ 1月19日，黄新波出身于广东省台山县斗山镇小道村一个美国华侨工人之家，原名黄裕祥。（广东省美术家协会编：《黄新波纪念文献集》，岭南美术出版社2006年版，第170—180页。）

少年黄新波像，原名黄裕祥。

▶ 黄新波是鲁迅所倡导的新兴木刻运动的健将，也是中国现代版画史上杰出的代表性画家。"其作品构思奇特，语言干净洗练，富于象征性，是被公认为的最擅长运用黑白对比手法的现代版画家之一。在创作思想资源方面，黄新波的木刻作品……深受'五四'启蒙思想的影响，其个性化思考和表达，以及悲悯仁爱的强烈的人道主义色彩和深沉的精神内省，体现了他对现实深邃的洞察力，而他对人类命运的哲思，则使他的作品既具强烈的现实批判性，又呈现出一种超现实主义的充盈着诗性的情调。鲜明的时代感、旺盛的战斗意志以及深沉的内省意识和哲思式的诗意表达，构成了黄新波版画强烈而独特的个人风格，也奠定了黄新波在中国现代美术史的地位。"[1]

1916

黄新波，《青年人》，1961年，41.5×31.5厘米，木刻版画，现藏于广东美术馆。

🌐 黄兴去世。威廉·切斯去世。李铁夫此后主要从事艺术活动，每年均有作品出展。

🌐 赵浩公以卖赝画之资，购得越华路择仁里，筑园而居。时有"万金画人"之称。设"山南画社"授徒。5月，仿"双鱼"封印。又篆"平生金石结良朋"印。（黄大德：《赵浩公年表》，载朱万章、郭燕冰主编《广东"国画研究会"研究》，岭南美术出版社2010年版，第178—204页。）

🌐 曾景文5岁时随父亲返回香港并随岭南画家司徒卫（司徒乔堂叔，曾任岭南大学附属小学校长）学习绘画。

---

[1] 注：许钦松：《黄新波艺术纪念展序》，收入广东省美术家协会编《黄新波纪念文献集》，岭南美术出版社2006年版，第10页。

陈抱一到日本学习，入藤岛武二的川端洋画研究所。9月，考入东京美术学校西洋画科学习。（[日]吉田千鹤子原著，刘晓路整理订正：《东京美术学校中国留学生名簿》，原载《美术家通讯》1996年第3期，转引自赵力、余丁编《中国油画文献：1542—2000》，湖南美术出版社2000年版，第312—321页。）

> 藤岛武二（Takeji Fujisima，1867—1943），是日本油画样式的确立者之一，为西洋画在日本的普及做出过巨大贡献。1896年，藤岛进入东京美术学校任教并加入白马会。1905年藤岛前往欧洲，在法国巴黎、意大利罗马进行学习，1910年归国，成为东京美术学校教授，并确立了新画风在日本洋画坛的支配地位。日本政府鉴于他的突出成就，曾授予他文化勋章。在日本，许多画家、评论家谈及藤岛武二，总是使用"元老"这个只用来称呼对某个领域的发展做出过壮举的赞美之词。

藤岛武二在法国时的照片，1905—1910年。

> 川端画学校（Kawabata Kaiga Kenkyujyo）
> 该校由明治时代著名日本画家川端玉章（Gyokusyo Kawabata，1842—1913），在明治四十二年（1909）创立，是一所旨在培养艺术家的私立美术学校。校址位于东京都小石川区下富坂町19番地春日通（今东京文京区春日大道）。大正二年（1913）玉章去世，继任者川端虎三郎随之将校名改为私立川端绘画研究所，并新设了洋画部，由藤岛武二主持。该校1915—1920年、1924—1931年期间，共招收中国学生146名（包括26名台湾地区学生），其中考入东京美术学校者32人，可见该校当时在中国留学生之中的巨大影响力。川端画学校作为20世纪前期东京最具实力的美术学校预备校，为东京美术学校输送大批青年后备力量。[徐立：《20世纪前期（1912—1937）上海粤籍美术家研究》，博士论文，上海大学，2011年，第38页。]

藤岛武二留欧期间的油画作品《黑扇》，约1908至1909年，63.7×42.4厘米，布面油画，现藏于东京石桥美术馆。

胡根天、陈抱一、陈丘山、江新、严智开、许敦谷、汪洋洋、雷毓湘、方明远、李廷英等留日研习西画的学生发起成立了"中华美术协会"，这是留日中国学生较早成立的美术团体。（《陈抱一年表》，载《现代美术家陈抱一》，人民美术出版社1988年版，第124—126页。）

中华美术协会的会员有严智开、雷毓湘、江新、汪洋洋、方明远、李廷英、陈抱一、陈丘山、许敦谷等东京美术学校学生，此外，还有在东京其他学校的徐藏龄、李殿春、许崇清等中国留学生。会员们定期集中，开展学术研究。"中华美术协会"还举行过几次展览：一次是向上海、杭州的鉴藏家借出一批中国古画，先后在东京、横滨展出，向日本国民介绍中国艺术；另一次是在东京举办会员的绘画习作展览，并印出过一些画片。（陈滢：《广东现代美术的先驱胡根天》，载《胡根天作品集》，广州美术馆1993年版，第7—19页。）

中华美术协会同人合影，1916年摄于日本东京。

中华美术协会第一次展览会同人合影，1916年摄于日本东京。

1916年至1921年陈抱一在日本学习期间，与日本著名西画家有岛生马、中川纪元等人交往，接受现代美术思潮影响。在此期间，他与饭冢鹤（婚后名陈范美）恋爱。（《陈抱一年表》，载陈瑞林编《现代美术家陈抱一》，人民美术出版社1988年版，第124—126页。）刘海粟回忆："……事隔60年，我又两度来到日本，东京的面目已是一新。对当年曾在一起进餐的抱一、日本著名画家小室翠云、桥本关雪、石井柏亭，还有承抱一介绍认识的新派画家有岛生马、中川纪元，我真有说不出的想念。"（刘海粟、柯载文：《怀念陈抱一》，载陈瑞林编《现代美术家陈抱一》，人民美术出版社1988年版，第129—133页。）

陈抱一和夫人陈范美（饭冢鹤）穿日本传统服饰的合影，约1916至1921年间，日本东京。（陈瑞林编：《现代美术家陈抱一》，人民美术出版社1988年版，第51页。）

▶ 有岛生马（Ikuma Arishima, 1882—1974），原名壬生马，日本画家。东京外国语学校意大利语系毕业，后师从藤岛武二学习洋画。此后留学意大利，进入罗马国立美术学校。1907年，受到巴黎塞尚回顾展启发，开始在工作室进行创作。1910年回到日本，在上野竹之台举办画展，展出70幅旅欧作品，首次向日本国人介绍欧洲后印象派画家塞尚。1913年，创设第二科美术展览会。1935年成为帝国美术院会员。[陈瑞林编：《现代美术家陈抱一》，人民美术出版社1988年版，第189页；徐立：《20世纪前期（1912—1937）上海粤籍美术家研究》，博士论文，上海大学，2011年，第34页。]

有岛生马（左第一人）、陈抱一（右第一人）、陈抱一夫人（右第二人）、关紫兰（右第三人），1928年摄于上海。（陈瑞林编：《现代美术家陈抱一》，人民美术出版社1988年版，第51页。）

1917
丁巳 中华民国六年

⧗ 生卒　📚 教育　🌐 流动　⛩ 交游　👥 社团　🖼 展览　🎨 创作

⧗ 温水源（1917—2011）出生。温水源，广东鹤山人。广东美术家协会会员，鹤山市美术家协会名誉会长。1937年至1940年师从岭南画派黄少强、何漆园、叶少秉在香港美学院学习中国画。1940年在香港金陵酒家举办第一次个人画展并出版《水源画集》，参加美学院院展、民间画会联展。1941年在香港九龙侨星画廊举办第二次个人画展，1943年鹤山县政府办义卖慰劳抗日将士个人画展，1944年在鹤山总商会举办第四次个人画展，与新会胡昌硕联合画展，1941年至1946年在鹤山县中、鹤山师范任教，1946年任县民教馆长，举办第五次个人画展，并为李铁夫举办个人画展。1984年县文化局、县文联主办第六次个展。1998年在鹤山博物馆举办黄少强、温水源师生国画联展。2003年在鹤山博物馆举办温水源师生联展。2009年7月获中国文学艺术界联合会颁发"从事新中国文艺工作六十周年"荣誉证书。作品多次在全国、省市博物馆展览中展出收藏。1940年，黄少强在《水源画集》序中曾评价："温水源者，吾粤鹤山人，性沉毅，富美感，历练艺苑，襟期高朗。……于花鸟、山水、人物诸科咸有所得。"（资料由温水源学生李国雄先生提供。）

温水源（左）与先师黄少强（右一）、何漆园（左二）、叶少秉（左二）合影，1940年摄于香港。

📚 黄潮宽进入纽约州布法罗城美术学院（Buffalo Fine Arts Academy of New York）学习。"其后稍获储蓄，即往纽约省之百佛庐埠，正式投入美术学校。第一年即以成绩优异获得免费学额，第二年复得获全校第一名之特奖。"（简又文：《黄潮宽的画》，《逸经》1937年第25期，第45—49页。）该校成立于1862年，是美国较早建立的公共艺术机构之一，后改组为奥尔布莱克·诺克斯艺术博物馆（Albright-Knox Art Gallery），以收藏现当代艺术作品而著称。

奥尔布莱克·诺克斯艺术博物馆，摄于1913年。

📚 陈锡钧入读美国波士顿美术博物馆美术学校（School of Museum of Fine Arts Boston）。（陈伟祥、陈秀华：《家父陈锡钧》，载琥珂主编《陈锡钧雕塑绘画作品集》，西泠印社出版社2011年版，第7—11页。）

陈锡钧进入波士顿美术博物馆美术学校。

陈锡钧在波士顿博物馆美术学校学习美术和雕塑。

- 为获得更好的教育环境，黄幻吾全家迁居广州。"我九岁在县城里启蒙入学，到了十二岁那年（1917），父亲为着我和弟弟们的升学问题，便把家从县城里迁居到广州市来。"［黄幻吾：《自传：童年及求学时代》（手稿影印件），收入《黄幻吾薛宇才双百书画遗珍合集》，浙江大学出版社2013年版，第113页。］

- 汤由础五岁丧父，由祖母抚养。"五岁那年，我的父母因贫病交迫相继死了，我跟着年老的祖母，孤苦伶仃地过日子。"（王嘉整理：《汤由础艺术活动年表》，载广东美术馆编《汤由础恬静的故土》，2008年版印刷本，第98—101页。）

- 胡善馀读小学。在美术老师关乃俭的启蒙和引导下，喜欢上画画。虽因家境贫寒，无钱购买作画材料，但仍很有兴趣地在桌面上、地上蘸水涂抹，在沙地上用树枝画画。对侨乡亲戚从国外带回来的各种图册，更是爱不释手，饶有兴趣地进行临摹。有时还会跟着老师去野外写生。这更增加了他对美术的兴趣。（《胡善馀艺术年表》，载吴为山主编《善彩馀韵：20世纪中国油画名家胡善馀》，人民美术出版社2017年版，第388—402页。）

- 留日中国学生所组织的社团中华美术协会举行第二次展览会。

中华美术协会第二次展览会同人合影，1917年摄于日本东京。

1917

1918
戊午 中华民国七年

⌛ 生卒　🎓 教育　🌐 流动　🏛 交游　👥 社团　🖼 展览　🎨 创作

⌛ 伍廷杰（1918—1984）出生。伍廷杰，广东台山人。曾就读于香港万国美术专科学校，1950至1979年任教于开平风采中学。中国美术家协会会员，其版画作品曾多次参加全国和省级美展。（伍廷杰条，载开平美术馆编《开平书画集》，1995年版印刷本，第150页。）

伍廷杰照片。

伍廷杰，《蕉林晨曲》，37.3×74厘米，套色版画，现藏于开平美术馆。

⌛ 黄笃维（1918—2004）出生。黄笃维，广东开平蚬岗人。在家乡曾受教于古巴留学归来的小学美术教师关墨园，后考入广州市市立美术学校，1940年毕业于上海美专。历任美术院校讲师、副教授、教授，广东省文艺创作室美术组长，广东省美协秘书长、副主席，广东画院副院长，广州水彩画研究会会长，广东省摄影家协会副主席等职。

黄笃维，《一声鸣雁破物晓》，1997年，68×68厘米，纸本设色，现藏于广东美术馆。

⌛ 林千石（1918—1990）出生。林千石，广东鹤山人，世居广州，擅金石篆刻书画。原名载，字千石，以字行，号曰印禅。室名有北海书堂、青原堂。1949年移居香港，1970年移民加拿大。

⏳ 关曼青（1918—）出生。关曼青，广东省开平百合乡虾近村人。10岁时随父亲关以文赴新加坡谋生，1949年8月归国，1978年被聘为广东省文史馆馆员，出版有画册《关曼青画集》。"2017年3月8日下午，广东省人民政府文史研究馆馆长张小兰，副馆长麦淑萍和文史业务处副处长王铁强一同前往广州颐福居养老院，看望慰问我馆百岁女馆员、归侨画家关曼青先生。"（转引自《广东省人民政府文史研究馆工作动态》。）

《关曼青画集》（关山月题）封面书影，岭南美术出版社1993年版。

⏳ 陈海鹰（1918—2010）出生。陈海鹰，出生于香港德辅道西。祖籍福建莆田，寄籍新会外海乡（现属江门市外海镇），曾任江门政协书画院顾问。曾多年追随李铁夫，数次举办师生联合画展。1952年创办香港美术专科学校并任校长，齐白石题写校名"香港美术专科学校"，该校多年来在香港培养了多名艺术工作者。[《江门五邑籍书画名家作品集》，岭南美术出版社2004年版，第34页；台湾省立美术馆编辑委员会：《陈海鹰回顾展》（画集），台湾省立美术馆1993年版。]

陈海鹰，《静物鱼》，72.5×96.5厘米，布面油画。

🌐 广州拆城墙筑路，赵浩公先生不惜重值收购旧砖瓦，其精者几乎尽归之。自言其室曰"千甓精庐"。篆"甓庐"印。因不满高剑父，改名"赵浩气"。（黄大德：《赵浩公年表》，载朱万章、郭燕冰主编《广东"国画研究会"研究》，岭南美术出版社2010年版，第178—204页。）

🎓 9月，台山籍学生伍子奇入读日本东京美术学校西洋画科，师从藤岛武二，1923年6月毕业。（[日]吉田千鹤子原著，刘晓路整理订正：《东京美术学校中国留学生名簿》，原载《美术家通讯》1996年第3期，转引自赵力、余丁编《中国油画文献：1542—2000》，湖南美术出版社2000年版，第312—321页。）

📖 余本离乡到加拿大西部的阿尔伯塔省（Alberta）梅迪辛哈特市（Medicine Hat）勤工俭学。（《余本艺术活动年表》，载黄笃维、黄树德编《余本画册》，岭南美术出版社1994年版，第141—144页。）"十三岁时，我小学毕业后，就去加拿大，在阿叔的洗衣店工作，有时也去餐馆工作。又读了两年小学，但是我的父亲不喜欢我读书。他说中国人在外国只要会讲他们的话就可以了，读书没用，总归是要靠劳力来找生活的。"（唐乙凤：《透入著名油画家余本的绘画世界》，原载香港《风格》丛刊1980年版第二期，转引自谢钧主编《永恒的朴素：余本作品及评论集》，岭南美术出版社2017年版，第190—194页。）

🎨 冯钢百约在此时创作油画《男肖像》，现藏于中国美术馆。"此作为画家早年出国留学时的肖像习作，刻画了一位饱经沧桑的男子。有力的笔触，冷暖色的运用，与清末流行的中国'土'油画相比，它显示出西方古典写实画风的水准。"（中国美术馆藏解说词。）

冯钢百，《男肖像》，约1918年，48×36厘米，布面油彩，现藏于中国美术馆。

🎨 李铁夫约在此时创作油画《音乐家》，现藏于广州美术学院美术馆。李铁夫早年在美国的油画作品大多没有标明创作时间，目前能看到最早的款署作品即为此幅《音乐家》。

李铁夫，《音乐家》，1918年，71×58厘米，布面油画，现藏于广州美术学院美术馆，款识：铁夫李玉田 L.Y.TEIN 1918。

1919
己未 中华民国八年

☒ 生卒　📖 教育　🌐 流动　⛩ 交游　👥 社团　🖼 展览　🎨 创作

☒ 吕寿琨（1919—1975），字玉虎，鹤山人。吕灿铭次子。幼承家学，并学画于赵洁公、卢振寰。1948年以后定居香港，以半抽象香港风景水墨和抽象禅画著称。禅画融合了西洋艺术元素和中国道家和佛家禅宗的哲理，促成"香港新水墨画运动"的诞生，为传统国画迈向现代化开启门扉，被誉为香港水墨画的先行者。作品还曾参加伦敦、纽约、东京、中国台湾、中国澳门、巴西、印度及北欧、东南亚等地的展览会。1962年以来，被聘为香港市政局之艺术顾问。1966年，开始在香港中文大学校外进修部主持水墨画课程，影响了诸多香港艺术及设计界人士，如王无邪、梁巨廷、许雪碧、靳埭强等。1971年4月，获英国政府颁赠荣誉MBE勋衔，作为对其艺术贡献之认许。

吕寿琨，《禅画》，1969年，纸本水墨，现藏于香港中文大学。

☒ 陈子毅（1919— ）出生。陈子毅，广东江门外海人。1936年入广州市市立美术学校学习中国画，并在赵少昂主办的"岭南艺苑"研习岭南派花鸟画。曾于香港华侨中学、梧州女师任教。中国美术家协会会员，历任广州市文联委员、广州市美术家协会副主席、广州市中国画会副会长、广州市粤海诗书画会会长、广州市文史馆副馆长、江门市政协书画院顾问等职。

陈子毅，《竹》，2006年，68×68厘米，纸本水墨，现藏于江门市美术馆。

🌐 黄新波随家人移居香港。（广东省美术家协会编：《黄新波纪念文献集》，岭南美术出版社2006年版，第170—180页。）

🎓 李研山至北京入北京大学法律系学习。李于广府中学毕业,考上北京大学法律系攻读时正值五四爱国运动。李研山积极参加运动,每有游艺、巡行的巨幅大画,众必推李执笔。李对绘画既具有独特天性,又勤于写作,不辞劳累。课隙亦操毫练习,养成习惯,巨画一挥立就,毫不费力,技法亦精。李在北大和冯康侯追随徐悲鸿习画,国画西洋画都悉心研习,因此李的西洋画法,亦具心得。(曹云峰:《记三十年代广州美专校长李居端》,载广州市政协文史资料研究委员会编《广州文史资料》第四十辑,1989年版,第191—198页。)

- 关于李研山这个时期的学习和生活情况,他的同学诗人刘太希曾言:"予负笈北都,与研山赁庑景山下。研山虽习法政,然嗜画根于奇天。零缣片纸,见即新手涂抹山水花卉,绝不经意,自然成章。时校中常有游艺晚会,辄推研山作巨幅布景,研山时年未冠耳。"[《李研山的书画艺术及其生平记要》,载李允鉌等编《李研山书画集》,东方文物图籍出版社(香港)1975年乙卯春初版,第7—27页。]篆刻书法家冯康侯曾与李研山同在北京,回忆称:"其时研山和我都一起追随徐悲鸿研习西洋画,中国画反而画得很少。徐悲鸿那时很年轻,和我们差不了太多,但总算是我们的导师了。"[《李研山的书画艺术及其生平记要》,载李允鉌等编《李研山书画集》,东方文物图籍出版社(香港)1975年乙卯春初版,第7—27页。]

1919

🎓 9月23日,谭华牧私费考入日本东京美术学校西洋画科,以"特别学生"身份攻读于"藤岛教室",并于1924年6月取得毕业资格。([日]吉田千鹤子原著,刘晓路整理订正:《东京美术学校中国留学生名簿》,原载《美术家通讯》1996年第3期,转引自赵力、余丁编《中国油画文献:1542—2000》,湖南美术出版社2000年版,第312—321页;《谭华牧艺术活动年表》,载广东美术馆编《谭华牧:"失踪者"的踪迹》,岭南美术出版社2006年版。)

谭华牧,《合唱》,年代不详,画布油彩,现藏于广东美术馆。

🏛 夏,王竹虚患病,自知不起,特写《崖门独吊图》一帧赠赵浩公。笔法苍浑,赵浩公珍爱逾璧。(黄大德:《赵浩公年表》,载朱万章、郭燕冰主编《广东"国画研究会"研究》,岭南美术出版社2010年版,第178—204页。)

🏛 刘海粟、陈国良、汪亚尘前往日本,获陈抱一夫妇热情接待。刘海粟回忆:"1919年我与陈国良、汪亚尘到东京参加日本'帝展',抱一热情接待,陪着我参观了好几所美术院校,对上海美专的学制提出了不少改进意见。后来上海美专建立旅行写生制度，和抱一的建议是分不开的。抱一新婚的日籍夫人贤惠好客，擅长烹饪，做了不少日本菜来招待我们。"（刘海粟、柯载文：《怀念陈抱一》，载陈瑞林编《现代美术家陈抱一》，人民美术出版社1988年版，第129—133页。）

🏛 胡根天在日本留学期间结识了一大批奋发有为的中国留学生，与同为中华美术协会成员的许崇清过从甚密。许崇清（1888—1969）于1905年以公费留学日本，从中学一直读到帝国大学的研究院，他专攻哲学和教育学，精通日、英、德语。他曾于1911年回国参加孙中山领导的辛亥革命，然后又回日本继续读书，并构想在中国建立一个现代教育的新体系。（陈滢：《广东现代美术的先驱胡根天》，载《胡根天作品集》，广州美术馆1993年版，第7—19页。）

年轻时代的许崇清，摄于1905年。

胡根天与许敦谷（1892—1983）合影，1919年摄于日本东京。

1920—1929

1920
庚申 中华民国九年

⌛生卒 📖教育 🌐流动 🏛交游 👥社团 🖼展览 🎨创作

⌛ 司徒杰（1920—2005）出生。司徒杰，广东开平县赤坎镇塘边村人，画家司徒乔之弟。青少年时期受兄长影响和指导，决定学习雕塑。历任国立北平艺专（后中央美术学院）教授、中国革命历史博物馆创作员、加拿大安大略省美术学院特聘驻院艺术家。（司徒乃钟、黄静仪：《黄金时代：司徒乔、司徒奇、司徒杰、司徒乃钟艺术作品展》，长城艺术出版社2015年版，第167页。）

▶ "我记得他做了一个叫'蓉蓉'的小女孩胸像，正体现了这种造型原则，这是他刚从东阳回到北京，他找我谈要对整体造型的体会出发，而不是从点、线、面出发，照着模特儿抄下的办法，我当时也很欣赏他的'发现'。正是有了这样的实践，所以他努力整理了一套教学方案。当时系内为了发挥不同探索的途径，成立了四个工作室，司徒杰先生就是第一工作室的负责人，他就以发扬民族民间特色为工作室的主要任务。"（钱绍武：《司徒杰的雕塑艺术》，2014年7月15日。[1]）

司徒杰，《蓉蓉（小女孩）》，1956年，25×19×12厘米，石膏。1963年作品参加莫斯科国际展览，并获奖。

📖 3月，胡根天毕业于日本东京美术学校，随即启程回国。回国后，一直在闽南、上海、南京等地参加新文化运动，以及从事美术教育。"五四运动后，全国开展新文化运动，此时陈炯明也赶时髦搞新文化运动，并找无政府主义者梁冰弦、刘石心、黄凌霜、胡笃初、梁一余、梁雨川、陈秋霖等一批人去闽南。我原来在广州读书时就认识刘思复、刘石心、梁冰弦等人。1920年初我刚从日本（留学）返回，他们便邀我同去。我们先到厦门，然后到漳州。我们在漳州《闽星》报馆住，这是一座新起的楼房，就在中山公园的东南边，我们曾在报馆门口合影留念。《闽星报》是由陈炯明办的……主要是介绍新文化，反封建，报道陈炯明军队的军事、政治消息。此报没有宣传无政府主义，偶然谈谈社会主义，介绍苏联十月革命、列宁、托洛茨基的情况，但没有人写文章宣传马列主义，宣传社会主义理论亦很少。当时这批人的思想比较复杂，是无政府共产主义的探索者。……我也曾写过有关公园设计、艺术理论的文章在此报发表。……陈

胡毓桂，《毕业作品·自画像》，画布油彩，1920年，日本东京艺术大学艺术资料馆藏。

---

[1] 注：转引自司徒乃钟、黄静仪：《黄金时代：司徒乔、司徒奇、司徒杰、司徒乃钟艺术作品展》，长城艺术出版社2015年版，第167页。

炯明任梁冰弦为闽南教育局长，找了一批有无政府主义倾向的人在教育局工作，……黄凌霜作社会教育科科长，因他在北大念书未毕业，不久返京，梁冰弦就叫我（胡根天）代科长。……我1920年7月也辞职去上海。"[沙东迅：《九访中共广东党的创建见证人：访问胡根天先生记录》（1983年12月6、8日），《红广角》2011年第10期，第41—42页。]

东京美术学校的师友合影，1920年摄于日本东京。

1920年，黄潮宽转读费城的宾夕法尼亚美术学院（Pennsylvania Academy of the Fine Arts），半工半读完成学业。"仅二月，以经费不充又回百佛庐。未几，再以苦工筹得款项复到费城入院，仍以半工半读为生。暑假则到该院之暑期校舍掘鱼塘为活，得免学费及食宿费之利益，而工作绘画亦得学校承认为正式学分也。如是者三年，毕其业，而黄君之画学基础乃臻巩固矣。"（简又文：《黄潮宽的画》，《逸经》1937年第25期，第45—49页。）

▶ 宾夕法尼亚美术学院始建于1805年，历史悠久，是美国最古老的艺术博物馆和艺术学校。该学院的博物馆以收藏19、20世纪的美国绘画、雕塑等艺术作品而闻名世界。

1897年和2017年拍摄的宾夕法尼亚美术学院照片。

司徒乔在岭南中学读书，与冼星海结为挚友。常去乡间采风，多画速写。"乔念中学时，最要好的朋友是冼星海——洗衣妇人冼大娘的儿子。这个被热带阳光晒黑了的小华侨，喜欢唱歌，会吹单簧管，学校的歌诗班、铜乐队都少不了他。"（冯伊湄：《未完成的画》，人民文学出版社1978年版，第19—21页。）

🎓 黄幻吾考入广州市季度教会在珠江南岸开办的大光中学，至1924年毕业。功课中最为擅长美术，获教师鼓励从美术方面求深造。"我因为从小就性喜艺术，尤其对于绘画，更为喜爱。每天在家中，除了补习功课之余，便求师学习图画。到1920年广州市基督教会在珠江南岸开办大光中学，我便投考入学，到1924年毕业。在校中一般功课成绩都很平常，独有图画一科，我是名列一等。当时教图画的教师有陈所峰、马龙图两位老师，对于我的图画功课，异常称许，认为我将来可以成为一个画家。因此当我中学毕业时，这两位老师一致希望我继续进修绘画，从美术方面求深造。我决心遵从老师的劝导，确定今后一生事业的方向，我憧憬着要成为一个画家。"[黄幻吾：《自传：童年及求学时代》（手稿影印件），收入《黄幻吾薛宇才双百书画遗珍合集》，浙江大学出版社2013年版，第113页。]

🎓 由祖母抚养的汤由础，曾在一学塾读过四年小学。"尽管家境清贫，祖母还是送我入学。这时候，我爱上了画画。可是，连肚子都吃不饱，祖母哪有钱给我买画画用的纸笔呢？没办法，我只好一下课就往操场跑，把沙地当纸，树枝当笔，画了又画；回到家里，又拿红砖头往墙壁上画。"（王嘉整理：《汤由础艺术活动年表》，载广东美术馆编《汤由础恬静的故土》2008年版印刷本，第98—101页；汤由础：《新中国和我的艺术生命》，载广东人民广播电台、广东人民出版社编《我和共产党》，广东人民出版社1964年版。）

🎓 胡善馀堂兄胡根天从日本东京美术学校毕业回国后，赠给胡善馀在读的小学几张风景画，常年悬挂在小学的墙上，学生们每天上学都能见到，潜移默化地培养了学生的审美情操。平时长辈们也经常提到堂兄的作品、成就和名气，深入脑海，萌生了长大要去省城广州学画的愿望。（《胡善馀艺术年表》，载吴为山主编《善彩馀韵：20世纪中国油画名家胡善馀》，人民美术出版社2017年版，第388—402页。）

👥 李研山、易大厂与邓尔雅等人在广州正南路组成"三余印学社"。

🎨 赵浩公在《岭南名画》二集发表《荒江垂钓》，题识："归鸭何处去，秋沙岸岂栖，渔父芦中起，遥看点点飞。仿李希古意，台山赵浩气。"又《古木竹石》，题识："台山赵浩气写枯木竹石，庚申四月二日。"又《睡鸟》，题识："庚申三月浩气仿宋人法于甓庐。"（黄大德：《赵浩公年表》，载朱万章、郭燕冰主编《广东"国画研究会"研究》，岭南美术出版社2010年版，第178—204页。）

1921
辛酉 中华民国十年

⌛ 生卒　🎓 教育　🌐 流动　⛩ 交游　👥 社团　🖼 展览　🎨 创作

⌛ 谭雪生（1921—2011）出生。谭雪生，广东开平赤坎人。"人间画会"成员，曾任香港美术教师联谊会会长。1949年以来，历任华南人民文学艺术学院讲师、广州美术学院附中校长、广州美术学院工艺美术系主任、广州美术学院教务主任。

谭雪生，《大树》，1986年，50×40厘米，布面油画，现藏于江门市美术馆。

🌐 9月，冯钢百从美国回到广东。［《冯钢百年表（1883—1984）》，载广东美术馆编《中国早期油画大家冯钢百》，人民美术出版社2003年版，第120—142页。］

🌐 朱沅芷移民美国旧金山。其后家人陆续申请赴美团聚。中国广东移民赴美加州发展成为一种时代趋势，在某方面代表了早期美籍华人在旧金山的奋斗史。（《朱沅芷年表》，载顾跃《世界名画家：朱沅芷》，河北教育出版社2013年版，第206—209页。）初到旧金山的朱沅芷曾到一间沙龙工作，后来沙龙因政府贯彻禁酒令而关闭。失业期间，朱沅芷与其兄弟一起到公立学校学习英语，并受洗加入了新教，开始对基督教感兴趣。曾临摹多位绘画大师的宗教作品，但都没有流传下来。（《寓言图像：艺术生涯》，载顾跃《世界名画家：朱沅芷》，河北教育出版社2013年版，第9页。）

朱沅芷，《我心目中的基督》，1926年，50×38厘米，布面油彩。2006年香港佳士得秋季拍品，成交价202.4万元港币。

🌐 胡善馀的兄长胡持璟跟随海外亲戚到美国做工谋生。（《胡善馀艺术年表》，载吴为山主编《善彩馀韵：20世纪中国油画名家胡善馀》，人民美术出版社2017年版，第388—402页。）

🎓 3月，陈抱一从东京美术学校西洋画科毕业。

陈抱一，《毕业作品·自画像》，1921年，画布油彩，现藏于日本东京艺术大学艺术资料馆。

陈抱一，《毕业作品·室内》，1921年，画布油彩，现藏于日本东京艺术大学资料馆。

🎓 初夏，陈抱一偕新婚妻子从日本回到上海，筑画室于江湾。（《陈抱一年表》，载《现代美术家陈抱一》，人民美术出版社1988年版，第124—126页。）"1921年旧历六月初，……他回答说正忙着在江湾修建一所光线良好、环境幽静的洋式画室，以培养少数有前途的高材生。除星期六、星期天外，每个下午都为他们上课。这种教学方式是藤岛武二开创的，他依此办起抱一绘画研究所。后来抱一的画室盖成，园林之盛不亚于乃翁的陈家大花园。他还从日本买来大量印刷精美的画册。我（刘海粟）和王济远、朱屺瞻等人前往画室作画，得到抱一夫妇的热情接待。"（刘海粟、柯载文：《怀念陈抱一》，载陈瑞林编《现代美术家陈抱一》，人民美术出版社1988年版，第129—133页。）

汤由础，《开平谭江》，1962年，38.8×28.7厘米，纸本水彩，现藏于广东省美术馆。

▶ 上海图画美术院

由乌始光、刘海粟、丁悚等人于1912年11月创办，1913年1月正式成立，1920年更名为上海美术院，1921年7月更名为上海美术专门学校。最初校址在乍浦路7号。1913年至1915年间陆续迁校多次，直至1922年自建校舍落成，位于旧法租界的菜市路。上海美专侧重西洋美术教学，先后聘请留学法国的傅雷、李金发、李超士、庞薰琹、张弦、江小鹣、周碧初、潘玉良、滕白也、方干民，留学日本的关良、陈抱一、吕澄、倪贻德、陈之佛、陈盛铎，留学英国的李毅士等担任教授或参与配合教学的绘画研究所的研究工作。其在实践西洋美术教学中不仅突破封建旧制，率先实行招收男女生同校学习，而且率先实行美术教学中必须进行人物造型基本功训练，聘请男女模特开设人物裸体写生素描课，在当时社会引起极大争议。（陈瑞林编：《现代美术家陈抱一》，人民美术出版社1988年版，第188页。）

🎓 胡根天在南京江苏省立女子师范当教员。(《胡根天年表》,载《胡根天作品集》,广州美术馆1993年版,第87—101页。)

🎓 10月,许崇清在广州市政府筹得5000元办学经费.胡根天接受了广州市教育局的委托,负责美术学校的筹备工作。在此期间曾任过广州市民大学讲师三个月。(陈滢:《广东现代美术的先驱胡根天》,载《胡根天作品集》,广州美术馆1993年版,第7—19页;《胡根天年表》,载《胡根天作品集》,广州美术馆1993年版,第87—101页。)

- 据胡根天回忆:"1921年上半年,广州建立了新的市政府,孙科任市长,教育局长是许崇清。当时笔者在南京写画和担任学校教师,暑假期间,接到画友陈丘山由广州寄来的一封信,说许崇清找我,要我回来。八月下旬我回到广州,走访许于大北直街西华二巷劳园。叙谈间,许提出广州要建立一间美术学校培育美术人才,我赞成了,便转问能否及早找到经费和校舍,这两件事要首先解决,许说可以想办法,这是广州市市立美术学校决定创立的开端。"(胡根天:《记全国最早一间公立美术学校的创立和发展过程的风波》,载《广州文史资料》第27辑,广东人民出版社1982年版。)

- "陈炯明打回广东后,组织一批人去法国勤工俭学。我1921年8月从南京返回广州,是广州教育局长许崇清叫我回广州办美术学校,我也曾想去法国勤工俭学,但因父亲不同意而没去。"〔沙东迅:《九访中共广东党的创建见证人:访问胡根天先生记录》(1983年12月6、8日),《红广角》2011年第10期,第41—42页。〕

🎓 林达川转入由乡里华侨捐款建立的新学堂独洲小学。(《林达川艺术年表》,《大璞不雕:林达川油画作品集》,中国美术学院出版社2006年版,第249—254页。)

🎓 奉母命,郑可考入广州内城西南隅的私立圣心中学(法国天主教教会学校,即今越秀区大新路"广州市第三中学"校址)。每日步行上学,早晚两餐,中午留连于手工艺作坊,较早的接触了红木家具、贝雕、牙雕、玉器等多种工艺美术,并懂得了许多制作工艺。(连冕:《郑可研究暨重订郑氏简编年谱》,《装饰》2017年第1期,第37—47页。)

🎓 罗工柳在家乡罗村(老村)读私塾,学习《三字经》《千字文》《百家姓》等课目。(《罗工柳年表》,载中央美术学院编《罗工柳》,人民美术出版社2016年版,第366—375页。)

👥 1月,胡根天经郑振铎、许地山介绍,在上海加入"文学研究会"。(《胡根天年表》,载《胡根天作品集》,广州美术馆1993年版,第87—101页。)

陈抱一参加朱应鹏、张聿光、宋志新等人发起成立的"晨光美术会"。美术会成员曾雇用一俄国女子为模特儿，在上海跑马厅附近的晨光画室研习人体。（《陈抱一年表》，载《现代美术家陈抱一》，人民美术出版社1988年版，第124—126页。）

10月1日，胡根天与陈丘山等人组织成立了广东一个研究西洋画的美术团体——赤社美术研究会（1929年改名"尺社"）。（《胡根天年表》，载《胡根天作品集》，广州美术馆1993年版，第87—101页。）胡根天联络一批海外留学归国的西画家，以及本地一些爱好西画的美术青年，组成华南第一个西画社团——赤社美术研究会。"赤社"之名由胡根天提出，经大家讨论决定。胡根天认为"'赤'字在色彩心理学上是表示热烈、诚挚、积极、刚强几种比较好的意义"；同时"赤"也象征着广东的地理位置，古人以"赤"代表南方，而广东正位于祖国之南，因此以"赤"为名。

- 赤社成立背景："在赤社成立之前，广州已有过几个大大小小的美术团体，但范围只限于研究国粹画及所谓折衷派画，西洋美术是不过问的，而且那时擦炭相、摹影片，临印刷品之风颇盛行，投机者纷纷开斋设馆，招徒传授，因为这些不入国粹画及所谓折衷派的范围，乃自己标榜曰'西洋画'。因此，当时社会上所谓西洋美术，不过拉着臭莸当香草一样地可笑罢了。……关于创立美术学校一事，在赤社成立的时候便有这个意思。"

- 赤色宣言："呼喊，我们手上拿的是笔与调色板；我们眼中映着的，是森罗万象的自然；我们胸中只有赤诚的心和赤热的血。我们尤确信伟大艺术作品，非由艺术家真挚的强烈的全人格不断地研究不能产生。我们主张艺术不可不生命化，要一刻也不能任他停滞。我们为群而结合，为研究艺术的群而结合。我们的精神是赤色的，我们希望我们为研究艺术而结合的群永远存在，赤色的精神也永远存在。"（《尺展目录》编者编：《尺社小史》，载1930年尺社第九次绘画展览《尺社目录》1930年1月3日。）

冯钢百回国到达广州不久，即与胡根天、陈丘山、梅雨天、容有玑等人发起组织研究西洋美术组织"赤社"，冯钢百卖掉一幅油画得款三百大洋作为筹办费用。徐东白入赤社，随冯钢百学习油画。［《冯钢百年表（1883—1984）》，载广东美术馆编《中国早期油画大家冯钢百》，人民美术出版社2003年版，第120—142页。］

10月1日，"赤社美术研究会第一次西洋画展览会"在广州展出，胡根天等人将这一天定为赤社的诞生日。画展的展场设在永汉北路的广州市立师范学校的礼堂内，为期一周。展品有油画、水彩画、木炭素描、粉彩画和铅笔速写等160多幅，基本是写实的手法。参展者有日本留学回来的画家胡根天、陈丘山、雷毓湘、李殿春、徐藏龄、崔国瑶，从美国归来的画家梁銮，还有专研水彩画的徐东白、梅雨天、容有机等。

1921年12月20日至1922年1月20日,"第一次广东全省美术展览会"在广州市文德路广东省图书馆展出。由陈炯明任会长,高剑父任副会长,律师谢英伯为顾问。高奇峰、赵浩公、温其球、姚粟若、李凤廷、陈丘山、梁銮、胡根天、徐藏龄、刘博文、雷毓湘、金乐仪等分别提供中国和西洋画及工艺美术等作品的评选并协助筹备。高剑父负责具体工作,曾亲到上海和香港征集出品。

1921年12月20日,广东省第一回美术展览会开幕全体职员。前排左起:徐芷龄、刘博文、高剑父、陈炯明、谢英伯、梁銮、温幼菊。二排左一:胡根天,左二:陈丘山,左七:雷毓湘,左八:李凤廷,左九:赵浩公。后排左七:高奇峰。(扫描《青年艺术社》第9页。)

- 在国画评选方面出现传统派画家与折衷派画家的争论。国画评选方面争论的结果是:把国画作品分为两部分,一部分由二高等负责评选,另一部分由赵浩公、姚粟若、李凤廷等负责评选。在此后十多年,"双方壁垒就筑得更厚,对立也更大了。"(胡根天:《记六十年前广东第一次全省美展的风波》,载《广州文史资料》第23辑,广东人民出版社1981年版。)

- 在西洋画评选方面,则因当时社会对西洋画的认识还不充分,出现了许多戏剧性场面。"出品人为了要给自己被落选的出品争气,动口、动拳、动枪都表演出来了。"(胡根天:《记六十年前广东第一次全省美展的风波》,载《广州文史资料》第23辑,广东人民出版社1981年版。)

- 据时任西洋画评审的胡根天回忆:"参加评选的审查员有陈丘山、梁銮、徐藏龄、刘博文、雷毓湘和我。几个人事先开过一个会交换评选意见,决定凡是临摹、抄袭以及商业广告的作品,一律不能入选。这本来是美展或画展会习惯的通则,不应有什么争论。但是,事物的发展总是有一个过程。……我们首先就把千幅以上——其中包括孙中山肖像三百多幅、陈炯明像二百多幅的炭粉相以及炭粉风景画全部淘汰;其次不论油画、水彩、粉彩、铅笔等临摹品以及广告月份牌画也给它落选了。结果入选作品只有一百五六十幅。另外加上审查员出品合共差不多二百幅。……展览会开幕之后。观众拥挤,自不待言。到了第二天的早晨,高剑父派了一位职员匆匆忙忙来找我和陈丘山,告诉我们昨晚有五个带着枪的军人闯进会场,要找西洋画审查员算账,声言见一个打一个,来势对我们不利,叫我们两个赶快搭穗港轮船逃避。我们了解情况之后,立刻找徐藏龄审查员,请她去见粤军参谋长邓铿(仲元,与她是旧相识),告知此事。邓表示支持我们,叫我们不要走。这五个军人原来是虎门要塞司令、长洲要塞司令、某某司令(其中一个是姓吴的)和某某参谋等,他们来到会场闹事,原来是为了某某女士几幅临摹风景油画出品落了选,认为这是极大丢脸,要打'不平'。后这几个军人又去见陈炯明,向陈提出要求撤换审查员,重新评选，想为某某女士出气。陈炯明制止了他们，结果取闹不成，这是一次有趣的表演。然而由此，我们也可窥知当时的骄将悍卒、军纪腐烂的情况。一波未平，一波又起。接着又有几个落选者别出心裁，把落选出品领回之后，便租用了两辆小运输车，把作品挂在车上，沿着惠爱路（现中山路）燃放鞭炮，喊冤叫屈，想博取舆论同情。报纸也被利用，为他们叫喊，一家叫作《互助》的日报，连续刊载几篇文章向审查员攻击，并且造谣言吹嘘某人留学英国学画多年，某女士是美国大画家沙金的高足，作品深得沙金的赞赏等。这都是自欺欺人的。我们经过调查，便在《国民日报》给予驳斥和揭发，一场笔墨官司才告停息。"（胡根天：《记六十年前广东第一次全省美展的风波》，载《广州文史资料》第23辑，广东人民出版社1981年版。）

- 全部入选作品共一千余件。冯钢百有《马夫》《洗衣女》《工匠》等五幅油画入选展出。（《冯钢百年表》，广东美术馆编《中国早期油画大家冯钢百》，人民美术出版社2003年版，第120—142页。）同时展出的还有李铁夫的两幅油画风景和三幅油画肖像。"西洋画出品中最突出的为李铁夫两幅差不多一百号大小的油画风景和三幅油画肖像。这几幅作品，是早年李铁夫在美国纽约送给黄兴，又由黄兴（黄是辛亥革命运动领导人之一）带回上海放存在家里的。黄兴逝世后，由他的儿子黄一欧保存。高剑父到上海征集作品时又将这些画带回广州。"（胡根天：《记六十年前广东第一次全省美展的风波》，载《广州文史资料》第23辑，广东人民出版社1981年版。）"民国三年，黄兴一鸥桥梓，与张继赴美洲，即召师（李铁夫）同游埃伦，避暑海裔，居美丽美村四越月，每与克强、浦泉一沤海浴及风景写生，其时之作画，由林森携返祖国，曾陈列于民四全国美展……"（谈月色：《李铁夫师事略》，《艺彀》1932年6月创刊号，第11—12页。）

- 胡根天在《小说月报》第十二卷《俄国文学研究》专号发表了翻译的高尔基短篇小说《鹭》和介绍俄国美术运动的《俄罗斯的美术：绘画怎样发达》一文。"二十世纪俄罗斯的绘画界，写实的时期已经过去；但是他的新倾向，却又与法意诸国不同。那么所谓的新倾向，他的特质是怎样呢？简单说来，就是一方面以空想为构成美德的重要成分，其表现即为神秘的象征的装饰的一种幻象，这方面很与音乐诗歌相接近；一方面颇充满回顾的精神，古代期艺术的遗骸，大有春风吹又生的观感，其结果就形成一种单纯的粗野的纯俄罗斯国民的美术，和十八九世纪受动的风尚渐渐隔离……这篇稿子，大半取材于日本的画报，里面译出的人名，本来很想并附西文，可给读者一并查看，但是因为一时不能一一查出，所以就统付缺略。"[陈滢：《广东现代美术的先驱胡根天》，载《胡根天作品集》，广州美术馆1993年版，第7—19页；胡根天：《俄罗斯的美术》（1921年2月20日），转引自广州市文史研究馆《胡根天文集》，2002年版内部印刷本，第309页。]

- 7月，胡根天的《西洋美术史》教材在商务印书馆出版发行。该书稿由其归国后在上海美术学校和上海专科师范学校讲授美术史的讲稿修订成。"述例：一是篇叙述不务繁博，意在提举大纲，俾读者易于领会西方美术历世发展之途径，以为深加研求之准备。述者年来在上海美术学校及上海专科师范学校讲授美术史即取此为蓝本，详略之间尚觉适用，故更加订正刊行以便读者。"（胡根天：《西洋美术史》，商务印书馆1921年版。原文无标点，为方便阅读，编者所加。）

胡根天，《西洋美术史》书影，商务印书馆1921年版，述例节选。

1922
壬戌 中华民国十一年

▣ 生卒　📖 教育　🌐 流动　⛩ 交游　👥 社团　🖼 展览　🎨 创作

🌐 叶因泉至上海，在《世界画报》做图画员。北伐战争时期，曾担任国民革命军政治部的图画宣传委员，后回到广州。（李焕真：《〈抗战流民图〉画家流亡途中的"报导画"》，《羊城晚报》2015年8月29日。）

📖 年初，胡根天等人经多方努力仍未找到合适的地方充当校舍，最后决定利用中央公园里面东北角的一块空地，聘请搭棚商店在空地上搭建了临时校舍。据胡根天回忆："一个西洋画家冯钢百由美国学成回来了，他也加入了赤社，我和他接受了市教育局的委托负起学校的筹备工作。经费有着落了，但校舍还找不到，几经磋商，终于决定选择了第一公园——中央公园（现在市政府大楼的南边），用里面东北角一块空地，请当时有名的搭棚商店陈祥记规划，先盖搭起一座临时校舍以便招生开课，并汇寄了几百元到日本东京，请友人陈抱一代购石膏像十余个为学生学习素描写生之用。当时广东省长是廖仲恺，他书法很好，并且对于美术向感兴趣，我们就请他写了'广州市市立美术学校（字较大）临时校舍（字较小）'一面招牌，是用一块锯开只刨光一面的原样木板写的，长度约一米六，横挂在校门口上边，虽然简陋一些，倒觉得古色古香。"（胡根天：《记全国最早一间公立美术学校的创立和发展过程的风波》，载《广州文史资料》第27辑，广东人民出版社1982年版。）

广州市市立美术学校全体员生摄影，1922年12月摄于广州。

- 4月24日，广州市市立美术学校（一般简称"市美"或"广州市美"）正式开课，这是全国最早创立的的公立美术学校之一。广州市教育局局长许崇清兼任校长；胡根天任教务主任，主持日常教务工作，同时任绘画和美术史教师；冯钢百任总务主任和绘画教师；陈丘山教授水彩画；梁銮教授图案画。此外，还有国文、法文、音乐、体育等科的教员和两三个职员、一个工友。由于条件简陋，学校先设西洋画一科，初次招生2个班共80人（其中女生12人），都是20岁左右的青年。[胡根天：《记全国最早一间公立美术学校的创立和发展过程的风波》，载《广州文史资料》第27辑，广东人民出版社1982年版；《冯钢百年表（1883—1984）》，广东美术馆编《中国早期油画大家冯钢百》，人民美术出版社2003年版，第120—142页。]

- 胡根天所确定的市美课程、编制和学习进度，力图向世界上的高等美术院校看齐。先设立西洋画科学制为4年。学科方面，设有美术史、美学、艺术哲学、艺术概论、色彩学、透视学、艺术解剖学、图案构成法等的必修科和副修科，以及国文、外国文（以法文为主修科，日文、英文为选修科）、音乐、体育等普通科目。胡根天主持市美期间，深受蔡元培办学思想的影响，提倡学术自由，实行"兼容并包"，先后聘请了一批在日、欧、美受过高等美术教育的人士到市美。如从日本东京学画毕业归来的何三峰、谭华牧、陈士洁、关良，毕业于墨西哥美术学校的赵雅庭，分别教授绘画和人体解剖学、透视学和色彩学等科目。加上市美原有的赤社骨干冯钢百、陈丘山和梁銮等人，教师阵容较为鼎盛。这一批教员艺术风格各异，形成鲜明对比，如冯钢百的古典写实油画"稳重华滋"，关良的油画"稚拙单纯"，陈士洁画风"保守"，何三峰的人物"绚丽，接近雷诺阿风格"，谭华牧的风格"介乎于后期印象派与野兽派之间"，赵雅庭的油画肖像"色彩稳厚朴实，有北欧作风"。这是一批受过近代欧风美雨熏陶的教员，又是支持新文化运动的知识分子，他们给市美带来了朝气，为市美的发展奠定了良好的基础。（陈滢：《广东现代美术的先驱胡根天》，载《胡根天作品集》，广州美术馆1993年版，第7—19页。）

"陈炯明邀请陈独秀来广东任教育委员会委员长，委员有：许崇清、陈伯华（陈炯明的侄子）等……陈独秀到粤后还办了一间宣讲员养成所，开办时间，记忆起是1922年的春季，地点是高第街素波巷，所长由陈公博担任，我也在所担任图画讲授——叫作自在画，意思是自由创作，有别于机械画。"［沙东迅：《九访中共广东党的创建见证人：访问胡根天先生记录》（1983年12月6、8日），《红广角》2011年第10期，第41—42页。］

从1922年起，陈抱一陆续出任上海神州女子学校美术专科主任、上海艺术师范专科学校西画主任、上海美术图画院（上海美专前身）教授等职。"他曾应吴梦非、刘质平、丰子恺之聘执教上海艺术专科师范学校；应许敦谷之聘执教于私立神州女学美术科；应洪野之聘任教于上海大学美术科……"（刘海粟、柯载文：《怀念陈抱一》，载陈瑞林编《现代美术家陈抱一》，人民美术出版社1988年版，第129—133页。）

5月，黄潮宽获得宾夕法尼亚美术学院价值700美金的克雷森游学奖学金（Cresson Travelling Scholarship），得以前往欧洲游学考察，观摩各地艺术名作，大大开拓了眼界。因经费问题，只访问了意大利、法国及瑞士，未及前往英国和德国。"君以成绩超群，得获游学欧洲之奖金，遂渡大西洋，遍游意、法、瑞诸国，以研究观摩诸名家之杰作。辛以经费用完，未及游英德，废然返美。"（简又文：《黄潮宽的画》，《逸经》1937年第25期，第45—49页。）

9月20日，谭连登作为日本外务省文化事业部补给生入东京美术学校西洋画选科。（刘晓路：《各奔东西：纪念近代留学东洋和西洋的中国美术先驱们》，《新美术》1998年3号，第23—29页。）

- 潘思同考入上海美术专门学校，学习西洋画科。

- 伍千里入读广州市市立美术学校西画系。［伍千里条，吴瑾著：《青年艺术社与广州现代美术（1927—1937）》，岭南美术出版社2010年版，第162—163页。］

- 郑可热衷音乐，成为圣心中学管乐队萨克斯演奏者，兼习单簧管及长笛。拜广州知名牙雕艺人潘亮为师，学习牙雕至1924年。（连冕：《郑可研究暨重订郑氏简编年谱》，《装饰》2017年第1期，第37—47页。）

- 胡善馀小学毕业。兄长胡持璟在美国务工已能自立，不定期地带点钱回来接济家用，家庭经济有所好转。（《胡善馀艺术年表》，载吴为山主编《善彩馀韵：20世纪中国油画名家胡善馀》，人民美术出版社2017年版，第388—402页。）

- 罗工柳家乡罗村的私塾改成小学，改读小学课本，依然由私塾的老师授课。（《罗工柳年表》，载中央美术学院编《罗工柳》，人民美术出版社2016年版，第366—375页。）

- 赤社在广大路租赁10号和12号两幢相连的三层楼房作为社址，三楼设画室、二楼和楼下布置办公室和宿舍，供画家们研究和教学之用。其影响逐步扩大，从1922年起，先后加入赤社的有从美国留学归来的冯钢百，从墨西哥归来的赵雅庭，从美国留学回来的黄潮宽、朱炳光、梅与天、李铁夫，由法国回来的关金鳌，由日本回来的许敦谷、关良、任瑞尧等西画家。还吸收了通过赤社附属的美术学校学习而较为优秀的青年作为社员，如凌永绍、崔凤朋、李和、鲁实、李毓唐、郭信怀、余所亚、区慧卿等；此外，一些本地比较有成就的画家也加入了赤社，如黄超白、关步湘等。日式的、法式的、美式的绘画，古典主义、现实主义、印象主义的手法在赤社汇聚一堂。（胡根天：《赤社美术研究会的始末》，载《广州文史资料》第17辑，广东人民出版社1979年版。）

赤社同人合影，1922年，前排左起：梅与天、胡根天；后排左起：梁銮、卢子枢、陈丘山、冯钢百、徐守义。

赤社（尺社）画室，1920年代摄于广州。

赤社举办第二次展览。展会地点设在中央公园东北边盖搭的葵棚里（是广州市美临时搭建的校舍），作品依旧是西洋画，共有一百几十幅。展出人除原有的基本队伍的作品之外，又加上新从美国归来擅长油画人物和静物的冯钢百。（胡根天：《赤社美术研究会的始末》，载《广州文史资料》第17辑，广东人民出版社1979年版。）

赤社第二次展览会，1922年冬摄于广州。

1923
癸亥 中华民国十二年

◫ 生卒　📖 教育　🌐 流动　⛩ 交游　👥 社团　🖼 展览　🎨 创作

📖 冯钢百在广州市市立美术学校继续任原职，主理校务。市立美术学校新建图书馆、教室，并从日本购回一批石膏像、石膏模型，教学条件设备有了极大改善。[《冯钢百年表（1883—1984）》，载广东美术馆编《中国早期油画大家冯钢百》，人民美术出版社2003年版，第120—142页。]

📖 王少陵被送回广东新会端严学校读书。9月28日夜被虎兜山匪贼劫去做人质。[《王少陵年谱》，载《旅美一代绘画大家：王少陵》，《美中画报》社（美国）2004年版，第150—165页。]

14岁的王少陵在新会读书时历经了生死劫难，1923年9月28日被山匪劫掳后，直至次年2月16日才由家人筹钱赎回，在山匪处做人质近半年。

📖 黄新波就读香港袁星河学塾，10岁后转往道传学塾。（广东省美术家协会编：《黄新波纪念文献集》，岭南美术出版社2006年版，第170—180页。）

📖 罗工柳转到梁姓邻村，寄住在姑母家，入正规小学读书。喜爱美术，擅长精巧纸工。（《罗工柳年表》，载中央美术学院编《罗工柳》，人民美术出版社2016年版，第366—375页。）"那时学校有手工课，主要做纸手工。在油灯下，我细心地把彩色蜡纸刻成很细的纸条，然后编织成平面图案。我精心造作，从中得到很大乐趣。对纸手工，我兴趣极浓，经过一段制作，现在想起来，真是得益不少。首先学会动脑筋，同时懂得一点什么好看、什么不好看，用现在的话说，就是有点审美观念。还有，也是我当时感到高兴的，就是我练出一双巧手，为当时老师、家长和同学所夸奖。这一段纸手工的锻炼，对我一生也起了作用。我年轻时刻木刻，能刻微型的木刻肖像，没有一双巧手，那是做不到的。中年我画油画，晚年写字，都感到得心应手。现在我已年过古稀了，但我没有忘记童年时代做纸手工那段充满乐趣的学习生活。"（罗工柳：《谈纸手工艺术》，《人民日报》1988年6月20日。）

🏛 沈从文（1902—1988）与在燕京大学读书的司徒乔交往。"我初次见到司徒乔先生……约在1923年，我刚到北京的第二年……和燕京大学的一些学生开始了交往。当时的燕京大学的校址在盔甲厂。一次，在董景天的宿舍里我见到了司徒乔，他穿件蓝色卡叽布旧风衣，随随便便的，衣襟上留着些油画色彩染上的斑斑点点，样子和塞拉西皇帝有些相通处。这种素朴与当时燕京的环境可不大协调，因为洋大学生是多半穿着洋服的。……我被邀请到他的宿舍中去看画。房中墙上，桌上，这里，那里，到处是画，是他的素描速写。我没受西洋画训练，不敢妄加评论。静物写生，我没有兴趣，却十分注意他的人物速写。那些实实在在、平凡、普通、底层百姓的形象，与我记忆中活跃着的家乡人民有些相像又有些不同，但我感到亲切，感到特别大的兴趣。因为他'所画'的正是我'想写'的旧社会中所谓极平常的'下等人'。第一次见面，司徒乔给我的印象就极好。我喜欢他为人素朴，我还喜欢他墙上桌上的那些画。"［沈从文：《我所见到的司徒乔先生》（1980年），收入《沈从文散文》，太白文艺出版社2005年版。］

▶ 沈从文，原名沈岳焕，湖南凤凰人，现代著名作家、历史文物研究家、京派小说代表人物。少年时投身行伍，随当地部队浪迹湘川黔边境地区。1922年，沈从文脱下军装来到北京，他渴望上大学，报考燕京大学国文班，未被录取，就在北京大学旁听。1924年开始文学创作。中华人民共和国成立后在中国历史博物馆和中国社会科学院历史研究所工作，主要从事中国古代历史的研究。

青年沈从文像。

👥 癸亥合作社在广州成立，由传统画派赵浩公、潘致中、姚粟若、黄般若、罗艮斋、卢振寰、黄少梅、卢观海等人组建。后有邓芬、卢子枢、黄君璧、张谷雏、伍冠五、李瑶屏六人加盟。"癸亥合作社并不是一个大团体，他们只有十四个人，都以志趣相投而结合。在民十二至民十五之间（1923—1926），他们每年总有一二次展览会，借今日的禺山中学作会场。作品有南有北，有山水，有花鸟，有人物，作风各有不同，取法颇得高古。"（长平：《癸亥合作社》，广州《天行报晚刊》1946年11月1日。）

- "民国十二年（1923），岁在癸亥。一个新生的绘画团体在广州出现，它的名称就以年干为号，叫做癸亥合作社。事缘民国十年（1921），革命政府成立，曾举办过一个全省美术展览会，这一回展览，可以说是开广东美术运动的新风气。大抵这一个会的内容由三种成分所构成，一是西洋绘画正正式式地被介绍出来；二是日本式的中国画抬起头来；还有一个是中国画的复古运动。癸亥合作社的产生就是最后那一方面的结果。"（长平：《癸亥合作社》，广州《天行报晚刊》1946年11月1日。）

成立于1923年的癸亥合作社于次年举办第一次展览，图为展览目录封面。

- 赵浩公"力倡纯粹国画，恒与人论争广座中，务顺适己意，不则巨拳抵几案，终或拂袖退"。（老黑：《郑漪娜欲师赵浩》，香港《探海灯》1937年8月7日。）

- 赵浩公、卢振寰在广州组"山南画社"。（黄大德：《赵浩公年表》，载朱万章、郭燕冰主编《广东"国画研究会"研究》，岭南美术出版社2010年版，第178—204页。）

- 从墨西哥国立美术学校毕业归国的台山人赵雅庭加入"赤社"。

- 赵浩公与高奇峰合作《花石图轴》，题识："癸亥重阳后三日，奇峰写桂花，浩公写鸡冠，浩公复补石"（香港中文大学藏）；与姚粟若合作《荷花芭蕉图》（广州文物店藏）。（黄大德：《赵浩公年表》，载朱万章、郭燕冰主编《广东"国画研究会"研究》，岭南美术出版社2010年版，第178—204页。）

- 1923年，司徒乔的一个华侨同学邀请他到曼谷过暑假。司徒乔第一次坐上海轮，驶出南海，心有所感，画出油画《海》。"乔第一次坐上海轮，驶出南海。看惯了温柔旖旎的珠江的人，忽然置身惊涛千尺的大海。……这奇丽的景色，使初次航海的乔惊羡得目瞪口呆。……掀天巨浪抑不住作画的激情。风要把画架刮走，就把画布钉在甲板上；浪要把人抛下海底，就用皮带把腰栓在船栏上；反照太阳的水光，刺得眼睛发疼，就背着海，一笔一回头地画，趴着画累了就跪着画，终于把画画成了。"该画曾多次在国内展出，还参加了巴黎1929年的沙龙画展。"他用了整个暑假给学校画蝴蝶和植物的标本，得到的报酬，拿来购置油画画具。起初是照着书上的复制品临摹，临林肯像、圣母像等，后来就对着实景画。这画种引起他深深的兴趣。由于他不懂画法，老也画不成功。可是他并不灰心，自己瞎练了两三年，终于画成了两幅比较象样的油画，那就是《搁浅》和《海》。"（冯伊湄：《未完成的画》，人民文学出版社1978年版，第19—21页。）

▶ 《搁浅》颜色的丰厚真是无可伦比，而采用的刀法，更觉准确。它在百彩辉煌之中，有条不紊；而诸色的过程很自然，很有趣，颜色虽然百样，我们的印象则非常统一。有人称司徒先生的作品是颜色颤动派。颤动与不颤动，我们且不管，而他作品的节奏温暖——生气——都凭颜色表现出来了，颜色就是他画里生命。这又令我们想及Cezanne（塞尚）了。"（1932年12月18日广州某报，转引自冯伊湄《未完成的画》。）

司徒乔，《搁浅》，54.8×71.5厘米，布面油画，现藏于中国美术馆。

1924
甲子 中华民国十三年

▨ 生卒　📖 教育　🌐 流动　🏛 交游　⛩ 社团　🖼 展览　🎨 创作

📖 2月，经重金赎出后，王少陵从山匪处脱险回香港，9月在香港华仁中学读书。凭记忆画出《山贼陈蟟律虎兜山匪巢图》组画，初显美术才华。[《王少陵年谱》，载《旅美一代绘画大家：王少陵》，《美中画报》社（美国）2004年版，第150—165页。]

王少陵脱险后凭借记忆所绘《山贼陈蟟律虎兜山匪巢图》。

📖 3月，赤社创办的附属美术学校成立，招生开课，教务主任为赵雅庭，上、下午分两班上课。另外还添设一个晚班，以便一些中小学校美术科教师有补习机会。各班教师由赤社社员轮流担任。课程首重木炭或铅笔素描，也兼学水彩或油画。教学在教师指导下采取自由研究方式，不设毕业年限。学习成绩优秀的则吸收为赤社社员。（胡根天：《赤社美术研究会的始末》，载《广州文史资料》第17辑，广东人民出版社1979年版。）

📖 6月，谭华牧、何三峰从日本东京美术学校西洋画科毕业后归国。

📖 谭华牧、何三峰、陈士洁等留学日本的同学在广州市永汉南路禺山市场附近创办私立"主潮美术学校"。"大概是民国十三年（1924）罢，何三峰、谭华牧、陈士洁三位先生从日本回国，在禺山市那里，开办主潮美术学校；私立美术学校，在当时算是设备比较完备的，先把自己三个人的作品开展览会：以印象派的作风，在画面上运用这绚烂的闪耀的色彩的何三峰先生的风景画；以后期印象派的作风，表现物体的内在的真实的谭华牧先生的人物画，却给了市立美术学校的学生们以很深的影响。绘画是自然物体的复述吗？这样的问题，就在那群青年人的脑中回转着，他们对自己的教师冯钢百先生也怀疑起来了。这大抵也因为五四运动的精神，动荡到南方的角落里来，文艺上的新思潮的输入，还来得蓬蓬勃勃。一般学生，除了课本之外，还要看点书的。美术学校的学生，单是技术的实习是不能满足他们的求知欲，他们还希望绘画理论的灌溉。"（吴琬：《二十五年来广州绘画印象》，广州《艺术青年》1937年创刊号。）

📖 高剑父在广州文明路定安里租一屋，原名"春瑞草堂"，与高奇峰同住作画。后从学者众，遂改名"春睡画院"。春睡画院早期地址不定，1933年迁至朱紫街（现广州越秀区盘福路朱紫街87号）的自有房产后，才有了固定的办学场所。1989年，高剑父家属将春睡画院旧址房产无偿捐献给广州市人民政府。广州市人民政府将旧址拆建并复原，经过两次重修，将一座已近百年历史的老宅，极有创意地整体搬迁到14层高的盘福大厦楼顶。2004年，春睡画院旧址移建完成，盘福大厦一层则建设了高剑父纪念馆，现位于广州市解放北路861号，隶属于广州艺术博物院。

▶ 司徒乃钟是春睡画院弟子司徒奇（字苍城）之子，这一支岭南画派弟子长期在港澳及海外发展，为岭南画作在海外的传播做出了重要贡献。在战乱频繁的民国时期，无数私立美术教育机构忽兴忽废，而春睡画院以高剑父一己之力兴办20余年，培养了大量美术人才。从高剑父游的五邑籍画人有容大块（星哲）、李抚虹、司徒奇、杨善深等人。

司徒乃钟，《春睡画院》，2008年，138×69厘米，纸本设色，私人收藏。款识：二千又八年春，率香江苍城诸弟子作羊石岭南画派寻根之旅，恭写于春睡画院门前。春睡又弟子司徒乃钟。

1924

📖 司徒奇考入广州市市立美术学校西洋画科就读。［司徒乃钟手辑，陈继春参校：《司徒奇（苍城）年谱》，载《奇笔纵横：司徒奇的艺术人生》，司徒氏苍城画院（香港）2016年版，第209—214页。］

📖 是年起，广州市市立美术学校西洋画科每年招生一届。［《冯钢百年表（1883—1984）》，载广东美术馆编《中国早期油画大家冯钢百》，人民美术出版社2003年版，第120—142页。］吴琬之子吴瑾于1991年秋拜访市美首届毕业生李桦，"84岁高龄的李老，缓缓地将当年冯老师（冯钢百）教学的一个细节做了简单的描述，在上静物写生课时，冯老师找来一个装肥皂的木箱，在箱内贴上黑纸，然后才放入水果等物，打开箱侧的木板，只让光线从一侧射进，再让学生写生……"［吴瑾：《青年艺术社与广州现代美术（1927—1937）》，岭南美术出版社2010年版，第28页。］

- 朱沅芷进入加州艺术学院（即现在的旧金山艺术学院，San Francisco Art Institute）学习绘画。（《朱沅芷年表》，载顾跃《世界名画家：朱沅芷》，河北教育出版社2013年版，第206—209页。）是年起，美国国会重启1882年排华法案，限制力度较之以往有过之而不及。先前存在的疏漏被封堵，对商人、教育工作者、学生及其配偶的小额津贴也被取消。（美国古根海姆博物馆编：《美国艺术三百年》，上海辞书出版社2006年版，第234—241页。）

- 梁竹亭毕业于加拿大安大略省国立美术专科学校雕塑科，约20世纪30年代初回国。

- 郑可与广州圣心中学校友郑厚湖（志声，后为作曲家、指挥家）、罗广洪共同发起创办中华音乐会。经私塾同学伍千里介绍，结识李桦。伍千里和李桦皆为广州市美西画科学生。郑可常往广州市市立美术学校习画，对美术有了明确认知，并开始系统自学。（连冕：《郑可研究暨重订郑氏简编年谱》，《装饰》2017年第1期，第37—47页。）

- 司徒乔进入北京燕京大学神学院免费读书。但已无心神学院功课，终日作画。"我知道司徒乔君的姓名还在四五年前，那时是在北京，知道他不管功课，不寻导师，以他自己的力，终日在画古庙，土山，破屋，穷人，乞丐……"（鲁迅：《看司徒乔君的画》。1928年春司徒乔在上海举行"乔小画室春季展览会"，本篇是鲁迅为他的展览会目录写的序言，原载《语丝》第4卷第14期，1928年4月2日。）

- 从广州基督教会所开办的大光中学毕业后，黄幻吾曾筹划前往日本留学，但因家庭经济情况不允许而难以成行。后获居住在香港姨妈的帮助，得以前往香港美术院学习。香港美术院主要英籍教授是写实派画家威廉柯斯氏。[黄幻吾：《自传：童年及求学时代》（手稿影印件），收入《黄幻吾薛宇才双百书画遗珍合集》，浙江大学出版社2013年版，第113页。]

约此时，冯钢百住在广州市长堤兴隆街，认识了邻居黄居素。黄氏为当时广东显要人物陈铭枢的宠信，能诗善画。黄对冯钢百的肖像画艺术推崇备至，曾请冯钢百为他的祖父画了一幅油画遗像。通过黄居素，冯钢百结识了陈铭枢。[《冯钢百年表（1883—1984）》，载广东美术馆编《中国早期油画大家冯钢百》，人民美术出版社2003年版，第120—142页。]

冯钢百，《黄居素祖父像》，1924年，60×50厘米，布面油彩，冯钢百家属藏。

1月1日，潘思同与陈白微（秋草）、方雪鸪、都雪鸥等在上海北四川路东横浜路发起成立西洋美术团体——白鹅画会，并开展美术教育。白鹅画会（1928年8月更名为白鹅绘画研究所），兼有绘画补习学校性质。该画会的创办以方便职工业余美术爱好者学习绘画为目的。曾组织会员赴杭州写生、举办画展。与此同时，协会以"启发广告事业，振兴国民皆有美术之真神"为目的成立广告公司，将美术应用于现实生活。

白鹅画会早期会标。

谭华牧、何三峰、陈士洁等几位留学日本归来的学友在广州举办画展。

癸亥合作社举行第一次展览，展出合作画101帧、个人画作178帧、古代绘画287帧。并出版《癸亥合作画社》特刊。赵浩公出品《无量寿尊者像》《桃花源图》《草虫》《三友图》《鹧鸪》《文鸟》《黄鹂新柳》《花鸟》《松》《山水仿征明》10幅作品，并与各社友合作画。（黄大德：《赵浩公年表》，载朱万章、郭燕冰主编《广东"国画研究会"研究》，岭南美术出版社2010年版，第178—204页。）

春，上海东方艺术研究会三位教师陈抱一、许敦谷、关良的联合展览在位于上海市中心的宁波旅沪同乡会二楼展出。该展览首开买票参观之先河，在报上登广告吸引观众前往购票参观。[徐立：《20世纪前期（1912—1937）上海粤籍美术家研究》，博士论文，上海大学，2011年，第87页。]

1925
乙丑 中华民国十四年

⌛生卒 📚教育 🌐流动 ⛩交游 👥社团 🖼展览 🎨创作

⌛ 陈柏坚（1925—）出生。陈柏坚，又名白天，广东新会罗坑人。20世纪40年代初在香港读初中，香港沦陷后返国内读书并参加抗日艺术宣传队，从事漫画和壁画创作。毕业于广东省立艺术专科学校，1996年获中国版协颁发"鲁迅版画奖"。历任中国美术家协会会员、中国版画家协会会员、广东省音乐家协会会员和香港作家联会会员。1986年移居香港。

陈柏坚，《南北水果集一》，1999年，79×109厘米，纸本水彩，现藏于江门市美术馆。

🌐 上海"五卅"惨案发生，王少陵投入香港学潮运动。[《王少陵年谱》，载《旅美一代绘画大家：王少陵》，《美中画报》社（美国）2004年版，第150—165页。]

🌐 "五卅"惨案后，伍千里在其所就读的广州市市立美术学校组织同学绘写宣传画，参加反帝游行，亲历了广州"六·二三沙基惨案"。7月1日，伍千里剃光头到广东大学学生军讲习所受训70天，结业后代表学校参加广州学生联合会，到各校任军事助教。11月，伍千里参加中山大学童子军领袖训练班，该班后改为中国国民党童子军。在此期间，伍千里塑孙中山石膏像，以童子军的名义送与国民党中央党部陈列。[伍千里，吴瑾：《青年艺术社与广州现代美术（1927—1937）》，岭南美术出版社2010年版，第162页。]

🌐 余本回家乡结婚，妻陈玉珠是越南华侨。两年后再赴加拿大。（《余本艺术活动年表》，黄笃维、黄树德编《余本画册》，岭南美术出版社1994年版，第141—144页。）"到二十岁那年，我就回台山结婚，我太太家是越南华侨，是做裁缝的，比我们家有钱些。结婚后几个月，我再回去加拿大，又做了一年的餐馆工作。"（唐乙凤：《透入著名油画家余本的绘画世界》，原载香港《风格》丛刊1980年第二期，转引自谢钧主编《永恒的朴素：余本作品及评论集》，岭南美术出版社2017年版，第190—194页。）

🌐 冯钢百丧偶后与吴佩华结婚。[《冯钢百年表（1883—1984）》，载广东美术馆编《中国早期油画大家冯钢百》，人民美术出版社2003年版，第120—142页。]

🌐 汤由础祖母去世，从此失学。在一家麻布土作坊学织布，一年后靠自己织布每天二角钱收入维持个人生活。（王嘉整理：《汤由础艺术活动年表》，载广东美术馆编《汤由础恬静的故土》，2008年版印刷本，第98—101页。）

📚 经胡根天等人努力，广州市市立美术学校以真人为裸体模特开设了相关课程。在此前几年，上海美术专科学校因展出人体素描习作而引起了轩然大波。据胡根天回忆："依照一般课程到了第三年应该写油画，但问题又来了，校内写油画要有人体模特儿，穿起衣服的模特儿倒不成问题，雇人或由同学自觉献身担任都可以，但我们中国是有名的礼教之邦，在光天化日之下当众脱衣服裸体是不够文明礼貌的，是会引人嘲笑甚至被干涉撒沙石的。这个问题，我们一直拖了一年多——1925年才得到解决。学校的北邻是管理公园的花木工人宿舍，他们知道学校要找裸体模特儿，就代我们找到一位失去丈夫和失了业之后生活有困难的少妇，她愿意做模特，订明每日上午到校上班，每月工资三十元，下午如需要她继续担任，工资另计，从此之后，有人开了端，接着老的少的，女的或男的都有人自荐或托人介绍到校担任模特儿。课时却引起了一个小误解，警察当局知道了这个情况，初时提出一些'有关风化'问题，经过了详细解释，结果他们也默认了。"（胡根天：《记全国最早一间公立美术学校的创立和发展过程的风波》，载《广州文史资料》第27辑，广东人民出版社1982年版。）

📚 何三峰、谭华牧、陈士洁创办的"主潮美术学校"因生源、经费不足，约一年后停办，谭华牧离穗到上海。（《谭华牧艺术活动年表》，载广东美术馆编《谭华牧：'失踪者'的踪迹》，岭南美术出版社2006年版，第227页。）曾于上海艺术大学、中华艺术大学任教。"我看见（上海艺术大学）教务处墙上挂的一幅谭华牧画的油画《胸像》也被拿走。"（林镛：《往事的回忆：怀念陈抱一老师》，载《现代美术家陈抱一》，人民美术出版社1988年版，第152—156页。）

📚 冬，陈抱一与从上海艺术大学分裂出来的教职员陈望道（文学）、丁衍镛（美术）创办中华艺术大学。学校采取委员会领导制，陈抱一任主任委员。校址初设于青云路，后迁至江湾路三山里93号，又迁窦乐安路233号。（《陈抱一年表》，载《现代美术家陈抱一》，人民美术出版社1988年版，第124—126页。）"中华艺术大学校址在闸北天通庵的一条里弄里。弄前是上海到江湾、吴淞的火车道，越过铁路便是虹口公园。"（林镛：《往事的回忆：怀念陈抱一老师》，载《现代美术家陈抱一》，人民美术出版社1988年版，第152—156页。）"中华艺大校址先在江湾路法学院附近，后又迁至窦乐安路。那里正是四川北路终端，地近虹口公园，环境优美。周围又多是文化界人士的住宅，有如巴黎的拉丁区。中华艺大有文学和绘画两个系。文学系由陈望道主持，绘画系由陈抱一主持。美术教授除陈抱一外,有关良、丁衍庸等人,后来许幸之从日本回国也在此任教。……陈抱一十分注重素描的练习。他认为无论石膏模型写生或人体写生,木炭素描不仅是入门的必需课程,而且是终身不能舍弃的工夫。学校安排有美术理论课,由陈望道、朱应鹏讲授。陈抱一也结合技法实践,为我们讲授技法理论。他的著作《油画法之基础》和《洋画ABC》,就是在这段时间写成,这是近代中国出版比较早、比较系统全面介绍西画技法的书籍,在当时产生了较大的影响,特别是一些有志于油画学习又找不到入门途径的美术青年,这些书对于他们帮助很大。"(徐苏灵:《纪念美术教育家陈抱一》,载《现代美术家陈抱一》,人民美术出版社1988年版,第148—150页。)

郑可考入广东省立工业专科学校,学习了1年机械专业,掌握并奠立从事金属工艺制作等的基础理论与科学实践能力。在国立广东大学农科学院(国立中山大学农科学院的前身,后调整并入华南农学院)学习法文。(连冕:《郑可研究暨重订郑氏简编年谱》,《装饰》2017年第1期,第37—47页。)

林达川小学毕业,随父亲去香港入九龙鏰智中学,后转广州海南中学。(《林达川艺术年表》,载《大璞不雕:林达川油画作品集》,中国美术学院出版社2006年版,第249—254页。)

杨善深开始临摹古画。后在赤溪县立小学完成学业。[《杨善深艺术年表》,载邓伟雄主编《春风草堂艺粹》,集古斋有限公司(香港)2012年版,第262—269页。]

黄潮宽从美国宾夕法尼亚美术学院毕业,又入读费城工业美术学校,但因兴趣不大,未几离开。(简又文:《黄潮宽的画》,《逸经》1937年第25期,第45—49页。)

胡善馀初中毕业。靠兄长的微薄接济已无力再继续读书。(《胡善馀艺术年表》,载吴为山主编《善彩馀韵:20世纪中国油画名家胡善馀》,人民美术出版社2017年版,第388—402页。)

2月,东京美术学校中华民国留学生同窗会在东京举办。林丙东、谭连登(广东台山人)、卫天霖、丁衍镛、王道源等人出席,正木直彦、藤岛武二、和田英作等教授出席。(《王道源年表》,出自《世变·傲骨,王道源艺术回顾展》2011年8—9月,广东美术馆。)

🖼 8月18日，在中华教育改进社第四次年会上，美育组第一次会议通过了刘海粟提出的《举办全国美术展览会案》，并决定由蔡元培、王济远、李毅士、汪亚尘、熊连成、滕固等17人组成筹备委员会，负责全国美术展览会委员会的工作。8月20日下午，全国美术展览会委员会举行了第一次谈话会，到会者刘海粟、滕固、王济远、李荣培、熊连成共同起草了组织大纲并预定1926年在武昌举办全国美术展览会（实际于1929年4月10日至30日在上海举办）。（《新教育》1925年9月第11卷第2期，中华教育改进社；崔广晓：《美展的筹办机构及作品评审制度——民国时期教育部主办第一、第二次全国美术展览会之比较研究》，《美术学报》2013年第6期，第78—84页。）

🖼 4月15日，广州举办慰劳前敌革命军人游艺会，赵浩公、卢振寰、李瑶屏、尹笛云、张虹、潘和、李凤公、胡毅、温其球等均有作品送展。

🖼 7月，癸亥合作社举行第二回画展，出版场刊。展出作品计有合作画149件，社员每人出品10件。

🖼 7月，陈抱一在上海宁波同乡会举办《抱一个人作品展》，展出陈抱一在江湾画室创作的主要以花卉、静物为题材的西画作品。（《陈抱一年表》，载《现代美术家陈抱一》，人民美术出版社1988年版，第124—126页。）

🖼 12月7日，报载：慰劳统一广东前敌革命军人游艺会之书画部，约定赤社、癸亥合作社届时将所有佳品送游艺会陈列外，又于昨日在第一公园开挥毫大会，到会者有温幼菊、尹笛云、高奇峰、姚粟若、卢观海、宋顺之、赵浩公、张谷雏、黄般若、潘致中、卢振寰、黄金海等数十人。

👥 3月，癸亥画社在社会上影响日大，要求入社者众。画社同人决议把癸亥合作社画社扩充为国画研究会。与会者十四人，当即捐款筹备。联络处仍在司后街小东营，潘致中任会长，赵浩公任总务主任。广东省教育厅批准国画研究会立案，国画研究会正式成立，潘致中为会长，赵浩公及温其球、卢振寰、李研山、卢子枢、李瑶屏、姚粟若、黄君璧等为常务委员。5月11日，《广州民国日报》发表《国画研究会之创设》消息："我国美术发达最早，欧美各国亦遵从之。日本则更有所谓汉化派，可知我国美术之优秀，实为东方文明之特点。惜各研究者无一定联络，以互相切磋，是以虽发达极早，而仍无长足之进步。以视欧美各国之日新月异者，不啻有天渊之别也。现闻赵浩公、姚礼修、温其球、冯缃碧等画家，有见于此，特组织一国画研究会，凡属研究汉画者，皆可加入，俾得互相研究，以资进步。闻其会内之组织及各种事宜，经已议定，不日即可发表。"

🎨 陈抱一女儿陈绿妮出生。3月,陈创作油画《小孩的梦》。

陈抱一,《小孩之梦》,1925年,15×22厘米,布面油画,私人收藏。

🎨 约此时,冯钢百作油画风景《越秀山远眺》。[《冯钢百年表(1883—1984)》,载广东美术馆编《中国早期油画大家冯钢百》,人民美术出版社2003年版,第120—142页。]

🎨 3月12日,孙中山在北京病逝。司徒乔创作了《孙中山殡仪写生》。

司徒乔,《孙中山殡仪写生》,1925年,55×40厘米,布面油画,现藏于中国华侨历史博物馆。

🎨 "五卅惨案"之际,北京大游行,司徒乔画揭露帝国主义暴行之大幅宣传画悬于前门。"乔第一次用画笔公开地参加战斗,是在五卅惨案发生的时候。在北京学生、工人、市民大游行示威的那一天,乔画的一幅很大很大的宣传画挂到了前门门楼上,画的下半部画着一个卑鄙而残暴的帝国主义者正在残杀中国工人。"(冯伊湄:《未完成的画》,人民文学出版社1978年版,第6—7页。)

1926
己未 中华民国八年

🗓 生卒　📖 教育　🌐 流动　🏛 交游　👥 社团　🖼 展览　🎨 创作

🌐 黄潮宽学成归国，并与萧洁贞女士结婚。"一九二六年，黄潮宽……学成归国，同时和萧洁贞女士结了婚。"［敬群：《黄潮宽，画人的楷模》（为香港美专"黄潮宽副校长追悼会"而作），《华侨日报》1971年12月20日。］"民国十五年，黄君买棹归国，先在广州赤社（一个美术团体，后改名尺社）任教职。……时君已结婚生子，先后在中外人之实业公司任职以养家计，复于工余为人写像，如是奔波劳碌者六七年。"（简又文：《黄潮宽的画》，《逸经》1937年第25期，第45—49页。）

🌐 司徒乔于神学院毕业，拒做教会牧师，搬进贫民窟，自称"白薯画家"。"临近大学毕业，乔面临着一个极端困难的选择。按美籍校长司徒雷登的意思，要他当教会牧师。这是一个薪金虽不丰厚但生活却十分稳定的差使。……按父母的意思，是不管怎样，他必得找一份能帮助负担六个弟妹生活的职业。按自己的意思是终身当个画家，可是这个决定是要以贫穷、失业为代价的。……毕业典礼举行之后，乔拿着画箱和铺盖，搬进了西城孟端胡同口一间人力车夫、小贩、失业者居住的贫民窟里。人力车夫老李把一间略能蔽风雨的小小住房分租给他。《失业者的女儿》《又一个老百姓》等画，都是取材于他的新邻居。钱都为油画布和颜料花光了，粮食也光了，他托李嫂拿一套西装送到当铺去。李嫂说：'当铺利息很高，送进去就赎不回来了，还是留着吧，年轻人出去要件光鲜的。我家买了百多斤白薯，咱一块吃吧！'到吃饭的时候，李家名叫小妹的小女儿，果真用一双瘦得象鸡爪似的小手，捧着一大碗热腾腾的大白薯送来。乔不忍分掉孩子们的食物，不肯接。才四岁半的小姑娘象大人似的劝说：'吃吧！咱们都是穷人。'她看见乔不接她的，竟哇地一声哭了起来。乔也确实饥肠辘辘，于是把小妹抱到桌子旁边，把她放在膝上，一只手教她画画，一只手把白薯往自己嘴里送。他觉得，世界上没有比这更香甜的食物了。就在这一天，他开始写他毕业后的第一本日记，名曰：《白薯画家日记》。"（冯伊湄：《未完成的画》，人民文学出版社1978年版，第10—12页。）

🌐 胡善馀在家乡开平的榨油作坊当学徒、记账，渴望继续求学。（《胡善馀艺术年表》，载吴为山主编《善彩馀韵：20世纪中国油画名家胡善馀》，人民美术出版社2017年版，第388—402页。）

📖 3月，谭连登以特别学生的名义毕业于日本东京美术学校。6月1日，作为文化事业部选拔学生成为研究生。（刘晓路：《各奔东西：纪念近代留学东洋和西洋的中国美术先驱们》，《新美术》1998年3号，第23—29页。）

📖 夏，广州市市立美术学校第一届学生毕业。"市立美术学校创办已四年，校长即今教育厅长许崇清。兹第一届毕业期近，四年级生纷纷预备毕业制作。本市油色缺乏，该校目前已向国外购油色千余元，以备该班学生应用。闻七月举行毕业式，同时开毕业制作展览会。又该班学生，以中上各校毕业，政府必给公费旅行，以资考查。而美术学校旅行，尤为重要，自然之探讨，古迹之研求，资助美术家不少。现该班学生，已要求政府给费旅游南京西湖各名胜。又该校定章，毕业后，选派法国留学一节，已呈请校长转呈当局履行云。该校下学期增设图画科、师范科，以推行艺术教育，其余关于社会的艺术运动，已纷纷进行云。"（《市立美术学校之消息》，《广州民国日报》1926年5月19日。）

广州市市立美术学校，中央公园校舍全景，摄于1926年。

《市立美术学校之消息》，载《广州民国日报》1926年5月19日。

📖 伍千里毕业于广州市市立美术学校，毕业创作画《孙中山油画像》悬挂于母校。6月，投考国民革命军被取录，任总政治部宣传科艺术股中尉股员。回校参加毕业典礼后即出发北伐。9月，抵达汉口，升为上尉。及至攻陷武昌后，因原艺术股关良、许敦谷先后离职，升为艺术股少校股长，并加入中国国民党。其间筹备宣传列车，该车由一列火车车厢改装，内有印刷机，可印制宣传海报。车身外有宣传画、标语，车上有舞台可供随车宣传队演出。其后先后调职第二方面军、第四方面军等处。北伐结束后在上海与市美同班同学熊宝珠结婚。[伍千里条，吴瑾：《青年艺术社与广州现代美术（1927—1937）》，岭南美术出版社2010年版，第162—163页。]

冯钢百任广州市市立美术学校总务主任兼西画主任。因广州市第一公园内临时校舍简陋，冯钢百与新校长胡根天一道物色新校址。看中越秀山麓三元宫道观东面、北面荒置的十多间殿宇，遂与道观主持人达成协议，并得到广东省政府的批准，将其改建为校舍。[《冯钢百年表（1883—1984）》，载广东美术馆编《中国早期油画大家冯钢百》，人民美术出版社2003年版，第120—142页。]

广州市市立美术学校从中央公园的葵棚中搬出，迁到越秀山下的三元宫里。校舍扩大后，胡根天立即建立中国画系和艺术师范科。中国画系的课程除了传统绘画的训练外，亦要学习现代美术教育的公共课程，还授以书法、诗词、题跋、金石篆刻等有关的科目，以培养高质素的民族绘画人才。艺术师范科的设立是为了而培养合格的中小学美术教师。该科设立图画、手工、音乐、体育、教育理论、儿童心理、教学法等课程。12月，胡根天正式被任命为广州市市立美术学校校长。（陈滢：《广东现代美术的先驱胡根天》，载《胡根天作品集》，广州美术馆1993年版，第7—19页；《胡根天年表》，载《胡根天作品集》，广州美术馆1993年版，第87—101页。）

广州市市立美术学校师生于中央公园葵棚校舍合影，摄于1926年。

"主潮美术学校"结束后，何三峰与胡根天又在广州东山恤孤院路开办"东山美术学校"，但招生情况不佳，维持艰难。刚刚从市美毕业的吴琬、赵世铭被邀在学校协助教学。"……在恤孤院路赁了三间房，意思是一方面用这地方作画室，一方面也可以收几个学生，我（吴琬）和赵世铭也被邀到那里写写画，同时也帮帮忙。民国十六年（1927）三月，正从武汉混了几个月回来的我，到东山美术学校看时，先前的几个学生不见了，三间房也缩为两间。学校没有学生，自然也没有收入，胡、何两先生还是自己掏腰包，付房租。"（吴琬：《二十五年来广州绘画印象》，广州《艺术青年》1937年创刊号。）

司徒奇从广州市市立美术学校转读上海中华艺术大学西画系。[司徒乃钟手辑，陈继春参校：《司徒奇（苍城）年谱》，载《奇笔纵横：司徒奇的艺术人生》，司徒氏苍城画院（香港）2016年版，第209—214页。]"我（林镛，1912年生，新会人）来到了上海艺术大学，总务主任给我介绍了几位广东学生。他们是从广州市市立美术学校来的司徒奇、朱之峰、林振华，和从广东兴宁县师范学校来的魏洪武、孙睿曾。"后上海艺术大学停办，部分学生转入中华艺术大学。"一些从广州市立美专来的同学，在来中华艺大以前已有一两年的油画经验，我（林镛）常向他们请教。"（林镛：《往事的回忆：怀念陈抱一老师》，载《现代美术家陈抱一》，人民美术出版社1988年版，第152—156页。）

朱沅芷师从自欧洲返美任教西方现代艺术的导师欧蒂斯·欧菲德（Otis Oldfied）学习了立体主义等现代主义画风，获益良多，影响至深。朱沅芷运用现代主义手法创作了风俗画、肖像画和一些深含图像隐喻色彩的寓言式作品，后来将这一时期作品命名为"钻石主义"（Diamondism）。（《朱沅芷年表》，载顾跃《世界名画家：朱沅芷》，河北教育出版社2013年版，第206—209页。）

朱沅芷工作时的照片，1926年。

朱沅芷，《抽烟斗的男人》（欧蒂斯·欧菲德老师画像），1926年，38.4×28厘米，纸本油彩。1992年香港苏富比秋季拍品，成交价104.5万元港币。

关墨园毕业于古巴国立美术大学油画系，曾任古巴侨报《民声日报》编辑。

关墨园，《白色别墅》，1927年。色彩鲜艳亮丽，充满了美洲海岸的明媚阳光之感。

8月，汤由础经一个堂伯介绍，被送到"广州花地公立孤儿教育院"藤工科学习一年。（王嘉整理：《汤由础艺术活动年表》，载广东美术馆编《汤由础恬静的故土》，2008年版印刷本，第98—101页。）

5月，曾在日本留学的田汉导演的其第一部影片《到民间去》，摄制组人员在陈抱一江湾画室取景。（《陈抱一年表》，载陈瑞林编《现代美术家陈抱一》，人民美术出版社1988年版，第124—126页。）

田汉导演的第一部影片《到民间去》，摄制人员在陈抱一的江湾画室，中坐以手支颐者为田汉，1926年摄于上海。

3月，上海艺术协会成立，到会美术、音乐、戏剧、舞蹈等10余个团体。陈抱一被推选为监察委员。（《陈抱一年表》，载《现代美术家陈抱一》，人民美术出版社1988年版，第124—126页。）

吴琬、赵世铭在"东山美术学校"协助帮手期间，李桦在广州城里电报局当报务员，每周末必往东山与同学相聚。李桦提议要成立研究艺术的组织："我们应当组成一个纯艺术的团体。要确立我们的目的，比如说，我们应该把它的目的放在为艺术而努力上面，用青年方刚的血气去开拓新艺术的领域，反对守旧因循的态度等。我们更应首先下个名字，这让你们去想罢。再关于组织，不必怎样注重形式，能为艺术努力的不论谁都可以为会员。每月我们应该将作品拿出来公开评论，以求进步。每年至少开展览会两回，每月或半月更应计划出一种期刊。关于出刊物，事关经济，应从详计议。独立出版固然好，若不能，附之报章作为周刊亦好的。"（李桦：《青年艺术社的轮廓》，《广州民国日报》1935年1月5日。）经过多次激烈讨论，李桦、吴琬、赵世铭三人决定组成"野草社"，名取"野火烧不尽，春风吹又生"之意，牌子就挂在"东山美术学校"门口。可以视作"青年艺术社的前身"。[吴瑾：《青年艺术社与广州现代美术（1927—1937）》，岭南美术出版社2010年版，第28页。]

朱沅芷在旧金山唐人街成立了"中国革命艺术家俱乐部"。（《寓言图像：艺术生涯》，载顾跃《世界名画家：朱沅芷》，河北教育出版社2013年版，第14页。）

🖼 2月，广州在河南（编者注：河南在广州指珠江南岸区域）举行执信游艺会。西画陈列有陈丘山、方君璧、徐守义、胡根天、冯钢百等人作品。"执信游艺会开会以来，游人如鲫，每日收入均在万元左右……书画部分书画竞卖处、西画竞卖处、书画陈列所……西画陈列有陈丘山、方君璧、徐守义、胡根天、冯钢百诸人之名作。"（《河南执信游艺会情形：名书画收罗殆尽，游艺场有人满之患》，《广州民国日报》1926年2月19日。）

🖼 6月，司徒乔将自己的70多件习作挂在北京中央公园水榭举行第一次个人画展，鲁迅购买了《五个警察一个0》《馒头店门前》两幅画。"据替他看摊的小朋友告诉他：午间来了一个穿大褂的长者，要买这幅画（《五个警察一个0》），还要买那幅《馒头店门前》（那是一幅水彩画，上面画着一个瘦骨嶙峋的老人的背影，他正背对一笼刚出笼的热气腾腾的馒头走开去）。两幅画标价一共是十八元，这位长者拿出两张十元钞票。小朋友抱歉地说：'画家吃饭去了，没钱找。'长者和蔼地对他说：'不用找了，这两幅画根本不止值这些钱。'说着把钞票留下，把画带走了。这位长者是鲁迅先生。"（冯伊湄：《未完成的画》，人民文学出版社1978年版，第6—7页。）"在北京的展览会里，我已经见过作者表示了中国人的这样的对于天然的倔强的魂灵。我曾经得到他的一幅'四个警察和一个女人'。现在还记得一幅'耶稣基督'，有一个女性的口，在他荆冠上接吻。"（鲁迅：《看司徒乔君的画》，1928年春司徒乔在上海举行"乔小画室春季展览会"，本篇是鲁迅为他的展览会目录写的序言，原载《语丝》1928年4月2日第4卷第14期。）

司徒乔，《五个警察一个0》，1926年，32.5×28.2厘米，纸本炭笔，现藏于鲁迅纪念馆。

🖼 司徒乔《爱我、教我》《被压迫者》等十幅作品参加万国美术展览会。"1926年11月底的时候，乔又踱到北京饭店书籍部……无意中看到墙上贴着行将开幕的万国美术展览会征求作品的简章。这时距离截止收件还有十天，每人可以送十幅作品。……题材有的是，白薯也聊可充饥。可是，油色不多了。他把又瘪又皱的锡管挤了又挤，最后用油把紧黏在管皮的残色洗洗、刮刮。总之，十天之内，他还是把《爱我、教我》《被压迫者》等十幅画画成了。……侥幸的是，十件作品全被采纳了，其中两幅还占了展览会光线最好的位置。"（冯伊湄：《未完成的画》，人民文学出版社1978年版，第12—14页。）

11月，朱沅芷在美国加州旧金山市位于蒙哥马利大街的现代画廊（Modern Gallery）举办首次个人画展，这是他与欧蒂斯·欧菲德等十位艺术家共同出资成立的画廊。朱沅芷不仅参加了该画廊的第一场群展，而且第一个在画廊举办了个展。展览期间共卖出了大约7幅作品。他的某位朋友约翰·费伦曾在展览目录册上评价朱沅芷对于色彩的实验性运用："作为一位正在崭露头角的艺术家，首先就是要善于洞察其身处时代的潮流。巴黎的绘画风潮正扑面而来，而沅芷在（20世纪）20年代创作的作品恰恰契合了当时正风靡巴黎的色彩构图，而不是事后才跟风而上。这一点殊为不易。"塞林格（Salinger）女士购买了他的作品并对此进行了报道："这位年轻人的头发又长又黑，粗粗密密地盖住了头顶和前额，像戴了顶假发似的。外套乱糟糟的，鞋子可能太大了，上面皱皱巴巴。但是，他整个人却散发着不一样的光彩！"（《寓言图像：艺术生涯》，载顾跃《世界名画家：朱沅芷》，河北教育出版社2013年版，第9、44页。）

朱沅芷，《塞林格夫人在巴黎》，1927年，50.4×38厘米，油彩（纸裱于木板）。

论争 2月，高剑父授意方人定写《新国画与旧国画》一文发表在广州《民国新闻》上，指责传统画派人保守、守旧。3月1日，黄般若在潘达微授意下于《民国新闻》之"新时代"专栏上发表《新画派是中国的衣冠吗？》一文，指责折衷派所提出的"新国画"有抄袭日本画之嫌。数月以来，双方各自在报纸上发文辩驳，引起广东新旧画派大论争，是近代新旧国画派之间的第一次公开大论战。因双方主要由方人定和黄般若执笔，又称"方黄之争"。"民十四至十六年间，广州报章上的新旧派论战，至今还是一段新鲜的回忆：当时代表旧派对折衷派尽力攻击的有赵浩公、黄般若等。"［忽庵（任真汉）：《现代国画趋向》，《南金》1947年创刊号，香港南金学会出版。］

受到鲁迅赏识，司徒乔开始给文学团体未名社出版的刊物画封面和插图。"给未名社画封面和插图，他每月得到十元的报酬，但他精神上的收获却比这个多千百倍。在未名社，他不但有机会接触到许多新文艺书籍，而且为了给这些书籍设计封面或插图，他必得细细咀嚼和消化书中内容。这些书常常为他解答心头的问号，使他在当时纷纭的争辩中，逐渐看清前进的路线。特别是鲁迅先生译的许多艺术理论的文章：武者小路实笃（1885—1976）的、厨川白村（1880—1923）的，影响他最深。"从1925至1927年，司徒乔设计了《莽原》半月刊两卷四十八期的全部封面。"第一卷（廿四期）的封面，乔画着一片乱草重生的荒原，远处，太阳刚升上地平线，在太阳的光轮面前，立着一棵挺拔的幼树。到了第二卷（廿四期）的封面，幼树已成长为欣欣向荣的茂林，那雄健的线条和飞舞的笔墨，在说明青年画家正站在鲁迅先生的旗帜下，分享着这个伟大战士胜利的喜悦，而自己也拿起画笔来参加战斗了。"（冯伊湄：《未完成的画》，人民文学出版社1978年版，第6—7页。）

司徒乔设计，《莽原》半月刊第40期封面，1926年7月25日出版。

朱沅芷创作了带有政治含义的现实主义作品《中国与（伪）满洲》，有意识地将政治意识和艺术创作结合起来。"在这幅铅笔素描中，一个高大的人物形象手拿一把锤子，外套和帽子都像苏联共产党的装扮，他的一只手臂搭在一个中国农民的肩膀上。另一个矮小、如野兽一般的形象手持一把刀，可能代表令人憎恶的日本人。'（伪）满洲'（Manchuria）两字的形状就像一张地图，一部分盖住了那个野蛮人的脸部，而'热河'（Jehol）和'中国'（China）的字样则出现在农民的腿部下方。"（《寓言图像：艺术生涯》，载顾跃《世界名画家：朱沅芷》，河北教育出版社2013年版，第7—8页。）

▶ 画面中间的农民代表中国，左边手拿锤子的人代表苏联共产党，右边矮小的野蛮人形象可能代表日本。"（伪）满洲"两字的形状就像一张地图，被右边人咬下来叼在嘴里，"热河"和"中国"的残破地图则出现在中间农民的腿部下方。

朱沅芷，《中国与（伪）满洲》（政治漫画），1926年，45.9×32.5厘米。

🖼 朱沅芷创作油画《我的母亲在哪里》和同名诗歌。因为受到当时美国移民法令的影响,一般中国妇女不准移民来美,因此自15岁离家,朱沅芷就未再与母亲见过面,也未曾回到中国。画中表达的是他对慈母的哀思和对中国的乡愁。"漂洋过海/离开我的母亲/撕裂了我的呵/她成为我的全部/而我曾是她的一部分/噢/上天/我该如何表达我的忧伤?/我曾浸润在她的爱中/她的呵护里/现在我们却被大洋隔开两地/她在那头的午夜凝望我/我却正在灿烂的阳光下/心思凝重/喔/妈妈!我该如何摆脱这思念?/我盼望着能与她靠近/妈妈在我的画布上/凝视门外/注视远方/山路上吱吱嘎嘎的小推车/蓝天中展翅的银鸟/海洋里遨游的巨轮/你们能否带我再见妈妈一面啊?"(《寓言图像:艺术生涯》,载顾跃《世界名画家:朱沅芷》,河北教育出版社2013年版,第9—10页。)

▶ 母亲远眺门外,而海上的船只早已扬帆起航,透露出画家的内心苦楚伤感。画面中色彩采用比较深沉的暗红、深红及黑色;空间被分割成几个部分,右下角是流着泪的兄弟姐妹,左上方是梳着发髻的老母,由驶着轮船的大海与旧金山的街景分隔开,表现一种阴影、悲愤与无奈的气氛。

朱沅芷,《我的母亲在哪里》,1926—1927年,51×41厘米,布面油彩。

1927
丁卯 中华民国十六年

🔲 生卒　📖 教育　🌐 流动　⛩ 交游　👥 社团　🖼 展览　🎨 创作

🌐 2月，司徒乔在武汉任苏联顾问鲍罗廷办公室艺术干事，为北伐战争画革命宣传画。（冯伊湄：《未完成的画》，人民文学出版社1978年版，第26—27页。）

🌐 上海"四一二政变"和武汉"七一五"政变后，司徒乔携《有所问》等画离开武汉前往上海。"在情势紧急之时，乔也只好离开武汉。他烧毁了一部分宣传的画稿，撕碎了穿着军装的照片，化装成青年会职员，逃到上海，……乔到武汉，是应同班同学共产党员张采真的召唤而去的，但当时他对国共两党的区别却并无多大了解。"（冯伊湄：《未完成的画》，人民文学出版社1978年版，第29—30页。）

🌐 司徒乔在上海北四川路虬江路转角处找到立足点，设"乔小画室"。"有一间三角形的小屋子，小小橱窗放得下一张画，小小柜台摆着一些油色、水彩、小画片和一些新出版的文艺书籍。乔向亲友借了二百元把它顶下来。楼下做买卖，二楼画画，三楼睡觉，取名为'乔小画室'。"（冯伊湄：《未完成的画》，人民文学出版社1978年版，第29—30页。）在此期间，司徒乔的作品有《一个失业者》《又是一个失业者》《自杀》《恨》等。另外，他也常为上海附近的名山秀水写生，作品有《普陀骤雨》《虎丘新绿》《龙华春色》等。（冯伊湄：《未完成的画》，人民文学出版社1978年版，第29—30页。）

🌐 朱沅芷在自己的个人展览会上结识了法国阿希尔·穆哈特（Achille Murat）王子夫妇，深受赏识。在其赞助下赴巴黎发展，住在蒙马特艺术区，进入了当时法国前卫艺术家和资助人的圈子，如保尔·瓦萨里（Paul Valry）与格楚德·斯坦因（Gertrude Staine）等。前者与中国艺术家保持着良好的关系，如常玉、梁宗岱，而后者则与其兄收藏了塞尚、雷诺阿和毕加索等当代艺术家的作品。在接下来的几年中，朱沅芷曾先后多次在伯恩海姆·冉内画廊（Galerie Bernheim-Jeune）等知名画廊中举办展览。（《朱沅芷年表》，载顾跃《世界名画家：朱沅芷》，河北教育出版社2013年版，第206—209页。）

朱沅芷，《穆哈特王妃》，1929年，90.5×70.6厘米，布面油彩。2006年香港佳士得秋季拍品，成交价572万元港币。

▶ 1927年朱沅芷曾为穆哈特王妃写诗："美妙佳人久已不见／穆哈特王妃身着唐装／在她的中国书房／沙发斜倚，惊为天人／奇异之感，无声无色，仿佛飞翔／我愉快想起／唐诗宋词，阅读的诗章／她是西洋宫殿中的艺术女神／但她身着传统色彩的中国服装／自余西游欧洲／即已难保华习／她是唯一的可人儿／让我想起中华／我正乘风／回到大唐盛世／走进汴梁繁华"。

🌐 8月,汤由础由广州孤儿院推荐给一位新加坡华侨资本家带去新加坡,在一家"五彩石印工厂"当学徒工,学习设计商标广告。满师后在厂里专门从事商标广告设计。(王嘉整理:《汤由础艺术活动年表》,载广东美术馆编《汤由础恬静的故土》,2008年版印刷本,第98—101页。)

🌐 余所亚开始在广州画电影宣传画谋生。

🌐 黄幻吾从香港美术院学成毕业,回到广州开始专业艺术活动。(《黄幻吾薛宇才双百书画遗珍合集·序一》,浙江大学出版社2013年版,第1—9页。)

🎓 司徒杰在广州岭南大学附小上小学。(《司徒杰生平事略》,载《赤子之心:司徒乔、司徒杰艺术展》,中国美术馆2016年版印刷本,第80—85页。)

🎓 10月初,郑可依靠课余制作孙中山纪念章(蚀刻)和家中变卖房产等不多所得,经中山大学代办签证,初欲乘船由香港赴法国里昂中法大学勤工俭学。同行四人均为中山大学的学生:郑厚湖(志声)学音乐,陈节坚学哲学,李子翔学水利,黄士辉学农学。郑应能在签证填表时改名为郑可。11月,经马赛(Marseille)抵达里昂(Lyon)后不久,为更好地学习语言,即转往法国南部、阿尔卑斯(Alps)山区的格勒诺布尔市(Grenoble)。(连冕:《郑可研究暨重订郑氏简编年谱》,《装饰》2017年第1期,第37—47页。)据郑可友人吴琬记载:"他初到法国时,因为听到朋友的劝告,补习法文就要在□□□(原文模糊不清,无法辨认),那里中国人少,可以强迫自己讲法国话。"(吴琬:《雕刻家郑可》,《广州民国日报》1934年10月27日。)

🎓 林达川初中毕业于广州海南中学,同年入北平文治高中。(《林达川艺术年表》:《大璞不雕:林达川油画作品集》,中国美术学院出版社2006年版,第249—254页。)

🎓 罗工柳在开平月山镇读完小学。(《罗工柳年表》,载中央美术学院编《罗工柳》,人民美术出版社2016年版,第366—375页。)

▶ 时任广州市市立美术学校部分教职员,摄于1927年。左起:罗宗堂(教育学)、赵雅庭(绘画)、陈士洁(艺术解剖学)、胡根天(校长)、梁銮(图案学)、冯碧峰(音乐)、冯钢百(总务)、沈国焘(国文)、何三峰(绘画)、关良(绘画)。

因绘画天赋甚慧，除了兄长的支持，多位叔伯、堂兄鼎力资助，胡善馀终于考入广州市市立美术学校，时任校长为胡根天。在其后多年求学生涯中，胡善馀都得到了亲戚们的帮助。入学市美后不久，因校长易人，发生风潮，学生罢课，延达半年之久，无法上课。只得转入赤社美术研究会学习。由从美国留学回来的画家冯钢百指导学习。同时参加赤社画会组织的活动。（《胡善馀艺术年表》，载吴为山主编《善彩馀韵：20世纪中国油画名家胡善馀》，人民美术出版社2017年版，第388—402页。）

徐悲鸿到访陈抱一上海的江湾画室。

▶ 徐悲鸿（右三）与陈抱一（左二）、陈抱一夫人陈范美（左三）、陈抱一女儿陈绿妮（左四）在陈家花园，背景小楼即为江湾画室。

鲍少游（1892—1985）从日本归国，途径广州，冯钢百与他在三元宫校园相见。[《冯钢百年表（1883—1984）》，载广东美术馆编《中国早期油画大家冯钢百》，人民美术出版社2003年版，第120—142页。]

青年艺术社成立。由广州市市立美术学校首届西洋画系毕业生李俊英（李桦）、吴琬（吴子复）、赵世铭三人组成，1928年同届同学伍千里、梁益坚加入。1934年以后，留法归国的郑可、李慰慈和市美毕业生林绍仑、梁兆铭先后加入。该社团以"野草社"为前身，以团体名义的艺术活动大约持续到1937年。[吴瑾：《青年艺术社与广州现代美术（1927—1937）》，岭南美术出版社2010年版，第20页。]

- 据发起人吴琬1937年时的回忆："民国十六年（1927）三月，正从武汉混了几个月回来的我（吴琬），到东山美术学校看时，先前的几个学生不见了，三间房也缩为两间。学校没有学生，自然也没有收入，胡、何两先生还是自己掏腰包，付房租。我和老赵（赵世铭）还住在那里，说是环境甚适于绘画，但事实没有写什么。李桦星期六必到我们这里来的，晚上拉小提琴就拉到12点。在楼板踏着'拍子'，把楼下的人踏得发火。几个人聚在一起，便思量组织一个画社，'野草社'就是这时候产生的。"（吴琬：《二十五年来广州绘画印象》，广州《艺术青年》1937年创刊号。）

- 据发起人赵世铭1979年回忆："青年艺术社由我们三个人（李桦、吴琬、赵世铭）发起组织推动，《画室》及《青年艺术》两种32开本的期刊都是我们撰稿、编印、发行，节衣缩食，出钱出力搞出来的。直至1929年9月，假座广州市广大路二巷烈风美术学校，开催'青年艺术社第一回秋季绘画展览会'才增加社员两人，就是梁益坚、伍千里，都是我们同班同学，市美第一届毕业生。梁益坚及后和李桦结婚，

1927

诞下一女，不幸因产后风逝世，令人哀恸。至于留法雕刻家郑可，迟至1937年才和毕业于法国巴黎大学专攻美术史及美学的李慰慈同时加入青年艺术社，李氏是国立中山大学地质学教授吴尚时的夫人。余所亚在赤社学习绘画，和青年艺术社成员只有友谊关系，并非社员。"（赵世铭：《老同学吴子复》，香港《开卷》1979年第4期。）

10月1日，青年艺术社的首份杂志——《画室》月刊出版创刊号，32开封面套色，内页单色印刷。通信处为连新路57号李俊英转。定价为每期大洋一角，外埠邮费半分。第二期11月2日出版，定价改为：零售大洋八分，全年九角，半年五角，邮费在内。第三期准备出版，适逢广州公社起义，稿件在印刷厂遗失，以至停刊。已出两期，印数不详。刊物由李桦出资，以"青年艺术社"的名义出版，发刊辞说："我们觉得除了埋头埋脑拿着画笔去创作之外，还有好几种工夫是要做的，至少也要介绍艺术的理论和思潮，提高民众赏鉴的眼光与认识艺术之途径。"（《画室》1927年10月创刊号，青年艺术社出版。）其办刊的宗旨也是结社的初衷，"青年艺术社"这名字首次见诸社会。

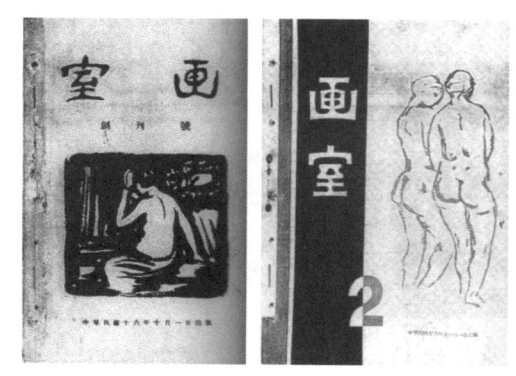

《画室》月刊第1期和第2期封面书影。

11月，上海私立艺术学校立达学园为陈抱一举行画展。[1]（《陈抱一年表》，载《现代美术家陈抱一》，人民美术出版社1988年版，第124—126页。）

---

[1] 注：立达学园，民国时期的一所艺术学校。1925年由匡互生、丰子恺、朱光潜等人在上海创办的一所新型艺术学校。以《论语》"己欲立而立人，己欲达而达人"为校名及办学宗旨。该校设有美术科、音乐科、文学科。实行"教导合一制"。先后来学园授课的有：茅盾、叶圣陶、郑振铎、陈望道、胡愈之、夏丏尊、刘大白、朱自清、夏衍、许杰、周予同、陶元庆、夏承焘、丁衍镛、关良、陈之佛、陈抱一、裘梦痕、刘薰宇、刘叔群、方光焘等。1928年学园因经费拮据停办。

1928
戊辰 中华民国十七年

⌛生卒　📖教育　🌐流动　⛩交游　👥社团　🖼展览　🎨创作

⌛ 9月29日，黄磊生（1928—2011）出生。黄磊生，广东省台山县北溪乡人。自幼爱好书画，曾学艺于赵少昂门下，是中国台湾地区颇具代表性的"岭南画派"第三代画家之一。1960年移居美国。（《黄磊生年表》，载《黄磊生水墨画选》，天津人民美术出版社2005年版，第121—128页。）

黄磊生，《罗敷采桑》，1982年，122×67厘米，纸本设色，私人收藏。所绘乃京剧程派青衣名伶张安平，即黄磊生夫人。

🌐 王少陵赴上海参加北伐，任国民党中央宣传委员会驻沪办事处宣传干事，从事漫画工作。[《王少陵年谱》，载《旅美一代绘画大家：王少陵》，《美中画报》社（美国）2004年版，第150—165页。]

王少陵戎装照，摄于1928年。

🌐 朱沅芷与一位德裔法籍的贵族女诗人苞尔·德洛丝（Paule de Reuss）结婚。（《朱沅芷年表》，载顾跃《世界名画家：朱沅芷》，河北教育出版社2013年版，第206—209页。）具有贵族血统的德洛丝不顾家庭反对嫁给朱沅芷后，家族与其断绝关系，终止其经济来源。迫于现实，两人于1930年分手。离婚后二人仍保持朋友关系，互相通信。朱沅芷离开欧洲返美后，曾写道："巴黎是一个开明的城市。只是这种开明仅限于某些国家，且其中不包括美国和中国，无论是美国人还是中国人都无法奉承和迎合其他社会夜郎自大的严苛要求。此外，我们也可以感觉到，法国人既害怕美国的物质财富，又畏惧于中国的精神财富。"（《寓言图像：艺术生涯》，载顾跃《世界名画家：朱沅芷》，河北教育出版社2013年版，第20页。）

朱沅芷，《女诗人》，20世纪30年代，140×68.5厘米，布面油彩。

1928

🌐 朱沅芷驻留西班牙数月，旅游、参观博物馆、观摩西班牙艺术的深厚底蕴。在西班牙创作了自画像《蓝沅》（又名《自恋的人》）。（《寓言图像：艺术生涯》，载顾跃《世界名画家：朱沅芷》，河北教育出版社2013年版，第9页。）

朱沅芷，《蓝沅》（自恋的人），1928年前后，尺寸不详，布面油彩。

◎ 叶因泉参与主办刊物《字纸篓》,以"广州漫画社"署名,连载自己创作的长篇连环漫画《亚(阿)老大的职业问题》,开连环漫画之先声。(李焕真:《〈抗战流民图〉画家流亡途中的"报导画"》,《羊城晚报》2015年8月29日。)

◎ 2月,胡根天被迫辞去广州市市立美术学校校长职务,由司徒槐接任。学生不服司徒槐的艺术专业能力,发表反对司徒槐校长的第一次宣言:"我们惊异的并不是换校长,我们惊异的是换来的校长竟是司徒槐氏。"

◎ 广州市市立美术学校自司徒槐接任校长以来,各方面矛盾激化,爆发学潮。3月29日,学生列队到黄花岗参加七十二烈士纪念祭,警察称有异党从中活动,逮捕数名学生,引起广州市学生联合会和市教职员联合会的反对针对学生的声援。数日后,当局释放学生。学潮延续了七八个月,学生有十多人被开除学籍,自动退学或转学到上海、杭州的有三十多个,风潮暂告停息。(胡根天:《记全国最早一间公立美术学校的创立和发展过程的风波》,载《广州文史资料》第27辑,广东人民出版社1982年版。)"到了司徒槐氏做市美校长的消息传出来,风潮便在惊异的空气中酝酿着了,所以他们第一次即宣言:'我们惊异的并不是换校长,我们惊异的是换来的校长竟是司徒槐氏。'他们识定司徒槐是没有资格做他们的校长的,故此一面向政府请愿收回成命,一面发表宣言请求各界援助。及至请愿无果,风潮才在失望与愤激的叫喊中爆发起来。……司徒槐氏做了市美校长,却另辟法门以应付风潮,他竟运用暗无天日的心思,向罢课学生压迫不已,甚至杀人的勾当也想干干了。读者不要惊讶!他的狠毒心思可在黄花节逮捕学生诬为共党的事情证明了!这是教育界、艺术界怎样骇人听闻的事!据该校学生发出的通启说,是司徒槐氏先令人在教务处以炭笔书写反动标语于墙壁,诬指学生所为,遂唤警围校,捕去学生三人……。黄花节的冤狱发生之后,有市学生联合会及各校学生会都起来仗义发出宣言和分呈当道一致援助,听说省市党部也同情于罢课学生,曾一再向当道力争。"(安潮:《市美易长风潮的解剖》,《青年艺术》1928年7月7日第3期。)

7月,青年艺术社(其社员骨干多为市美校友)的社刊《青年艺术》刊登署名为安潮的文章《市美易长风潮的解剖》剖析此事,谈论司徒槐的艺术水准和领导能力:"我看过罢课学生及教职员所发的几种宣言,虽然已经知道他们攻击之的,但探源溯流,波澜却早隐隐地伏在去年司徒槐氏开的个人展览会了。在商言商,站在艺术界的当然不能离开艺术说话。那个展览会可以说是决定了司徒槐氏的命运。我的朋友有几句话讲司徒槐氏,他觉得司徒槐氏可怜,可怜他中了'擦炭粉'的毒深了,弄得今日成了无可医治的艺术瘘瘵。……听说他从前在广州一所写配景画及擦炭粉的所谓'风人新社'肄业——或者竟是毕业吧?毕业后便过法国去了。是哪个时候回国的我不知道,但是他去年却在他的母校(!)开个人展览会。这个展览会我自问眼福不浅，居然领教过他的艺术。无论哪个都不会相信吧，一个也就是当局相信他在法兰西学美术有七年之久的司徒槐氏，而不能把'风人新社'传染给他的余毒涤清，依然把七八年前学得的龌龊东西改头换面带给我们看。那么，他对于美术的认识，对于美术的素养，我们可想而知了——市美全体教职员反对司徒槐校长的宣言中说他'侈言留法，实则清游彼邦，不亲典籍，学无渊源'，我想不是得罪过剧的话吧？司徒槐氏最突出（？）的作品是《白花女郎》和《兽欲》，前者是一幅金地细描，大可以给化装品商店装饰月份牌的美人画，后者的拙劣底技巧，庸俗的构图，'大新街式'——这条街是广州写商业的擦炭相、油相的集合场——的色彩，清楚地表现出作者的艺术和思想了。可惜他的展览会是不常开的，否则看了，我相信有眼光的鉴赏者一定说我的话千真万确。于是乎拥护真艺术的市美学生，见了这种作品就酿成今日的风潮了。"（安潮：《市美易长风潮的解剖》，《青年艺术》1928年7月7日第3期。）

- 当事人胡根天的回忆："1927年，上海的'四一二'政变和广州的'四一五'政变以后，白色恐怖越来越紧。国民党反动派的愚蠢有时的确难以令人设想！时间我记不清楚，通知则赫然在目，通知规定全市所有学校教职员限令参加国民党，否则取消教席和职位。这一个恐吓有人被吓倒了，但大多数教职员挺起胸膛置之不理，而且得到一些报纸发表文章支持，反动派的得意阴谋并没有达到预期目的。但是，灾祸却降到我头上来了。当时还没有迁校，国民党市党部派来了两个爪牙，一个姓温的（任训育主任兼体育教员），一个姓李的（教三民主义），实际上无异于安置两名坐探，等待机会有所动作。他们初时试探叫我参加国民党，但我置之不理。迁校到越秀山之后，北伐已宣告失败，政局变动越来越紧。到了广州公社起义之后，一个从法国早已回来的画人司徒某，他和当时一个海军司令陈某有裙带关系，便由陈某把他介绍给广州市长林某，再加上市党部派到美术学校的两名坐探的外交内应，党、政、军三面包围和压迫下，一纸写着'另有任用'字样的命令，例外地不经过市教育局的批准，直接由市政府转到我手里。这是1928年2月间演的一场颇为引人注目的小戏剧，新演员上了台，旧演员就下了台。这场小剧还未完全闭幕，留下尾声就是关于纸币跌价引起移交争论的问题。当时各学校惯例，学生入学时要缴存保证金一般十元，学生在学期间没有毁坏过公物，毕业或中途退学时，保证金原封送还，否则按损失物价酌量扣抵。麻烦是自从广州公社起义之后，时局继续动荡，纸币虽然流通，但价值已经低跌，移交时跌到接近七成，保证金一千多元移交给新任，他们竟要求补足到十成才肯接收，这是无理的要求，被我拒绝了，最后只好把保证金寄存银行，等待将来依法办理。不久我就去了上海，这时对方认为我有意延搁，竟呈报市政府转呈省政府，由省政府下令通缉，案由是'抗不交代，藐视法纪'，广州报纸也刊载了。当时省政府主席陈铭枢就职后不久就去南京述职，路经上海时我在神州国光社见到了他，我问他通缉我的理由，他说搞错了，叫我回广东去，并立即叫人打电报回广东取消了通缉令。于是我离开上海回到广东，一千多元依旧跌价的纸币——保证金才移交给新任，他们哑口无言接收了。"（胡根天：《记全国最早一间公立美术学校的创立和发展过程的风波》，载《广州文史资料》第27辑，广东人民出版社1982年版。）

📖 5月，郑可入读法国格勒诺布尔市立工业美术学校，学习绘画基础及建筑雕塑和工艺美术等课程。（连冕：《郑可研究暨重订郑氏简编年谱》，《装饰》2017年第1期，第37—47页。）据郑可友人吴琬记载："在□□□（原文模糊不清，无法辨认）留了一年的他，一面补习法文，一面入市立工业美术学校学木雕和木炭画。"（吴琬：《雕刻家郑可》，《广州民国日报》1934年10月27日。）

📖 司徒奇毕业于上海中华艺术大学并参加本校师生画展。与教授和同学一同往杭州西湖做毕业旅行写生。毕业后司徒奇从上海返回广州。[司徒乃钟手辑，陈继春参校：《司徒奇（苍城）年谱》，载《奇笔纵横：司徒奇的艺术人生》，司徒氏苍城画院（香港）2016年版，第209—214页。]

📖 7月，胡根天离开广州前往香港，创办一间私立"香港美术学校"并自任校长。（《胡根天年表》，载《胡根天作品集》，广州美术馆1993年版，第87—101页。）

📖 黄幻吾在广州创办美术社，首期开办费来自父母。（《黄幻吾薛宇才双百书画遗珍合集》序一，浙江大学出版社2013年版，第1—9页。）

📖 余本考入加拿大中南部曼尼托巴省（Manitoba）首府温尼伯市（Winnipeg）的温尼伯艺术学院（Winnipeg School of Art），师从温尼伯画家L.L.菲茨杰拉德（Lionel Le Moine Fitz Gerald, 1890—1956）。（《余本艺术活动年表》，黄笃维、黄树德编，《余本画册》，岭南美术出版社1994年版，第141—144页。）"我心中想学一门专业技术，以后可以回国工作，但是，我的英文程度差，所以，我虽喜爱学自然科学也不行。不过，我也同样爱画画，所以就决定去学画。于是我便去中部，进入了温尼佩格艺术学院学画。第一年半工半读交学费，成绩优良。第二年就获得了可以免费读书的奖学金。两年毕业后，我再到多伦多省立艺术学院深造三年。当时学校一定要中学毕业证书，但是我没有，结果我就说在中国的中学毕业的，他们也

L.L.菲茨杰拉德，《静物》，约20世纪30年代，46.4 × 50.8厘米，布面油画，私人收藏。

不追究了。"（唐乙凤：《透入著名油画家余本的绘画世界》，原载香港《风格》丛刊1980年第二期，转引自谢钧主编《永恒的朴素：余本作品及评论集》，岭南美术出版社2017年版，第190—194页。）

▶ 加拿大艺术家及美术教育家，1924年开始在温尼伯艺术学院任教，1929至1947年期间担任该校校长。1932年加入加拿大七人画派。

L.L.菲茨杰拉德像。

- 陈锡钧就读于法国巴黎Academie De la Grande Chaumiere学院。"学校资助了他访问欧洲的部分旅费，让他在巴黎De la Chaumiere学院就读，这是著名的雕塑家罗丹曾驻足的地方，而他就在罗丹的入室弟子布尔代勒手下工作。"（陈伟祥、陈秀华：《家父陈锡钧》，载琥珂主编《陈锡钧雕塑绘画作品集》，西泠印社出版社2011年版，第7—11页。）

- 黄新波随母返乡，就读台山凤堂小学与缉熙补习学校。（广东省美术家协会编：《黄新波纪念文献集》，岭南美术出版社2006年版，第170—180页。）

- 罗工柳小学毕业后，到广州，入"张鼎勋私塾"，师从清末举人、文学家兼书法家张鼎勋学习古文和书法。（《罗工柳年表》，载中央美术学院编《罗工柳》，人民美术出版社2016年版，第366—375页。）

- 谭连登因为家事从日本东京美术学校退学。（刘晓路：《各奔东西：纪念近代留学东洋和西洋的中国美术先驱们》，《新美术》1998年3号，第23—29页。）

- 司徒乔春季在上海举行的"乔小画室春季展览会"意外地使其获得了留学法国的机会。据司徒乔夫人冯伊湄女士回忆："展览会结束那天，有半数的画已经从壁上取了下来，放在地上。有一位匈牙利籍的业余画家（他的本业是大夫），在画室斜对面的加油站为汽车添油，在汽车排队等候的时候，他瞥眼看见画室橱窗上、壁上和地上的画。这些画颇引起他的惊诧。主人不在家，门推不开，他把一张名片插在门缝上，在名片上写了一些赞美的话，还写下自己的地址，请乔去看他。由此开始了两个人的友谊。这位大夫是上海万国美术会的会员。由于他的介绍，万国美术会给乔开了一个展览会，售出四百元。这时候到法国的三等船舱费恰是四百元，由于中法有勤工俭学协定，减为八折——三百二十元。多少年来的求学的渴望，促使乔把这笔收入作为留学法国的费用。出国之前，还接受了香港一家旅馆画屏门嵌画的任务，得到笔金二百元。开船的时间到了。当时在香港的青年画家余所亚他们七手八脚帮他完成这一批小画幅，使得他及时上路。"（冯伊湄：《未完成的画》，人民文学出版社1978年版，第35—36页。）

- 冬，司徒乔赴法国留学，到达巴黎。（冯伊湄：《未完成的画》，人民文学出版社1978年版，第35—36页。）

- 胡善馀到上海，入由胡根天、关良、谭华牧等离开广州在上海筹办的上海人文艺术大学学习。因为是私立学校，经费、设备都不如公立学校，而当时国立杭州艺术院（后更名国立杭州艺术专科学校）是教育部办的公立学校，是当时中国第一所综合性国立高等艺术学府，师资力量很强，西画老师好多都是从法国留学回来的。因此胡善馀非常向往到杭州读书。适逢杭州艺术院到上海招生，立即报考。（《胡善馀艺术年表》，载吴为山主编《善彩馀韵：20世纪中国油画名家胡善馀》，人民美术出版社2017年版，第388—402页。）

- 3月4日，全国美术展览会征集作品，广东教育厅黄晦闻选定审核委员九人：国画：温幼菊、赵浩公、姚粟若、潘致中；西洋画：冯钢百、陈丘山；摄影：罗植、胡吾初、刘志礼。

- 春，司徒乔在上海举行"乔小画室春季展览会"。3月14日，鲁迅为其画展作序《看司徒乔君的画》，后发表于同年4月2日的《语丝》第4卷第14期。"他把盲人瞎马般闯出来的七十多幅作品（大约是从几百幅废品里挑出来的），就在这个小三角里举行了'乔小画室春季展览会'。这个展览会引起了当时文化界的注意，徐悲鸿在《良友画报》第二十六期上写道：'司徒先生对色调之感觉，为当代最敏之人，又有灵动之笔，供其纵横驰骋，益以坚卓，倘再加用功，便可追踪意人Ettore Tito。'"（冯伊湄：《未完成的画》，人民文学出版社1978年版，第34—35页。）

埃托勒·提托，《基奥贾风景》，1898年，45×62厘米，布面油画，现藏于法国巴黎奥赛博物馆。

埃托勒·提托（Ettore Tito, 1859—1941），意大利画家，以描绘威尼斯及其周边地区的风景而闻名，其作品参展广泛，最广为人知之处在于获得了1915年在美国旧金山举行的巴拿马太平洋国际博览会奖项。

1928

赴法国之前，司徒乔在上海、香港举办了去国画展。"上海良友图书公司为他印了一幅彩色、十二幅单色画的目录册，封面有画家照片。"（冯伊湄：《未完成的画》，人民文学出版社1978年版，第36页。）

7月5日，陈秋草、方雪鸪、潘思同三人水粉、水彩作品展在上海西藏路宁波路同乡会四楼举行。《申报》曾对展出的八十幅作品做过评论："内容均为含有诗意的人事风景描写，并多有意义之思想巨制，其于画面之措置、色调、笔触诸项，极富新异贡献。"（《申报》1928年7月18日。）

12月8日，作为中华艺术大学西南画科教授，谭华牧有作品参加该校的成绩展览会。年底，在中华艺术大学教授任上，谭华牧与同校教授关良、朱应鹏应丁衍庸之约，捐赠作品给正在筹备建设中的"广州市市立博物院"。（《谭华牧艺术活动年表》，载广东美术馆编《谭华牧："失踪者"的踪迹》，岭南美术出版社2006年版，第227页。）

朱沅芷在法国巴黎艺术家画廊举办个展，参加法国巴黎独立沙龙展。（《朱沅芷年表》，载顾跃《世界名画家：朱沅芷》，河北教育出版社2013年版，第206—209页。）

9月3日，黄宾虹到广西讲学，途经香港，黄般若、邓尔雅、张谷雏前往欢迎，并与之论画。黄宾虹由香港过穗前，黄般若电告赵浩公、黄少梅、潘致中等，准备欢迎黄宾虹到穗。9月9日，黄宾虹到穗后，国画研究会在六榕寺举行盛大欢迎会，铁禅、温幼菊、赵浩公、潘致中等出席。先由冯湘碧恭读孙中山遗嘱，邓芬任主席，并致欢迎词，遂请黄宾虹演述世界美术之流别，继将中国画学渊源、南北宗派，与三笔七墨之要旨阐发无遗。末述古人成功之刻耐，研求画学的科学方法，与新旧画派之变迁，今人好名之贻累，须努力求实、面壁精研，成功之后，自能名高千载云。演讲后举行茶会，自由讨论，并拍摄留念。晚会宴于东坡精舍。教育厅厅长黄晦闻出席作陪。"国画会定期（9月）9日在六榕寺欢迎画家黄宾虹，并请黄君演讲一节，以志前报。昨日期届下午一时开会，铁禅、幼菊、浩公、至（致）中、君璧等继续莅会，由冯湘璧（缃碧）恭读总理遗嘱，邓诵（邓芬）先主席宣布开会理由，并致欢迎词，随请黄宾虹演讲，由周鼎培、卢子枢笔记。此次演讲甚有价值，先演述世界美术之流别，继将中国画学渊源、南北宗派与三笔七墨之要恉，阐发无遗。末述古人程（成）功之刻耐，研求画学的科学方法，舆新旧画派之迁变，今人好名之贻累，须努力求实，面壁精研，成功之后，自能名高千载云云。演毕皆鼓掌，欢然散会。茶会时，自由提出讨论，异常畅快，并拍照以留纪念。晚公宴之于东坡精舍，并由教育厅厅长黄节作陪，宾主欢然，直至九时始散云。"（《国画会欢迎黄宾虹纪——黄君演述世界上美术之流派》，《广州民国日报》1928年9月11日，载王中秀编《黄宾虹年谱》，第199页。）

🏛 司徒乔与鲁迅过从密切，并为鲁迅画像。（《司徒乔艺术活动年表》，2015年广东美术馆主办，黄金时代：司徒乔与他的家族艺术作品展。）

👥 6月25日，广州青年艺术社将社刊改名为《青年艺术》，以半月刊形式出版第1期。连出4期后，又因销路不佳，印刷费高昂，难以支持而被迫停刊。《青年艺术》半月刊篇幅与《画室》相若，定价再降为每期大洋四分，全年九角，半年四角五分，邮费在内。并在香港设总代售处。此后于7月10日、25日，8月15日出版第2、3、4期。刊物的主要编务由李桦主持，撰稿者有李桦、吴琬、赵世铭、关良、胡根天等人。

《青年艺术》半月刊封面书影。

👥 秋，伍千里回到广州，加入青年艺术社，在家开设画室创作准备画展。[伍千里条，吴瑾：《青年艺术社与广州现代美术（1927—1937）》，岭南美术出版社2010年版，第162—163页。]

👥 8月5日，谭华牧与丁衍庸、关良、陈之佛等留日艺术家在上海发起成立"上海艺术俱乐部"。（《谭华牧艺术活动年表》，载广东美术馆编《谭华牧："失踪者"的踪迹》，岭南美术出版社2006年版，第227页。）

🎨 重阳节，为纪念黄花岗七十二烈士，国画研究会发起以菊花为题作画，得百余幅，后刊于第五期《非非画报》上。赵浩公与卢振寰、卢观海合作《菊花》，题识："般若南来索画菊，因与振寰、观海合作此帧，请勿登《非非画报》献丑可矣。牛口合十。"（黄大德：《赵浩公年表》，载朱万章、郭燕冰主编《广东"国画研究会"研究》，岭南美术出版社2010年版，第178—204页。）

🎨 冯钢百作油画《胡根天像》，载市立美术学校学生办半月刊《青年艺术》第四期（1928年8月15日出刊），32开单色印刷。[《冯钢百年表（1883—1984）》，载广东美术馆编《中国早期油画大家冯钢百》，人民美术出版社2003年版，第120—142页。]

- 胡根天先后在广州《青年艺术》第2期、第3期发表《艺术创造与实际生活》《从绘画用途谈到艺术家的自觉》两篇文章。"一方面,我以为艺术必出于创造,创造是艺术的生命,艺术除了创造,价值就差不多等于零……一方面,我又以为无论艺术生活、实际生活,都是'人'的生活,并且是声气互通,脉络相连的'人'的生活。"(胡根天:《艺术创造与实际生活》,《青年艺术》1928年7月17日第2期。)"总之,无论如何,艺术家不可不自觉其生命之独立……真实的艺术作品,不外赤裸裸地表白作者的人格而已,并不关乎有用无用也。"(胡根天:《从绘画用途谈到艺术家的自觉》,载《青年艺术》1928年第3期。)

- 陈锡钧创作其雕塑代表作之一《男孩》,2008年由其家属捐赠给波士顿博物馆美术学校。"这位年轻的意大利'男孩'住在他隔壁。父亲觉得他的轮廓很突出,就说服了男孩作他的模特儿。他用一块大理石,亲自去凿和削,不假手石匠。在此期间(1928)他要到(意大利)卡普里岛,后来他回到波士顿,在博物馆和Myles Standish画廊分别办了两个展览,获得好评。科伯恩先生(Coburn)写道:'论质素,这大理石头像在当世杰作之列。'"(陈伟祥、陈秀华:《家父陈锡钧》,载琥珂主编《陈锡钧雕塑绘画作品集》,西泠印社出版社2011年版,第7—11页。)

陈锡钧与其雕塑代表作之一《男童》,摄于1930年,现藏于美国波士顿博物馆美术学校。

1929
己巳 中华民国十八年

⌛生卒　📖教育　🌐流动　🏛交游　👥社团　🖼展览　🎨创作

⌛ 陈洞庭（1929—1987）出生。陈洞庭，又名君山，广东台山汶村人。1946年先后学习于广州中南美专、广州艺专国画科。中国美术家协会会员，历任解放军部队美术创作员，《南方日报》《羊城晚报》美术编辑，广东画院专业画家、副院长等职务。

陈洞庭，《人物》，1965年，73×38.5厘米，纸本设色，现藏于广东省美术馆。

🌐 春，谭华牧、胡根天、关良、冯钢百、朱应鹏、陈丘山、许敦谷等在上海江湾虹口公园对面创办人文艺术大学。胡根天任绘画教授，同时任上海神州国光社编辑。（《谭华牧艺术活动年表》，载广东美术馆编《谭华牧："失踪者"的踪迹》，岭南美术出版社2006年版，第227—230页；《胡根天年表》，载《胡根天作品集》，广州美术馆1993年版，第87—101页。）

🌐 李铁夫在纽约华星影片公司任美术主任。"作为留美美术家李铁夫。李君研究美术廿九年，曾于1929年在美术学校真容比赛得第一名，现为纽约华侨所组织之华星影片公司为美术主任。"（载上海《新银星》1929年第2卷第14期，第23页。）

🌐 5月起，伍千里任《广州民国日报》摄影记者。[伍千里条，吴瑾：《青年艺术社与广州现代美术（1927—1937）》，岭南美术出版社2010年版，第162—163页。]

🌐 王少陵在中国国民党中央宣传委员会驻沪办事处任艺术干事。[《王少陵年谱》，载《旅美一代绘画大家：王少陵》，《美中画报》社（美国）2004年版，第150—165页。]

时任国民党中央宣传委员会上海分会办事处编审主任的王少陵，摄于1930年。

🌐 10月，胡根天任广东省政府咨议。（《胡根天年表》，载《胡根天作品集》，广州美术馆1993年版，第87—101页。）

🌐 叶些刹（叶因泉的笔名）和谢征璞在广州创办刊物《半角漫画》。每期四开一张，三色石印，所有的漫画作品由编者在石印药水纸上进行人工缩小，分色，然后上石。每星期六、日下午发行，售价半角（当时的五分钱），故称《半角漫画》。设两个通讯处，一个在香港，一个在广州太平北路。（《看，80年前五分钱一份的漫画杂志》，《南方都市报·广州旧闻篇》，2007年3月30日第113期。）

🎓 1月4日，司徒乔在巴黎向写实派画家比鲁学习油画，写下日记："今天我第一次上学去了，'入学校见先生'"。据司徒乔夫人冯伊湄女士回忆："这个二十七岁的青年提着画箱，第一次上艺术课的欢跃心情，大约和七岁时第一天上学很相似，因此他把小学课本第一课的课文，代替当天的日记。"（冯伊湄：《未完成的画》，人民文学出版社1978年版，第37页。）

- 因囊中艰涩，司徒乔在法国油画学习断断续续的，直至1930年间。"仅在半年之后，他那艰涩的钱囊，不肯为他偿付高额的学费，他被迫辍学了。……他的学习变得断断续续的了。拿到稿费的时候，去学十天八日，更多的日子，是待在家里。……好在这里有不花学费的学校——博物馆、美术馆等。" 据司徒乔夫人冯伊湄女士回忆："这个时候在乔的日记里，充满了访问录，咖啡馆记录，有用英文写的，有用法文写的，有几种文字夹杂在一起的，有文字不够用只好用画来补充的。这一个时期，乔画得特别少，他在拼命用他的眼睛和耳朵。"（冯伊湄：《未完成的画》，人民文学出版社1978年版，第37页。）

- 余本转入多伦多（Toronto）安大略省立艺术学院（Ontario College of Art），追随加拿大画家J.E.H.麦克唐纳（J.E.H.Macdonald,1873—1932）、J.W.贝蒂（J.W.Beaty）、弗兰卡·约翰逊（Frank Johnson,1888—1949）学习。（《余本艺术活动年表》，载黄笃维、黄树德编《余本画册》，岭南美术出版社1994年版，第141—144页。）"按余锦森回忆，余本后来多次说明，院长J.E.H.麦当奴并没有亲自教授他具体画法，但多次带领余本及其他同学参观画展及到他家里的绘画工作室参观，讲评自己的画作。'温尼伯艺术学校'的弗兹杰莱德和法兰克·庄士敦，毕提及J.E.H.麦当奴，构成了余本有关'七人画派'的知识来源。"（陈继春：《余本早年行状的探索：从文献出发》，载谢钧主编《永恒的朴素：余本作品及评论集》，岭南美术出版社2017年版，第430—433页。）

  ▶ 加拿大七人画派（The Group of Seven）中的6位画家以及他们的朋友，J.E.H.麦克唐纳（右一）、弗兰卡·约翰逊（右三），1920年。加拿大七人画派，又称"阿拉贡画派"（Algonquin School），由一群加拿大风景画家组成，主要活动于1920至1933年间。余本在安大略省立艺术学院期间所追随过的老师J.E.H.麦克唐纳、弗兰卡·约翰逊都是七人画派成员，在温尼伯艺术学院的老师L.L.菲茨杰拉德也在1932年加入了七人画派。他们热爱加拿大北部荒野上的河滩、急流、森林、花草，迷恋自然的原始力量，试图表达加拿大广袤国土上独特景观的自然之美。

J.E.H.麦克唐纳，《长草花园》，1916年，121.4×152.4厘米，木板油彩，现藏于加拿大国家美术馆（National Gallery of Canada）。

- 夏，郑可前往巴黎勤工俭学，并成为巴黎国立高等美术学院（École nationale supérieure des beaux—arts de Paris）旁听生。据郑可友人吴琬记载："因为教师的指示，以为学雕刻就非到巴黎不可，于是做了几个月的预备，挟了一卷自己木炭画的成绩，便到巴黎国立美术学院去要求收录。做了一年旁听生，便考入雕刻系正科。"（吴琬：《雕刻家郑可》，《广州民国日报》1934年10月27日。）

- 仲夏，郑可乘火车由法国入德国，前往德绍（dessau）的国立包豪斯学校（Des Staatliches Bauhaus），旁听了两堂课，还用色粉笔和法式图绘技法，据随堂所授内容，于纸上勾画了几幅产品图。（连冕：《郑可研究暨重订郑氏简编年谱》，《装饰》2017年第1期，第37—47页。）

- 陈锡钧游学于意大利佛罗伦斯学院。（陈伟祥、陈秀华：《家父陈锡钧》，载琥珂主编《陈锡钧雕塑绘画作品集》，西泠印社出版社2011年版，第7—11页。）

- 李慰慈毕业于北京私立中法大学。11月至法国留学，至1934年6月，先后就读于法国里昂美术学院和法国巴黎考古学院。〔李慰慈条目，吴瑾：《青年艺术社与广州现代美术（1927—1937）》，岭南美术出版社2010年版，第167—169页。〕

- 林达川高中毕业于北平文治高中，同年入北平辅仁大学（天主教会办）。（《林达川艺术年表》，载《大璞不雕：林达川油画作品集》，中国美术学院出版社2006年版，第249—254页。）

- 黄幻吾在广州将自己创办的美术社升格为"幻吾美术学校"，自任校长兼主要教员，其弟黄永昌（字幻鸟）任辅教，至1934年停办。（《黄幻吾薛宇才双百书画遗珍合集·序一》，浙江大学出版社2013年版，第1—9页。）

- 雷浪六在广州创办东方美术学校。

- 秋，陈抱一与日本青年画家秋田义一在上海江湾画室开办晞阳美术院。（《陈抱一年表》，载陈瑞林编《现代美术家陈抱一》，人民美术出版社1988年版，第124—126页。）

- 张鼎勋为罗瑞和更名"工柳"，寓"柳惠为工"之意，即为人要学习柳下惠，以和为贵。（《罗工柳油画》，山东美术出版社2004年版，第228—233页；《罗工柳年表》，载中央美术学院编《罗工柳》，人民美术出版社2016年版，第366—375页。）

- 国立艺术院改名国立杭州艺术专科学校。9月，胡善馀如愿考入位于杭州西湖孤山的国立杭州艺术专科学校绘画系学习，成为国立艺专的首届生。师从林风眠、蔡威廉两位教授。（《胡善馀艺术年表》，载吴为山主编《善彩馀韵：20世纪中国油画名家胡善馀》，人民美术出版社2017年版，第388—402页。）

- 5月至11月，青年艺术社在《广州民国日报》上以副刊形式刊载《艺术周刊》，署青年艺术社主编，每周一期，共刊出25期，每期约6000字。另外还在《民国画报》刊登相关插图。从第一期《发刊的话》"现在在这里刊印的差不多可以说是以上两种的后身。……已有稿的还想在这里继续分登，再打算每期多写点杂感式的绘画的讨论。所有插图除了特别情形和必要之外都在《民国画报》发表，读者们拿画报来参观，兴味也许会增些吧"可见，《艺术周刊》是青年艺术社曾出版的两种社刊《画室》和《青年艺术》的延续。遗憾的是，仅仅维持半年，社员5人因为生计各散东西，无暇顾及周刊，又不愿意随便敷衍地办下去，只能选择停刊而伺机再起。

《广州民国日报》，1923年创刊。国民党广州市党部机关报。1929年社长为刘栽甫。1930年经理人黄季陆兼主编，发行1.2万份。1936年陈济棠下野后，南京中央宣传部接收，1937年1月改为《中山日报》。

- "赤社美术研究会"更名"尺社"，并向广东省教育厅申请立案。赤社第九次绘画展览中的《尺展目录》（1930）谈到此次更名由来："赤社的组织，以前颇取放任主义，并且办了几年还没有向政府立案。自从（民国）十八年（1929）年首赤社改名尺社的时候，我们想到了必要，才向省教育厅立了案。"
- 据赤社创始人之一胡根天回忆："1929年春季的一天，'赤社'被闯进来了几个声势汹汹的什么公安局督察，据他们说'赤社'有'异党'活动，要立刻解散封闭。虽然检查了一番打不出可疑的证据，但他们却嚷着'赤'字就是证据。经过了一番争论，当晚由冯钢百、陈丘山走访许崇清告知此事。许当时是教育厅厅长，由他打电话转告省政府主席李济深，李又打电话转问公安局长邓世增，两天之后，督察又来了，情况虽然有些缓和，但他们还是坚持'赤'字不能再保留，'赤社'的招牌要改。结果由社友们讨论、研究过之后就改名为'尺社'，字义虽然不同，字音还是一样，以此表示被压迫者的反抗。当时我去了上海，社友们把几天斗争的经过情况写信通知了我，并问我对'赤社'改名'尺社'是否同意。我接到信后十分愤慨，回信表示赞同，但认为'赤社'横遭压迫很不甘心，于是写了一篇连嘲带骂的改名宣言稿，寄回请社友看过之后，拿到西湖路文光印刷店印了几千张，尽可能地散发给许多社团、学校和相识亲友，作为我们的抗议和反击。同时，原有的'赤社'招牌暂时把它收起来，另造一面也是铜板的'尺社'新招牌挂出门外，事情暂告一段落。"（胡根天：《赤社美术研究会的始末》，载《广州文史资料》第17辑，广东人民出版社1979年版，第160—166页。）

- 潘致中逝世后，国画研究会会长由赵浩公继任。（黄大德：《赵浩公年表》，载朱万章、郭燕冰主编《广东"国画研究会"研究》，岭南美术出版社2010年版，第178—204页。）

- 李研山与黄般若、张谷雏、黄君璧、卢子枢等人成立"榆社"。（张惠仪：《香港书画团体研究》，香港中文大学艺术系1999年版，第141页。）

- 赵浩公任第一次全国美展广东出品审查委员。（黄大德：《赵浩公年表》，载朱万章、郭燕冰主编《广东"国画研究会"研究》，岭南美术出版社2010年版，第178—204页。）

- 4月10日至4月30日，由教育部主办的"第一届全国美展"在上海举行。徐志摩撰写《美展弁言》。这是中国历史上首次由政府出面举办并定名为"全国美展"的规模宏大的艺术展览，中外观众近十万人。展览不仅有书画、雕刻、建筑及工艺美术，也有金石、摄影；不仅有当代美术，也有古代的及外国的作品。其中，引起观众广泛关注的西画作品风貌各异，既有写实的风景和人像，也不乏追随西方现代派画风的作品，并因此引发了美术史上著名的徐悲鸿与徐志摩的"二徐论战"。该美展普通出品人1080人，出品4060件，入选者549人，出品1200件，特约者342人，出品1328件，得券价7400余元，所耗经费未超预算。

全国美术展览会编辑组，《美展》1929年4月10日第一期，徐悲鸿发表《美展弁言》。

- 西洋画部分五邑籍美术家参展作品有：司徒奇《艺人之妻》《广州一瞥》；司徒槐《祈天殿》《李女士肖像》；冯钢百《肖像》《鱼》《山村之朝》；何三峰《雀室》《画中之室》；黄潮宽《琴心》。胡根天发表了文章《看了第一次全国美展西画出品的印象》："陈列会里面的第十、第十一、第十二、第十三共四室是陈列西画的出品，大约有五六百张。此次审查出品规格订得太宽了，幼稚倒还说得过去，最奇怪的是，有些竟和月份牌或广告画上面写的一类东西，几乎违背了西画正，则而出于临摹的冒牌货也可以陈列呵。"冯钢百的《老妇人》《鱼》《山村》，胡根天评价为："冯钢百君的肖像，技巧之纯熟，色调之和谐，在展览场里面恐怕无出其右。冯君的画风，虽然有点接近英国流的亚加特米主义。但我觉得他对于明暗的研究似乎煞费苦心，这一点，大约受荷兰画家蓝波铃特（Rombrandt，现多译为伦勃朗）的影响，并且也获得极良好的效果，他的出品，以老妇人的肖像一幅最佳，《鱼》也写得很纯熟而自然，风景的《山村》，笔触较弱，色调也不免浊一点。"黄潮宽的《琴心》，胡根天评价为："黄潮宽君的《琴心》作风虽然趋于平凡，但技巧觉得娴熟得很。"（胡根天：《看了第一次全国美展西画出品的印象》，《广州民国日报·艺术周刊》1929年7月3日第八期。）

冯钢百的一件油画女肖像入选参加全国美术展览会，并刊载于《美展》汇刊第4期，1929年4月19日出版。
[《冯钢百年表（1883—1984）》，载广东美术馆编《中国早期油画大家冯钢百》，人民美术出版社2003年版，第120—142页。]

6月30日至7月1日，谭华牧有作品参加在上海人文艺术大学举行的"现代作家洋画展览会"。（《谭华牧艺术活动年表》，载广东美术馆编《谭华牧："失踪者"的踪迹》，岭南美术出版社2006年版，第227页。）

9月1日至7日，"青年艺术社第一回秋季绘画展览会"在广州市广大路广大二巷烈风美术学校内举办，展出社员李桦、伍千里、吴琬、梁益坚、赵世铭五人作品40多件，包括油画、水彩画、素描等。展览印制图录一本，内载：作品目录、《青年艺术社宣言》、社徽、社员速写自画像和作品照数幅。《广州民国日报》副刊《艺术周刊》刊登的相关文章有署名W.Y的《青年艺术社宣言》、C.L的《从展览会的开幕回头谈及青年艺术社的产生》、青烟的《展览会开幕后》等。另外，上海《良友》画报第40期刊登了介绍专版，内中有社员合照、社徽、作品选登等。[吴瑾：《青年艺术社与广州现代美术（1927—1937）》，岭南美术出版社2010年版，第50页。]

《青年艺术社秋季展览》，《良友》画报1929年第40期，第32—33页。

- 花了数十元印得一千本图录，因为恐怕观众过多，不敷分送，不得不限制一点的意思，就大书特书"每本定价铜仙九枚"。
- 第一天星期日，观众约二百人左右，除了十把个熟朋友，大概总是看热闹般的，上来打一个回旋即下去的居多。图录售出的约二三十本。
- 第二天观众就少了。
- 第三天又似乎更少了。但是，幸而还有些相识的朋友，借着去看展览会的借口便可以上少一点或两点钟图画堂，而带着一群"高足"来参观，对着我们的作品口讲指画地给她们解释："色彩的对照"哪，"表现的手段"哪，"构图"又这样怎样哪，说着那一类在她们简直是"耳边风"的话的时候却热闹。

- 第四天，观众自然也不会增多的了。
- 第五天下午，天际黑云四布，忽然刮了一阵风，把门前的从天台吊下来的那块字迹已给雨水洗刷得全无踪影的白布招牌送入骑楼里来，似乎是教我们早些"收档"的意思。
- 第六天来看的就只有四五十人。剩下来的图录还有八百多本，这才明白没有经验，只凭理想，是不得不失败的。图录现在非大送特送不可了。想着初时怕不够分送而不得不标起"每本九个铜仙"的定价的图录，而结果至第七天闭会后还存了七百本的事，我们只有相对大笑。
- 在这七天的展览当中，我们最大的希望是有人能够给我们做点详细的批评——我们理想中的指导。如果达不到这——或者是过奢——希望，就给我们做一篇毒骂的文章也好。但是，日子总过了好几天了，批评固没有得到，而毒骂的声响也听不见。这是何等难耐的寂寞哟！（吴琬：《展览会闭幕后》，《广州民国日报》1929年9月11日。）

伍千里以油画《凝思》《读书之女》等6件作品参加"青年艺术社第一回秋季绘画展览会"。

伍千里，《凝思》（左图）、《读书之女》（右图），见《良友》画报第40期所刊。

司徒奇在广州举办个人西洋画展。[司徒乃钟手辑，陈继春参校：《司徒奇（苍城）年谱》，载《奇笔纵横：司徒奇的艺术人生》，司徒氏苍城画院（香港）2016年版，第209—214页。]

朱沅芷在法国巴黎的边亨进画廊举办个展，为法国诗人保尔·瓦雷里画肖像，参加法国巴黎独立沙龙展。（《朱沅芷年表》，载顾跃《世界名画家：朱沅芷》，河北教育出版社2013年版，第206—209页。）

3月刊布的《广州市市立博物院成立概况》，收入谭华牧捐赠的两件油画作品之一《姐妹》图版。（《谭华牧艺术活动年表》，载广东美术馆编《谭华牧："失踪者"的踪迹》，岭南美术出版社2006年版，第227页。）

- 赵浩公在广州《国民新闻》连载《读雨庵画缘录》（九十则以上）；在广州《国民新闻》连载《植物画谱》；在《画风》连载《对山楼画缘路》。（黄大德：《赵浩公年表》，载朱万章、郭燕冰主编《广东"国画研究会"研究》，岭南美术出版社2010年版，第178—204页。）

- 潘思同的《思同铅笔画集》在良友图书印刷公司公开出版，陈秋草作序："艺术之可贵，不在以虚伪恶俗的描写取媚于人，亦不在以滥作怪异的表现取巧于时，更不在附利趋势自卖价值的侥幸作为取耀于世；它自有其伟大独特之精神，坚贞热烈的怀抱，以与世人相见，使人笑乐悲啼，均忘其所以，而入其肉体于渺茫虚无之精，不觉生命之与同化……"（《陈秋草序》，载《思同铅笔画集》，上海良友图书印刷公司1929年版。）

《思同铅笔画集》内页之一，画面后页配文字"凄迷"，"他不求了解人生，也不来羡慕这世界，尽是那般披着初曦的晨光，蒙着渺茫的早雾，去赶他神圣的工作。广州村野"。

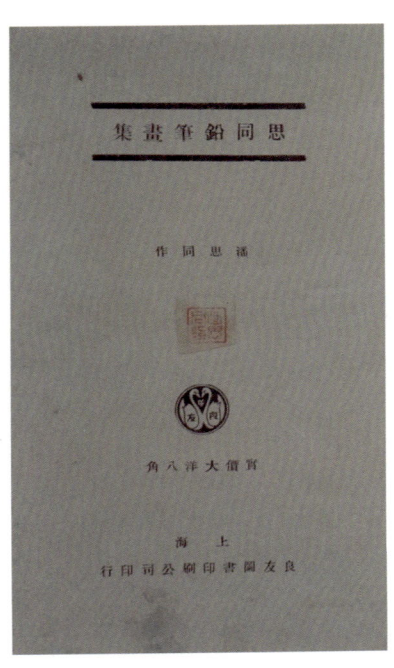

《思同铅笔画集》书影，上海良友图书印刷公司1929年版。

1930—1939

1930
庚午 中华民国十九年

⌛生卒　📚教育　🌐流动　⛩交游　👥社团　🖼展览　🎨创作

⌛ 胡钜湛（1930—）出生。胡钜湛，广东开平人。1953年、1956年先后毕业于华南人民文学艺术学院美术系和中南美术专科学校绘画系。毕业后30多年来一直任教于广州美术学院，曾任教育系主任、教授、硕士生导师。退休后兼任广东教育学院美术系主任、教授，是这两个学院教育系的创建人。（《胡钜湛简介》，载《胡钜湛、陈秀莪水彩画作品选》，岭南美术出版社2014年版，第13页。）

胡钜湛，《畅游》，2001年，54×76厘米，纸本水彩，现藏于江门市美术馆。

🌐 2月起，伍千里兼任国民党广东省党部宣传科干事。[伍千里条，吴瑾：《青年艺术社与广州现代美术（1927—1937）》，岭南美术出版社2010年版，第162—163页。]

🌐 4月，胡根天任广东省中山县学艺协会秘书。（《胡根天年表》，载《胡根天作品集》，广州美术馆1993年版，第87—101页。）

🌐 冯钢百来往于南京、上海、庐山、广州、香港等地作画。作有油画风景《庐山五老峰》《鄱阳湖》等。[《冯钢百年表（1883—1984）》，载广东美术馆编《中国早期油画大家冯钢百》，人民美术出版社2003年版，第120—142页。]

冯钢百，《鄱阳湖》，1930年，44×127厘米，布面油彩，黄居素家属藏。

🌐 司徒乔在法国的游学陷于困顿，接受朋友建议，赴美国打工。"一个住在美国的老同学写信来劝他到美国去碰碰运气。这个建议对乔有着很大的吸引力，它引起乔这么一个梦想：到美国想办法做工，赚一点钱，再回法国来跟比鲁老师学几年画。……凭着乔在燕京的那张毕业证书，老同学给他向纽约哥伦比亚大学神学院取得了一张学生入境证。还借给他一份四等舱的旅费。"（冯伊湄：《未完成的画》，人民文学出版社1978年版，第47—49页。）

🌐 司徒乔抵达美国，遇到美国经济危机，工作难寻，靠为华人饭店画"中国情调"的壁画为生。"乔正在一间同乡开设的饭馆里闲聊，听见主人和一个美籍美术家商谈装修饭店的事。由于市面萧条，大家都在想新花样招徕顾客。主人要画一幅中国园林的壁画，吸引那些'中国迷'来吃饭。美术家提出几个画稿，主人都嫌太洋味。索价还要二千美元。美术家走了之后，乔对主人说：'我也会画，画得比他多点中国情调，你给我五百元就成了。'这样把工作接了下来。接二连三画了几家，有画饭店壁画的，有画舞厅天花板的。"（冯伊湄：《未完成的画》，人民文学出版社1978年版，第47—49页。）

- 数月后，司徒乔被美方当局拘捕，关押在纽约区对岸的史坦顿岛（Staten Island）移民局监狱里。监禁期满后，被限令两周内离境。（冯伊湄：《未完成的画》，人民文学出版社1978年版，第52—56页。）

🌐 朱沅芷由欧洲返美，不堪"种族歧视"的压力，被迫与法籍德裔的贵族妻子离婚，感情遭受重创，以至无法作画，遂将精力转向音乐、舞蹈、戏剧以及教授学生。（《朱沅芷年表》，载顾跃《世界名画家：朱沅芷》，河北教育出版社2013年版，第206—209页。）

🌐 杨善深随家人移居香港。其父杨凤书携家眷至香港定居，于港岛海傍经营中国与南洋押汇的钱庄，另经营广泰来客栈。以诚致力商事，有善人之目，故此杨氏业务广泛，是富裕之家。[《杨善深艺术年表》，载邓伟雄主编《春风草堂艺粹》，集古斋有限公司（香港）2012年版，第262—269页。]

🎓 郑可正式考入巴黎国立美院雕塑系，师从罗丹（Auguste Rodin）好友阿尔弗雷德·布歇（Alfred Boucher），私淑罗丹弟子埃米尔·安托瓦内·布德尔（Emile Antoine Bourdelle）。郑可还在巴黎市立实用美术学校修习染织图案、室内外装饰、家具、陶瓷、玻璃、金属、首饰等工艺、设计。（连冕：《郑可研究暨重订郑氏简编年谱》，《装饰》2017年第1期，第37—47页。）据郑可友人吴琬记载："除了每天上午必到实习室去习作，下午去听理论之外，他晚间还去研究工业美术，每星期六晚到巴黎市立高等实用美术学校去上课。……去国时，从家中带来的几百块钱，够不上在巴黎一年的俭约生活费。家中原非富有的他，就不得不把宝贵的时间，拿一半去替人家作工了。……在一家漆器厂里作油漆的小工，得到油漆的种种经验，也可以说是不坏的报酬。家中虽然有时还有很少很少的钱寄来，可是非靠做工，还不能生活下去。做了差不多一年的油漆小工

20世纪30年代留法学习美术的部分中国学生合影。前排右二郑可、右一唐一禾，左一徐悲鸿；中排右一常书鸿、右二吕斯百、右三曾竹韶、右七秦宣夫。

1930

之后，有一个美国装饰美术女作家找助手，工值比较高，他于是便舍弃了漆工，替那女作家调颜色了。"（吴琬：《雕刻家郑可》，《广州民国日报》1934年10月27日。）

《艺风》杂志在1934年所刊登的郑可于法国巴黎留学期间所作的《玻璃饮具系列》[1]与《银质茶具》[2]设计效果图，20世纪30年代初。

- 林达川考入杭州国立艺术专科学校（校长为林风眠，同学有胡善馀、卢鸿基、肖传玖等）。（《林达川艺术年表》，载《大璞不雕：林达川油画作品集》，中国美术学院出版社2006年版，第249—254页。）

- 4月5日，林荣俊以特别学生入日本东京美术学校西洋画科。（刘晓路：《各奔东西：纪念近代留学东洋和西洋的中国美术先驱们》，《新美术》1998年3号，第23—29页。）

- 9月，黄新波考入台山县立中学（现台山第一中学）。显露对美术、文学、音乐的特殊爱好和才能，参加学校剧团，担任乐队号手，在校刊《台中半月刊》发表小说、散文、诗歌、时评等，成为学生活动的活跃分子。（广东省美术家协会编：《黄新波纪念文献集》，岭南美术出版社2006年版，第170—180页。）

- 秋，陈抱一任王道源主办的上海艺专西画科主任。（《陈抱一年表》，载陈瑞林编《现代美术家陈抱一》，人民美术出版社1988年版，第124—126页。）

- 广州市市立美术学校在本年度第二学期的"本校教员一览表"中，有谭华牧的名字。（《谭华牧艺术活动年表》，载广东美术馆编《谭华牧："失踪者"的踪迹》，岭南美术出版社2006年版，第227页。）

- 赵崇正、司徒奇在广州创办私立美术学校"烈风美术院"。[司徒乃钟手辑，陈继春参校：《司徒奇（苍城）年谱》，载《奇笔纵横：司徒奇的艺术人生》，司徒氏苍城画院（香港）2016年版，第209—214页。]

- 年底，罗工柳离开广州"张鼎勋私塾"。（《罗工柳年表》，载中央美术学院编《罗工柳》，人民美术出版社2016年版，第366—375页。）

---

[1] 注：《艺风》1934年第2卷第8期，第49页。
[2] 注：《艺风》1934年第2卷第9期，第59页。

🏛 女画家关紫兰从日本留学归来，首次在上海举办画展。作为关紫兰的老师和朋友，陈抱一的家庭长期以来与关紫兰保持着密切交往。

陈抱一（左一）、关紫兰（左二）、陈绿妮（左三）、陈抱一夫人陈范美（右一）在关紫兰画展会场，1930年摄于上海。

陈抱一（左三）、陈绿妮（左四）、陈范美（右三）与关紫兰（右四）、丁衍庸（左一）等人合照，20世纪30年代。

▶ 关紫兰（1903—1985），广东南海人，出生于上海。早年师从陈抱一，1927年毕业于上海中华艺术大学西洋画科，同年赴日本留学，入日本东京文化学院。其作品曾多次入选日本重要画展，画风深受法国后印象主义和野兽派影响。1930年回国后多次在上海举行个人油画展，1963年任职于上海文史馆直至去世。

陈抱一，《关紫兰像》，1930年，72.5×60.5厘米，布面油画，现藏于中国美术馆。

关紫兰，《少女像》，1929年，90×75厘米，布面油画，现藏于中国美术馆。

🏛 临赴美前三周，司徒乔在法国与冯伊湄相识。"乔居住的玫瑰村是一个美丽的小村庄，到处种着玫瑰花和枫树。……在一些爬满常春藤的旧楼房里住着一些中国留学生。房东多半是退休的老工人，残废军人，靠接待外国留学生过活。我也是这个村子的居民。在一个秋枫红透的日子里，我偶然和乔遇见了。……他有一双微带着棕色的细小而灵活的眼珠子，看起东西来像要穿透物象的底蕴，真是一双画家的眼睛！他不大爱说话，在高谈阔论的朋友中间，他只在角落里默默倾听，不时插进一两句妙趣横生的或逗人深思的警句，声调总是那么柔和而恳切。"（冯伊湄：《未完成的画》，人民文学出版社1978年版，第47—49页。）

司徒乔，《画室中的冯伊湄》，1939年，粉画。

🏛 梅兰芳赴美国纽约进行京剧表演。罗马尼亚肖像画家斯托恩内库斯（1884—1957）希望能够给梅兰芳画一幅戏装画像。恰逢梅兰芳的翻译是司徒乔的堂叔，由司徒乔促成了此事。（冯伊湄：《未完成的画》，人民文学出版社1978年版，第53页。）

👥 李研山与张谷雏、黄少梅、黎耦斋发起成立"斑斓社"，张谷雏任会长。8月，于皇后德辅道中皇后酒家二楼举行展览，参展者包括张谷雏、邓尔雅、黄少梅、黄般若、李研山、黎耦斋等，作品有山水、人物、花鸟、书法等。（张惠仪：《香港书画团体研究》，香港中文大学艺术系1999年版，第141页；香港中华青年会编：《青年会美术展览会特刊》，第19页，转引自莫家良、陈雅飞编《香港书法年表1901—1950》，香港中文大学艺术系2009年版，第105页。）

🖼 国画研究会展览于六榕寺，赵浩公先生正率人挂展览横额，又因千佛塔年久失修严禁登塔之告示，两外省武弁却欲强行登塔，役人阻之无效，并要动手打人，先生劝之被推，先生乃大怒，伸手执二弁衣领提起，使之莫能抗，最后诟骂负气而去。（黄大德：《赵浩公年表》，载朱万章、郭燕冰主编《广东"国画研究会"研究》，岭南美术出版社2010年版，第178—204页。）

🎨 余本在安大略省立艺术学院就读期间创作了油画《东方音乐》（*Eastern Music*）和《月琴》（*Night Melody*），两幅作品后入选安大略省美术展览会（Ontario Society of Artist Exhibition）。《东方音乐》后更名为《奏出人间的辛酸》。（《余本艺术活动年表》，载黄笃维、黄树德编《余本画册》，岭南美术出版社1994年版，第141—144页。）

余本在加拿大多伦多安大略省立艺术学院求学，摄于1930年。

余本，《奏出人间的辛酸》，20世纪30年代，72×69厘米，布面油画，现藏于中国美术馆。

余本，《月琴》，1931年，51×61厘米，布面油画。

🎨 约在此时，冯钢百在南京为著名词人吴瞿安作油画肖像写生；在庐山为著名诗人陈散原作油画肖像写生；在广州为著名画家林直勉作油画肖像写生。[《冯钢百年表（1883—1984）》，载广东美术馆编《中国早期油画大家冯钢百》，人民美术出版社2003年版，第120—142页。]

冯钢百，《老人肖像》，约20世纪30年代，61×50厘米，布面油彩，私人收藏。

冯钢百，《庐山五老峰》，1930年，62×89厘米，布面油彩，黄居素家属收藏。

🎨 郑可创作《孙中山浮雕》，发表于上海《良友》杂志第52期。

▶ 陆续发表于20世纪30年代的《良友》杂志上，左上为《孙中山像》、左中为《蒋介石像》、左下为《伍千里像》，右上为《余心像》、右中为《孙中山侧面像》，右下不详。

郑可所作的人像浮雕。

论争 11月1日，广州《民国日报》刊登吴琬文章《参观春睡画院的展览会给我的感想》。该文对高剑父所提倡的"新兴艺术"多有批评，包括模仿日本画风、思想变革不够、商人品味、艺术解剖学缺乏等等。"……所谓'春睡画院'的画家们，原来就是高剑父、容星哲、黄少强几位先生。几位先生的大作……的确是具有永久的展览性的能够得到一般人——尤其是一般商人——称赞的模仿日本画风的作品。"（吴琬：《春睡画院展览会给我的感想》，《广州民国日报》1930年11月1日。）

论争 司徒奇发表《艺术感言》《思想落后者的艺术批评及社会所受影响》等文章提出"新兴艺术""羁绊艺术"等概念与吴琬展开笔战,吴琬后续又发表了《所谓新兴艺术的尽忠者:读司徒奇的参观春睡画院美展而作的〈艺术感言〉》《艺术之宫里发出来的咻咻的声响》《关于"新兴艺术":司徒奇听着!》《新兴你的"新兴艺术"去吧!》等文,二人笔战一直持续到年底。(吴琬:《所谓新兴艺术的尽忠者:读司徒奇的参观春睡画院美展而作的〈艺术感言〉》,《广州民国日报》1930年11月8日;吴琬:《艺术之宫里发出来的咻咻的声响》,《广州民国日报》1930年11月22日;吴琬:《关于"新兴艺术":司徒奇听着!》,《广州民国日报》1930年12月7日;吴琬:《新兴你的"新兴艺术"去吧!》,《广州民国日报》1930年12月20日。)

1931
辛未 中华民国二十年

⌛ 生卒　📚 教育　🌐 流动　⛩ 交游　👥 社团　🖼 展览　🎨 创作

⌛ 农历九月初七,黄云(1931—2007)出生。黄云,新会牛湾人。生于广东恩平,曾就读于中央工艺美术学院装饰系壁画专业,曾任华南师范大学美术系教授、广州市文史馆馆员、中国美术家协会会员。[《黄云年表》,载广东省江门美术馆编《黄云艺术人生》,中国文艺出版社(香港)2009年版,第240—258页。]

黄云,《恩平玉带》,1987年,61×69厘米,纸本水墨,现藏于江门市美术馆。

🌐 陈锡钧与意大利女子莉娜·德·玛利亚(Lina de Maria)在风景优美的意大利旅游胜地卡布里岛(Capri)结婚。之后夫妇二人乘船经过中国香港到达台山。陈锡钧去国25年后重归故里。"他回到意大利与住在卡普里岛的母亲结婚。当时墨索里尼是国务部长,宣扬法西斯主义。嫁给

陈锡钧与新婚妻子莉娜的合影。

陈锡钧全家照,夫人与三名子女,摄于1950年。

一个中国人在政治上并不正确。但因为母亲是在那里出生,她的祖父——Majore Guiseepe De Maria是前任总督,几乎整个岛的居民都来参加婚礼。由于母亲的关系,许多帆船、渔船(渔民都是她朋友)追随这对新婚夫妇出海,从卡普里一直到那不勒斯,在那里父亲母亲登上了一艘日本轮船,展开回国的长途旅行。但对母亲来说,这是二十年的长途旅行。"(陈伟祥、陈秀华:《家父陈锡钧》,载琥珂主编《陈锡钧雕塑绘画作品集》,西泠印社出版社2011年版,第7—11页。)

- 李铁夫归国，居广州，因张继介绍，曾教授谈月色习画。谈月色闻其生平，写下《李铁夫师事略》刊登于《艺彀》杂志创刊号上，是目前所见较早的关于李铁夫年龄记载的友人转述文献。"二十年（1931）秋，师（李铁夫）甫回粤……因同创办黄花考古美术院，余（谈月色）乃得受业而学世界画焉，十月五日师因张溥泉（张继）为介，陈铭枢延师至东山芳园供养，每星期六日必过寒闺，亲授画法，故得略闻其生平如是。"（谈月色：《李铁夫师事略》，《艺彀》1932年6月创刊号，第11—12页。）

- 10月，胡根天任广东省政府咨议。（《胡根天年表》，载《胡根天作品集》，广州美术馆1993年版，第87—101页。）

- "北伐"成功。年底，王少陵返回香港开始研习西洋绘画，立志做一名出色的画家。（《王少陵年谱》，载《旅美一代绘画大家：王少陵》，《美中画报》社（美国）2004年版，第150—165页。）

- 余本获得特别优异高级文凭，继续在校深造一年。在学期间，除首年外，均凭优良成绩获得奖学金。[《余本艺术活动年表》，载黄笃维、黄树德编《余本画册》，岭南美术出版社1994年版，第141—144页。]

- 经彼时旅法的何香凝介绍，郑可获得国民革命军第十九路军海外教育资助。（连冕：《郑可研究暨重订郑氏简编年谱》，《装饰》2017年第1期，第37—47页。）

- 春，罗工柳父亲送其入香港私立学校学习英文，后返回广州，进入中山大学附中学习。不久，九一八事变发生，罗工柳参加学生运动，下乡宣传救国。（《罗工柳年表》，载中央美术学院编《罗工柳》，人民美术出版社2016年版，第366—375页。）

  • 罗工柳自述："我在'九一八'以后便选择了自己的路。那是1931年，我上初一，15岁。当时全国学生运动的中心是广州中山大学，我在中山大学附中学习，也被卷了进去，当时下乡搞救亡宣传一直宣传到广西梧州。那次学生运动广州是带头的，中山大学最活跃。至于当时美术界有什么样的争论，我根本不知道，没有介入。中大附中的老师当时都是很进步的，质量也很高。当时绘画不是主课，老师叫官亦民，后来到了延安，抗日战争在前方牺牲了。广州美专（即广州市市立美术学校）的校长胡根天为我们代过美术课，教音乐的老师也是很有名望、很有地位的。这些老师对学生的影响很大。九一八事变发生以前，地理老师对我们讲，我们中国的地图像个桑叶，现在很危险，这个桑叶慢慢地都被人吃了，东北很危险，外蒙也很危险……这话深深地印到了我脑海里。要求国民党出兵救国的学潮起来后，附中同学举行了火炬游行，我们都当了童子军，穿着整齐的制服、皮鞋。我印象很深，那种整齐的游行队伍，气势非常震撼人心。"（刘骁纯编：《罗工柳艺术对话录》，山西教育出版社1999年版，第2—3页。）

5月，司徒乔离开美国，回到广州。受聘于母校岭南大学教授西洋画。（冯伊湄：《未完成的画》，人民文学出版社1978年版，第56—61页。）

李研山接替开平人司徒槐，被聘为广州市市立美术学校校长。校址位于观音山下的玄妙观故址。观之西院有井，相传为苏东坡所汲，故有"苏井"之称。市美常被人呼为苏井，李研山语中所谓"苏井论学"即指担任市美校长的一段时期。市美前任校长皆为留洋画家，李研山继任后，锐意提倡中国画，以国画研究会诸人为主导，任命黄君璧为教务主任，以李凤廷、黄少梅、张虹（谷雏）、邓诵先为教授，延请赵浩公主理花鸟科，罗卓（艮斋）主理人物科。李研山主掌市美期间，受蔡元培影响，作风开明。（曹云峰：《记三十年代广州美专校长李居端》，载广州市政协文史资料研究委员会编《广州文史资料》第四十辑，1989年版，第191—198页。）

李研山聘赵浩公为广州市市立美术学校国画系教授。先生教学"侧重传统，对于描写、临摹、傅彩、渲染、构图、落款、用印等，皆按部就班，作系统讲解，以一生经验心得，不厌求详，传其妙绪，并常常携古贤名迹上课，以为印证"。［赵浩公、郑春霆：《岭南近代画人传略》，广雅社（香港）1987年版。］

胡根天接受新任"市美"校长李研山的聘请，回校任教。不久，转任中山大学和广州市立师范学校（1934年改组为勷勤大学）教席。是年，写作《图案教学法》。（《胡根天年表》，载《胡根天作品集》，广州美术馆1993年版，第87—101页。）

陈锡钧在李研山邀请下回国于广州市市立美术学校任教6年。"陈锡钧（美国坡城美术学校毕业，木炭雕刻教师）"［《广州市市立美术学校主要教师名录（1922—1938年）》，广东美术馆，"艺圃开荒—从赤社到广州市市立美术学校"展览资料，2016年9月。］

▶ "广州市市立美术学校关约，敬延陈锡钧先生由廿二年八月一日起至廿三年一月卅一日止担任教授本校雕塑。以上每周授课共十四小时月送薪金八十四元正。校长李居端谨订。（如请人代课须得本校同意）中华民国二十二年八月一日"

1933—1934年度陈锡钧与广州市市立美术学校的和教职合约。

1931至1937年，陈锡钧在广州市市立美术学校和广东省立大学担任雕塑和绘画教授。

司徒杰在广东佛山华英中学上初中。(《司徒杰生平事略》,载《赤子之心:司徒乔、司徒杰艺术展》,中国美术馆2016年版印刷本,第80—85页。)

胡善馀在杭州艺专学习的三年中,绘画技艺提高很快,已不满足在国内学习西画,渴望留学法国,直接学习提高。再次请求家乡一位堂兄弟资助学费,如愿。适逢蔡元培之子蔡柏林回国度暑假后回法国,即相约一同前往。(《胡善馀艺术年表》,载吴为山主编《善彩馀韵:20世纪中国油画名家胡善馀》,人民美术出版社2017年版,第388—402页。)

1930年底,吴子复与司徒奇在广州报纸上因中国画发展道路问题展开笔战。司徒奇力挺折衷派,深获高剑父赏识,力邀其加入"春睡画院",自此师事高剑父先生。[司徒乃钟手辑,陈继春参校:《司徒奇(苍城)年谱》,载《奇笔纵横:司徒奇的艺术人生》,司徒氏苍城画院(香港)2016年版,第209—214页。]

1月25日,在沪东京美术学校毕业生为来沪出差的东京美术学校校长正木守道召开欢迎会,出席者包括正木校长、正木公子(校长之子)、总领事重光、国画家王一亭、张大千、李秋君、马望容、西洋画家陈抱一、王道源、汪亚尘、江小鹣、黄达、陈澄波等。{[日]小谷一郎. ふたたび一枚の写真から——王道源、そして[青年芸术连盟]のことども[J]. 日本アジア研究.2009,(6):85—106, 转引自徐立《20世纪前期(1912—1937)上海粤籍美术家研究》,博士学位论文,上海大学,2011年,第86页。}

约此时,冯钢百在广州西濠口徜徉时遇到学友李铁夫,两人到大三元酒楼对饮,叙旧并排遣近年来心中不快。这时李铁夫已步入老年,回国后生活无着,穷困潦倒,又不善理财,冯钢百开始经常接济他。[《冯钢百年表(1883—1984)》,载广东美术馆编《中国早期油画大家冯钢百》,人民美术出版社2003年版,第120—142页。]

李铁夫、冯钢百、胡根天合影,20世纪30年代摄于广州。左一胡根天、左二李铁夫、左三冯钢百。

🏛 李铁夫归国后与黄花考古院交游圈有所往来，其中一些成员是其在美国同盟会期间的革命同人。[1] 黄花考古学院是广州第一个现代意义上的职业考古学术团体，由谢英伯、胡肇椿、蔡哲夫（蔡守）、曾传辂、杨成志、朱庭诂等文化名人筹备发起成立。张继、蔡元培到访黄花考古院时留有与李铁夫、蔡守、谈月色、谢英伯、冯钢百等人的合影照片。（谈月色：《李铁夫师事略》，《艺觳》1932年6月创刊号，第11—12页。）

《艺觳》所刊《本社同人欢迎张蔡二公摄影》，"从右至左第一行：一谈月色、二蔡寒琼、三蔡子民（蔡元培）、四曾传辂；第二行：一冯钢百、二谢英伯、三张溥泉、四胡肇椿，第三行独立者李铁夫也"。

🏛 伍千里主持广州中山纪念堂开幕典礼的美术装饰工作。请吴琬用白布书写"总理遗嘱"悬挂于舞台中央，并以郑可《孙中山浮雕像》制成纪念章，分送来宾。[伍千里条，吴瑾：《青年艺术社与广州现代美术（1927—1937）》，岭南美术出版社2010年版，第162—163页。]

🏛 8月，司徒乔与正在中山大学教书的冯伊湄结婚。"新巢结在凤凰村后面的怡乐村里。窗外有一架紫藤，窗下有一架书。乔的画架立在北窗下。我们如饥似渴地把生命的小舟划向知识的海洋。每次当两颗心在更高的一点上相遇时，相互的敬重和了解也随着升高一寸。学业上的每一分进益，都暗暗滋养着我们的爱情。由于我不擅长许多主妇应该擅长的事务，我们看起来更像一对文艺的同好和一对知心朋友，而不大像一对夫妇。"（冯伊湄：《未完成的画》，人民文学出版社1978年版，第56—61页。）

司徒乔，《画家夫人冯伊湄像》，1940年，36.3×27厘米，粉画，绘于新加坡。

---

[1] 注：纽约同盟会在中华革命党时期创办《民气报》（1915年1月23日创刊）作为支部机关报，首任报社编辑为谢英伯。李铁夫时任纽约同盟会书记一职。1931年李铁夫回到广州所交往的黄花考古院的主持人正是谢英伯。按履历推测，他们可能在纽约同盟会共事期间结识。

受夫人冯伊湄热爱国画的影响，司徒乔旁听参与了国画研究会在六榕寺的雅集，开始精心研习国画、书法，致力于油画民族化。"我业余爱画国画，参加了六榕寺的国画研究会。每个星期天下午，一定到这榕荫交覆、花影扶疏的古寺里，看广东国画前辈温其球、卢振寰他们即席挥毫，对花写照。我在这里是个小学生，而乔就是旁听生。这个旁听生倒学得非常用心。……这次和中国画亲密地接触，发现了一个前所未见的天地，乔简直惊喜如狂。……乔一面练习油画，一面学国画和中国书法，大量糟蹋起宣纸来。……现在他立志要画中国气派的油画，试着把中国画简练有力的线条，引进他的素描和速写中。过去他只知道在物象面前严加取舍，现在中国画教会他在物象基础上大胆地进行创造、冶铸，不为物象所拘。这样在画幅中出现更多画者个人的风格和意境。……在寻求油画的中国风格这一过程中，乔曾绕了不少弯路。起初，他追求画面中国化，注意线条的布局，减弱色的层次。结果，油画应有的丰富与深度失去了，国画的简练得不到；可是恢复了油画的丰富，增加了色与光的层次，看去又怎样都不像中国画了。后来他发现不能从表面技巧下功夫，主要应表达中国人民的思想、感情、风味、意境。这条路好像是比较正确，可就得先掌握油画的一切技巧，熟悉这一工具的性能。于是磨炼磨炼再磨炼，每幅画都画上两三个星期。"（冯伊湄：《未完成的画》，人民文学出版社1978年版，第56—61页。）

朱沅芷在美国纽约市节拍画廊举办个展，并参加美国纽约市举办的"独立艺术家协会"年展。连续参加六届（1931年、1932年、1933年、1934年、1935年、1936年）在纽约布鲁克林美术馆举办的"美国和外国艺术家之绘画、雕刻展"。（《朱沅芷年表》，载顾跃《世界名画家：朱沅芷》，河北教育出版社2013年版，第206—209页。）

春，郑可的两件人物半身像雕塑获法国沙龙展览会奖。（连冕：《郑可研究暨重订郑氏简编年谱》，《装饰》2017年第1期，第37—47页。）

1932
壬申 中华民国二十一年

⌛ 生卒　📚 教育　🌐 流动　🏛 交游　👥 社团　🖼 展览　🎨 创作

⌛ 司徒常（1932—）出生。司徒常，广东开平赤坎人。广州美术学院教授。

司徒常，《画家司徒乔》，1987年，153×100厘米，纸本设色，现藏于开平美术馆。

⌛ 司徒乔、冯伊湄的长女司徒圆出生。

司徒乔，《小圆像》，1940年，57.5×50.5厘米，布面油画，绘于新加坡。

📚 罗工柳在中山大学附中开始和进步同学秘密组织"文艺研究会"，成为地下党领导的外围组织，阅读苏联小说、鲁迅著作以及左翼作家作品等进步书刊。（《罗工柳年表》，载中央美术学院编《罗工柳》，人民美术出版社2016年版，第366—375页。）罗工柳自述："学校的情况变了，主任换了，好的老师都走了，学校控制得很严，大家都感到很苦闷。1932年，也就是'决澜社'成立的那一年，一个夜晚，我们五个同班同学在教室外的路灯下成立了'文艺研究会',由一个高班同学参加指导,秘密读进步书刊,实际上就是党领导的一个外围组织。这五个人后来都参加革命,在革命中都是杰出的。"(刘骁纯编:《罗工柳艺术对话录》,山西教育出版社1999年版,第2—3页。)

3月,曾在两年前以特别学生身份入读日本东京美术学校西洋画科的林荣俊落第,但于次年再度入学。(刘晓路:《各奔东西:纪念近代留学东洋和西洋的中国美术先驱们》,《新美术》1998年3号,第23—29页。)

9月,胡根天任广州市立师范学校教员。(《胡根天年表》,载《胡根天作品集》,广州美术馆1993年版,第87—101页。)

林达川在胡善馀等同学去法国留学的影响下,自行决定去日本留学。9月,只身从上海搭日本"长崎丸"客轮出国。同年于东京东亚高等预备学校学习日语,晚间在川端画校补习木炭素描。在日本期间学习和生活的费用靠其父亲从加拿大侨汇。(《林达川艺术年表》,《大璞不雕:林达川油画作品集》,中国美术学院出版社2006年版,第249—254页。)

关墨园从古巴留学回国,历任开平县立各中小学美术教员。

胡善馀考入巴黎国立高等美术学院,师从法国著名画家西蒙教授。当时与他同一画室学习的还有秦宣夫、李瑞年、庄子曼等。(《胡善馀艺术年表》,载吴为山主编《善彩馀韵:20世纪中国油画名家胡善馀》,人民美术出版社2017年版,第388—402页。)

一·二八事变,陈抱一上海艺专校舍和江湾画室遭遇日军轰炸被毁。(《陈抱一年表》,载陈瑞林编《现代美术家陈抱一》,人民美术出版社1988年版,第124—126页。)"我的家庭原来是一个富裕的家庭,我的童年充满了幸福和欢乐。1932年一·二八事变日本军队攻击上海,江湾陈家花园顷刻化为灰烬,从此我们开始了颠沛流离的生活。"(陈绿妮:《怀念我的父亲陈抱一》,载陈瑞林编《现代美术家陈抱一》,人民美术出版社1988年版,第163—168页。)

陈抱一的江湾画室外景,约摄于1924至1925年间。

秋，黄新波在校刊发表主张全国一致抗日的评论，被校方秘密开除。离校后，继续从事抗日救亡活动，参加编辑文艺刊物《火线上》，组织台山剧社，到县城及各地演出。（广东省美术家协会编：《黄新波纪念文献集》，岭南美术出版社2006年版，第170—180页。）

黄新波（前排右五）与台山剧社同人在台山县立中学。

岭南大学美术课停开，司徒乔失去该份教职。中山大学更换校长，撤换二百多人，冯伊湄亦失去教职。司徒乔父亲此时亦失业，而六个弟妹都仍在读书，孩子又刚出生，全家经济陷入困顿。祸不单行，同年，司徒乔患肺结核病。"而且祸不单行，当我的长女呱呱堕地之时，医生宣布乔染上了肺结核病。当链霉素、雷米封还未问世的一九三二年，人们对肺病是束手无策的，它意味着慢性的死亡。才三十岁就在死亡的阴影下生活，未免太残酷了。"（冯伊湄：《未完成的画》，人民文学出版社1978年版，第56—61页。）

李铁夫由广州至香港定居。（《李铁夫年表》，载迟轲主编《李铁夫》，岭南美术出版社1985年版；广州美术学院、鹤山县文化局编《李铁夫诗联书法选集附文献资料及评论文章》，1989年版印刷本，第173—176页。）

高剑父、陈树人、丁衍庸、李金发、司徒奇等人组织"广州艺术会"，司徒奇被选为总干事，叶永青、朱之峰为干事。[司徒乃钟手辑，陈继春参校：《司徒奇（苍城）年谱》，载《奇笔纵横：司徒奇的艺术人生》，司徒氏苍城画院（香港）2016年版，第209—214页。]

10月，"决澜社"第一届画展在上海举行，参加者阳太阳、杨秋人出身上海艺专，曾受教于陈抱一。（《陈抱一年表》，载陈瑞林编《现代美术家陈抱一》，人民美术出版社1988年版，第124—126页。）

余本创作《希望》（Hope）参加安大略省美术展览，《奏出人间的辛酸》第二次参加"渥太华加拿大全国美术展览"（Royal Canadian Artist Exhibition, Ottawa）。（《余本艺术活动年表》，载黄笃维、黄树德编《余本画册》，岭南美术出版社1994年版，第141—144页。）

朱沅芷受邀参加纽约现代美术馆举办的"美国画家与摄影家壁画展"。这项展览的目的在于扭转美国壁画艺术的地位，展览由墨西哥画家迭戈·里维拉筹划，入选的是当代美国艺坛极具代表性的艺术家，如奥基夫、马许、戴维斯、班·夏恩等人。同年，朱沅芷分别在美国纽约市的米奇画廊和巴尔扎克画廊举办个展，参加由姜·吕德协会主办的美国纽约市"艺术之社会观"联展。（《朱沅芷年表》，载顾跃《世界名画家：朱沅芷》，河北教育出版社2013年版，第206—209页。）

司徒乔于广州青年会举办个展，展出《夜未央》等，之后又去香港展出。其油画被誉为有"东方精神"。

一·二八事变后，王少陵突击创作油画《一·二八之战》。春季，去新加坡写生，所作水彩画《欲雨还休》回港参展，在香港国际美术展览会荣膺第一名。
[《王少陵年谱》，载《旅美一代绘画大家：王少陵》，《美中画报》社（美国）2004年版，第150—165页。]

王少陵所创作的《一·二八之战》。

王少陵在新加坡写生，1932年。

王少陵，《欲雨还休》，1932年，纸本水彩。

王少陵，《印度人：南洋写生》，1932年，炭笔白粉纸本。

2月，郑可完成作品《铁门》，该作品曾获巴黎市立实用美术学校设计作品评比一等奖。（连冕：《郑可研究暨重订郑氏简编年谱》，《装饰》2017年第1期，第37—47页。）

1933
癸酉 中华民国二十二年

⌛ 生卒　🎓 教育　🌐 流动　⛩ 交游　🏛 社团　🖼 展览　🎨 创作

⌛ 邝声（1933—）出生。邝声，广东台山三八人。广州美术学院教授，中国美术家协会会员，广东省美术家协会会员。1950年毕业于广州南海中学，1953年毕业于华南文艺学院美术系，1956年毕业于中南美术专科学校（广州美术学院前身）绘画系。毕业后留校任教，历任附中教师、工艺系基础课教研组长、工艺系副主任、广州美术学院教务处处长。

邝声，《拉卜楞寺之二》，63×89厘米，纸本水彩。

⌛ 苏以（1933—）出生。苏以，广东新会人。中国版画家协会会员，广东省美术家协会会员，曾任江门市文联副主席、江门市美术家协会主席、江门市政协书画院顾问。

苏以，《红荔吉祥》，2005年，136×69厘米，纸本设色，现藏于江门市美术馆。

🌐 2月，上海东北义勇军后援会、中华民国救国团体联合会、中国画会联合会举办"全国艺术家捐助东北义勇军作品展览会"，赵浩公、黄般若、何香凝、陈树人等同任筹备委员。（黄大德：《赵浩公年表》，载朱万章、郭燕冰主编《广东"国画研究会"研究》，岭南美术出版社2010年版，第178—204页。）

🌐 林直勉[1]欲以三年为期，供应赵浩公一切所需，请赵氏全力摹古画，从五代至清代各家，俱一一仿制，完成后到日、英、法各地展览。后因林直勉逝世而未果。（黄大德：《赵浩公年表》，载朱万章、郭燕冰编《广东"国画研究会"研究》，岭南美术出版社2010年版，第178—204页。）

🌐 司徒乔参加粤东各界慰劳团北上张家口，慰问抗日部队，并画速写数本。奔波半年，司徒乔病倒，被过路的燕京旧同学发现，把他送到北京协和医院，再由协和医院一个当大夫的堂叔送到西山肺病疗养院治疗。（冯伊湄：《未完成的画》，人民文学出版社1978年版，第62—64页。）

🌐 约在此时，李铁夫于香港九龙土瓜湾炮仗街十六号，开设东亚画室，以教画授徒为生。（《李铁夫年表》，载迟轲主编《李铁夫》，岭南美术出版社1985年版；广州美术学院、鹤山县文化局编《李铁夫诗联书法选集附文献资料及评论文章》，1989年版印刷本，第173—176页。）

🌐 潘思同任上海商务印书馆及大成出版公司美术部编辑，为出版公司设计书籍装帧，替厂商绘制广告和月份牌。

🎓 春，黄新波与8位同学一起，几经辗转到达上海，入读侨光中学。（广东省美术家协会编：《黄新波纪念文献集》，岭南美术出版社2006年版，第170—180页。）

抵达上海的广东台山同学，前排中为黄新波，1934年1月摄于吴淞。

🎓 8月，黄新波参加上海反帝大同盟，随后加入中国新诗歌会。9月，进入中国左翼文化总同盟主办的新亚学艺传习所，在绘画木刻系学习。（广东省美术家协会编：《黄新波纪念文献集》，岭南美术出版社2006年版，第170—180页。）

---

[1] 注：林直勉（1888—1934），祖籍广东增城，后迁居东莞石龙。早期同盟会员，曾任孙中山秘书。1934年11月因肺病去世。

🎓 郑可参观德国包豪斯学校首次于巴黎举办的展览，受到深远影响。国民十九路军军需邓瑞仁主动联络，给予生活费，要求郑可专门在高级工艺学院学习室内装饰。（连冕：《郑可研究暨重订郑氏简编年谱》，《装饰》2017年第1期，第37—47页。）

🎓 杨善深开始从事绘画。在香港结识高剑父并与之保持亦师亦友的关系，画室取名"瀛曦楼"。并受到高剑父鼓励，筹备赴日本深造。［《杨善深艺术年表》，载邓伟雄主编《春风草堂艺粹》，集古斋有限公司（香港）2012年版，第262—269页。］

🎓 余菊庵入尺社研究会，复入山南画社，师赵浩公。（黄大德：《赵浩公年表》，载朱万章、郭燕冰主编《广东"国画研究会"研究》，岭南美术出版社2010年版，第178—204页。）

🎓 罗工柳与部分进步同学迁往校外居住，秘密学习，交流爱国思想。到香港投奔父亲的同学，后被劝阻返回广州。（《罗工柳年表》，载中央美术学院编《罗工柳》，人民美术出版社2016年版，第366—375页。）

🏛 冬，鲁迅在上海老靶子路日本基督教青年会内举办"俄法书籍插画展览会"，黄新波在会场上第一次见到鲁迅，不久，又在北四川路内山书店听取鲁迅关于木刻创作的教导。（广东省美术家协会编：《黄新波纪念文献集》，岭南美术出版社2006年版，第170—180页。）

👥 2至4月间，郑可与常书鸿、吕斯百、郭应麟等共同倡立中国留法艺术学会，郑可、王临乙系首届学会展览股委员。［连冕：《郑可研究暨重订郑氏简编年谱》，《装饰》2017年第1期，第37—47页；《中国留法艺术学会简章（中华民国二十二年四月二日通过）》，《艺风》1933年8月第1卷第8期，第68页。］"留法艺术学会当时有会员三十多人，主要是由巴黎美术学校的中国留学生组成，实际是有名无实，很少作学术活动。"［王子云：《从长安到雅典：中外美术考古游记·欧洲编（下）》，岳麓书社2005年版，第489页。］

中国留法学生巴黎艺术学会成员与次巴黎举办中国画展的徐悲鸿合影，摄于1933年。前排右二郑可、右一唐一禾、左一徐悲鸿；中排右一常书鸿、右二吕斯百、右三曾竹韶、右四胡善馀、右七秦宣夫。

王少陵在香港与陈福善、杜格灵等发起并组织了"香港文艺协会"。[《王少陵年谱》，载《旅美一代绘画大家：王少陵》，《美中画报》社（美国）2004年版，第150—165页。]

朱沅芷参加了纽约艺术家们组成了"失业艺术家协会"（the Unemployed Artists Group），后来改称"艺术家协会"（the Artists' Union）。为纽约市布朗区路德敦派之圣彼得教堂，创作《最后的晚餐》壁画。同年在加州旧金山市旧金山艺术中心举办个展。（《朱沅芷年表》，载顾跃《世界名画家：朱沅芷》，河北教育出版社2013年版，第206—209页。）

▶ "移居纽约不久，朱氏即开始创作大型壁画，布朗区路德教会之圣彼得教堂委托朱氏创作大型经坛祭画《最后的晚餐》，作品赞助人乃朱氏的一位学生弗朗西斯·弗里曼·玻尔普（Burhop）。为创作此大型壁画，朱氏曾创作三幅油画草图。透过研究此三幅草图，我们可以更深入了解朱氏对这新约圣经记载的情节个人的理解。"

朱沅芷，壁画草图《最后的晚餐》之二、之三，1933年，绢裱于板上，油彩。2009年11月香港佳士得"亚洲当代艺术及中国二十世纪艺术"专场拍品，三联作成交价482万元港币。

余本的油画作品《奏出人间的辛酸》第三次参加"多伦多世界博览会"（International Exhibition, Toronto）。（《余本艺术活动年表》，载黄笃维、黄树德编《余本画册》，岭南美术出版社1994年版，第141—144页。）

2月15日至3月16日，广州市第一次展览会在越秀山举行。李居端（研山）、胡根天、司徒乔、梁竹亭、陈锡钧、司徒祺（奇）被聘为美术组专门委员。美术组委员计有：高剑父、高奇峰、李居端、姚粟若、容仲生、胡根天、李寿庵、黄君璧、司徒乔、梅雨天、沈演公、陈宗虞、梁紫笙、黎泽闿、张纯初、张坤仪、麦公敏、罗仲彭、林直勉、曹受坤、邓诵先、苏世杰、杜其章、黎工佽、黄般若、李尚铭、梁竹亭、李金发、陈锡钧、曹昆宝、任瑞尧、司徒祺。参加展览的社团有：广东国画研究会、广州市市立美术学校、清游会、春睡画院、岭南艺苑、尺社、南社、美学馆。

《良友》画报第75期所刊登介绍的广州市展览会，1933年。

- 伍千里以油画《少女》、摄影《归途》等参加"广州市第一次展览会"之美术展览，并主持编辑出版"广州市第一次展览会"会刊。
[伍千里条，吴瑾：《青年艺术社与广州现代美术（1927—1937）》，岭南美术出版社2010年版，第162—163页。]

伍千里编"广州市第一次展览会"会刊封面及扉页，1933年。

- 王少陵往上海、南京等地写生。完成水彩画《沪战后的商务印书馆遗迹》。陈树人、何香凝分别为此画题词。[《王少陵年谱》，载《旅美一代绘画大家：王少陵》，《美中画报》社（美国）2004年版，第150—165页。]

陈树人和何香凝分别为此画题辞"触目警心"和"国破存遗迹，光荣血永留"。

王少陵，《沪战后的商务印书馆遗迹》，水彩纸本，55×38厘米，现藏于江苏省美术馆。款识："少陵廿二年双十节写商务印书馆国难创痕"。

1934
甲戌 中华民国二十三年

🌐 司徒乔在北京疗养，病中坚持作画，并兼《大公报》的《艺术》周刊编辑，著文介绍西欧各画家，钻研中国古代画论。"一九三四年春天，我在北京西山疗养院病床上找到乔，他已经不吐血了，下午还发烧，体重倒是增加了十九磅。枕底堆着压着一叠画稿，那都是背着医生眼睛，潦草地画出来的。每天护士收拾床铺时，一面责怪病人不听话，一面大感兴趣地看着他的'新作'。疗养院住不起，我们在什刹海冰窖旁边安了家。……五间潮湿的屋子带着宽宽的廊子。乔把两间拆通布置成一间画室。他非常喜欢这间画室，冬天来了给窗上糊上纸，夏天来了给地上铺上隔湿的芦席。他估计不久便可以动手作画。但大夫背地告诉我，他病势不轻，必须安静地躺着，在两年之内严格制止他下床活动。……一九三四年初，《大公报》要办个《艺术》周刊，每月有编辑费六十元。乔把这个工作接下来之后，设计了一张床上用的小桌，动手工作起来。跑腿的事情——有关组稿催稿送稿——都归我，审稿改稿编稿都归他。当时，周刊上只能介绍一些纯技术性的理论文章。林宰平、许地山、邓以蛰等老前辈很热情地写稿，乔自己也介绍一些西欧著名的画家，如罗丹、米勒……他使用文字不如使用色和线来的方便，使用中文不如使用英文来的流畅。这工作对他还是非常吃力的。但同时也给了他学习古典绘画理论一个好机会。……这时候他正迷上中国画，钻研中国画论兴趣也就特别高。他决心要补上他脑中这一角空白。"（冯伊湄：《未完成的画》，人民文学出版社1978年版，第56—61页。）

🌐 司徒乔与冯伊湄的二女儿司徒双出生。

司徒乔，《小双像》，1940年，布面油画，绘于新加坡。

🌐 受加拿大经济衰退影响,余本谋生困难,只能靠绘制些壁画、给人画肖像,维持生计。(《余本艺术活动年表》,载黄笃维、黄树德编《余本画册》,岭南美术出版社1994年版,第141—144页。)

🌐 从1934年开始,朱沅芷逐渐患上了严重的抑郁症。(《朱沅芷年表》,载顾跃《世界名画家:朱沅芷》,河北教育出版社2013年版,第206—209页。)

🌐 王少陵到华北等地写生,描绘故都垂危将陷的痛心。同时又在上海、苏州、南京、北京等地写生。[《王少陵年谱》,载《旅美一代绘画大家:王少陵》,《美中画报》社(美国)2004年版,第150—165页。]

王少陵到华北等地写生,摄于1934年北京天坛祈年殿外。

🌐 12月28日,司徒奇与余英华女士结婚,丁衍庸、黎心斋到贺。[司徒乃钟手辑,陈继春参校:《司徒奇(苍城)年谱》,载《奇笔纵横:司徒奇的艺术人生》,司徒氏苍城画院(香港)2016年版,第209—214页。]

司徒奇与余英华订婚后合照,摄于1930年代。

🎓 春,黄新波考入上海美术专科学校西洋画系,参加共产主义青年团和"MK木刻研究会"。(广东省美术家协会编:《黄新波纪念文献集》,岭南美术出版社2006年版,第170—180页。)

🎓 初,十九路军在福建失败,主要领导人撤入香港。秋,郑可自法国巴黎学成归国。伍千里、吴琬、李桦等广州市美同学与郑可在伍千里家中聚会,并谈论巴黎美术界和郑可的留学生活。"巴黎的市立高等实用美术学校,除了二小时的讲授之外,有时还得到各工程去实习。比方是做地毯图案的时候,就到制地毯的工厂去。地毯用机械来多量制造的固有，单制三两张的也有，为了合于制造的手续起见，就图案的设计者非亲自到那里去不可。"

"我（郑可）学过室内外的装饰设计、学过家私装饰设计、学过陶瓷、玻璃器的样式设计，学过钱银币的样式设计，学过铁工设计，首饰设计，丝织品设计等，对于工业的实用美术，我甚感兴趣。"

"美术学院雕刻系除了泥塑的练习之外，石膏和刻石是要到别的地方去学的，我到过石膏模型厂、大理石厂。"

"你在（巴黎国立）美术学院七年，这学院有没有毕业制的呢？——没有所谓毕业的，不过只能在那里学习到三十岁，三十岁以后就要请出去了。"

"说说沙龙吧。——入选沙龙，并不是一件怎样光荣的事，只要你有钱就可以了。那如这里的百货陈列场一样，有钱租档口就得把你的货品陈列。"

"在巴黎画坛，最近称雄的是哪几位作家呢？——因为派别的关系，这问题不容易简单作答的，不过，从前的几位老作家，如Matisse（马蒂斯）、Van Gogh（凡·高）等辈都过了气了，Picasso（毕加索）虽然也算老辈，但还保持相当的地位。新进的作家多是操纵在一群画商的手里，画商多是犹太人，他们有的是钱。无名的作家，为了要生活的缘故，就不得不去仰画商的鼻息，替他们作些合他们脾胃的应市的画。艺术界之黑暗，比之这里还厉害一点吧。"

"你在巴黎的生活，有什么有趣的？——最有趣的事就是我们学校每年举行的游艺跳舞会。那真是一件极天下之胡闹的事情。法国人真会玩，玩起来着实可惊，但他们工作起来也一样可惊。你试想想吧，在开会前的下午，分作十数群的几百个赤裸裸的化了装的青年，在赴会的途中喝酒、唱歌，和途中的女人搭讪、拥抱、接吻，啊！应有尽有，尤其是在会场的里面。参加这个会也得花四五十个佛郎。"（吴琬：《雕刻家郑可》，《广州民国日报》1934年10月27日。）

🞧 冯钢百在上海虹口公园与画友创办仁文美术学校，兼任西洋画教师。[《冯钢百年表（1883—1984）》，载广东美术馆编《中国早期油画大家冯钢百》，人民美术出版社2003年版，第120—142页。]

🞧 罗工柳广州中山大学初中部毕业时，学校当局出布告，以罗工柳"思想危险"为名，将其开除学籍。夏，罗工柳再次赴香港，与破产避难的父亲相聚。（《罗工柳年表》，载中央美术学院编《罗工柳》，人民美术出版社2016年版，第366—375页。）在逆境中，罗工柳决心参加鲁迅倡导的新兴木刻运动，开始自学木刻。罗工柳自述：

"1933年有两位（文艺研究会）会员到上海参加了'左联'，没有走的三个人毕业考试后都被开除了。当时我们初中升高中不经过考试，是直接升的。学校出了布告，说我们思想危险，不宜升高中，这样就被开除了。1934年夏天是我一生中处境最困难的时候，也是我决定人生道路的时刻。失学了，家庭又破产了，怎么办？当时还是个孩子，但我没有悲伤，也没有惊慌，我冷静地想了想，我什么都不会，但画画还可以，就下决心自学画画，受鲁迅影响学起了木刻，考了艺专，定下我一生的道路。"（刘骁纯编：《罗工柳艺术对话录》，山西教育出版社1999年版，第2—3页。）

罗工柳18岁初中毕业，摄于1934年。

🎓 日本东京美术学校西洋画科改名为油画科。

🎓 林达川入读日本东京帝国美术学校雕刻科。（《林达川艺术年表》，《大璞不雕：林达川油画作品集》，中国美术学院出版社2006年版，第249—254页。）

🎓 12月，胡根天在广东省民众教育观演讲会上发表"艺术之下层的进展"演讲。胡根天所谓"下层"是指处于社会下层的民众。他提出两个问题来讨论："第一个问题是关于艺术本身的写作问题，就是艺术家应该要怎样的深深地体验下层民众的生活及生活意识，在自己的作品上活跃地表白出来，使一方成为现社会的一面反映镜，一方更成为新时代的一副推进机。""第二个问题是关于艺术对下层民众的实际教育问题，就是凡负有艺术运动或教育民众的责任者，都应该要随时随地考虑到怎样才能使下层民众发生艺术兴趣和习得一点艺术技能，使一方调剂他们的枯燥生活，一方也巩固艺术和文化的基础。"（胡根天：《艺术下层的进展》，《广州民国日报》1934年12月8日。）

🎓 12月，郑可在广东省民众教育馆演讲会上发表"实用美术在社会的地位"演讲。主要述及实用美术的特质，其以实用为目的，受到客观条件限制；谈到现实中实用美术对生活的重要影响，对国家经济发展的作用。"我们中国的瓷器，从前不是世界知名的吗？西洋人称瓷器，就只知道中国，因为它形式、色彩、本质都好。可是现在瓷器就不及西洋了，粗制滥造还是一个小小的原因，没有经过美术家的设计、装饰，只凭工匠们沿着成法去做，这才是衰落的最大证据。虽然是一个小小的茶杯，土制的和舶来的一比较，谁都知道哪个优哪个劣。舶来品充斥我们中国市场，其原因就是中国工业不进步，不进步的原因就是没有美术的设计和装饰。人类精神是向上的，是爱美的，人家的东西造的美好，就去买人家的，这是不能避免和无可责怪的事实，为要挽救现在中国的工业，首先要提倡实用美术，把美术的水准提高，这是我对于实用美术亟须提倡的意见。"（郑可：《实用美术在现社会的地位》，《广州民国日报》，1934年12月29日。）

- 廖全于山南画社拜赵浩公为师。（黄大德：《赵浩公年表》，载朱万章、郭燕冰主编《广东"国画研究会"研究》，岭南美术出版社2010年版，第178—204页。）

- 中山大学校长邹海滨，素慕赵浩公画艺及其为人，特以重币礼聘其为大学部国画教授，且邹氏恒于人曰："予与画人游，而高风亮节为予所钦佩者，莫如赵浩公也"。[《赵浩公之雅量》，《探海灯》（香港）1937年5月8日。]

- 9月，赵浩公于中山大学任职美术教授。此为中山大学新设课程，作为不计学分的选修课。课程分"画学"（每周八课时），"国画"（每周四课时），"画史论画"（每周一课时）。先生诲人不倦，而天性淳朴，长衣短衫，不袜，故有"不袜先生"之雅号。为配合教学，赵浩公著《花卉画法》一书，由中山大学出版。"这本书为赵氏的力作，图文并茂，彩色印刷，可惜印书不多，不能普及，这简直是绘画界的一大损失！"（黄大德：《赵浩公年表》，载朱万章、郭燕冰主编《广东"国画研究会"研究》，岭南美术出版社2010年版，第178—204页。）

- 12月13日，中山大学为筹备全校第四次运动会募捐购置运动服，赵浩公捐款五元。（黄大德：《赵浩公年表》，载朱万章、郭燕冰主编《广东"国画研究会"研究》，岭南美术出版社2010年版，第178—204页。）

- 为纪念古勤勤，广东成立勤勤师范大学，赵浩公任图画科教授。（黄大德：《赵浩公年表》，载朱万章、郭燕冰主编《广东"国画研究会"研究》，岭南美术出版社2010年版，第178—204页。）

- 陈锡钧在勤勤大学兼任教学。（陈伟祥、陈秀华：《家父陈锡钧》，载琥珂主编《陈锡钧雕塑绘画作品集》，西泠印社出版社2011年版，第7—11页。）

▶ 1934年，当时的广东省政府为纪念国民党元老古应芬（字勋勤），将广东工业专门学校及广州市立师范学校合并为广东省立勋勤大学，广东工业专门学校改为工学院，广州市立师范学校改为师范学院，增设商学院。1937年工学院并入中山大学工学院，1940年师范学院独立为广东省文理学院，1945年商学院更名为广东省立法商学院。1951年，广东省立文理学院改造为华南师范学院（华南师范大学）。

陈锡钧与勋勤大学创始人古勋勤全身铜像，摄于1934年。

🎓 年初，黄新波把最初创作的50余帧木刻（包括处女作《夜饮》）寄给鲁迅先生，请求指教。4月，手拓编印《无名木刻集》，收入作品7幅，印数50册，得到鲁迅先生作序并资助。（广东省美术家协会编：《黄新波纪念文献集》，岭南美术出版社2006年版，第170—180页。）"用几柄雕刀，一块木板，制成许多艺术品，传布于大众中者，是现代的木刻。木刻是中国所固有的，而久被埋没在地下了。现在要复兴，但是充满着新的生命。新的木刻是刚健，分明，是新的青年的艺术，是好的大众的艺术。这些作品，当然只不过一点萌芽，然而要有茂林嘉卉，却非先有这萌芽不可。这是极值得记念的。一九三四年三月十四日，鲁迅"（鲁迅：《无名木刻集·序》，载《鲁迅全集》第8卷，人民文学出版社2005年版，第406页。）

黄新波，《夜饮》，1933年，木刻版画。

🏛 12月，黄新波获鲁迅赠木刻画册《引玉集》。与鲁迅先生通信时，首次使用"新波"名字。（广东省美术家协会编：《黄新波纪念文献集》，岭南美术出版社2006年版，第170—180页。）

🏛 黄幻吾在广州开办幻吾美术学校期间结识了谢英伯（1882—1939）。谢氏为同盟会早期成员，曾创办广州中国新闻专科学校，任首任校长，兼任广州市博物馆馆长。幻吾美术学校停办后，黄幻吾应聘到新闻专科学校任教，还担任过广州市博物馆的审查委员。（《黄幻吾薛宇才双百书画遗珍合集·序一》，浙江大学出版社2013年版，第1—9页。）

👥 3月，黄新波与上海美专同学刘岘之共同成立"无名木刻社"，后改名"未名木刻社"。4月，手拓编印《无名木刻集》，收入作品7幅，印数50册，得到鲁迅先生作序并资助。10月，手拓编印出版《未名木刻选集》，收入"未名木刻社"同人作品34幅。（广东省美术家协会编：《黄新波纪念文献集》，岭南美术出版社2006年版，第170—180页。）

黄新波设计刻作的《未名木刻选集》封面，1934年。

👥 夏，黄新波参加中国左翼作家联盟和中国左翼美术家联盟。（广东省美术家协会编：《黄新波纪念文献集》，岭南美术出版社2006年版，第170—180页。）

👥 伍千里与朋友集资在永汉北路107号（即现北京路西湖路口）开设大众公司，伍任经理。公司经营摄影冲印并代理《上海大众》画报。青年艺术社就以此为社址，二楼设展厅举办各种展览。[伍千里条，吴瑾：《青年艺术社与广州现代美术（1927—1937）》，岭南美术出版社2010年版，第162—163页。]

👥 5月12日至次年6月29日，青年艺术社在《广州民国日报》副刊上开设《艺术周刊》，每逢星期六出版，共出60期，每期两个4开半版，约一万字。《稿约》称：本刊为纯粹艺术理论、批评、介绍之周刊，文艺创作恕不发表；本刊范围包括艺术全领域；本刊为青年艺术社主编，发表文章恕不奉酬……投稿请直接寄交永汉北路107号二楼本社。[吴瑾：《青年艺术社与广州现代美术（1927—1937）》，岭南美术出版社2010年版，第90页。]

- 王少陵和杜格灵、穆时英、杜衡、陈福善等组织"香港文艺协会",并任该会理事。[《王少陵年谱》,载《旅美一代绘画大家:王少陵》,《美中画报》社(美国)2004年版,第150—165页。]

王少陵(后排右七)与香港文艺界同行发起成立"香港文艺协会",1934年。

- "中华独立美术协会第一回画展"在上海法租界中华学艺社举行,参加者主要有留日青年画家梁锡鸿、李东平、赵兽、曾鸣等人。后来在广州梁锡鸿与林镛合办《美术杂志》,鼓吹现代艺术。林镛(新会人)为中华艺大学生,曾师从陈抱一,后留学日本东京文化学院美术科,1931年回国后与陈抱一筹划恢复晞阳美术院,一·二八战争爆发,计划未能实现。(《陈抱一年表》,载陈瑞林编《现代美术家陈抱一》,人民美术出版社1988年版,第124—126页;林镛:《往事的回忆:怀念陈抱一老师》,载陈瑞林编《现代美术家陈抱一》,人民美术出版社1988年版,第152—156页。)

- 12月,中山大学成立十周年,举办各科成绩展览,共八部分十个展室,其中文史研究所除陈列古物、书画、碑帖外,赵浩公占两室,出品盆栽22盆,国画75件。(黄大德:《赵浩公年表》,载朱万章、郭燕冰主编《广东"国画研究会"研究》,岭南美术出版社2010年版,第178—204页。)

- 杨善深作品首次在广州青年会展出。[《杨善深艺术年表》,载邓伟雄主编《春风草堂艺粹》,集古斋有限公司(香港)2012年版,第262—269页。]

- 春,郑可的石膏雕塑作品《中国人像》在法国参加巴黎春季沙龙,获优等奖。(《本会会员最近出品于法国各沙龙或展览会之统计》,《艺风》1934年第2卷第8期,第88页。)11月,广州大众公司将郑可的浮雕《孙中山像》制成纪念章、明信片作为孙中山诞辰纪念品。[吴瑾:《青年艺术社与广州现代美术(1927—1937)》,岭南美术出版社2010年版,第164—166页。]

- 6月30日,余所亚撰写的《参观李桦氏版画个展后》评论,发表在《广州民国日报》上,该展览由广州大众公司承办。

- 十月，广州市举办了第一次美术展览会。青年艺术社所编《艺术周刊》刊出"广州市美术展览会批评专号"，从不同角度和观点对展览作品进行了评述。

- 十月，伍千里主持的"广州学生摄影比赛展"，由广州大众公司承办。"参加比赛的作品共217件，93人，大学生25人，中学及其他学校学生68人。由伍千里、梁安民、胡启等七个评判每人选出10张，共70张入选作品，其中再选出1到10名得奖。"（伍千里：《广州学生摄影比赛经过》，《广州民国日报》1934年10月20日。）

- 时值"广州市美术展览"会期，其中也有摄影作品，观众有所比较。青年艺术社主编的《艺术》周刊发表了比赛获奖作品和社员执笔的两篇评论，吴琬（笔名青烟）在《此次展览会中的摄影》中对市美展中的摄影作品进行评价，主张在题材选择方面更加现代，"此次出品取材江干和云的特别多，但是画题有'云'字的就不下十余点，一株树或几根芦草，两只小舟的也不下二十余点。……取现代都市生活作题材，是现代摄影所走的路，几个高高的烟筒，冒出层层的黑烟就未必比之江干垂钓的景色坏吧？一只小艇，几根芦草，纵使你题上一句好诗，也不过一张两张已经够了，来得多也是惹人厌的"；李桦（笔名玄白同）的《希望于新进摄影家的两点意见》鼓励创新，重视学生不囿于成法的创造力，"大众公司的学生摄影比赛的作品，技巧虽多幼稚，然处处表现着一种无邪的气概"，并认为摄影的基础在于提高绘画修养，同时也要注意摄影自身技巧特点的发挥，"所以摄影作家不要忘记了绘画，更要仔细研究这些技巧上的问题……要提高摄影的价值，须要绝对尊重摄影的技巧……"。[吴瑾：《青年艺术社与广州现代美术（1927—1937）》，岭南美术出版社2010年版，第70—71页。]

- 在纽约市国家音乐互助会举办"朱沅芷的绘画：第一支舞演出"个展。（《朱沅芷年表》，载顾跃《世界名画家：朱沅芷》，河北教育出版社2013年版，第206—209页。）

- 胡善馀《自画像》《静物》入选法国春季沙龙。（《胡善馀艺术年表》，载吴为山主编《善彩馀韵：20世纪中国油画名家胡善馀》，人民美术出版社2017年版，第388—402页。）

- 郑可在青年艺术社主编的刊物《广州民国日报》副刊《艺术周》先后发表《现代工业美术之轮廓》《实用美术在现代社会的地位》等实用美术类的文章。（郑可：《现代工业美术之轮廓》，《广州民国日报》副刊《艺术周》1934年11月10日第二十七期；郑可，《实用美术在现社会的地位》，《广州民国日报》副刊《艺术周》1935年5月18日第三十四期。）

🎨 李铁夫、余本以冯钢百为模特写生创作油画《画家冯钢百》。附：据编者2012年采访余本哲嗣余锦森先生，谈到李铁夫经常潦倒至无钱购买颜料，他归国后的代表作之一《画家冯钢百》是在余本的画室中完成的。余本也在同时以冯钢百为模特写生了一幅《画家冯钢百》，作为三位画家友谊的见证。

李铁夫，《画家冯钢百》，1934年，91×72厘米，布面油画，现藏于广州美术学院美术馆。

余本，《画家冯钢百》，1934年，114×83厘米，布面油画，家属收藏。

🎨 6月，黄新波作品《推》被鲁迅辑入中国新兴木刻第一本选集《木刻纪程》，署名一工。（广东省美术家协会编：《黄新波纪念文献集》，岭南美术出版社2006年版，第170—180页。）

🎨 8月25日，胡根天在《广州民国日报》发表文章《艺术的综合与分离》。（《胡根天年表》，载《胡根天作品集》，广州美术馆1993年版，第87—101页。）"艺术的综合，我不否认，不过，综合一定要说现代的艺术才能有这种倾向，从前的就都认为各自分离，这一点我认为违背事实的。明白地说，古代艺术之也可称为综合的实在多得很，反之，现代艺术由综合而倾向于分离的，倒也可以指出明显的证据来。……所谓综合艺术，便觉得不能单说是现代的特色了。不但这样，反过来说呢，现代的艺术，我以为在一方面看来，反不及从前的艺术那样综合，就是说古代的艺术范比较配说是综合的，到了近世尤其是现代，却渐次分离起来了。……加入一定要综合的才算是现代的艺术，否则就认为落后没有时代的价值，甚至由误解而随便把甲种艺术和乙种艺术结合起来，以为是美观，以为是时髦……以为是风雅，以为是'综合'，那真是所谓不识羞了。"（胡根天：《艺术的综合与分离：在市美毅社讲》，《广州民国日报》副刊《艺术周》1934年8月25日第十六期。）

🎨 11月11日，为庆祝中山大学成立十周年，赵浩公作画《山水》《花鸟》各一。（黄大德：《赵浩公年表》，载朱万章、郭燕冰主编《广东"国画研究会"研究》，岭南美术出版社2010年版，第178—204页。）

🎨 12月，黄新波经鲁迅介绍和资助，为叶紫小说集《丰收》设计封面、扉页及插画共十三幅；为田军（肖军）小说《八月的乡村》设计封面。两书分别为《奴隶丛书》之一和之二。（广东省美术家协会编：《黄新波纪念文献集》，岭南美术出版社2006年版，第170—180页。）

黄新波设计绘制的叶紫小说集《丰收》的封面与扉页。

黄新波与作家叶紫合影，1934年冬摄于上海虹口公园。

黄新波设计绘制的田军小说《八月的乡村》封面。

🎨 黄潮宽携助手王少陵、余子强为上海证券交易所及南京中国银行绘制壁画。"晚近上海新建筑中，亦有壁画可见，惟皆出外人手笔，岭南画家黄潮宽氏，近应上海证券交易所之聘，偕同助手余子强、王少陵两君来沪，为该所新屋绘制壁画二幅，现已完成。中国画家之从事壁画工作者，黄氏兹番实为创举也。"（《黄潮宽壁画》，《良友》1934年第90期，第9页。）"上海证券交易所之两大壁画，一写孔雀，一写双鹭。前者阔卅三呎，高十二呎；后者阔廿八呎，高十二呎。其尤著者则为中国银行南京白下路分行之大壁画，高十三呎，阔四十八呎，共分三节，环绕楼梯三面高壁，题材由该行指定，当中一节系仿仇十洲之青绿山水，而左右两节则由黄君参加新意以续成之。此三块壁画魄力奇劲，构图与敷色俱极调和，笔触亦具见工力。南京中行仿仇英之作直能乱真，续作亦能相配，均足称中国艺坛杰作。"（《黄潮宽壁画》，《良友》1934年第90期，第9页。）

黄潮宽（图中）与助手王少陵（图下）、余子强（图上）为上海证券交易所绘制壁画，1934年初。

🎨 王少陵的水彩画《黄埔滩之黄昏》荣膺香港国际艺术会展首奖。[《王少陵年谱》，载《旅美一代绘画大家：王少陵》，《美中画报》社（美国）2004年版，第150—165页。]

王少陵，《黄浦滩之黄昏》，1934年，50×37厘米，水彩纸本，现藏于广东美术馆。

1935
乙亥 中华民国二十四年

⏳生卒　📚教育　🌐流动　🏛交游　👥社团　🖼展览　🎨创作

⏳ 余其万（1935—）出生。余其万，广东开平三埠人。擅长版画、中国画，中国美术家协会会员。1956年参军，1959年起从事美术工作。1960年至1962年在广州美院进修。

余其万，《风调雨顺》，2003年，134×67厘米，纸本设色。

📚 张影毕业于广州市市立美术学校西画系，为该校西画系第十一届毕业生。（《艺圃开荒：从赤社到广州市市立美术学校》，岭南美术出版社2018年版，第10页。）张影在读期间，与同学赖少其、唐英伟、胡其藻、陈忠纲等人参与老师李桦组织的广东第一个木刻社团"现代创作版画研究会"（一般简称"现代版画会"），投身鲁迅先生倡导的新兴木刻运动。张影和赖少其（麒）多次将自己的创作的木刻作品寄给鲁迅先生，得到鲁迅的回信和亲切教导。鲁迅日记1934年12月25日记云："午后得李桦信并赖少麒及张影木刻集各一本。"1935年1月18日记云："夜复赖少麒及张影信。"鲁迅所收藏的张影木刻作品目前尚能见到31幅，现藏于上海鲁迅纪念馆。（上海鲁迅纪念馆、江苏古籍出版社编：《鲁迅藏中国现代木刻全集》，江苏古籍出版社1991年版。）

鲁迅复张影的信件，对其木刻版画作品进行了指导，认为"收获、农村一角、归，这四幅甚好的。人物失败的多，但饥饿、运石二种，却比较的好。人物不及风景"。[1]

---

[1] 注：该信件的影印件由张影哲嗣张兢能先生提供。

🌐 春，罗工柳从香港返回广州。应聘到培桂中学做职员，从事刻蜡板、印讲义工作。自学绘画，与时任培桂中学美术教员、岭南画派著名画家黄少强相识。（《罗工柳年表》，载中央美术学院编《罗工柳》，人民美术出版社2016年版，第366—375页。）

🌐 冯钢百应好友之邀，到广东东莞乡间做客，被当地湖光山色风景、迷人原野所吸引，遂决定在东莞与宝安交界处的大岭山原十九路军农场旧址垦荒办农场。经黄居素发起招股，每股一百元，冯钢百认十股，计一千元。与黄居素等合建果园，并建立画室，准备边生产，边办学作画。继续来往于广州、香港作画。[《冯钢百年表（1883—1984）》，载广东美术馆编《中国早期油画大家冯钢百》，人民美术出版社2003年版，第120—142页。]

🌐 5月，黄新波乘船赴日本。6月起，参加东京中华学术研究座谈会及中华留日同学座谈会等活动，参与《质文》《新诗歌》《东流》《留东日报》等刊物编辑工作。负责中国左翼美术家联盟东京分盟的工作。

黄新波与东京左联盟员在日本房州海边，摄于1935年，右二黄新波。

🌐 余本从加拿大回国，在家乡台山创作油画《晚归》。同年至香港定居，以职业画家为生，设立画室，创作和授徒，在推动香港西洋画发展方面，开创先河。在1935年至1956年期间，先后举办个人展十余次。（《余本艺术活动年表》，载黄笃维、黄树德编《余本画册》，岭南美术出版社1994年版，第141—144页。）

🌐 陈海鹰三次登门拜师，李铁夫察其貌，鉴其诚，率接收其为徒。[《饮水思源：陈海鹰教授年表》，载时代艺术研究会编《画坛教父：陈海鹰》，天地图书有限公司（香港）2014年版，页391—406页。]

🌐 李慰慈与留法地理学家吴尚时（1904—1947，广东开平人）结婚。回国后在广州市市立美术学校教美术理论。（《吴尚时年表》，载司徒尚纪《吴尚时》，广东人民出版社1995年版。）

🌐 司徒乔与冯伊湄在北京，有了两个孩子，经济窘迫，无力购置画具。司徒乔自己发明了不花钱的画笔——竹笔。"拿人家用旧了的毛笔，把毛摘掉，把竹管头削成钢笔嘴形状。利用竹管里为装毛笔而钻薄了仅剩下一圈竹皮的地方，用起来既富弹性，却又保留竹子的刚劲。蘸上墨汁，能得出挺拔的线条——锋利的线像一痕划破黑暗的闪电,粗犷的线像一声力竭声嘶的呼喝。这种线条,恰能抒写出燃烧着他胸脯的激情,同时也完全能发挥他从中国画处学来的线的作用。它比之毛笔更有劲,比之钢笔更粗豪。"(冯伊湄:《未完成的画》,人民文学出版社1978年版,第68页。)

🌐 12月1日,因华北局势紧张,司徒乔一家移居上海。《大公报》也出了上海版,其《艺术周刊》继续办了数月后停刊。司徒乔再度失业。(冯伊湄:《未完成的画》,人民文学出版社1978年版,第69—70页。)

🌐 美国经济萧条,政府为解决全国最严重的失业问题而设立了"公共工程艺术计划"。沅芷幸运地进入了该计划的"剧场壁画计划"部分,绘制了关公义释曹操的皮影戏在旧金山剧场演出,后来又加入政府新的艺术计划。遇见第二任妻子海伦·威玛。(《朱沅芷年表》,载顾跃《世界名画家:朱沅芷》,河北教育出版社2013年版,第206—209页。)

🎓 胡根天任广东省立女子师范学校教员。(《胡根天年表》,载《胡根天作品集》,广州美术馆1993年版,第87—101页。)

🎓 3月,林达川考入日本东京美术学校(现日本东京艺术大学)雕刻科。在校期间选修洋画,师从日本一代宗师梅原龙三郎、石井三鹤、安井曾太郎。(《林达川艺术年表》,《大璞不雕:林达川油画作品集》,中国美术学院出版社2006年版,第249—254页。)"林达川刚到日本时,就读于川端画学校,启蒙老师是滕岛武二。在东京美术学校时,石井鹤三是他的雕塑导师。梅原龙三郎和安井曾太郎都是20世纪头十年学成回国的佼佼者,西方艺术功底扎实。回国后,日本传统意识发展了他们的艺术。到30年代,他们的画风明显地同日本和东方艺术融合,从而奠定了他们一代宗师的地位。以他们为代表,形成了所谓'日本风味油画'的明快而颇具装饰性的画风。"(潘耀昌:《孤独的先行者》,载《大璞不雕:林达川油画作品集》,中国美术学院出版社2006年版,第7—14页。)

🎓 4月,林荣俊在日本东京美术学校临时版画教室兼修版画。

🎓 杨善深留学日本,入京都堂本美术专科学校(今京都市立艺术大学前身)攻读美术,随堂本印象学画。[《杨善深艺术年表》,载邓伟雄主编《春风草堂艺粹》,集古斋有限公司(香港)2012年版,第262—269页。]"在1935至1938年间,杨善深的日本留学生涯是这样的:在堂本美术学校每周上课三次,每次均手持近作呈给老师,由老师在画作上直接批改外,还讨论有关技法。这三年间,杨善深在他老师身上学习的,集中在笔法和线条的运用。此外,一方面到郊外如京都动物园等地练习写生;还多方考察京都三大家的足迹与结构;当大版、东京或者名古屋有展览时，就乘车前往观赏。……高剑父弟子李抚虹（1902—1989，新会人）斯时留居东京，考察日本绘画。居于京都的杨善深与这个同轮东渡的友人数度鱼雁往还，共研绘画的心得，有时更不远千里、乘火车到东京找李氏切磋画艺。"（陈继春：《融合中西新艺术：赵少昂、杨善深研究》，硕士学位论文，南京师范大学，2002年。）

▶ 堂本印象（1891—1975），日本京都著名画家，曾任京都市立绘画专门学校教授，画风属"京都三大家"竹内栖凤一派，其师西山翠嶂（1879—1958）为栖凤的学生。堂本擅长写实工笔画，多写绢本，人物以写穿和服的形象为主，花鸟则注重工笔重彩。既保留东方传统的线条运笔特色，又融合西方绘画的写实表现长处。

郑可自法国留学归国至广州后，任广东省立勷勤大学工学院（先后并入国立中山大学、华南工学院）建筑工程系教授，陶瓷（美术）工程专科主任，专责室内装饰课程。（连冕：《郑可研究暨重订郑氏简编年谱》，《装饰》2017年第1期，第37—47页。）

胡善馀从巴黎国立高等美术学院毕业后归国。创办广州西南美术研究所，任主办，次年因经费问题停办。（《胡善馀艺术年表》，载吴为山主编《善彩馀韵：20世纪中国油画名家胡善馀》，人民美术出版社2017年版，第388—402页。）

1月3日，黄新波把1934年5月以后创作的木刻15幅寄给鲁迅先生。（广东省美术家协会编：《黄新波纪念文献集》，岭南美术出版社2006年版，第170—180页。）

1935年1月3日，黄新波致鲁迅先生信。

郑可为李桦《春郊小景集》、唐英伟《青空集》、赖少其《自祭曲》手工自拓版画集设计书籍装帧。

郑可装帧的李桦《春郊小景集》、唐英伟《青空集》、赖少其《自祭曲》封面。

🏛 7月，年仅23岁的音乐家聂耳于日本藤泽市鹄沼海滨溺水身亡。黄新波与聂耳相识于上海，一起参加"上海反帝大同盟"、左翼同盟的许多活动；1935年4月，聂耳抵达日本后，两人同属于一个共青团支部。聂耳逝世后，黄新波参加聂耳追悼会，撰写纪念文章《致亡友》，与留日朋友以"东京聂耳纪念会"名义出版纪念辑，并为《聂耳纪念集》作木刻像封面。（广东省美术家协会编：《黄新波纪念文献集》，岭南美术出版社2006年版，第170—180页。）

黄新波设计刻制的《聂耳纪念集》封面，1935年。

🏛 11月，徐悲鸿访问南宁、桂林等地，游历广西大小数十城。11月下旬返抵香港。在中华书局经理郑健庐的陪同下，专程拜访了住在土瓜湾的李铁夫，一见其作品，倾倒万分，推崇备至，认为"其肖像画技巧之高超，只有在西方才能看到"。（王震：《徐悲鸿年谱长编》，上海画报出版社2006年版，第161页。）广州美术学院首任院长胡一川曾回忆："我在解放初期，在中央美术学院工作时，就亲耳听徐悲鸿说过：'李铁夫是当今世界上第一流的肖像画家。'"（胡一川：《李铁夫与油画艺术》，《羊城晚报》1983年1月7日第2版。）但徐悲鸿在香港展览期间，其所作西洋油画四人像，却受到了李铁夫的批评。不过徐悲鸿仍然偕同陈文希拜访了李铁夫，离港前致郑子展一面，对李铁夫西洋画的成就，致其拳拳之意，对李的生活亦关怀备至，并附寄港币千元，暗托郑子展将款分期接济李先生。（郑健庐，字子健；郑子展，子健之弟。郑氏昆仲出身南洋大家族，郑健庐曾任中华书局华南区监理兼任香港分局经理，郑子展是民国初年岭南重要的出版商，广州及香港中华书局皆其产业。两人均与徐悲鸿交往甚密，收藏了大量徐氏作品。王震：《徐悲鸿年谱长编》，上海画报出版社2006年版，第179—180页。）

🏛 11月，王少陵与徐悲鸿相识，结为一生挚友。[《王少陵年谱》，载《旅美一代绘画大家：王少陵》，《美中画报》社（美国）2004年版，第150—165页。]"（徐悲鸿）将随身携带的部分杰作在金陵酒家五楼公开展览，参观者甚为踊跃，他的新旧相识更争先恐后前来参观，当时在港的商务印书馆司理程门雪介绍青年艺术家王少陵与徐相识。"（王震：《徐悲鸿年谱长编》，上海画报出版社2006年版，第161页。）"晚十一时，（徐悲鸿）在九龙仓码头杰佛逊总统号轮船接待王少陵，在王的纪念册上题：'尊德性，崇文学，致广大，书精微，极高明，道中庸。生平服膺之语，录奉少陵先生愿共努力。'"（王震：《徐悲鸿年谱长编》，上海画报出版社2006年版，第161页。）

▶ "1935年秋冬之间，徐悲鸿先生为游桂林，曾两度往返香港。两次他都下榻于香港思豪大酒店。适逢青年画家王少陵为该酒店礼堂作壁画。因徐先生应酬忙碌，二人未能接触。十一月二十三日，是徐先生离港返沪的最后一天，也是香港国际艺术会的年展最后一天，该会的中国会员只有王少陵等四人，徐先生在百忙中曾赶去参观。由程门雪先生的介绍，王徐正式相识。因徐先生应酬忙乱，与王也仅寒暄几句。在高民铎的指点下，王少陵才于当晚十一时，赶往九龙仓码头的"总统号"轮船上，与徐先生进行长谈。"[1]

徐悲鸿与王少陵合照，摄于1935年。　　王少陵仿徐悲鸿着装照。

12月17日，徐悲鸿复王少陵一函。谓："承手教并惠照片多种，深感。是日整奔忙乃至满面倦容，可笑。日前中华监理郑健庐先生以《胡椒三日刊》大作见示，感足下虚怀若谷，定有大成，古今伟大人物达德成才，未有以自满而致者也。英行筹备就绪否？颜色请直接往伦敦购，因香港缺乏佳色且奇贵，上海永安公司有法国LEFRANC色，亦极贵，弟处尚存不少，故不亟亟也。大作壁画尚需几时完成？宋锦于各种颜色之配置调和最美，惜南中罕见，否则堪供参考也。"["英行"一事是指王少陵向徐悲鸿请教欲往英国留学深造，徐悲鸿提出可以信函介绍王少陵认识英国皇家美术学院的画家费·布兰温（Frang Brang Wyn, 1867—1956）。参见王震：《徐悲鸿文集》，上海画报出版社2005年版，第82、182页。]

司徒奇在广州创办"威尼斯美术研究社"。[司徒乃钟手辑，陈继春参校：《司徒奇（苍城）年谱》，载《奇笔纵横：司徒奇的艺术人生》，司徒氏苍城画院（香港）2016年版，第209—214页。]

陈楷人、钱辛稻、茹茹等青年画家组织线上画会，邀陈抱一担任指导。（《陈抱一年表》，载《现代美术家陈抱一》，人民美术出版社1988年版，第124—126页。）

"尺社"宣告结束，其附设之美术学校亦停办，前后历经十四年。据赤社（后更名"尺社"）创始人之一胡根天回忆："十多年间，'赤社'的经费开支，虽然一部分靠学生缴交学费维持，但主要是靠社友每月在外面工作所得报酬抽出二十分之一来支撑，而且收入比较困难的还可以酌量减少或豁免，经费支付总是很吃力的。到了最后两、三年，社友离开广州市到别处工作的有好几位，即使留在广州，但为了生活而忙碌的也不在少数。因此，搞了十多年的'赤社'结果感到人力和财力而困乏，最后阶段交由任瑞尧继续搞了一个时期，再由任和法国学画回来的李澄之合作，另改办一个'西南艺术院'。从此，对广东美术事业曾起过作用的'赤社'便成为广东美术界的史迹了！"（胡根天：《赤社美术研究会的始末》，载《广州文史资料》第17辑，广东人民出版社1979年版。）

---

[1] 注：王震：《徐悲鸿文集》，上海画报出版社2005年版，第81页。

1月1日，黄新波的作品《推》入选在北平举行的"全国木刻联合展览会"。（广东省美术家协会编：《黄新波纪念文献集》，岭南美术出版社2006年版，第170—180页。）

1月1日，"青年艺术社小品展"在广州永汉北路广州大众公司二楼开幕，展出作品有油画、版画、素描、雕塑、摄影、实用美术等多种形式。"青年艺术社"成员有所增长，包括不久前回国的留法雕刻家郑可，"市美"毕业生林绍伦、梁兆铭等。〔吴瑾：《青年艺术社与广州现代美术（1927—1937）》，岭南美术出版社2010年版，第50页。〕

- 《广州民国日报》所设的《艺术周刊》刊登"关于青年艺术社小品展"专版，内有社员合照、李桦的套色版画、郑可的雕塑、吴琬和林绍伦的油画等。社员个人都为展览写了感想或寄语，有李桦的《青年艺术社的轮廓》《艺术生活上的素描》，吴琬的《不成感想的感想》，伍千里的《回忆的片断》，郑可的《关于小品展的几句话》，林绍伦的《一个简单的速写》。（李桦：《青年艺术社的轮廓》；吴琬：《不成感想的感谢》；伍千里：《回忆的片断》；郑可：《关于小品展的几句话》；李桦：《艺术生活上的素描》；林绍伦：《一个简单的速写》，载《广州民国日报》副刊《艺术周刊》1935年1月5日第三十五期。）

1月18日，赵浩公出席在大楼举行的中山大学新校校景设计委员会会议，为石碑新校址的建设出谋划策。（黄大德：《赵浩公年表》，载朱万章、郭燕冰主编《广东"国画研究会"研究》，岭南美术出版社2010年版，第178—204页。）

1月18日至20日，香港钟声慈善社举办李铁夫个人画展，此为他归国后第一次个展。《香港钟声慈善社举办李铁夫画展宣言》："敝社现在所开的画展会，负有两个使命：第一个是见得美术和人生是不能离开的，他能够使社会繁荣，使人们进步。同人们本着为社会服务的精神，作提倡美育的运动；第二个是介绍那位在美术上立了不少功勋，为我们民族增了不少光荣的画家李铁夫君的作品和社会人士相见，这是我们的责任。李君在美术上具有深长而光荣的历史，说来恐怕我国现在还没有第二人。……会期只有三天，请各位早些光临，这就是我们开会所负的使命和期望。"（广州美术学院、鹤山县文化局编：《李铁夫诗联书法选集附文献资料及评论文章》1989年版印刷本，第79页。）

春，番禺县立师范学校举行书画展览艺术演讲会。展览开幕当日，时任勷勤师范大学教授胡根天，市美教授李桦、吴琬等到校指导。胡根天在学校做了"色彩的效能"的艺术演讲，有师生百多人参加。〔胡根天：《色彩的效能》，《广州民国日报》副刊《艺术周刊》1935年2月2日第三十九期（番禺县立师范学校书画展览艺术演讲会特辑）。〕

🖼 5月5日至15日，郑可在永汉北路大众公司二楼青年艺术社社址举办"郑可人体素描个人展览会"。李桦对此有专文介绍："十年前认识的郑可当时并不是个雕刻家，那时我已开始习洋画了。以我所知，他是会吹洋箫（单簧管）的，并未晓得他志向做个雕刻家。殆八年前他赴法国，我才晓得他跟自己是行家，心里暗高兴，因为我想我可以多得一个同伴了。可是分别后，我们间绝了音信，从许多方面，我只知道他已进了巴黎最高艺府的美术学院研究雕塑，生活很苦，借工维持学业。中间我们横着一段长久的隔膜，我为了私事，更为了东渡，竟将郑可整个忘掉了。回国后，偶然在朋友家见到郑可的一张人体素描，这是我第一次看到他的作品罢，那是一个肌肤丰硕的裸妇，用木炭写的。看了那些一根一根活跃的线，仿佛看到清癯秀逸的郑可。我从前听过他吹洋箫，我也爱洋箫的高音部，那天看到郑可的素描，作为训练雕塑技巧的人体素描，四五年间积下千余张。我想量之多寡不足惊奇吧，光就一张素描来说，表现得那么圆熟，用笔用色那样有生趣，郑可的成功已完全出我们意想之外了。我时常盼他回来，他果回来了，当我索画看，他举以见示的就是一大沓人体素描，于是我开始提议'拿出来给大众看看啊'，他迟疑，大概他不愿意在雕刻个展未开之前将习作公开。可是雕塑个展非可以朝夕实现，方今艺坛正需要一些新鲜的刺激，拿出去给人家看有什么大关系呢？四个月后我又催促了他，终于他答应了，这回'郑可人体素描个展'就算如此实现了。关于郑可的素描，让大家去批评罢。这里我要贡献点意思的就是：素描在现代已脱离附庸于雕塑、绘画或建筑之地位而成为一种独立的艺术了。即是说，从前一个雕塑家要为雕塑一个像的准备才去写一张素描，那么素描就单是一个草图底稿，并不能算是独立的艺术品，到现在人们已把独立的生命付与素描了。所以在批评罗丹的钢笔画或铅笔画，或布特尔（Bourdelle）的木炭画是完全离开他们的雕塑去看的。那么，我们看郑可的人体素描也该这样。每一张素描，是存着郑可生命之一部的。"（李桦：《介绍两个个展》，《广州民国日报》1935年5月4日。）

郑可，《女人体》素描习作，20世纪30年代于法国，纸本铅笔。

郑可，《女人体》素描习作，20世纪30年代于法国，纸本炭精条。

- 展览期间还有署名秋灵的《素描艺术——观"郑可人体素描个展"后小感》文章介绍："广州的展览会空气是沉寂的，独立举行某一类艺术的展览会更是少。郑可这次的'人体素描个展'在广州实是创举。

郑可的素描看起来，知道他对于绘画的艺术也很有功夫的。他不但对于绘画的艺术很有功夫，就是对于装饰也很有研究，我们试看他的素描的简便的装配和那用草纸制成的图录，就很容易看出他的天才来了。他这次'个展'中的素描，据说是在巴黎美术学院时习作的一部分，但我觉得，它已获得'纯粹素描'的艺术了。在各种不同姿态的描写的线条与明暗中，郑可已有相当的成功。"（秋灵：《素描艺术》，《广州民国日报》1935年5月11日。）

8月，黄新波以中华留日美术座谈会名义举办美术展览，中国新兴木刻原作者首次与日本观众见面，展品百余幅。（广东省美术家协会编：《黄新波纪念文献集》，岭南美术出版社2006年版，第170—180页。）

中华留日美术座谈会在东京文房堂举办美展之木刻作品部分，摄于1935年秋。

王少陵为香港思豪酒店所作壁画《凤凰》获该年度香港国际艺术会年展首奖。[《王少陵年谱》，载《旅美一代绘画大家：王少陵》，《美中画报》社（美国）2004年版，第150—165页。]

王少陵为香港思豪酒店绘制大型壁画《凤凰》，1935年秋。

胡善馀与谢天济在广州文德路的广州图书馆，联合举办留法作品展览。（《胡善馀艺术年表》，载吴为山主编《善彩馀韵：20世纪中国油画名家胡善馀》，人民美术出版社2017年版，第388—402页。）

赵浩公作《南山松柏图》，题识："南山松柏图。乙亥仲春台山赵浩画。"（香港中文大学藏）（黄大德：《赵浩公年表》，载朱万章、郭燕冰主编《广东"国画研究会"研究》，岭南美术出版社2010年版，第178—204页。）

✦ 黄潮宽为简又文在上海的居所绘制壁画《夏娃的苹果》。[黄潮宽:《夏娃的苹果》（斑园壁画），《逸经》1937年第25期。]"二年前，余构小庐于上海，得友人之介绍，邀黄君作一规模略小的半圆壁画于读书室。余命题为'夏娃的苹果'，即旧约圣经创世纪中乐园故事。君固非基督教徒，且从未读过创世纪，遂由友人详为讲述，君复亲自研究，乃构成画稿，复经几度研究磋商，然后开始工作。阅一月而画成，助其绘事者有余子强先生。……吾国艺术界擅绘大壁画的专家不多，黄君具此长才，有此成绩，故乐为表扬，亦所以稍鸣谢悃而已。"（简又文:《黄潮宽的画》，《逸经》1937年第25期，第45—49页。）

▶ 简又文(1896—1979)，字永真，号驭繁，又号琴斋、斑园主人。广东新会双水区木江村维新里人，著名太平天国史专家及收藏家。其著作《太平天国革命运动史》一书在1975年获美国历史学会"费氏奖"。简又文少时曾师从国画教员高剑父，1917年毕业于广州岭南学堂，旋赴美深造，获奥伯林学院文学学士学位，继入芝加哥大学研究院，获宗教教育科硕士学位。1921年回国，先后任广州市教育局局长、燕京大学教授、北平今是学校校长等，并于1947年任广东省文献委员会主任委员，主编《广东文物》。在广州期间，曾于龙津西路筑"至庐"寓宅，后又增建"百剑楼"两层，珍藏高剑父及粤中名家书画千余种。

✦ 司徒奇婚后，为夫人余英华创作两幅穿着婚纱的油画肖像以作纪念。

司徒奇，《我的妻子》（一），1935年，35.5×35厘米，布面油彩。

司徒奇，《我的妻子》（二），1935年，38×33厘米，布面油彩。

✦ 司徒奇应开平县政府之邀，绘画巨型孙中山先生油画像。[司徒乃钟手辑，陈继春参校:《司徒奇（苍城）年谱》，载《奇笔纵横：司徒奇的艺术人生》，司徒氏苍城画院（香港）2016年版，第209—214页。]

✦ 李慰慈留法学成归国后在广州市市立美术学校教美术理论，其间在校刊上连载《什么是美》，该文选译自法国美学家Challaye的《艺术与美》。（广州市市立美术学校编:《美术》1935年10月创刊号；1935年11月第二期。）

✦ 郑可在青年艺术社主编的刊物《广州民国日报》副刊《艺术周》上发表文章《图书装饰的意义》。（郑可:《图书装饰的意义》，《广州民国日报》副刊《艺术周》1934年11月10日第五十四期。）

🎨 郑可设计了广州、香港的几个大厦、剧场、乐园、舞厅的建筑装饰,其中以爱群大厦、百乐门舞厅最为著名。[郑可条,吴瑾:《青年艺术社与广州现代美术(1927—1937)》,岭南美术出版社2010年版,第164—166页。]

郑可,广州爱群大厦建筑浮雕,1935年,石膏,刊登于《良友》杂志第102期上。

🎨 伍千里摄影作品《竹影》入选英国皇家摄影展览,并刊登于F. J. Mortiner主编、英国出版的《1935年世界美术摄影年鉴》。[伍千里条,吴瑾:《青年艺术社与广州现代美术(1927—1937)》,岭南美术出版社2010年版,第162—164页。]

🎨 李桦等人组织的"现代版画会"开展《现代版画》刊物的编辑与出版,郑可与李桦共同主持该工作,并义务承担数期刊物的装帧设计工作。(连冕:《郑可研究暨重订郑氏简编年谱》,《装饰》2017年第1期,第37—47页。)

郑可《现代版画》第4期至第6期封面设计(7至10期也是郑可设计),1935年[1]。

---

[1] 注:图片来自上海鲁迅纪念馆、江苏古籍出版社编:《版画纪程:鲁迅藏中国现代木刻全集·〈现代版画〉I》,江苏古籍出版社1991年版,第308、313、319、321、324、326页。

- 据李桦回忆："……于是我们经过商量，决定《现代版画》以后改为手印。手印几十幅木刻要费相当劳力，我们最初有点犹豫。但终于决心遵照鲁迅的教导，合力搞起来了。这时，我的一个在法国学习美术的老朋友郑可刚回国，我就和他研究，得到他的热情赞助，答应每期为《现代版画》设计装帧，并提供许多外国参考资料，扩大了我的眼界。于是我按郑可的建议去佛山选购了一批书籍装帧用的纸张材料。……我们又决定每集更换装帧设计，务求《现代版画》的形式新颖美观而多样化，并具有版画的特色。……第四集出版了，我们又寄了一本向鲁迅请教。他看到《现代版画》第四集，甚为高兴，在收到的当天晚上即复我信。信是写得十分热情的，使我们受到很大的鼓舞。他写道：'今天收到《现代木刻》第四集，内容以至装订，无不优美，欣赏之后，真是感谢得很。……'"（李桦等编：《中国新兴版画运动五十年1931—1981》，辽宁美术出版社1982年版，第235—236页。）

- 黄蒙田评价："当时刚从巴黎学雕塑回来的郑可（现任中央工艺美术学院教授）义务装帧设计，他汲取民间艺术——年画剪纸的某些优点，大胆地按照木刻的内容配色纸拓印，用粗糙的草纸作衬纸，封面则用粗厚带粉面的土纸，木刻老宋字体，套以有强烈民间情调的色彩，更使《现代版画》的形式不但别具一格，而且富于民族的民间色彩，本身就是一件艺术品。"（李桦等编：《中国新兴版画运动五十年1931—1981》，辽宁美术出版社1982年版，第235—236页。）

1936
丙子 中华民国二十五年

🔲 生卒　📖 教育　🌐 流动　🏛 交游　👥 社团　🖼 展览　🎨 创作

🌐 冯钢百由黄居素推荐，接替黄佑章主理大岭山农场事务。[《冯钢百年表（1883—1984）》，载广东美术馆编《中国早期油画大家冯钢百》，人民美术出版社2003年版，第120—142页。]

🌐 6月下旬，黄新波离开日本东京到中国香港。（广东省美术家协会编：《黄新波纪念文献集》，岭南美术出版社2006年版，第170—180页。）

🌐 暑假，越南华侨学生文幻尘邀请黄幻吾赴西贡讲学并办画展。8月，黄幻吾携国画作品300余幅与文幻尘搭船前往越南。（《黄幻吾薛宇才双百书画遗珍合集·序一》，浙江大学出版社2013年版，第1—9页。）

🌐 9月，黄新波自香港抵沪，在文壁小学教书，继续进行木刻与诗文创作。冬，进入上海救国会的进化学校教书，并负责工人夜校。（广东省美术家协会编：《黄新波纪念文献集》，岭南美术出版社2006年版，第170—180页。）

🌐 伍步云返香港，正式开始从事美术写作生涯。

🌐 广东政局变动，李研山离开广州市市立美术学校。李金发由陈立夫介绍给曾养甫，出任广州市市立美术学校校长。

🌐 赵浩公退出广州市市立美术学校，专志于山南画社的教学。劳洁灵拜师于山南画社。（黄大德：《赵浩公年表》，载朱万章、郭燕冰主编《广东"国画研究会"研究》，岭南美术出版社2010年版，第178—204页。）

🌐 深秋，为创作藏经楼孙中山画像，司徒乔一家迁居南京。11月13日，司徒乔与冯伊湄的第三个女儿诞生。

🌐 朱沅芷参加了在纽约举办的约400多名艺术家参加的"第一届美国艺术家反对战争和反对法西斯代表大会"（the First American Artists Congress Against War and Faseism）。朱沅芷对美国的艺坛环境十分失望，极欲离开纽约换个环境，在前妻苞尔的安排下，再赴巴黎发展。预定在瑞士的展览后来因海关不肯放行画作未能举行，转赴巴黎。同年在巴黎的玛格皇后画廊举办个展。（《朱沅芷年表》，载顾跃《世界名画家：朱沅芷》，河北教育出版社2013年版，第206—209页。）

📖 经黄少强与著名作家孙伏园介绍，罗工柳前往杭州报考国立艺专。7月，以第一名的成绩成为国立杭州艺术专科学校的免费生，受教于方干民等导师，学习素描等课目。业余自学木刻，创作了《贝多芬像》《高尔基像》等作品。（《罗工柳年表》，载中央美术学院编《罗工柳》，人民美术出版社2016年版，第366—375页。）

- 罗工柳自述："我为什么要到杭州艺专去呢？1934年鲁迅指导的新兴木刻运动已经蓬勃发展。我对当时发表的有些木刻不大满意，感觉太粗糙，因此想到必须加强基本功。'工欲善其事，必先利其器'，去杭州就是为了把武器磨得利利的。……我在杭州艺专是上预科。预科就等于附中，预科二年，然后上本科。我在杭州艺专预科都没有读完，只上了一年。这一年的学习非常紧张。艺专在著名的风景区西湖的中心孤山，苏轼诗云：'水光潋滟晴方好，山色空蒙雨亦奇。欲把西湖比西子，淡妆浓抹总相宜。'在这样的环境中，我却一次都没有游过西湖。在学校，上午在课堂上画素描，下午自己刻木刻，晚上泡图书馆，星期日也刻木刻。木刻主要受珂勒惠支影响，是练习也是创作。我刻得非常认真，习作与创作结合，努力达到造型准确而且要求神，'形神兼备'是我当时对自己的基本要求。我当时清楚自己的处境，我感到在学校的时间不会太长。国家很危险，学校能否办下去也成问题。我自己没有经济来源，如果不是考取了免费生，不是一些朋友的帮助，我根本上不下来。所以我必须很用功。"（刘骁纯编：《罗工柳艺术对话录》，山西教育出版社1999年版，第8—9页。）

- 关于免费生，罗工柳自述："学校规定入学考试成绩排在前两名的可以免学费。我考了第一名……那点水平就是靠画名人肖像练出来的。我为什么总是画名人肖像呢？一是因为我当时没有条件画石膏像和模特，名人照片画报上有，容易找到，又比较经济；二是根据照片刻木刻有一个好处，稍一走形就不像了，便于检验自己的技巧行不行。木刻很实用，也很轻便，从我当时自身财力来讲，也只有搞木刻。"（刘骁纯编：《罗工柳艺术对话录》，山西教育出版社1999年版，第8—9页。）

- 关于专业选择和兴趣倾向，罗工柳自述："我入学报的是油画系，不是国画系。既然报油画系嘛，有机会总是要画油画的。但是当时还没有画过，本科才有油画课。但是我很留心看欧洲油画，我看油画很特别，对那些太写实的、太匠气的、老一点的东西，我不喜欢，觉得没有什么味道，对印象派以后的，后印象派这一段的作品，我喜欢。为什么喜欢这些作品呢？觉得是个画了，以前太古老的东西太写实了，感觉与照片差不多，那时候我就有这个想法。我当学生时对野兽主义画家马蒂斯的艺术很喜欢，感觉他有东方的东西，对毕加索、塞尚、马蒂斯都很喜欢，对老一些的作品则不太喜欢。一方面迫切需要帮助我们救国的东西，另一方面油画又喜欢毕加索、马蒂斯等新的东西，这就有点矛盾，有点双重性了。当时最重要的是救国，纯艺术的主张对我们影响不太大。但我对油画的偏爱在几十年后却发生了作用。"（刘骁纯编：《罗工柳艺术对话录》，山西教育出版社1999年版，第10—11页。）

- 陈海鹰就任于文华中学。其时，李铁夫的首位拜师学生莫华震自日本游学返港，认定李铁夫肖像画是东亚第一人，鼓励陈海鹰向李专攻研肖像画。[《饮水思源：陈海鹰教授年表》，载时代艺术研究会编《画坛教父：陈海鹰》，天地图书有限公司（香港）2014年版，第391—406页。]

- 司徒杰在上海青年会中学上高一，并向王临乙先生学习钢琴。（《司徒杰生平事略》，载《赤子之心：司徒乔、司徒杰艺术展》，中国美术馆2016年版印刷本，第80—85页。）

- 胡善馀任教于广州市市立美术学校，直至1938年学校解散。（《胡善馀艺术年表》，载吴为山主编《善彩馀韵：20世纪中国油画名家胡善馀》，人民美术出版社2017年版，第388—402页。）

- 6月，陈抱一与汪亚尘、潘玉良、朱屺瞻、徐悲鸿等人发起成立默社，举办"默社第一回绘画展"。（《陈抱一年表》，载陈瑞林编《现代美术家陈抱一》，人民美术出版社1988年版，第124—126页。）

- 余本参加"香港美术学会"。（《余本艺术活动年表》，载黄笃维、黄树德编《余本画册》，岭南美术出版社1994年版，第141—144页。）

- 9月2日至12月31日，青年艺术社在《广州民国日报》副刊上续办《艺术周刊》。该周刊1934年5月12日始办于《广州民国日报》，1935年6月29日结束。1936年9月2日续办18期后，因"稿子不自由"，而《广州民国日报》又改组为《中山日报》，该周刊于后转移至《广州市民日报》，易名《艺术周》，续办至1937年6月28日，存24期，但并未标明青年艺术社主编。"征稿简约"征求关于绘画、雕塑、建筑、音乐、舞蹈、诗歌的理论、创作、介绍批评及消息。一改以往恕不奉酬的规定，变为"来稿一经发表，报酬从优"，来稿地址也改至报社，可见办刊条件有所变化。

- 留法归来的李慰慈参加青年艺术社活动，开始在该社所编的《广州民国日报》副刊之《艺术周刊》发表大量介绍西洋美术的文章，并报道了一些世界和本地的美术资讯，以专业知识和广阔的视野为西洋美术在广东的推广和研究做了许多基础工作。[李慰慈：《1937年国际联展》，《广州民国日报·艺术周刊》1936年11月11日第十一期；李慰慈：《雕刻家堡尔丹》，《广州民国日报·艺术周刊》1936年11月18日第十二期；李慰慈：《皇朝时代的三个民众画家》，《广州民国日报·艺术周刊》1936年11月25日第十三期；李慰慈：《林布兰与鲁奔兹的素描》，《广州民国日报·艺术周刊》1936年12月10日第十五期；彭兑（李慰慈）：《写在"广州商业美术作者协会"成立之前》，《广州民国日报·艺术周刊》1936年12月17日第十六期。]

- 3月28日（丙子上巳后三日），高剑父壮游喜马拉雅山归来，简又文在斑园邀请友人易大厂、胡怀琛、陈柱等人赏画雅集，录《斑园雅集酬唱录》，刊登于《逸经》杂志。易大厂赋诗《简公又文斑园骥会画师高剑父即席次秦淮海徐得之闲轩韵》："斑园接席多英髦，原来高寥人中豪。岑楼上下曜华璧。利铦刻画具周遭。奇驹大柳无不肆，险鹄荒藤宁恶劳。独有秋风号及第，余笔细致如牛毛。贤主大雅称简子，众骥中戎成屏猱。荸腴饱餐红绫饼，镜景陪侍清霜袍。定知此会岂易有，万芽初绽同吾曹。"（《斑园雅集酬唱录》，《逸经》1936年第1期，第50页。）

- 5月，由王少陵介绍，徐悲鸿为香港作家吕伦题"向水屋"匾额。（王震编著：《徐悲鸿年谱长编》，上海画报出版社2006年版，第171页。）

徐悲鸿经王少陵介绍为吕伦所题"向水屋"，1936年。

- 7月，高剑父、方人定、司徒奇等在上海、南京举行高剑父先生师生国画展；方人定在南京举办个展。[司徒乃钟手辑，陈继春参校：《司徒奇（苍城）年谱》，载《奇笔纵横：司徒奇的艺术人生》，司徒氏苍城画院（香港）2016年版，第209—214页。]

- 黄幻吾在越南西贡堤岸中华总商会举办画展。开幕之日，中国政府驻西贡领事沈觐宸出席祝贺。展后，在任的法国委命的安南总督巴舍氏特邀其在西贡再度举行画展，由总督本人亲临主持开幕。同时代表越南殖民地政府购藏其巨幅作品《弱肉强食图》一帧。后经巴舍介绍，前赴高棉（柬埔寨）王国首都举行画展。其后陆续应各省市首长或当地侨领之邀，环游印度支那半岛诸国，前往金边、马德望、逻粒、吴哥窟、巴色和阿速坡等地，开画展20余次。（《黄幻吾薛宇才双百书画遗珍合集·序一》，浙江大学出版社2013年版，第1—9页。）

📷 7月5日至10日,全国第二回木刻流动展览会在广州举行,黄新波13幅木刻参加展出。(广东省美术家协会编:《黄新波纪念文献集》,岭南美术出版社2006年版,第170—180页。)

全国第二回木刻流动展览会会场,广州市立中山图书馆,摄于1936年。

📷 10月,黄新波与陈烟桥、野夫、江丰、力群、曹白、林夫等组织"全国第二回木刻流动展览会"在上海展出,个人参展作品13幅。2日在八仙桥青年会开幕,10月8日下午,鲁迅到场参观,会见黄新波、陈烟桥、白危、曹白、林夫等木刻青年,谈论木刻艺术。(广东省美术家协会编:《黄新波纪念文献集》,岭南美术出版社2006年版,第170—180页。)

"全国第二回木刻流动展览会"会场,上海展场,摄于1936年。

黄新波等木刻青年在上海八仙桥青年会举行的"全国第二回木刻流动展览会"会场内聆听鲁迅先生的教诲。自左至右:鲁迅、黄新波、曹白、白危、陈烟桥,1936年10月8日,沙飞摄影。

秋，国民党政府组织的美术团体中国美术会向教育部建议，拟请在首都举行第二次全国美术展览会，并已由首都美术界人士拟具此项展览会筹备章程，呈请教育部鉴核。10月，以王世杰为部长的教育部认为有举行全国美术展览会的必要，遂积极由社会教育司拟具筹备办法。筹商进行之际，西安事变发生，筹商之事不得不暂告停顿。

12月1日至4日，王少陵在香港思豪酒店举行个人画展，时任港督郝德杰爵士（Sir Andrew Caldecott）为展览揭幕，由徐悲鸿题写目录。[《王少陵年谱》，载《旅美一代绘画大家：王少陵》，《美中画报》社（美国）2004年版，第150—165页。]

- 10月23日，徐悲鸿致王少陵一函，谓："收手教为慰。弟日内忙于迁移，致无暇握管。大作展览，实是盛举！谨如遵命，为题目录。弟一切进行计划，因桂省抗日之后经济大受影响，此时尚谈不上。"（王震编著：《徐悲鸿年谱长编》，上海画报出版社2006年版，第171页。）

- 新闻报道："旅港青年画家王少陵，迩来对于艺术创作，不遗余力，年前漫游京沪平津及南洋群岛，采材甚广，作风有独到之处。王氏拟定十二月二日起，至四日止，一连三天，假思豪酒店顶楼将个人作品公开展览，闻为隆重起见，定十二月一日在该酒店大礼堂举行预展，敦请港督郝特杰爵士暨夫人莅场主持开幕典礼，是日并邀请全港名流及文艺界新闻界参加云。"（《王少陵个展开幕》，《香港工商日报》1936年11月19日。）

王少陵首次个人画展在香港举行，时任港督郝德杰爵士（Sir Andrew Caldecott）为展览揭幕。

12月21日蒋介石安然返京，政局又趋稳定，教育部才就中国美术会举办美术展览会这一提案重新予以考虑并进行核准。12月24日，全国美术展览会聘王一亭、王祺、王济远、江小鹣、李金发、李毅士、何香凝、吴湖帆、林风眠、高剑父、徐悲鸿、陈礼江、陈树人、黄建中、雷震、刘海粟、邓以蛰等四十八人为筹备委员。会期拟定在1937年4月1日开幕。（崔广晓：《美展的筹办机构及作品评审制度——民国时期教育部主办第一、第二次全国美术展览会之比较研究》，《美术学报》2013年第6期，第78—84页。）

🖼 第二次全国美术展览会广东预展会在广州举行。中国画审查委员为：方人定、任瑞尧、李研山、李凤公、姚粟若、高剑父、温幼菊、赵浩公、鲍少游。

🎨 李铁夫为时任广州市长刘纪文画像，并计划于6月中旬在广州举行人像画个展。"旅美老画家李铁夫，以写人像名于世，早年留学欧美，凡十余年，民国初年始返国，旅居本岛，仍致力继续写画。近日李氏应广州市长刘纪文等之请，晋省写画。现复因社会人士敦促，定于下月中旬，在广州举行人像画个展云。"（《李铁夫个人画展》，《香港华字日报》1936年5月23日。）"前广州市长刘纪文氏，当粤局未改观前，尝欲得一名画家为之图绘一像，以为纪念，顾久不可得。会其弟秉纲延香港油画家李铁夫造像，惟妙惟肖，刘见而悦之，请之市府。李偕一助手携画具至，为刘绘于会客厅。订于每日公余之暇写一二小时，刘则正襟危坐于椅中，李张画架于刘前，精心描写，凡十有余日始□（原文模糊不清，无法辨认）事。画毕，刘集幕僚辈鉴赏，皆赞李之妙笔。闻画中以战场为背景，烽火弥天，断木残枝，隐约可观，俨然有声有色。在国家多难之秋，李氏有此笔意，其感慨之深，又未可以作画像观耳。"（《李铁夫为刘纪文画像》，《天文台三日刊》1937年1月20日，第4页。）

🎨 10月，郑可完成蒋介石倡建的《朱执信铜像》模型并奠基。（连冕：《郑可研究暨重订郑氏简编年谱》，载《装饰》2017年第1期，第37—47页；《良友》1935年10月第121期，第12页。）

🎨 10月19日，鲁迅病逝，黄新波参加治丧委员会的工作，根据瞻仰时的速写创作了《鲁迅先生遗容》、葬礼后刻出《鲁迅先生葬仪》。12月1日，在《小说家》月刊发表悼文《沉痛的哀思》。（广东省美术家协会编：《黄新波纪念文献集》，岭南美术出版社2006年版，第170—180页。）

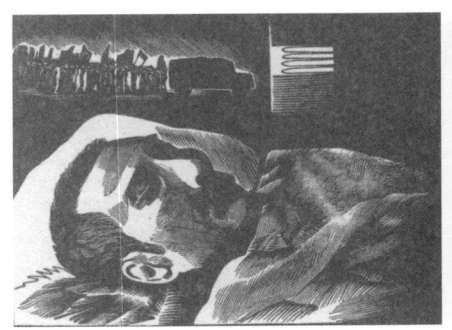

黄新波纪念鲁迅先生的《鲁迅先生遗容》速写及《鲁迅先生葬仪》木刻作品。

🎨 鲁迅逝世，司徒乔在万国殡仪馆，以竹笔绘制鲁迅遗容。"遗容一共画了三张。在最后一张的背面，他记了一句搁笔的时刻：'鲁迅先生盖棺前五分钟司徒乔作。'"并绘制悼念会用的巨幅白布鲁迅像。"二万多群众——鲁迅先生生平的朋友们，更多的是与先生无一面之缘的读者们，组成了一个送殡的行列。……在行列的前头，紧随着挽联队、花圈队的，是乔在前一夜画在高达一丈的白布上的鲁迅先生画像。"（冯伊湄：《未完成的画》，人民文学出版社1978年版，第68页。）

鲁迅先生出殡时所用巨幅殡仪头像，黑白墨笔，由司徒乔绘制，1936年。

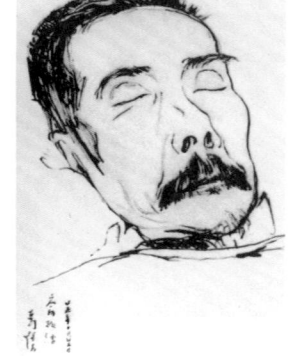

司徒乔，《鲁迅遗容》之一、之二，1936年，竹笔速写。

🎨 10月，鲁迅逝世，罗工柳创作木刻《鲁迅像》，署名苏里，寄给鲁迅遗孀许广平表示哀悼。"50年代末我从苏联回来后看过一本纪念鲁迅逝世二十周年的图册，封面便是这张鲁迅像，我当时感到很惊喜：'哎呀！这张木刻怎么出来了？'80年代，鲁迅博物馆又出过一本精装的《鲁迅博物馆藏画选》，把这件作品印入了扉页，署名苏里，括号注明罗工柳。没有人找我核实过，不知道他们怎么把作者搞清楚的。看来这张木刻许广平一直保存着，后来她又交给了鲁迅博物馆。"罗工柳后来谈到自己20岁时在杭州所创作的该幅木刻时的心路历程："1936年鲁迅先生逝世，我的感情和其他许多人一样，非常悲痛，但我的悲痛又有与别人不一样的地方。鲁迅的死对我打击很大，因为我是受了鲁迅倡导的木刻运动的影响才搞起木刻创作的。毛泽东讲革命有文武两支队伍，文的队伍，鲁迅就是旗手。正当我走他引导的路时他却走了，许多木刻青年当面聆听过他的教诲，而我还没有得到这样的机会，所以愈加悲痛。我是带着很激动的感情刻制的。为了抒发感情，完全不管什么方法了，甚至用刻刀剁，像石刻一样，这种方法正好抒发我的感情。现在回过头来看，当时已经不仅是刻形，而是追求神、追求意了，尽管那时还是不自觉的。鲁迅我没见过，是我印象中的神态。有照片参考，沙飞照的，但不完全一样。我刻完后便改了一个名字叫苏里。因为那时刻木刻有危险，当时杭州有很多刻木刻的被逮捕了，为避免这种麻烦，我就写了苏里的名字，寄给许广平，以后就不知道下落了。"（刘骁纯编：《罗工柳艺术对话录》，山西教育出版社1999年版，第6—7页。）

罗工柳，《鲁迅像》，1936年，14×10.5厘米，木刻油印，现藏于北京鲁迅博物馆。

🎨 深秋，司徒乔一家迁居南京，创作藏经楼孙中山画像。"一九三六年秋天，正当我们两人要找工作而到处碰壁的时候，在南京陵园管理处搞植物的一个旧同学介绍乔去画藏经楼中山先生像。他说陵园图书馆的一幅，徐悲鸿画了。藏经楼这幅尺寸很古怪，宽十三尺，高六尺，为了要填塞楼下与二楼之间的一个空处。画家们嫌这尺寸难于构图，都不肯接受。这画材料费二百元，笔金以后再说，作画地点暂借陵谷寺旁战画室。……这个被称为战画室的建筑物是一个大展览室。展览室前面，有一间给看守人住的斗方大的两层小屋。我们在小屋子下层做饭、吃饭、会客，上层睡觉、读书、画图画。……中山先生画像的制作开始了。画的尺寸确实不好布局。换了七八个草稿，才找到比较满意的一幅。"（冯伊湄：《未完成的画》，人民文学出版社1978年版，第73—79页。）

▶ 司徒乔夫人冯伊湄回忆:"在画里,中山先生坐在书桌旁,按稿凝思,目光英慧,神色庄严。桌子、书籍、地球仪、背景上的帘幕、书架,都用粗笔扫出,像是毫不经意似的。好个"不经意",只有我知道他在画上的每一方寸耗过多少心血呀!"

南京中山陵藏经楼之孙中山先生像照片,200×433厘米,原作抗战期间被毁。

1937
丙子 中华民国二十五年

⌛生卒 📚教育 🌐流动 🏛交游 👥社团 🖼展览 🎨创作

⌛ 刘达滚（1937—）出生。广东台山横湖龙扬村人。1955年旅居美国，毕业于纽约视觉美术学院（Visual Art Institute），其后成为美国粉画协会会员。20世纪80年代与著名油画家陈逸飞、陈丹青等人在纽约举办画展，90年代起常回祖国在广州参加艺术活动，并经广州美术学院院长郭绍纲介绍在美院进修学习。在家乡台山市与陈博仁先生创建"台山市美术协会创作室"，为当地画家提供一个共同切磋研究画艺的场所。现为美国粉彩协会会员、纽约美术联盟会员、台山市美术协会荣誉会长。（郭绍纲：《侨乡画家刘达滚的艺术》，载《刘达滚画集》，2017年印刷本）。

刘达滚，《功夫人》，52×74厘米，布面油彩。

1992年，刘达滚的粉彩作品《功夫人》（Kung Fu Man）参加美国纽约Salmagundi Club举办的展览，获得名誉奖，英文报刊Villager进行图文报道。

🌐 年初，冯钢百全家搬到东莞果园。抗日战争全面爆发，林森从南京转移到广州，其间由十九路军军长蒋光鼐等人陪同，特地到农场看望冯钢百，三人合影留念。[《冯钢百年表（1883—1984）》，载广东美术馆编《中国早期油画 大家冯钢百》，人民美术出版社2003年版，第120—142页。]

🌐 2月，林达川与陈笑兰（原名陈宝霞）女士在东京银座街中央厅西餐馆大厅举行订婚典礼，同年返回家乡结婚。（《林达川艺术年表》，载《大璞不雕：林达川油画作品集》，中国美术学院出版社2006年版，第249—254页。）

1937年2月，林达川与陈笑兰在东京银座订婚。

🌐 3月，黄新波参加上海木刻工作者协会。（广东省美术家协会编：《黄新波纪念文献集》，岭南美术出版社2006年版，第170—180页。）

🌐 夏，郑可受广州市教育局委派，赴巴黎参加以"现代世界的艺术和技术"为主题的"世界博览会"。（连冕：《郑可研究暨重订郑氏简编年谱》，《装饰》2017年第1期，第37—47页。）

🌐 "八一三"，日军攻占上海，上海沦为"孤岛"。9月，抗日战争开始后两个月，上海局势告急，黄新波离沪前往香港。（广东省美术家协会编：《黄新波纪念文献集》，岭南美术出版社2006年版，第170—180页。）

🌐 8月15日，日军飞机突然轰炸南京，司徒乔从事美术创作十二年以来的画稿，连同书籍、日记和文稿全部化为灰烬。南京局势紧张，司徒乔一家十多口人试图离开南京。在上不了船的情况下，他们乘火车先到安徽芜湖，但仍然难以上船。"幸亏有一天，在码头遇见一个熟人，他押运'中央研究院'的一批古物，在南京上了一只英国船，因忘了些东西，回去取，再赶到码头，船因为乘客挤上去挤得太多，已经提早开了。他只好坐火车赶到芜湖来截船。他手里拿着押运古物的证明，趁那个守栅人的铁面孔低下来看证的时候，我们一家随着他挤上船去。"司徒乔一家人抵达武汉后，偶遇冼星海。因司徒乔病体难耐，决定南下广东开平老家养病。（冯伊湄：《未完成的画》，人民文学出版社1978年版，第79—82页。）

🌐 抗日战争全面爆发，李研山至香港。与同为国画研究会主要成员之一李凤廷合作设立画室"凤研楼"，位于庄士顿道的一层楼房内。意想合力课画，解决生计。但是由于当时到香港的人们，都是为避乱而来，生活已感困难，无心顾及读书、学画，因而学生无多，两位画人，同陷艰难境地。故友主张李应暂借好友的小楼房作绘画之所。恰卢振寰有一所小园楼，又有黄少梅在粉岭有所别墅，都肯借给李作画室。李只好暂借这两处地方，挥毫书画。然李毕竟是一个有地位有身份的画人，寄人篱下，度清客生涯有悖自己的心意，终于决心回到自己仅堪容膝的斗室，过其陋巷生活。（曹云峰：《记三十年代广州美专校长李居端》，载广州市政协文史资料研究委员编《广州文史资料》第四十辑，1989年版，第191—198页。）

🌐 七七事变后，张影在家乡开平从事救亡宣传，与胡均、陈瑞元、张建中、周日晖、钟焕民等在开平长沙师范组织青年学生成立"抗日救亡歌咏团"加入开平第四区抗敌后援会工作。在抗战年代，以木刻为武器，创作抗日救亡宣传画，以手拓木刻近千张发动群众。（该信息由张影哲嗣张竞能先生提供。）

3月，林荣俊毕业于日本东京美术学校油画科。（刘晓路：《各奔东西：纪念近代留学东洋和西洋的中国美术先驱们》，《新美术》1998年3号，第23—29页。）

林荣俊，《毕业作品·自画像》，1937年，布面油彩，现藏于日本东京艺术大学艺术资料馆。

林荣俊，《毕业创作·女裸体》，1937年，布面油彩，现藏于日本东京艺术大学艺术资料馆。

7月，抗日战争全面爆发，胡根天在广州战时民众教育委员会任美术室副组长，担负美术宣传任务。绘制抗日宣传画一批。（《胡根天年表》，载《胡根天作品集》，广州美术馆1993年版，第87—101页。）

司徒杰考入国立北平艺专雕刻科。（《司徒杰生平事略》，载《赤子之心：司徒乔、司徒杰艺术展》，中国美术馆2016年版印刷本，第80—85页。）

11月，罗工柳随杭州艺专师生撤离西迁。杭州被炸后，杭州艺专被迫内迁，辗转于浙江、江西、湖南，驻留长沙期间，罗工柳和进步同学一起上街画壁画、写标语，印发木刻，创作抗日题材的作品，宣传抗日救亡。（《罗工柳年表》，载中央美术学院编《罗工柳》，人民美术出版社2016年版，第366—375页。）杭州艺专后迁到相对安定的湖南沅陵，罗工柳离开学校走上救亡道路。罗工柳自述："学校很乱，闹风潮，到处都是兵荒马乱和逃难的人流，这还不是主要的，主要的是周恩来到了武汉，把郭沫若、田汉、阳翰笙等许多进步文化人士集中起来成立了国民革命政府军事委员会政治部第三厅，三厅里面有个力扬也是杭州的，是我们过去的老同学。田汉让他写信给我们，说现在缺木刻的人，把卢鸿基与我两个人招出来了。我没犹豫，主动离开学校走上了救亡的道路。三厅给我们的任务是把全国的木刻界动员起来抗战，一是成立一个全国性木刻协会，二是举行全国性的木刻展览。我当时22岁，为什么找到我呢？是因为田汉曾在长沙办《抗战日报》，我那时把刻的抗战题材的木刻投稿给他们，他们都发表了。所以知道罗工柳是刻木刻的，因此叫力扬写信给我。"（刘骁纯编：《罗工柳艺术对话录》，山西教育出版社1999年版，第13—14页。）

🏛 5月20日，徐悲鸿致王少陵一函称："弟居港半月，累兄实甚，感谢之情至于无极。别后酣睡一宵，翌晨抵此，过关取件，幸有人代办。油画数张，税去（百分之二十）大洋三十六元八角，真是不通，兄等须注意此点，他日为之备也。"（王震编著：《徐悲鸿年谱长编》，上海画报出版社2006年版，第180页。）

🏛 5月至6月，王少陵与徐悲鸿信函往来，王少陵意欲出国留学，徐悲鸿建议其去美国留学，并介绍朋友为王少陵提供帮助。徐悲鸿5月22日致王少陵一函："……闻兄去美，欣慰无极。护照事应无何等问题，大概须有保人，若系留学者，须在教部取得留学证书，我想现在手续或不须如此麻烦（照片、保人两要件），请兄寄函广州中华书局郑子展兄，询问市府英文秘书林芳伯先生，就近办妥，想并不费事也（不必介绍要人，因取护照乃小事）。"（王震编著：《徐悲鸿年谱长编》，上海画报出版社2006年版，第180页。）6月17日，再致王少陵一函，对其留学计划作出学习建议："少陵吾兄惠鉴：获手教甚慰。兄能早日出国，真之幸事。在外除研精美术外，并须加意文学、历史等与艺术攸关之学，至要！至要！"（王震编著：《徐悲鸿年谱长编》，上海画报出版社2006年版，第181页。）

🏛 7月，抗日战争全面爆发。罗工柳与路经杭州前往延安的胡一川相识。（《罗工柳年表》，载中央美术学院编《罗工柳》，人民美术出版社2016年版，第366—375页。）"我与胡一川最初相识是1937年，那时我正在杭州艺专学画。抗日战争爆发后，胡一川从厦门北上，在奔赴延安的途中经过杭州。记得那天晚上，杭州的几个青年学生在白堤与胡一川相聚，谈抗日、谈救国、谈民主、谈艺术，一直聊到很晚很晚。胡一川比我们大几岁，我们把他视为兄长，彼此一见如故，大家谈得十分投机，从此，我们成了知心朋友。"（罗工柳：《质朴的艺术，诚挚的人格：胡一川的画集序》，《美术》2000年第3期。）

"当时他（胡一川）从国民党监狱出不来不久，绕道去延安。从福建坐船到宁波，路过杭州国立艺专，经同学卢鸿基介绍，与我相识。记得那天晚上，我们几个同学与他聊天，聊得很晚。"（罗工柳、包立民：《无声的榜样：罗工柳谈胡一川》，《艺术中国》2005年11月7日。）

🏛 夏，徐悲鸿邀请李铁夫、王少陵、余本到广西桂林写生，谈艺。[《王少陵年谱》，载《旅美一代绘画大家：王少陵》，《美中画报》社（美国）2004年版，第150—165页。]"二十六年（1937），余邀少陵及李铁夫、余本三先生同游桂林。"（王震编：《徐悲鸿文集》，上海画报出版社2005年版，第134页。）

李铁夫、王少陵、余本在漓江合照，1937年。

🏠 9月8日，李铁夫致笺卢子枢："子枢先生，今日下午五时请以天真园素食供养，届时当遇邀，乞小候。此候午安。铁夫启八日。"

1937年9月8日，李铁夫致卢子枢笺。

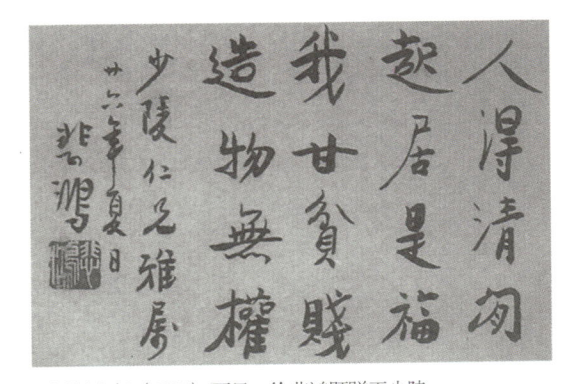

🏠 夏，徐悲鸿在王少陵的纪念册上题赠："人得清闲，起居是福，我甘贫贱，造物无权。少陵仁兄雅属。"

民国廿六年（1937）夏日，徐悲鸿题赠王少陵。

🏠 10月，徐悲鸿将赠孙多慈女士的小诗赠王少陵，诗歌云："急雨狂风势不禁，放舟弃棹匿亭阴；剥莲认识心中苦，独处沉沉味苦心。"（王震编著：《徐悲鸿年谱长编》，上海画报出版社2006年版，第183页。）

🏛 10月，黄新波接待并照顾从上海抵港避难的日本反战友人鹿地亘、池田幸子夫妇。
（广东省美术家协会编：《黄新波纪念文献集》，岭南美术出版社2006年版，第170—180页。）

黄新波（右二）与日本作家鹿地亘、池田幸子（左四）等在香港，摄于1937年冬。

🏛 11月，通过香港画家任真汉介绍，黄新波与在日本认识的郭沫若探访香港文物收藏名家杨铨（杨慎德）。
（广东省美术家协会编：《黄新波纪念文献集》，岭南美术出版社2006年版，第170—180页。）

🏛 12月2日，徐悲鸿致王少陵一函，谓："获手教，如闻馨欬，破涕为笑。吾等虽处安全之乡，而心有同刀割，惟赖此历劫不磨之友谊交情，以慰此残碎心灵于万一，故深愿知兄等安抵后消息也。余先生近况奚若？请彼努力工作！国难益深，吾等更应加倍工作。中国终当复兴，吾等应有职责，不能偷生以远祸而已也。承惠油色及画册，甚感！……"（王震编著：《徐悲鸿年谱长编》，上海画报出版社2006年版，第185页。）

🏛 12月，郑可由法国返国经新加坡时，出席留法同学张汝器主持的当地华人美术研究会的欢迎宴请。（连冕：《郑可研究暨重订郑氏简编年谱》，《装饰》2017年第1期，第37—47页。）

🏛 2月1日，青年艺术社创办《青年艺术》月刊。32开，封面套色，内页单色。至7月共出5期。编辑出版者均署青年艺术社，通信处是永汉路大众公司。封面表明刊物的范围：绘画、雕塑、建筑、应用美术。时间与在《广州市民日报》开辟的副刊《艺术周》同时，内容有部分重复。该刊是青年艺术社出版的刊物中，内容最丰富、印刷也较好的一种，也是目前能见到的以该社名义出版刊物的最后一种。出版时正值第二次全国美展广东预展会在广州、南京陆续展出，广东作品顺道在上海展出，徐悲鸿画展在广州展出等几项大型美展活动，刊物登出许多相关的消息和评论，保持对国内美术现象的敏感反应。[吴瑾：《青年艺术社与广州现代美术（1927—1937）》，岭南美术出版社2010年版，第93—94页。]

《青年艺术》月刊第三期封面及目录。

胡善馀油画作品《市场一角》《舞女》入选第二次全国美术展览会。（《胡善馀艺术年表》，载吴为山主编《善彩馀韵：20世纪中国油画名家胡善馀》，人民美术出版社2017年版，第388—402页。）

1月，伍千里任第二次全国美展广东省预展会筹备委员。3月广东预展结束后，伍千里与胡根天等押运作品赴南京展出。5月回程时将全部作品在上海展出。先后出版《第二次全国美展广东预展会专刊》《第二次全国美展广东出品专刊》等，介绍展览经过情况。[伍千里条，吴瑾：《青年艺术社与广州现代美术（1927—1937）》，岭南美术出版社2010年版，第162—164页。]

1至2月，郑可担任教育部第二次全国美术展览广东预展会雕塑审查员，并以雕塑《肖像》（铜、石2件）、石膏《胸像》、铜《牛》参展。4月，以雕塑《肖像》入选第二次全国美术展览会。4月，与伍千里、胡根天参加因由沪回程而于大新公司举办的全国美展广州美术作品展。（连冕：《郑可研究暨重订郑氏简编年谱》，《装饰》2017年第1期，第37—47页。）

夏，胡根天参加广东全省第二次美展的筹办工作，并带部分作品到南京参加全国第二次美展，发表《关于全国美展广东的出品》《再谈全国美展会的出品》两篇文章。（《胡根天年表》，载《胡根天作品集》，广州美术馆1993年版，第87—101页。）

第二次全国美展，赵浩公任审查员，在预展会专刊上发表《二次全国美展览审查之我见》（署名牛口）。（黄大德：《赵浩公年表》，载朱万章、郭燕冰主编《广东"国画研究会"研究》，岭南美术出版社2010年版，第178—204页。）"以往十六年来，在广东办理美展的筹备当中，我曾经参加过审查工作的，已有两次：最初是民十（1921）的广东全省美展，其次是民十八（1929）的第一次全国展广东出品。这一回算是第三次了……我国绘画，自昔有号称三绝的。所谓三绝：（一）诗词文学，（二）书法金石，（三）绘画造像。三者相辅，都已达到修养上的相当境界，才能称作三绝。……所以在国画的标准作品中，不单求绘画造诣的深邃，同时并要求书法金石和诗词文学的同进深邃，这又是国画的特性之另一点，研究国画者不可不注意的。综上所述，国画的特点，以用笔用墨为最主要，无论方法如何变迁，而这种特点，万万不能磨灭。……反之，如果磨灭了，丧失了国画特点的作品那便不成其国画，所以，在绝对不讲求用笔用墨，而徒以色彩敷填，去眩惑一般俗人眼目的作品，无论它怎样高明，都不能视为国画的正宗，在审查国画范围内没有它的位置，那是绝无疑义的。"［牛口（赵浩公）：《二次全美展览审查之我见》，《第二次全国美展广东预展会专刊》1937年3月，第29—30页。］

广东举行第二次全国美展预展会。上海出版由伍千里编辑的《广州美术特刊：第二次全国美展广东出品专刊》。陆丹林、伍千里分别撰文介绍此次展览之经过。特刊刊载了黎雄才、方人定、李凤公、简琴石、卢振寰、关良、唐英伟、李桦、郑可、李金发等人参展作品。［伍千里条，吴瑾：《青年艺术社与广州现代美术（1927—1937）》，岭南美术出版社2010年版，第162—164页。］

国民政府教育部主办之第二次全国美术展览会，司徒奇所作油画《女优》入选。［司徒乃钟手辑，陈继春参校：《司徒奇（苍城）年谱》，载《奇笔纵横：司徒奇的艺术人生》，司徒氏苍城画院（香港）2016年版，页209—214页。］

7月，黄新波参加筹办"全国第三回木刻流动展览"，但7月7日卢沟桥事变，抗日战争全面爆发，未能在沪展出。（广东省美术家协会编：《黄新波纪念文献集》，岭南美术出版社2006年版，第170—180页。）

朱沅芷在巴黎参加巴黎秋季沙龙展，巴黎水准画廊的"新绘画"和"现代绘画之子"联展，参加巴黎卡明画廊举办的"第四届秋季沙龙联展"。（《朱沅芷年表》，载顾跃《世界名画家：朱沅芷》，河北教育出版社2013年版，第206—209页。）

4月，黄新波第一本个人木刻集《路碑》由上海潮锋出版社出版，选入1935年至1937年作品30幅，由日本作家鹿地亘及胡风作序，作者自序。（广东省美术家协会编：《黄新波纪念文献集》，岭南美术出版社2006年版，第170—180页。）

🎨 罗工柳开始刻抗日战争题材的木刻作品，在田汉主编的《抗战日报》上发表。（《罗工柳年表》，载中央美术学院编《罗工柳》，人民美术出版社2016年版，第366—375页。）

🎨 司徒奇以春睡同门尹廷枽为模特儿，创作了《梅花居士》一画。[司徒乃钟手辑，陈继春参校：《司徒奇（苍城）年谱》，载《奇笔纵横：司徒奇的艺术人生》，司徒氏苍城画院（香港）2016年版，第209—214页。]

司徒奇，《梅花居士》图轴及局部，1937年，160×33厘米，水墨设色，纸本立轴。

🎨 李慰慈继续为青年艺术社撰稿，在其主办的刊物《青年艺术》月刊、《广州市民日报》副刊《艺术周》上发表大量介绍西洋美术的文章，包括介绍西欧各国各时期、各流派画家、雕塑家以及各类实用美术，如介绍西班牙绘画、各个时期的瑞士艺术、俄罗斯建筑、荷兰画家伦勃朗、尼德兰画家鲁本斯、法国雕刻家堡尔丹、黑人雕塑等，还与李桦合作编写了《西洋美术家人名小辞典》。[李慰慈：《西班牙绘画概况》，《青年艺术》1937年2月1日创刊号；李慰慈：《西班牙十八世纪后之绘画》，《青年艺术》1937年4月1日第二期；李慰慈：《俄国彼得大帝前之建筑》，《青年艺术》1937年5月1日第三期；李慰慈：《林布兰》（笔名慰慈）、《林布兰的代表作》（笔名彭兑）、《林布兰的自画像》（笔名杜金），《青年艺术》1937年5月1日第三期；慰慈、李桦：《西洋美术家人名小辞典》，《青年艺术》1937年5、6、7月1日第三、四、五期；李慰慈：《图案讲话》，《青年艺术》1937年6、7月1日第四、五期；李慰慈：《黑人雕塑》，《青年艺术》1937年7月1日第五期；杜金（李慰慈）：《关于康斯他堡》，《青年艺术》1937年7月1日第五期；李慰

《青年艺术》周刊第三期目录，其中慰慈、彭兑、杜金均是李慰慈的笔名。

慈：《西班牙的"波得贡"画》；李慰慈：《现代家庭设计家沙鲁》；李慰慈：《瑞士的哥特艺术》；李慰慈：《文艺复兴时期瑞士的艺术》；李慰慈：《瑞士十七八世纪的美术》；李慰慈：《现代瑞士的美术》；杜金（李慰慈）：《法国现代动物雕刻家蓬蓬》；杜金（李慰慈）译：《访问西蒙利西之后》；彭兑（李慰慈）译：《中国古代的殉葬物》；杜金（李慰慈）：《黑人的面具雕》；杜金（李慰慈）：《一九三七年巴黎国际博览会》；彭兑（李慰慈）：《现代建筑家科柏士埃的思想与生活》；彭兑（李慰慈）：《二全美展与提倡美育》，以上均载《广州市民日报·艺术周》1937年1—6月，存目。]

🎨 郑可为广州爱群大厦作《寿星公》《松鹤桃》浮雕。到法国参加世界博览会。在青年艺术主办刊物上继续发表实用美术及雕塑类的文章，如《如何改进工艺美术》《雕塑讲话》《关于连续图案制作法的检讨》等。（郑可：《雕塑讲话》，《青年艺术》1937年2月1日创刊号；郑可：《如何改进工艺美术》，《青年艺术》1937年6月1日第四期；郑可：《关于连续图案制作法的检讨》，《青年艺术》1937年7月1日第五期。）

郑可，《寿星公》《松鹤桃》浮雕。

🎨 郑可为第八届全国运动会设计浮雕会徽稿。（连冕：《郑可研究暨重订郑氏简编年谱》，《装饰》2017年第1期，第37—47页。）

1938
戊寅 中华民国二十七年

⌛生卒 📖教育 🌐流动 ⛩交游 👥社团 🖼展览 🎨创作

⌛ 陈勤卓（1938—）出生。陈勤卓，广东开平赤坎人。青年时代曾师从司徒奇学画，1961年就读于中央工艺美术学院装饰绘画系，中国美术家协会会员。

陈勤卓，《雨打芭蕉》，年代不详，90×90厘米，纸本设色。

⌛ 李征（1938—）出生，曾用名李文铮，广东台山三八人。1960年毕业于广州美术学院附中，1965年毕业于广州美术学院版画系，毕业后留校任教。曾任版画系主任，学院学术委员会委员，中国版画家协会理事。

李征照片。

李征，《人体》，1988年，47.5×31.5厘米，套色石版画。

⌛ 周树桥（1938—）出生，广东开平人。1966年于广州美院油画系毕业后，到广州美术公司从事创作，后到广州画院，曾任画院副院长。20世纪90年代移民美国。

▶ 这件产生于"文革"期间的作品,反映了当时城市知识青年响应毛主席的号召,走与工农相结合的道路,上山下乡接受再教育的那段历史,具体描绘了一队知青男女远离家乡,来到南方农村某大队部时被戴上大红花,受到热烈欢迎的情景。画面构图饱满,手法细腻,众多的人物形象刻画也颇为生动,具有个性。明亮的色彩,温暖的色调,以及近似于平涂的技巧表现,都使画面拥有了年画一样的亲切朴实、欢快喜悦的气氛。它带有理想主义的色彩,也带有"文革"中"红、光、亮"审美时尚的影响。(中国美术馆藏品介绍)

周树桥,《春风杨柳》,1974年,122×190厘米,布面油画,现藏于中国美术馆。

🌐 冯伊湄在广州接受华侨旧同学介绍的缅甸仰光福建华侨女师校长的工作,为方便司徒乔能在远离战火之处安静养病,携三个年幼的女儿,搭乘海船,历时两周,抵达缅甸仰光。(冯伊湄:《未完成的画》,人民文学出版社1978年版,第82—83页。)

🌐 1月,林达川移居香港铜锣湾,靠开设小型照相馆维持生活。(《林达川艺术年表》,载《大璞不雕:林达川油画作品集》,中国美术学院出版社2006年版,第249—254页。)

🌐 2月,黄新波离港赴广东普宁县,在民众抗日自卫团干部训练所担任美术和音乐教官。(广东省美术家协会编:《黄新波纪念文献集》,岭南美术出版社2006年版,第170—180页。)

🌐 4月,罗工柳到达武汉,在国民政府军事委员会政治部第三厅艺术处美术科,与卢鸿基一起负责木刻方面的工作。6月,"中华全国木刻界抗敌协会"在武汉成立,罗工柳当选为协会理事。继而携带一套武汉"全国抗日木刻展览会"展品前往延安,途径西安时,举办了展览。7月,到达延安,进入鲁迅艺术文学院美术系学习,参加"木刻研究班"。在延安古城的小礼堂举办"木刻展览会",展出从武汉带来的"全国木刻展"作品连同延安木刻家的作品。"木刻研究班"又主办了定期的"木刻壁报"。(《罗工柳年表》,载中央美术学院编《罗工柳》,人民美术出版社2016年版,第366—375页。)"1938年春,武汉政治部成立三厅,来信要我去工作。我到武汉三厅报到后,和几位同事住在昙华林。当时我和一位相好的女同学一齐来到武汉,大家叫她'小杨',她是我现在的老伴杨筠。一天晚上,敌机空袭武汉,防空时,我和小杨商定,她先到延安,进鲁艺学习。我在三厅工作告一段落后，即赴延安和她相会。她走后，我在武汉紧张地完成三厅交给我们的任务，就是动员全国木刻家起来参加抗敌救亡运动，具体说，筹备成立全国木刻抗敌协会，并举办全国木刻画展。工作进行得很顺利，五月间就完成了，这时我想应该去延安。当时形势更紧张，郑州曾一度交通中断，但不久又恢复了，我要赶快走，不然交通再断，去延安就困难了。于是我去找艺术处处长田汉，提出请求。可是他不同意，要我留下安心画宣传画，几次要求都没答应。我真急坏了，画宣传画我画不下去。我决定去找三厅领导。但我实在没有把握，心事又不好讲，只好去碰碰运气。我来到阳翰笙同志办公室，我讲明来意，并把书面报告给他，他看过后，和蔼地看看我，他好像看出我的心事了，他说了一句：'可以。'并在报告上批了。我接过报告书，高兴地走出来，真是做梦也没有想到如此顺利。我马上去找田汉，他仍然不让我走，劝我安心工作，哪里工作都一样。好像他仍然没有看出我的心事。但后来，他觉得我实在留不住了，只好要我找人接我的工作。人请来了，最后答应我的要求。我离开三厅一路顺风地来到延安，当天见到小杨，我们的心愿实现了。不久，我们一齐到敌人后方去工作。几十年来，都在一起。"［罗工柳：《忘不了》（为阳翰笙九十大寿而作），1992年10月，载陈琦编著：《罗工柳研究文献集：全3辑》第1辑，2014年版，第123—125页。］

🌐 7月，黄新波进入军委第四战区政治部第三厅第三组工作，与司马文森合编《小战报》。"1938年夏在广州，党组织指派司马文森、石辟澜和新波进入第四战区政治部第三组（即宣传组）工作。那时，正是国共两党第二次合作，共同抗击日寇侵略的时候。新波他们成立了秘密党小组，在宣传组内部发挥共产党员的作用，以文字和绘画的形式，出版各种刊物，如《抗战画报》《小战报》等，旨在积极宣传党的统一战线政策，鼓励人民大众和国民党爱国人士在民族危难当头团结一致，抗日救亡。"（黄元：《一个版画家的战斗历程：记我爸爸黄新波在桂林的片断》，《学术论坛》1981年第6期，第74—78页。）

🌐 10月21日，广州沦陷，黄新波随政治部撤退至粤北连县，继续编辑《小战报》。（广东省美术家协会编：《黄新波纪念文献集》，岭南美术出版社2006年版，第170—180页。）

🌐 司徒奇、高剑父、关山月等人赴四会写生。广州沦陷，诸人与高剑父失散，司徒奇、关山月、何磊一同从广州步行回家乡开平。关、何二人并在开平拜会了司徒奇父母亲及家人，并作客长达六个月，师兄弟三人日夕讨论艺术及作画。［司徒乃钟手辑，陈继春参校：《司徒奇（苍城）年谱》，载《奇笔纵横：司徒奇的艺术人生》，司徒氏苍城画院（香港）2016年版，第209—214页。］

🌐 广州沦陷后,胡根天悲愤赋诗《日寇陷广州,难民十万撤走广宁,沿途复遭敌机轰炸,死伤累累,同仇敌忾,永记不忘》,"孤城如瓮万山青,烽火西来守建瓴。羊石已沦俎鱼割,马房更历鸟弓惊。兴亡共负重天日,生死齐观轻羽翎。欲补金瓯抟烬土,荒垣未许吊流萤。"(广州市文史研究馆:《胡根天文集》,2002年版内部印刷本,第309页。)

🌐 10月,武汉沦陷后,黄蒙田随漫画宣传队经长沙抵桂林。他在桂林期间跟随漫宣队多次到周边县市,甚至经过长期的跋涉跨省组织漫画巡回展览。

🌐 10月,罗工柳加入中国共产党。11月,参加"鲁艺木刻工作团",东渡黄河,赴抗日前线开展宣传工作,沿途举办"流动木刻展览会"。(《罗工柳年表》,载中央美术学院编《罗工柳》,人民美术出版社2016年版,第366—375页。)"1938年冬天,党中央号召延安干部到敌人后方去开辟根据地。鲁艺木刻工作团就在这时候产生了,由胡一川、华山、罗工柳、彦涵等人组成,胡一川担任团长,派到华北敌人后方去工作。木刻工作团和延安干部队一起,由北方局宣传部长李大章同志带领,离开陕北,东渡黄河,向着敌人后方进发。大家斗志昂扬,一路唱着救亡歌曲,特别喜欢唱冼星海同志为我们写的《到敌人后方去》的新歌曲。到晋西和一一五师会合了。不久即通过同蒲路,翻过寒冷的绵山,直奔晋东南目的地———北方局和八路军总司令部驻地。"(罗工柳:《鲁艺木刻工作团在敌后方》,《版画》1960年3月号总第23期。)罗工柳自述:"1938年下半年我到了延安,没多久就成立了鲁艺木刻工作团。说是'团',实际是个轻便的小组,团长是胡一川,成员有我、华山、彦涵。人很少,四个人,11月工作团东渡黄河奔赴了抗日前线,一去三年。"(刘骁纯编:《罗工柳艺术对话录》,山西教育出版社1999年版,第16—17页。)

鲁艺木刻工作团在山西太行山,1939年,右起:罗工柳、胡一川、华山、彦涵。

"渡过黄河,来到晋西,住在双池镇,那里是八路军一一五师师部驻地,准备过同蒲路敌人封锁线。在过路之前,领导派木刻工作团到附近决死队驻地去开木刻画展览,展览布置在大庙里,白天展览,晚上演戏,当时演剧三队在那里演出。我们带的一箱木刻作品,是鲁艺收集的,约有一二百幅,一部分是延安的作品,一部分是从大后方收集的。这个展览,是木刻画的一次深入工农兵群众的展出,观众很多,反响很强烈。说明观众很需要木刻艺术,但对作品也有意见,意见集中起来就是:没啥名堂(指内容没有生活);不大好看(指形式欧化)。……跟一一五师过了同蒲路敌人封锁线,翻过绵山,来到晋东南,那时敌人只占领铁路沿线,晋东南还没有敌人。我们行军的最后一天,在路上遇到朱总司令,他带领一些人去沁县参加群众大会。我们到达目的地后，领导通知鲁艺木刻工作团去沁县开画展。我们赶了两天路，来到沁县，群众大会已经开始了。我们在会场周围布置露天展览，当时正是数九寒天，天气冷，风又大，展览效果就更不好了。自从晋西展览失败后，工作团内部对展览工作没有多大劲头，想放弃巡回展览工作了。沁县大会后，我们回到八路军总部驻地。一天晚饭后，李大章带杨尚昆（北方局书记）、左权（八路军总参谋长）、陆定一（政治部副主任）来到工作团住所看望我们，对工作团工作很重视、很关心。"（罗工柳：《生活源泉与民族形式：谈延安木刻工作团的创作经验》，《美术研究》1980年第2期。）

⊙ 罗工柳自述："我20岁前后，多次站在十字路口。在广州我已经有工作了，可以满足这种工作，但我不甘心，又跑到了杭州求学；在学校，当时有人为我办好了去美国留学的手续，船票都买好了，但我又放弃了出国留在国内；我可以在学校继续学下去，却又放弃了读书，跑到了武汉；当时可以跟三厅去重庆，又放弃了三厅到延安；在延安可以留在后方，但我又放弃了，跑到前线、跑到敌人后方，跑到战争最紧张的华北平原去了，一点没有犹豫。"（刘骁纯编：《罗工柳艺术对话录》，山西教育出版社1999年版，第14—15页。）

⊙ 广州、东莞、宝安沦陷，日本侵略军闯入果园。为避日寇，冯钢百赴香港避难，居老友黄居素在香港东山台寓所。其间，在港的广州市市立美术学校首届毕业生赵世铭多次上山拜访。[《冯钢百年表（1883—1984）》，载 广东美术馆编《中国早期油画大家冯钢百》，人民美术出版社2003年版，第120—142页。]

⊙ 谭华牧避居澳门。（《谭华牧艺术活动年表》，载广东美术馆编《谭华牧："失踪者"的踪迹》，岭南美术出版社2006年版，第227页。）

⊙ 赵浩公托亲戚看管其家，仅带简单用品举家避兵香港，居九龙，招徒教学，卖画糊口。（黄大德：《赵浩公年表》，载朱万章、郭燕冰主编《广东"国画研究会"研究》，岭南美术出版社2010年版，第178—204页。）

⊙ 李研山染病，虽非严重，因医药费用增加，而又无可靠收入，生活陷入困顿，而李却不为此灰心，常对朋友说，这是一时的现状，绝不会长此下去。（曹云峰：《记三十年代广州美专校长李居端》，载广州市政协文史资料研究委员会编《广州文史资料》第四十辑1989年版，第191—198页。）

⊙ 日军密集轰炸广州市，在一次空袭中，胡善馀租住的房子被炸毁，存放于寓所内的留法作品全部毁灭，痛心疾首。10月21日，广州沦陷，广州市市立美术学校停课。胡善馀回乡避难，途中剩下部分作品又遭遗失，沮丧至极。（《胡善馀艺术年表》，载吴为山主编《善彩馀韵：20世纪中国油画名家胡善馀》，人民美术出版社2017年版，第388—402页。）

1938

🌐 年底，广州陷落，仍在回国途中的郑可受张汝器之请前往新加坡，进入一间家具公司从事设计工作。参与新加坡大酒店室内设计项目。（连冕：《郑可研究暨重订郑氏简编年谱》，《装饰》2017年第1期，第37—47页。）

🌐 司徒杰在广州"广东省党政军联席会议民运部民运工作团"参加抗日战争宣传工作。（《司徒杰生平事略》，载《赤子之心：司徒乔、司徒杰艺术展》，中国美术馆2016年版印刷本，第80—85页。）

🎓 王少陵受徐悲鸿建言赴美国留学，从中国香港乘美国"古烈治总统"号邮轮赴美国旧金山加州美术专科学校学习。[《王少陵年谱》，载《旅美一代绘画大家：王少陵》，《美中画报》社（美国）2004年版，第150—165页。]

📖 4月至10月，胡根天先后任广州市立二中教务主任及广州市印刷职业学校校长。（《胡根天年表》，载《胡根天作品集》，广州美术馆1993年版，第87—101页。）"市二职仍继续招生，惟该校之印刷科，则抽出另办，市立印刷职业学校一所，此印刷职业学校组织章程招生等事，刻尚待负责人之草拟，惟校长则经市府于昨（廿四）日委出胡根天氏任校长，该校计划、取艺徒性质、学生学力宜宽，于'散''学'而外，并着重生产，承印文件。"[《市立学校大改革，一中二中结束一职停办，另设市立高级初级中学两间，恢复男女同学，增设印刷学校》，《工商日报》（香港）1938年8月25日。]

🏛 5月5日，徐悲鸿致王少陵一函，略谓："少陵吾兄惠鉴：奉手书欣悉一切，有此画室可为艺术家中心，幸广结墨缘。贱恙已愈，医者亦此中妙手，言能断根，永不再发。病后欲有所作为，而心烦虑乱，寂寞寡欢。曾画数十幅捐募财物，作后方救济之用。"（王震编著：《徐悲鸿年谱长编》，上海画报出版社2006年版，第188页。）

🏛 夏，常年居于上海的新会籍画家、美术教育家陈抱一赴香港旅行写生，与李铁夫、黄潮宽、余本、李秉、梁锡鸿、林镛、郑可、任真汉等在港画家交往。"那时在香港，我遇到以前曾在过上海一时的黄潮宽（黄氏早年曾在美校学画的）。此外，也见到向在华南的余本和李秉两人（他俩都曾在加拿大习画的，作风是自然派和印象派之间的类属）。余、李两画家在九龙方面共同居一画室，其画作及陈设上，颇令人感触到一股艺术空气。还有一位可说是隐士似的老画家李铁夫，也有颇深来历。李氏年龄已过六十光景，从前他在加拿大侨居很久，也是一个很早在外国习画的人。他的作风固不能说新，但其见解和议论，却也相当深刻，其艺术热情好像仍未稍失。和他倾谈时，他会源源不断地说出很多富有诗意的哲理似的话来。他在香港的生活（可说是他的晚年生活）似甚清寒，独个居在一间简陋楼中。这位老画家，他还保持着一种习惯，每晨板定上茶馆一次，独个沉思着坐两个钟头。到底他是个老画家，好像饱受风尘而仍不失其一点艺术家风的神气，同时也有一点舍不了的习惯，他出门必戴上白手套，拿着一根手杖，好像永不愿放弃这严谨自重的态度似的。这样每晨踱上茶馆，又踱回他独个的画室中去。可惜，这样的人才，回国后的生活无甚保障，否则，他的艺术工作当有意想外的收获。在他的简陋的屋子里，我见到他有几幅未完成的近作（大幅的油画），一幅是绘描钟独清女士之像，笔力是相当强劲的。（钟独清，以前曾在巴黎习画，回国后似乎很少发表其作品）看李氏的画，我感到他的艺术态度是相当严肃的。关于李氏的艺术生活我还没有知道的详细，因为后来竟失了机会不及再行访问他了。由种种情形看来，华南方面，大概向来艺术空气很薄弱，洋画上，更不见有显著发展的成绩。当时的香港，也使我感到是一个脱离文化的孤岛。但上述几个，如余本、李秉、李铁夫等，我不能忘却他们是当时居留香港的洋画作家。1938年时期，在香港我还遇到梁锡鸿、林镛、郑可、任真汉等人，以及事变前曾在上海的漫画名家诸人。"（陈抱一：《洋画运动过程略记》，《上海艺术月刊》1942—1943年第5—12期。）

7月，罗工柳到了延安，再会胡一川。"我第一个见到的就是胡一川，那时他也在鲁艺。我为什么至今还能记得那次相见呢？因为他那时的发型给人留下的印象太深了。他个头不高，短壮身材，头发的下部一圈剃得干干净净，头顶留着伞形头发，我说像马桶盖。若在今天，那实在是很新潮、很'酷'了。"（罗工柳：《质朴的艺术，诚挚的人格：胡一川的画集序》，《美术》2000年第3期，第28—31页。）

11月末，陈抱一从香港返回上海，与周碧初、关良、朱屺瞻、宋钟沅、钱鼎、倪贻德、陈士文、黄觉寺等人"闲中遇面"。认为"上海的洋画界状况依然沉寂……那时，对于洋画稍有热意者，似乎大家都希望重新振作起来，提起一点活跃生气，虽则以时局关系，艺术活动是几乎无法进行的。"（陈抱一：《洋画运动过程略记》，《上海艺术月刊》1942—1943年第5—12期。）

6月12日，"中华全国木刻界抗敌协会"（简称《全国木刻协会》）成立，罗工柳、黄新波被选为理事。"中华全国木刻界抗敌协会"，筹备二月，于昨（十二）日下午三时，在培心小学开成立会。由力群主席，报告筹备经过，次由来宾潘梓年，谢晋云，常任侠等致词，并通过简章及宣言。最后推蔡元培，冯玉祥，田汉，胡风，唐义精为名誉理

1938年6月13日《新华日报》刊登《木刻界成立抗敌协会》。

事；马达，力群，少其，建庵等二十人为理事。该会会员，包括全国木刻家一百零一人，昨日开会时并附设展览室，陈列会员作品数百幅，参观者甚为踊跃。"（中央社：《木刻界成立抗敌协会》，《新华日报》1938年6月13日。）

罗工柳回忆木刻协会的草创过程："抗战爆发后，我于1938年春天来到武汉，参加军事委员会政治部三厅的救亡宣传工作，交给我们的任务是组织木刻工作者，成立全国性的木刻美术团体，举办木刻展览，动员民众起来抗战。当时我还很年轻，要完成这样重要的任务是很不容易的。和我一起到武汉工作的还有卢鸿基，他较为年长，很早便参加了新兴木刻运动，我们一起投入工作，首先找到了木刻家马达，我们将自己的设想与马达谈了，他很高兴，表示积极支持这一工作。通过马达，我们与成立不久的'武汉木刻人联谊会'取得联系，决定以'武汉木刻人联谊会'的名义，倡议组织'中华全国木刻界抗敌协会'，得到了热烈响应。各地的木刻工作者和木刻团体纷纷将作品寄来。不久，力群也到三厅和我们一起工作，工作更顺利了。以后李桦、赖少其等也来到武汉，他们热情很高，积极支持，很快便成立了'中华全国木刻界抗敌协会'，并举办了'全国抗战木刻展'，为宣传抗日救亡做出了贡献。"（罗工柳：《关于抗战美术的几点回忆》，《美术》1995年第8期。）

夏末，郑可加入陈抱一、倪贻德、何铁华在香港倡建的"中国美术会"。（连冕：《郑可研究暨重订郑氏简编年谱》，《装饰》2017年第1期，第37—47页。）

全国木刻协会举办了全国木刻展览。罗工柳带一套作品去西北，先在西安，后去延安展出。

杨善深学成回国，在香港石塘咀金陵酒家举办个展，高剑父与许地山前往参观。[《杨善深艺术年表》，载邓伟雄主编《春风草堂艺粹》，集古斋有限公司（香港）2012年版，第262—269页。]"救国之道多端，只求各尽本能以赴，青年画家杨善深氏，于是携着他数年来的心血结晶品、画卷百余帧，开个展于石塘金陵二楼，一连四天，所有售得的款项，完全捐出救济前线伤兵和难民。……据杨氏对记者说，是次画展所有一切费用，完全由个人自筹，售得画款，全数涓滴归公。又为避却嫌疑起见，售款全托金陵柜面代收，结束时直接由金陵负责人，偕同监督人交银行汇寄。"[梅邨：《参观杨善深画展归来》，《大公报》（香港）1938年10月11日。]

秋，陈抱一举办旅港画展。（《陈抱一年表》，载陈瑞林编《现代美术家陈抱一》，人民美术出版社1988年版，第124—126页。）

🖼 11月1日，香港美术会在西人女青年会举办月展，李秉有《夜景》《下午的阴影》等五幅作品参展。"本港美术会，昨日假座西人女青年会举行月展，查参加者有麦化仁夫人、布朗夫人、勉刘女士及我国画家陈福善、李秉、陈锡钧等……李秉作品参加者亦有五帧，如《夜景》及《下午的阴影》，堪称李氏最出色之作品云。又查该会年展，现已定于下月八号及九号两天，在圣约翰礼拜堂举行，届时我国艺术界作品参加者，必为画展中最出色者云。"[《港美术会昨日月展》，《大公报》（香港）1938年11月2日。]

🖼 朱沅芷参加法国巴黎秋季沙龙展、独立沙龙展，获邀参加巴黎卡明画廊举办的"花与风景""第四届夏季沙龙展""假期归来""第五届秋季沙龙绘画、雕塑、素描、水彩、粉彩、陶艺展"，巴黎边亨进画廊举办的"保罗·吉欧孟奖之展"联展，巴黎当代画廊举办的"水彩、粉彩、素描"联展等，同年参加了巴黎著名的"第十五届巴黎杜勒丽沙龙展"。（《朱沅芷年表》，载顾跃《世界名画家：朱沅芷》，河北教育出版社2013年版，第206—209页。）

✒ 黄新波在香港《酒楼月刊》创刊号发表抗日漫画五幅。（广东省美术家协会编：《黄新波纪念文献集》，岭南美术出版社2006年版，第170—180页。）

✒ 罗工柳在田汉主编的《抗战日报》上发表《夜袭》《我不死，叫鬼子莫活》（载《抗战漫画》第10期，1938年5月16日）等木刻作品，引起很大反响。（《罗工柳年表》，载中央美术学院编《罗工柳》，人民美术出版社2016年版，第366—375页。）关于《我不死，叫鬼子莫活》的创作，罗工柳自述："那是在杭州艺专因战乱而举校内迁的路上，途径长沙时坐在床边刻的，当时我还没有去过前线，受伤战士也没有见过，一点阅世也没有，自己做模特，是对着镜子刻的，借以抒发我内心的情绪。没有想到，至今还有人记得，我感到很意外。王国维说过：'主观之诗人，不必多阅世。阅世愈浅，则性情愈真。'可能就是这个道理。"[刘骁纯编：《罗工柳艺术对话录》，山西教育出版社1999年版，第7页；王国维：《人间词·人间词话》："客观之诗人，不可不多阅世。阅世越深，则材料愈丰富，愈变化，《水浒传》《红楼梦》之作者是也。主观之诗人，不必多阅世。阅世愈浅，则性情愈真，李后主是也。"谭汝为校注本，群言出版社1995年版，第13页。]

罗工柳，《我不死，叫鬼子莫活》，15.2×10.1厘米，黑白木刻，现藏于北京鲁迅博物馆。

罗工柳，《夜袭》，1938年，15.6×9.8厘米，黑白木刻，现藏于北京鲁迅博物馆。

🎨 罗工柳谈到在鲁艺木刻工作团时的创作风格转变思路:"1938年底,鲁艺木刻工作团出发前我们集中考虑了一个问题:我们到了前方的作品主要是给群众看,群众能接受吗?工作团出发前我们在草地上开过一次小会,就是谈这个问题,形式问题。谈木刻如何中国化,中国化就是形式问题。艺术不谈形式是不对的,不谈形式,是糊涂。要把内容表现出来就会遇到问题,就要想办法,想办法就是形式问题。对我们的木刻,当时为什么心里有点怀疑、有点打鼓呢?我们带来的全国木刻展的作品加上延安的作品,实际上还是西方风格的作品。所谓西方风格,就是突出明暗和光影,刻法是阴刻。……工作团东渡黄河以后,在前方一路上开展览,开过几次,看的人不少,但群众都反应不喜欢,对于这种西方木刻的刻法看不惯。当然也有内容问题,因为当时的作品都是在没有群众生活基础的情况下刻的,都是在亭子间里刻的。群众说看不出什么名堂,名堂就是内容嘛。群众反映不好看,追求明暗的阴刻,把脸刻成一条条,一道道的,群众看了说:'怎么都是一脸胡子?'在晋西,还没有过封锁线,第一次开展览就碰到这个问题。"(刘骁纯编:《罗工柳艺术对话录》,山西教育出版社1999年版,第22—24页。)

"木刻工作团在行军的路上,就开始了自己的工作。在晋西双池镇举行了第一次木刻展览会。作品有数百件,大部分是1938年春天在武汉举行的全国木刻展览会中的作品,后来送到延安来的,还有一部分是延安木刻工作者的作品。这次展览,受到工农兵群众的热烈关怀,观众很多。但木刻作品本身,群众并不喜爱。他们提了很多意见。集中起来主要有两条:第一,内容不够深刻,不够丰富,不够生动,最好有头有尾;第二,形式不美观,满脸毛,最好有颜色。这两条意见,把当时木刻作品的最大问题指出来了,而且提出明确的要求。中国新兴的木刻,最初是从外国学来的,当时还保留了欧洲的风格和表现方法,或者说当时的木刻还没有脱离模仿阶段,还没有独创出自己民族的风格。这个问题,在我们离开延安时,领导同志就曾指出过,要我们为木刻中国化而努力。但这个问题如何解决,我们思想上不很明确。这时听了工农兵群众的意见,给我们很大的启发。"(罗工柳:《鲁艺木刻工作团在敌后方》,《版画》1960年3月号总第23期。)

🎨 余本创作油画《纤夫》。(《余本艺术活动年表》,载黄笃维、黄树德编《余本画册》,岭南美术出版社1994年版,第141—144页。注:年表记载余本1938年应徐悲鸿邀请与李铁夫、王少陵到桂林写生,查徐悲鸿、王少陵资料均记载为1937年,本年表取1937年。)

🎨 李研山作《深杏楼深灯夜读图卷》。"深杏楼"是香港收藏家雷君轼筑于赤柱之别业。雷氏,新会人,经营药业,嗜书画。当时避兵流寓香江之艺文界人士,常聚于其"深杏楼",如邓芬、黄般若、张祥凝、简经纶等,张大千亦曾参与其中。区季谋题:"研尘几日深如许,燕咤鹦嗔深杏里。书卷叠离愁,理乱不能休。 青莲曾写怨,为补丹青卷。残夜晓风廛,水沈香在否?右调寄《菩萨蛮》。己卯小寒,与研山翁深杏廔夜读太白词有所触,因缀此解,将意研山即为补图,图成,因录是作于后。季谋并识。"[1]

李研山,《深杏楼深灯夜读图卷》,1939年,11.8×102厘米,设色纸本,私人收藏。香港苏富比拍卖有限公司2015春季拍卖会,成交价47.5万元港币。

[1] 注:区季谋(1896—1988),南海人,擅诗词、书法,20世纪40年代末迁港,与李研山曾经有过交游,结吟唱和,关系尤切,屡见其跋于研山画上。

1939
乙卯 中华民国二十八年

⌛生卒　🎓教育　🌐流动　⛩交游　👥社团　🖼展览　🎨创作

⌛ 2月，汤集祥（1939—）出生于海南岛。汤集祥，祖籍新会古井。广东画院艺术顾问，一级美术师，享受国务院颁发政府特殊津贴专家，广东省文史研究馆馆员，广东省保护非物质文化遗产专家委员会顾问，曾任中国美协第四届理事、广东画院副院长。1957年就读武汉大学法律系，一年后转考广州美术学院版画系，1962年毕业后到佛山民间艺术作坊学习与研究木板年画、剪纸、陶瓷。1970年在省文化厅美展办公室工作，学习中国画、书法、油画、连环画、插图、雕塑等。1978年调至岭南美术出版社筹办《画廊》杂志。一年后调入广东画院从事中国画创作、理论研究和美术评论工作。2000年后，转向中国画与油画、以汉字书象作为创作研究课题。（《广东省文史馆馆员汤集祥》，载《岭南文史》2017年第2期，第81页；《江门五邑籍书画名家作品集》，岭南美术出版社2004年版，第66页。）

汤集祥，《休闲生活》，水墨设色镜片，125×125厘米。

🌐 1月，罗工柳到达山西太行山八路军总部，在沁县动员抗战的万人大会上举办"木刻展览会"。被分配到《新华日报》（华北版），从事木刻工作。4月，胡一川、彦涵、华山都集中到报馆工作。"鲁艺木刻工作团"为《新华日报》编辑增刊《敌后方木刻》。（《罗工柳年表》，载中央美术学院编《罗工柳》，人民美术出版社2016年版，第366—375页。）

- "原来的想法行不通，当然也有过苦恼，但很快就想通了，于是原来的想法就放弃了。党给我们指出一条正确的道路，要求木刻艺术为政治斗争服务，要求木刻工作者深入生活，于是党决定派我们到华北《新华日报》去工作，并调陈铁耕和杨筠二同志参加木刻工作团。我们的任务是为党报刻木刻，同时分批到部队到群众斗争中去深入生活。1939年春天，我们带着兴奋的心情，走上新的艺术道路，走上新的工作岗位，开始新的木刻创作活动。在这一年中，我们创作了大量的木刻作品。一部分是为报纸刻的木刻：有报头木刻，即社论的插图；有通讯报

《新华日报》增刊《敌后方木刻》书影，1939年。

道的插图；有政治漫画木刻；有长篇连载的木刻连环图画；有短小的木刻故事画，并出版了木刻副刊《敌后方木刻》。另一部分是木刻画册，是反映敌后军民英勇斗争的木刻连环图画。我们的工作和战斗结合在一起，工作本身是战斗。《新华日报》（华北版）是北方局的机关报，是指导整个华北对敌斗争的报纸。它每篇社论都是战斗的号角，经常是在深夜里由骑兵从几十里路以外的领导机关送来，我们和排字工人同志们一起，也是经常在深夜里等候这些社论的来临。来到后，主编先交给我们看，看完交给排字房，然后就在油灯下刻起木刻来。字排完，校对完，木刻也必须要刻完，一起打出大样，主编看过，签了字就上机器印刷了。这是紧张的工作，也是愉快的工作，因为党的每个号召，首先激励我们的战斗热情。我们处在敌人后方，周围都有敌人，随时要准备战斗，开始我们驻在平原上，以后敌人进攻长治，我们就搬上太行山。1939年一年的工作，使木刻艺术有了很大的发展。木刻和政治结合起来了，战斗性加强了；木刻作品的内容有了提高，群众要求有故事性，要求有头有尾，基本上做到了；在艺术形式上，对欧化风格有了改变。但这一年工作，仍然存在一个很大的问题，就是我们的木刻作品究竟群众喜爱不喜爱，究竟党在群众中起过多少作用，我们很怀疑，因此我再考虑改变我们的工作方法。"（罗工柳：《鲁艺木刻工作团在敌后方》，《版画》1960年3月号总第23期。）

- "我到报馆后，任务是为报纸刻木刻。当时担任木刻工作的除我外，还有陈铁耕和杨筠。报纸的木刻有四项：社论插画，放在报头上；国际漫画；文章插画；连环画。陈铁耕主要刻连环画，他刻了一套长篇连载的木刻连环画，名叫《李铁牛》，内容是对敌斗争。其他插画主要是我和杨筠刻的。社论一部分是延安发出来的，一部分是总部写的。社论插图大部分是当天夜里在灯下赶刻出来的。"（罗工柳：《鲁艺木刻工作团在敌后方》，《版画》1960年3月号总第23期。）

《新华日报》国际时事插图：《抗日救国》，1939年，4.5×5.5厘米，黑白木刻，家属收藏。

🌐 春，罗工柳与杨筠结婚。（《罗工柳年表》，载中央美术学院编《罗工柳》，人民美术出版社2016年版，第366—375页。）罗工柳回忆："中国共产党的六中全会以后，延安大批干部到敌后去开辟抗日根据地。1938年我决定参加'鲁艺木刻工作团'，也到敌人后方去，但我的女朋友却留在了延安。我心想，这不妨，战争年代形势千变万化，几年后会出现什么样的变化很难预料。当时负责这方面工作的是北方局，北方局的书记是杨尚昆，我们认识他的夫人李伯钊，她也在鲁艺。我对我的女朋友说：'赶快去找李伯钊，不要害羞，勇敢些，就说罗工柳是你爱人，你要跟你爱人一块儿去前方。'后来我带她到了凤凰山下杨尚昆的住处，让她自己进去，我在外面等着，我听到李伯钊大声说：'老杨，鲁艺一位女同学要求和她爱人一起上前方，怎么办？'杨尚昆说：'把她名字写上，一起去。'女朋友出来非常高兴。她就是杨筠，后来我们在前方得到很好的锻炼，感情不断加深，并在山西一个山沟沟里结了婚，直到今天，我们相处了六十年没有分离。"（刘骁纯编：《罗工柳艺术对话录》，山西教育出版社1999年版，第81—82页。）

罗工柳与杨筠合影，延安，20世纪40年代（图引自《罗工柳艺术对话录》，第82页。）

▸ "1939年元月，罗工柳与杨筠同时被分配至《新华日报》工作。由于为日报刻插图的任务紧急，两个人常常需要在夜里就着油灯或蜡烛刻木刻。这张藏书票刻画了两个戴鸭舌军帽的剪影头像，面对面地映在窗口上，上方飘扬着一面红旗，下方放着一把木刻刀，正是两人当时并肩奋战的写照。可以说是两人的爱情信物，被两位先生精心地保存了下来。"（中央美术学院编：《罗工柳》，人民美术出版社2016年版，第30页。）

藏书票《心心相印》，1939年，1.5×1.5厘米，黑白木刻，家属收藏。

🌐 罗工柳为解放区合作社刻制流通代用券，木版印制，仿钞票形式，图案是列宁像。"当时解放区实行供给制，代用券是解放区机关内部用的，是干部们到合作社领取生活必需品的凭证。"（罗工柳、陈小素：《为人民共和国设计"名片"的人：访著名画家罗工柳》，《北京党史》2001年第2期。）

▸ "为什么找我参加人民币的设计工作呢？就是因为我在抗日战争时期曾刻制过流通代用券……代用券的图案是列宁像，当时提倡拉丁化，刻的都是拼音文字，上边是'新华产销合作社'，下边是'木刻工作团'。"（刘骁纯编：《罗工柳艺术对话录》，山西教育出版社1999年版，第86—87页。）

罗工柳，代用券，1939年，8×5厘米，黑白木刻，私人收藏。

🌐 4月，司徒乔、冯伊湄一家离开缅甸仰光。"我们发动给中国共产党举办的陕北公学和延安抗日军政大学募捐，当地国民党分子把持的'救国'会硬要我们把钱交给他们，汇给武汉国民党政府财政部，而我们拒绝了这个要求，联合了育德女校把钱直接汇香港由廖承志转陕北。这事触怒了当地一些国民党分子。他们给我扣上帽子，使我不能在仰光立足。"到达槟榔屿后，冯伊湄在当地的华侨报纸《星槟日报》找到副刊编辑的工作，每天工作两小时，月薪八十元。花三十五元租下近郊的海边小木楼，安顿下全家。（冯伊湄：《未完成的画》，人民文学出版社1978年版，第87页。）

🌐 年末，冯伊湄失业，司徒乔一家再度迁居新加坡。（冯伊湄：《未完成的画》，人民文学出版社1978年版，第91页。）

🌐 1月，黄新波编印《抗战画报》。2月，随政治部第三组从连县到曲江。"……国民党……从1939年初开始清除异己。翌年4月在曲江，新波与司马文森、石辟澜、叶兆南（即孙大光）等五六人同时被第四战区政治部清洗。5月初，党通知他们撤退到桂林继续战斗。"（黄元：《一个版画家的战斗历程：记我爸爸黄新波在桂林的片断》，《学术论坛》1981年第6期，第74—78页。）

🌐 5月，黄新波离开政治部第三组，从粤北奔赴桂林。"这一段日子无非是画布画、编宣传画刊、开街头漫画展、跑警报之类。有一天听到一个韶关来的朋友说，新波他们恐怕快要来了，据他所知，他们在第四战区工作再也坚持不下去了。果然不久之后，新波和司马文森仓皇来到桂林。新波在第四战区政治部第三组当'上尉组员'，组长尚仲衣和司马文森都是'少校'。大约是一九三九年三四月间吧，新波收到一纸'命令'：'查黄新波另候任用，着即免职'；尚和司马还有三位同路人也收到相同的'命令'。有人形容'另候任用'是一次有计划的'清洗'异己的行动，这说明了他们已经到了非立刻撤离不可的地步了。那时韶关到桂林的火车军运频密，不容易买到票子，加上情况紧急走得匆忙，说他们仓皇来到桂林是一点不过火的。"（黄蒙田：《在施家园：回忆新波之二》，原载香港《美术家》，收入《黄蒙田散文：回忆篇》，香港天地图书有限公司1995年版。）

🌐 黄新波在广西地方干部学校任教导员，参加编辑校刊《干部生活》。"新波和司马文森一到了桂林，就和八路军驻桂林办事处接头，李克农同志开始安排他到'广西地方建设干部学校'任美术指导员。杨东莼任学校的教育长，干校建校的目的是为广西培养基层青年干部。当时桂系的军政头目李宗仁、白崇禧和蒋介石闹矛盾，他们表面上拥护民主，也采取一些开明措施。由于当时桂林云集了从全国各地撤退来的文化、艺术、教育各方面的进步人士，所以干校有意识地吸收他们充实力量。周钢鸣、宋之光、司马文森、蔡冷枫（即蔡北华）等任政治指导员，林路任音乐指导员，刘建庵、廖冰兄等任美术指导员。在干校中，有共产党员50多人，组成两个支部，一个支部是由广西地方党员组成的，有20多人；另一个支部由外省党员组成。为了安全起见，两个支部是互不联系的。新波自然是在外省党员支部中，周钢鸣是这个支部的书记，由他作为杨东莼和李克农之间的联系人，党的意图通过周钢鸣传达至杨东莼。由于有了这样坚强的组织力量，干校采用陕北公学和抗大的治学方针，训练广西的爱国青年，培养出一批批的抗日骨干深入民间。……新波在干校工作半年左右，除了在学生中讲授美术课外，还经常在校刊《干部生活》中发表作品，1939年底便离开了。"（黄元：《一个版画家的战斗历程：记我爸爸黄新波在桂林的片断》，《学术论坛》1981年第6期，第74—78页。）

🌐 黄新波参加创建《工作与学习·漫画与木刻》期刊，前后出版了一年，共十期。"当时出版的一本很有影响的月刊为《工作与学习·漫画与木刻》，是一种'合二为一'的杂志，封一是刊印'工作与学习'的封面，而封四又成了'漫画与木刻'的封面，这样倒使得杂志内容丰富，图文并茂了。由于当时桂林不能制锌版，所有漫画或其他形式的插图，都是拿木板原板到印刷厂印刷，刊物由读书生活出版社出版。赖少其当时还不是党员，所以作为这个刊物的公开发行人。刊物的'工作与学习'部分由在行营政治部工作的地下党员刘季平负责，而'漫画与木刻'则是由'木协'的新波、赖少其、刘建庵及漫画宣传队的盛特伟、廖冰兄等担任编辑，每期出版前都在刘季平家里秘密开会，讨论内容。所以，它实际是党的外围刊物。由于内容进步，不久受到国民党……的注意，因此只出版了六期便停刊了。"（黄元：《一个版画家的战斗历程：记我爸爸黄新波在桂林的片断》，《学术论坛》1981年第6期，第74—78页。）

- 陈原（1918—2004，新会人）回忆《工作与学习·漫画与木刻》期刊的创建："一九三九年在桂林办《漫画与木刻》时，他（新波）和刘建庵是主将，而我则负责这个奇怪的杂志的'总体设计'，因为这个杂志从封底开始看是《漫画与木刻》，从封面开始看是《工作与学习》。那时我们还年轻，他，建庵和我都不过二十岁出头，一见面，说不上几句话，就笑开了，真开心，什么妖魔鬼怪，什么艰难困苦，镇不住我们，在这笑声中都给驱散了，压倒了。"［柏园（陈原）：《忆新波》，《华侨日报》（美国）1981年6月2—3日。］

- 黄蒙田（1916—1997，台山人）回忆《工作与学习·漫画与木刻》期刊的创建："《漫画与木刻》参与其事的木刻方面还有赖少其，漫画方面是特伟、冰兄和漫画宣传队其他成员。这是一本全部是宣传抗日战争的杂志，它的特点之一是：战时缺乏制锌版材料，漫画是依靠锌版印刷的，解决的方法是和木刻家合作，新波他们除了创作木刻，还要替漫画家藉木板进行复制版子。漫画家为了照顾版画家的技术特点，漫画上版时尽可能简单、黑白明快，全部用线条组织形象。特伟当时画漫画很喜欢用蜡炭笔擦在图画纸上出现粗幼沙粒状的效果，这种画风决定了只能制锌版，木板复制是无能为力的。所以他处理画面除了线条，多用大块的暗面来衬托。记得特伟有一幅漫画《桂林山水甲天下》，几尊粗笔大炮直竖象征桂林之山，炮与炮之间洪水猛泻而下，是指桂林之水，把日本骑兵冲得七零八落；画面除了线条和大块黑地，就是大幅度空白位；我看着新波满头大汗一刀接着一刀地刻着。圆口刀铲出来卷起的木屑飞到脸上，被汗水沾着了。他刻得很细致、用心，空白的地方并不是但求铲去木面只要印出来是空白就算，他把空白的木面用有规律的刀法齐整地刻着，陷下去的地方显得很平滑。其实只要印出来空白就可以，版底铲得光滑与否是无关重要的，而他却花加倍功夫把木板刻得平滑、齐整、好看。从这一点可以见到他对待木刻是很认真的，虽然复制漫画不是创作，在他来说也并不例外。我看他刻得那样辛苦有时不免感到难过，一个版画艺术家而做木刻匠的工作不太委屈了他么？然而他甘于做一个刻木匠而且感到愉快，由于那是为抗战宣传服务的工作，只要这些漫画能印出去，辛苦一点又算什么。"［黄蒙田：《在施家园：回忆新波之二》，原载香港《美术家》，收入《黄蒙田散文：回忆篇》，天地图书有限公司（香港）1995年版。］

- 3月初至中旬，黄蒙田和廖冰兄等组成的漫宣队出发到广西全州县、湖南零陵县分别举办"漫画巡回展览"，紧接着又继续在湖南、广西的农村以及部队展出，一直持续到4月上旬展览结束才回到桂林。

- 5月下旬，黄蒙田和漫宣队队员陆志庠一起携带大量美术作品及宣传画出发到桂、粤、湘三省十多个县市举办漫画流动展览，时间长达两个月。

- 9月下旬，黄蒙田和盛特伟负责带领漫宣队携带两百多幅漫画，经过广西、湖南最终到达广东的曲江、南雄、连县、翁源一带进行漫画流动展览，为期约为一个月。

- 冯钢百继续在香港居住作画，直到1943年底。［《冯钢百年表（1883—1984）》，载广东美术馆编《中国早期油画大家冯钢百》，人民美术出版社2003年版，第120—142页。］

- 司徒奇携父母及家小避居澳门望夏，与同门罗竹坪为邻。［司徒乃钟手辑，陈继春参校：《司徒奇（苍城）年谱》，载《奇笔纵横：司徒奇的艺术人生》，司徒氏苍城画院（香港）2016年版，第209—214页。］

- 林达川在岳母劝说和资助下，重回日本继续学业。同年为完成东京美术学院的学业，通过岳父朋友温炳臣（华侨总会常务理事）介绍在横滨华侨总会供职。（《林达川艺术年表》，载《大璞不雕：林达川油画作品集》，中国美术学院出版社2006年版，第249—254页。）

6月，黄幻吾重返越南西贡，应聘担任西贡中华美术院教职。（《黄幻吾薛宇才双百书画遗珍合集·序一》，浙江大学出版社2013年版，第1—9页。）

胡根天在广东地方行政干部训练所教授美术。（《胡根天年表》，载《胡根天作品集》，广州美术馆1993年版，第87—101页。）冬，赋诗《送省干训所女学员结业派赴抗日前线》："侯公渡上几泥房，雁唳长空草木荒。四百女儿环甲待，赴戎岂独木兰娘。"（广州市文史研究馆：《胡根天文集》，2002年版内部印刷本，第310页。）

> ▶ 广东地方行政干部训练所
>
> 1939年春，为培养地方行政及各级干部人才，国民党广东省政府在连县三江墟设立广东省地方行政干部训练所，"开本省大规模训练基层行政干部之先河"。（《广东省地方行政干部训练团第一期概览》，广东省档案馆藏，资料号：政类379，第1页。）该所于3月11日正式开学，"学员从省高中以上集训学生及各县选送乡镇长一人，小学校长一人，共计一千二百余人。"（《广东省民政厅一年来工作概要》，1939年12月28日，广东省档案馆藏，资料号：政类256。）训练期满，分发各地工作。同年9月，新县制颁布后，各级干部急待训练，省政府将该所改名为广东省县政人员训练所。所址迁设南雄修仁，内分民政、财政、教育、建设、计政、团队共6个系，系下分班。调集及招收学员共1523人，于11月间开始上课。训练期间，原定为3个月，后因粤北战事紧张，提前于12月底结业，将各学员分别遣回及委派工作。

胡根天在三江县写生，赋诗一首《三江写生》："三江僻地近瑶山，烽火未忘画遣闲。兔伏孤村笼晓雾，鹿鸣叠嶂峥雄关。岩悬小斧输天巧，石乱披麻师地顽。别有题材四九日，红巾雉尾万峰间。"（广州市文史研究馆：《胡根天文集》，2002年版内部印刷本，第309页。）

司徒杰经中国香港到新加坡。经司徒乔和郁达夫的介绍，一边工作，一边向德国籍犹太人雕塑家卡尔·杜迪希（Karl Dudige）学习雕塑，掌握了仅凭记忆创作雕塑的方法。在新加坡道南学校教学。（《司徒杰生平事略》，载《赤子之心：司徒乔、司徒杰艺术展》，中国美术馆2016年版印刷本，第80—85页。）

2月，徐悲鸿画《奔马图》赠勉王少陵。次年8月8日，张善子应王少陵之请为该画补写马下劲草并题识："悲鸿去春由星洲写神骏寄少陵，今秋善子抵金门，少陵嘱为补劲草，抗建以来同志星散，欲雅集挥毫恐成幻想，少陵之意难却，信手抹成，籍图附骥，悲鸿见之幸勿以添足哂之也。廿九年秋八月八日。虎痴张善子。"1953年，张大千观而引发感慨，再加题跋。

徐悲鸿，《奔马图》，1939年，纸本墨笔。款识：少陵吾兄存念，廿八年二月悲鸿寄于星洲。

🏛 8月12日，徐悲鸿致王少陵一函，谓："郑子展兄以兄等在金门所摄各片转到，但不识兄等近况何处，弟应美国援华会之邀，将携中国近代作品来美，大约在十月中可以晤面，并祈告胡意秋女士。"（王震编著：《徐悲鸿年谱长编》，上海画报出版社2006年版，第211页。）

🏛 高剑父及春睡同门重回澳门。司徒奇与关山月等同门在普济禅院画宣传抗日之海报，宣传抗日之标语，举行美展义卖以赈难民。司徒奇此时经常与关山月、方人定、李抚虹、罗竹坪、黄独峰、何磊、杨善深等叙首，论艺于妙香堂，生活艰苦。［司徒乃钟手辑，陈继春参校：《司徒奇（苍城）年谱》，载《奇笔纵横：司徒奇的艺术人生》，司徒氏苍城画院（香港）2016年版，第209—214页。］

🏛 11月，黄新波与夏衍、叶灵凤、戴望舒、郁风等十四人在香港《星岛日报》《立报》《大公报》刊登《为援助叶紫先生遗族募捐启事》。（广东省美术家协会编：《黄新波纪念文献集》，岭南美术出版社2006年版，第170—180页。）

👥 6月起，中华全国木刻界抗敌协会从重庆迁到桂林，由黄新波、刘建庵、赖少其主持，至1941年为止。"新波在干校当了不到半年'教官'，一九三九年九月或十月，他离开干校，回到施家园来了。我不知道他转移工作的原因，我想木协需要他是一个主要原因，其时木协正展开工作，客观环境对发展木刻运动又是最有利的时刻，而替木协工作的只有刘建庵和赖少其二人。新波回到施家园，成了木协的专职负责人——然而那是没有工资而必须自行解决生活的'职业'。……隔壁木协的情况没有我们（指漫画宣传队）这边有规律，有时整天鸦雀无声，有时却人声嘈杂，甚至通宵达旦在进行工作——在当时来说为抗战宣传木刻首先是一种神圣的任务，是形势迫切需要，其次才是借了付出劳动换来微薄的生活之需，虽然他们没有固定收入，经常两餐无以为继。……有时午夜醒来，板缝透过暗淡的灯光，而且闻到一阵强烈的火油或廉价香烟气味。从窗子望过去，只见满室烟雾迷漫中有两个人默默地埋头在木板上推着木刻刀，那是新波和建庵在开夜车。我躺在竹床上，然而不能再入睡。我听到不时传来一两声急速的喘咳声，那是患肺病的建庵令人担忧的咳嗽声。夜静中连他们用木刻刀铲去木面甚至嘘气吹去木屑的声音也可以听到，想起这两个人让困难的工作侵蚀生命——或者说为了理想而不顾生命的那一份执着，心里感到痛楚。躺在床上很久才朦胧中再入睡。当我再醒来的时候，暗淡的火油灯依旧，火油的气味更浓了，那两个人依然在继续未完成的工作。不久听到新波深深呼一口气，放下竹箬擦子，原来是木刻完成并拓印好了。'太阳出来了，我们要睡了。'新波在模仿着《日出》里的台词，不过他念得有点滑稽就是了。"［黄蒙田：《在施家园：回忆新波之二》，原载香港《美术家》，收入《黄蒙田散文：回忆篇》，天地图书有限公司（香港）1995年版。］

- "从曲江到桂林后，（新波）马上参加了'中华全国木刻界抗敌协会'桂林办事处的组织领导工作。在这之前，该协会由武汉迁到桂林时，由赖少其、刘建庵两同志负责。1939年9月由于形势恶劣，赖少其奉命到皖南参加新四军，桂林'木协'的工作便由新波、刘建庵负责。……在桂林，新波先是和刘建庵、赖少其等一起住在施家园的木屋里，施家园在城东月牙山龙隐岩旁，容易躲藏敌机轰炸。那里原是漫画宣传队队部，住有该队队员特伟、黄茅（黄蒙田）、廖冰兄、陆志痒、后来又成为'木协'会址。那时大家都很穷，新波、刘建庵、赖少其同睡在一张竹床上，同盖一床被子，生活极其艰苦。刘建庵患肺结核又无条件治疗，他结婚后无固定职业，只靠爱人在小学教书维持生活，有时达到揭不开锅的境地，最后只好把自己的木刻原版劈开当柴烧。对于一个木刻家，这是毁了他的心血，毁了他的武器，可以想象这是何等的苦痛。"（黄元：《一个版画家的战斗历程：记我爸爸黄新波在桂林的片断》，《学术论坛》1981年第6期，第74—78页。）

- 7月5日，全木协会和全漫协合办的《漫木旬刊》在桂林《救亡日报》创刊，黄新波担任主编之一。该刊共出25期，另有两辑《漫画木刻月选》。（广东省美术家协会编：《黄新波纪念文献集》，岭南美术出版社2006年版，第170—180页。）

- 10月，中国文化协进会成立，赵浩公任美术研究委员会委员。（黄大德：《赵浩公年表》，载朱万章、郭燕冰主编《广东"国画研究会"研究》，岭南美术出版社2010年版，第178—204页。）

- 抗日战争期间，黄幻吾在越南积极活动，曾多次参与义卖或独立举办画展等赈灾会，将收入支援祖国灾民与抗战大业。（《黄幻吾薛宇才双百书画遗珍合集·序一》，浙江大学出版社2013年版，第1—9页。）

"黄幻吾先生国画展览筹赈会"，1939年初，越南河内。

- 为解决生活困难，司徒乔在新加坡筹备了一个小型展览，卖了四幅槟榔屿海边风景，获得二百二十元，结识了一些新加坡的艺术界人士。（冯伊湄：《未完成的画》，人民文学出版社1978年版，第91页。）

🖼 7月，陈海鹰为响应征募蚊帐运动，举行画展筹赈，由许世英主持揭幕。"旅港青年画人陈海鹰，为我国老革命画家李铁夫氏由美归国后第一位得意弟子，作风以雄健熟练见长，尤精于画海画云，深得画界名流赞许。"［《陈海鹰画展筹赈 为响应募帐运动 许世英主持揭幕》，《大公报》（香港），1939年7月29日。］

🖼 9至10月，李铁夫、周公理、陈海鹰等在香港圣约翰礼拜堂举行画展义卖，征募蚊帐。"万安慈善公会及中国妇女会，现请允名画家李铁夫、周公理二氏，将其最近作品数百幅（内分油画、水彩画、国画三种），定于本月二十四日假圣约翰礼拜堂公开展览义卖，券价分一百元、五十元、十元、五元四种。所得款项，全数交由广西银行，转往征募总会。……又李君不仅为一画家，在欧美研究四十余年，已深得外邦人士之赞许，且为孙总理之革命老同志，对党国曾有极大之贡献。"［《征募蚊帐，画家李铁夫周公礼展览作品举行义卖》，《大公报》（香港）1939年9月16日。］"万安慈善公会响应李白黄三夫人募帐运动，及中国妇女会举办书画展募□（原文模糊不清，无法辨认），该会征得革命画家李铁夫美国入选名作油画、水彩百余帧，名画家周公礼之油画、水彩汉画百余帧，女画人甄樊素汉画数十帧，陈海鹰水彩数十帧，共三百余帧。"［《征募画展，今日开始，地点圣约翰礼拜堂三百余幅公开展售》，《大公报》（香港）1939年10月8日。］

🖼 10月19日，为纪念鲁迅先生逝世三周年，由黄新波、李桦、刘建庵、赖少其以"全木协"名义主持举办了"纪念鲁迅先生木刻展览会"，在桂林乐群社礼堂展出作品300多幅，包括现代创作木刻、民间木刻及外国木刻作品。（广东省美术家协会编：《黄新波纪念文献集》，岭南美术出版社2006年版，第170—180页。）

黄新波（左一）、黄茅（黄蒙田）（中）与刘建庵（右）、廖冰兄（蹲者）在桂林乐群社礼堂所举行的"纪念鲁迅先生木刻展"展场前合影，摄于1939年10月。

🖼 陈抱一参与在上海大新公司画厅举办的"联合油画展览会"，参展者还有周碧初、宋钟沅、朱屺瞻、钱鼎，共展出五位画家近作一百多幅作品。（《陈抱一年表》，载陈瑞林编《现代美术家陈抱一》，人民美术出版社1988年版，第124—126页。）

司徒奇于香港大学冯平山图书馆参加"春睡画院十人作品展览"。[司徒乃钟手辑,陈继春参校:《司徒奇(苍城)年谱》,载《奇笔纵横:司徒奇的艺术人生》,司徒氏苍城画院(香港)2016年版,第209—214页。]

朱沅芷参加巴黎卡明画展举办的"第六届夏季沙龙:绘画、雕塑、水彩、粉彩、素描、陶艺展"。随着"二战"一触即发,妻子海伦催促沅芷回美,沅芷写了封信给在纽约的爱人,"海伦吾爱:连续接到几封信催促我回去,我能了解你的焦急与忧虑,但当我把在艺术上的困难问题,如光线、角度、色彩等一一解决,以形成我个人的绘画风格,并且已安排个展日期的时候,我怎能放弃一切回去呢?你知道艺术和爱情于我比我生命还重要,即使为之舍命,又有何惜?我写此信给你,是要你千万答应我,如果我被德国的飞机炸死,你一定要坚强活下去,并且要像塞尚的儿子一样,妥善照顾我的画,作为我对你的爱的永恒纪念。这样即使我死了,八十年后,你还会想起我俩的爱情与艺术。"但随之爆发"二战",10月下旬沅芷终被迫返纽约。(《朱沅芷年表》,载顾跃:《世界名画家:朱沅芷》,河北教育出版社2013年版,第206—209页。)

司徒乔在缅甸创作《古琴图》《空空的草棚》等。"……缅甸古琴造型非常美,琴身像一只尖瘦的小龙舟,上面有美丽的描金和雕饰。琴头有一根圆木柱往上伸、往后弯。一根根琴弦从圆木斜系到琴身上,一根弦系一把大红丝穗。整个形象有点象中国的箜篌,又有点像希腊的竖琴。……老琴师收藏的琴是缅甸仅存的七个古琴之一。乔立刻要求画一幅油画《古琴图》,老琴师答应了。(吴)文渊又找来一位弹琴的姑娘。这下可把我们忙起来了,乔忙着去买衬帘和地毯,我忙着去为姑娘选鬓边花。一切都准备好了之后,人和琴都来了。老琴师是一刻也不离开他的琴的,每天他自己把琴抱来,在我们那间热得像蒸笼似的画室里看乔作画。当乔休息的时候,他接过琴来弹一曲慰解乔的疲劳。乔画了十二天,他足足陪了十二天。"(冯伊湄:《未完成的画》,人民文学出版社1978年版,第82—87页。)

司徒乔,《缅甸古琴图》,1939年,107.5×131厘米,布面油画,现藏于中国美术馆。

7月1日,罗工柳在《敌后方木刻》创刊号首次发表文章《抗战两年来的木刻运动》。"两年来的抗战,推动木刻运动前进,使它呈现出如下几个特点:一、有了全国性的统一组织。'全国木刻界抗敌协会'去年在武汉成立了。这表明中国木刻运动更统一与团结。二、木刻的领域空前地扩大了。以前木刻只活跃在几个大城市，而现在却用新的形式（木刻壁报、木刻标语、木刻传单等）广泛地走到前线，走到敌后，走进战场，深入穷乡僻壤。过去木刻只为少数高级知识分子所了解，而现在，木刻的确走入大众了。三、木刻工作者的数量增加了。以前木刻作者很少，现在学习木刻的同志到处都有，因此，木刻研究班、木刻工厂、木刻研究会……不断地出现。四、在物资困难中，尤其在敌后方，制版殊为不易。以木刻代替制版，这不但节约，而且木刻精印比制版美观。这点作用是很不小的，因此，木刻的范围也更加扩大了。五、质量提高了，刻法改变了。过去是缺少独创性，有依傍模仿的弱点。现在内容与形式都有新的进步，而且不断地为'大众化''民族化'而奋斗。"（罗工柳：《抗战两年来的木刻运动》，《新华日报》副刊《敌后方木刻》1939年7月1日创刊号。）

下半年，罗工柳在太行山创作微型木刻《罗曼·罗兰像》。关于该幅木刻的创作，罗工柳自述："1939年下半年在太行山刻的，是为台历刻的世界名人像，当时刻了不少，其他的在前方散失了，这张夹在一个旧本子里幸存了下来。那时已经知道了群众对木刻的要求，不自觉地采用了正面光，接近阳刻的方法。这是木刻转变中间的作品，有它的代表性。"（刘骁纯编：《罗工柳艺术对话录》，山西教育出版社1999年版，第25页。）

罗工柳，《罗曼·罗兰像》，1939年，2.5×2厘米，木刻油印，私人收藏。

罗工柳的木刻作品《难民》在王琦、卢鸿基主编的《战斗美术》第二、第三期发表。（《罗工柳年表》，载中央美术学院编《罗工柳》，人民美术出版社2016年版，第366—375页。）

7月，李慰慈翻译编著的《实用色彩学》在上海商务印书馆出版发行。该书原为广州省立第一职业学校的讲义。内容包括物象色彩的模仿、和色的创造、和色原理之应用三章。该书实用性强，传播广泛，曾不断再版，至1956年已印至第7版，并多次重印。

▶ "编者的话：这原是替广州省立第一职业学校编的讲义，全文根据法国实用美术名家（Edme Couty）的实用装饰学论色部分写成，至于论形部分，俟有机会当接续编完。中国工业正在踏上力求发展的阶段，这项实用美术书籍，也许还用得着。这小册子，从起至终，全由郑可君的鼓励与怂恿而成，这是合该在此深谢的。李慰慈，廿五年十二月"。

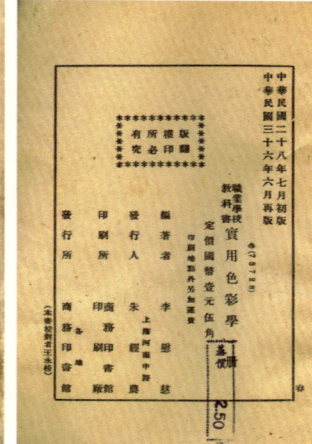

李慰慈编著《实用色彩学》1939年版书影，江门市美术馆藏。

🎨 赵浩公作《梅花图》，题识："对君不觉老将至，衰鬓相看四十齐。湖上已知无鹤矣，山中常若有人分。霜高树树辞黄蝶，月黑村村叫竹鸡。自惜年来太狼藉，芒鞋终日踏青泥。棱棱高格去人远，碧云崔嵬静见闻。雪曙有僧携茗具，天寒无蝶上湘裙。何妨苔浣成苍碧，只恐风吹化水云。野店开门春酿熟，断除烟火一寻君。抗战二周年纪念日，并书徐巢友诗于香江，浩。"（黄大德：《赵浩公年表》，载朱万章、郭燕冰主编《广东"国画研究会"研究》，岭南美术出版社2010年版，第178—204页。）

🎨 司徒奇创作了描述抗日战争灾难，充满爱国情怀的大画《妈！》《家破民穷》等作品。[司徒乃钟手辑，陈继春参校：《司徒奇（苍城）年谱》，载《奇笔纵横：司徒奇的艺术人生》，司徒氏苍城画院（香港）2016年版，第209—214页。]

- 司徒奇写生创作一系列以澳门年宵花市为题材的画作，其中有作品《濠镜花市》系列二帧。[司徒乃钟手辑，陈继春参校：《司徒奇（苍城）年谱》，载《奇笔纵横：司徒奇的艺术人生》，司徒氏苍城画院（香港）2016年版，第209—214页。]

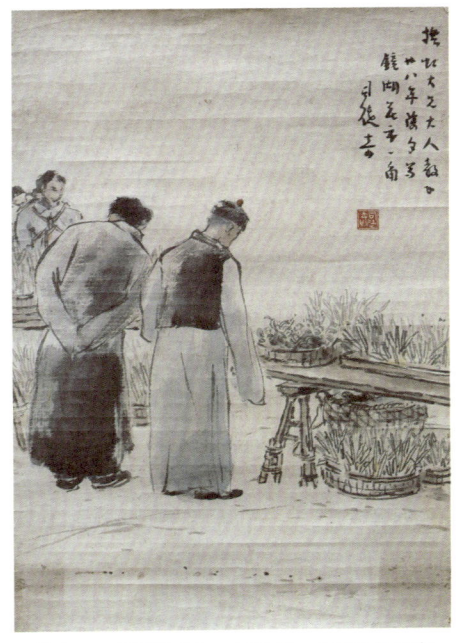

司徒奇，《镜湖花市》，1939年，水墨设色纸本，款识：抚虹大兄大人教正。廿八年除夕写镜湖花市一角。司徒奇。

- 香港《立报》刊登黄新波木刻作品《聂耳先生纪念像》《正气长存——鲁迅遗容》。（广东省美术家协会编：《黄新波纪念文献集》，岭南美术出版社2006年版，第170—180页。）

1940—1949

1940
庚辰 中华民国二十九年

⌛ 生卒　📚 教育　🌐 流动　⛩ 交游　👥 社团　🖼 展览　🎨 创作

⌛ 司徒兆光（1940— ）出生于香港。司徒兆光，广东开平赤坎人。司徒慧敏之子。1959年毕业于中央美术学院附中。1961至1966年留学于苏联列宁格勒列宾美术学院雕塑系，回国后任教于中央美术学院，历任讲师、副教授、雕塑系主任、教授。（《司徒兆光雕塑集》，荣宝斋出版社1997年版。）

司徒兆光，《妮》，1984年，高46厘米，木雕，现藏于美国威斯迈艺术基金会。

⌛ 戴国顺（1940— ）出生。戴国顺，广东新会双水人。中国美术家协会会员，广东省美协四、五、六届理事，广东省作家协会会员。1966年毕业于广州美术学院版画系，曾任江门市美术协会主席、江门教育学院美术系主任。

戴国顺，《龙柱》，2002年，81×65厘米，漆画，现藏于江门市美术馆。

🌐 2月8日，罗工柳参加朱德总司令召集的"太行文艺座谈会"。（《罗工柳年表》，载中央美术学院编《罗工柳》，人民美术出版社2016年版，第366—375页。）"春节那天（1940年2月8日），朱总司令在八路军总部驻地五乡王家峪召开文艺座谈会，陆定一在会上作了长篇讲话，题目是'艺术工作的方向'。他在讲话中，肯定木刻工作团这次新年画工作是成功的，方向是正确的，并表示领导'一定会全力帮助'工作团进行工作。这个讲话后来发表在《前线》杂志第十四期（1940年3月16日出版）上。"（罗工柳：《生活源泉与民族形式：谈延安木刻工作团的创作经验》，《美术研究》1980年第2期。）

▶ "这个文艺座谈会照片还在。这个照片是谁照的？是赵品三照的。赵品三是个老革命。院子很小，他爬到房顶上照下来的。那个院子是两层院子，中间有个门，在离总司令部不远的地方。开会的时候抗大校部已经到达太行了，很多有名的文化人都来了。"

太行文艺座谈会合影，1940年，二排右起第五人为罗工柳。[1]

- "为了扩大木刻工作团的工作，组织上先后调邹雅、黄山定、刘韵波、赵在青等同志来参加木刻工作团，并调十几位小同志来学习印刷，正式成立了木刻工厂，把水印套色木刻变成经常性的印刷工作了。我们出版了各种政治宣传画，出版了定期的彩色画报和彩色连环画册。"（罗工柳：《鲁艺木刻工作团在敌后方》，《版画》1960年3月号总第23期。）10月，罗工柳随"鲁艺木刻工作团"到华北平原冀南区工作，在艰苦的对敌斗争间隙，开办木刻训练班，展开"游击教学"。成立木刻工厂，创作、出版水印套色木刻小册子和新年画等反映抗战题材的宣传作品。"为了开辟其他地区的木刻工作，1940年秋天，党决定派木刻工作团到冀南区工作。任务是培养木刻干部和建立木刻工厂。我们接受新任务后，一部分干部和木刻工厂留在太行山继续工作，其他同志出发到冀南区。我们是百团大战时，通过平汉路去的。冀南是平原，和太行山上的斗争不一样。这里基本上是游击环境，敌人据点很多，而且相互距离很近，我们的驻地不固定，经常迁移。我们到达领导机关后，第一件事就是穿上便衣，剃光头化装成老百姓，并离开武装部队，独立活动。最初办木刻训练班，培养美术干部，以后由训练班转到办木刻工厂，开始搞年画。我们在战争非常紧张的环境中，把木刻传播到河北大平原上，并且在那里生了根。"（罗工柳：《鲁艺木刻工作团在敌后方》，《版画》1960年3月号总第23期。）

🌐 郑可迁居香港，开办设计、生产企业，并出任香港工业美术工厂厂长。是年，或曾前往广西柳州。（连冕：《郑可研究暨重订郑氏简编年谱》，《装饰》2017年第1期，第37—47页。）

🌐 胡善馀经友人介绍入国民党广东省党部宣传科工作至1941年，绘制多幅抗日宣传画。胡善馀与周紫妍结婚。周紫妍婚后改名周薇。（《胡善馀艺术年表》，载吴为山主编《善彩馀韵：20世纪中国油画名家胡善馀》，人民美术出版社2017年版，第388—402页。）

---

[1] 注：图片来自中央美术学院编：《罗工柳》，人民美术出版社2016年版，第40页。

- 广东省战时艺术院（后易名为广东省艺术馆，再易名为广东省立艺术专科学校）正式开课。胡根天任教导主任兼美术系主任，后由吴子复任美术系主任。（《胡根天年表》，载《胡根天作品集》，广州美术馆1993年版，第87—101页。）

- 黄新波在桂林行营政治部战时绘画训练班、逸仙中学、广西省艺术师资训练班、桂林美术专科学校任教员，兼授木刻课程。"1940年春，原台山中学教师、后在桂林逸仙中学当教员的朱伯濂介绍新波到桂林逸仙中学任教员，兼教语文、美术课（也曾上过一段地理课）。逸仙中学由周大费任校长，周当时思想比较开朗、进步，因此他办的这所中学能容纳一批进步的文化人士。如陈残云、陈芦荻、黄宁婴、华嘉、李嘉人、陈仲纲等。皖南事变后，逸仙中学的进步教员便纷纷撤离桂林了。这一年，新波还曾在国民政府军委会桂林行营政治部第三组的为时三个月的短期'战时绘画训练班'任木刻课老师。在这个训练班教书的还有盛特伟、黄茅、廖冰兄、沈同衡、周令钊等。并且还在私立桂林美术专科学校兼课，同事有杨秋人、阳太阳。在这期间，还在'广西省艺术师资训练班'教授木刻，普及木刻创作。"（黄元：《一个版画家的战斗历程：记我爸爸黄新波在桂林的片断》，《学术论坛》1981年第6期，第74—78页。）

- 司徒奇在澳门培英中学任教。［司徒乃钟手辑，陈继春参校：《司徒奇（苍城）年谱》，载《奇笔纵横：司徒奇的艺术人生》，司徒氏苍城画院（香港）2016年版，第209—214页。］

- 司徒杰在马来西亚槟榔屿华侨中学教学。（《司徒杰生平事略》，载《赤子之心：司徒乔、司徒杰艺术展》，中国美术馆2016年版印刷本，第80—85页。）

- 5月，赵浩公与黄般若、卢振寰在香港思濠酒店举行"三友画展"。（黄大德：《赵浩公年表》，载朱万章、郭燕冰主编《广东"国画研究会"研究》，岭南美术出版社2010年版，第178—204页。）

- 6月27日，中国与中英、中美文化协进会，香港艺术研究社联合举办第五次艺术观赏会，赵浩公出品《石侣图卷》及《花鸟》等作品。（黄大德：《赵浩公年表》，载朱万章、郭燕冰主编《广东"国画研究会"研究》，岭南美术出版社2010年版，第178—204页。）

- 杨善深开始赴新加坡、南洋各地举办画展，当时政界要人及画届各流如孙科、周启刚、张之英、冯自由等数十人，均列名为之赞助，以壮其行。杨在新加坡"江夏堂"邂逅徐悲鸿，合作绘画多帧。［《杨善深艺术年表》，载邓伟雄主编《春风草堂艺粹》，集古斋有限公司（香港）2012年版，第262—269页。］

8月28日至9月1日，杨善深在香港九龙城广州述善中学港校举行个人画展。"九龙城广州述善中学港校举行杨善深个人绘画展览会，由八月廿八日起，一连四天，至昨日闭幕，所陈杨氏精品凡四十余帧，且逐日添换，连日赴会参观者颇众。"（《杨善深画展闭幕》，《香港华字日报》1940年9月2日。）

10月22日，"全木协"的"全国木刻十周年纪念展览会"在乐群社展出，黄新波参与组织。（广东省美术家协会编：《黄新波纪念文献集》，岭南美术出版社2006年版，第170—180页。）

12月间，杨善深在香港举行赈灾义展。同年还参加在苏联举办之中国美术展览会及中国文化协进会会员。
［《杨善深艺术年表》，载邓伟雄主编《春风草堂艺粹》，集古斋有限公司（香港）2012年版，第262—269页。］

朱沅芷在美国纽约市谈波画廊举办个展，为纽约市中国协会创作《中国的抗战精神》壁画并举行展览，在纽约市蒙卓思画廊举办个展。（《朱沅芷年表》，载顾跃《世界名画家：朱沅芷》，河北教育出版社2013年版，第206—209页。）

2月11日，徐悲鸿致王少陵一函，谓："兄在美一切计划想正在进行，非常欣贺。拙作亦有六七幅由港友携美，未必能有兹望，广东画家赴美者颇多，又有张仲仪、赵少昂两君，兹以拙作一幅奉寄，用水一刷，干后即平，可置框中。弟在新约须至三月，信由港转，欲言不尽。"（王震编著：《徐悲鸿年谱长编》，上海画报出版社2006年版，第223页。）

- 5月12日，徐悲鸿复王少陵一函，谓："去年十二月十日手函始由港转到，虽□（原文模糊不清，无法辨认）为慰。弟去冬十一月底泰戈尔诗翁之邀来印度，即赴国际大学居。四月曾在其处展览拙作。四五两月印度非常之热，每日约在百零五六七八度，故各校暑假，弟亦来大吉岭写些雪山。印度七月起即入雨季，炎暑少剂，故弟至六月底即下山，而行止迄今未定。以工作论，印度最好，但国内催归殊急，弟拟由南洋再举行一两次展览方归国。"（王震编著：《徐悲鸿年谱长编》，上海画报出版社2006年版，第225页。）

2月，"中华全国木刻界抗敌协会"举行会员大会，并选出李桦、黄新波、温涛、刘建庵等十余人为新理事，张在民为主任理事。（黄元：《一个版画家的战斗历程：记我爸爸黄新波在桂林的片断》，《学术论坛》1981年第6期，第74—78页。）

- 司徒奇与郑春霆、黄蕴玉、余达生、罗竹坪等在澳门发起成立"洁社",性质类似"清游会",主要成员还有高剑父、张纯初、李研山、冯康侯、张白英、杨善深、伍佩荣、关山月、黎葛民、李抚虹、黄霞川、何磊、沈仲强、冯缃碧、邓芬、许谷雏、陈寂、钱二南、黎庆恩、黎心斋父子、关宗汉、余匡父、莫焕梓等,社址在沈仲强之霜洁画室。每逢周日举行雅集,地点都在金龙茶楼,或氹仔菩提园,或望厦普济禅院、妈阁庙。时常郊游写生,一同切磋画艺。[司徒乃钟手辑,陈继春参校:《司徒奇(苍城)年谱》,载《奇笔纵横:司徒奇的艺术人生》,司徒氏苍城画院(香港)2016年版,第209—214页。]

- 1月,"鲁艺木刻工作团"吸收民间木版年画的阳刻手法,以套色水印的形式创作了《矿工》等一批新年画,受到当地群众的好评,同时得到八路军总司令部的肯定与支持。(《罗工柳年表》,载中央美术学院编《罗工柳》,人民美术出版社2016年版,第366—375页。)"为了使木刻更向前发展,为了使木刻真正为群众所喜爱。1940年夏天,党指示我们搞新年画。"(罗工柳:《鲁艺木刻工作团在敌后方》,《版画》1960年3月号总第23期。)"经过1939年那一年的工作之后,我们工作团做了总结,大家经过研究,开始尝试吸收民间年画搞水印套色木刻。当然我们也分析了旧年画,它还是属于民间的通俗的东西,是商品的东西,是家家户户贴的。这些东西在制作时是流水作业,画的人是一个,刻的人是一个,印的人又是一个,不是独立的艺术创作。这里有它的不足,而且有许多迷信的东西。但它是中国的东西,用线来表现,用阳刻来表现。我们就是吸收它的阳刻,用它的线、用它的点、用它的色块,用新的内容来创作我们新的木刻。经过这样一搞后,很意外,没有想到群众那样欢迎。在腊月集上,都争先恐后地买那些表现'参军''支前''织布'的新年画,8张一套,300多套,不到三个小时几千张画就被抢购一空,有的老乡没有买上,一直跟着走了十几里山路回到我们驻地来买年画。初步的尝试成功了,我们自己非常兴奋。以后的木刻整个全变了。"(刘骁纯编:《罗工柳艺术对话录》,山西教育出版社1999年版,第22—25页。)

罗工柳,《矿工》(十大任务之六),1940年,39×33厘米,套色水印木刻,现藏于中国国家博物馆。[1]

- "这次新年画的内容,主要是表现战斗和生产:如《保家卫国》《军民合作》《参军》《春耕图》《纺织图》等。在形式上,学习了民间年画的艺术风格和表现手法,表现了新的内容,创造了新的形式。如利用'门神'的形式,改变为新内容的《保家卫国》的门画,变成有新内容的门上的装饰画了。在制作上,请了一位民间刻工赵师傅教我们刻版和刻字。又请了一位民间木刻水印的工人,教我们印刷。当时印刷条件很困难,太行山上只有土造的麻纸,不适合水印,要用有光纸,而且颜色也很难。以后由地

---

[1] 注:图片来自中央美术学院编:《罗工柳》,人民美术出版社2016年版,第41页。

下党的同志帮助，纸张和颜色都从敌占区运来了。在春节前，我们连日开夜工，在腊月二十三日前夕把新年画全印出来。二十三日是当地西营镇赶年集的日子，我们在镇上摆了一个卖新年画的摊子，和旧年画摊子唱了对台戏。这台戏，我们并不是很有把握的。但结果非常好，新年画很快就卖光了，而且不够卖。这一下，木刻工作团在群众中出了名，群众到处打听木刻工作团的住址，本来我们的驻地要保守军事秘密，但到这个时候，群众不管了，很远的群众也找到我们门口来买新年画。群众对新年画这样喜爱，给我们莫大的鼓舞。同时，党也给了我们更大的关怀，在工作过程中，不断给予支持，工作完成后，北方局领导同志马上给我们写信，鼓励我们。在文艺干部会上，陆定一同志在报告中对这次年画工作给予很高的评价，认为是艺术为政治服务、艺术为群众服务的范例。党和群众都给我们很大的力量，使我们信心更足了。"（罗工柳：《鲁艺木刻工作团在敌后方》，《版画》1960年3月号总第23期。）

- "……后来我们开始尝试吸收民间年画的'阳刻'法搞水印套色木刻。胡一川带头搞，刻了《军民合作》，杨筠刻了《织布》，陈铁耕刻了《大团结一致抗日》，彦涵刻了两个新门神，我刻了《查路条》。结果很意外，群众十分欢迎。在腊月廿三的集市上，老百姓争先恐后地买新年画，不到三个小时几千张画就被抢购一空。新年画非常轰动，朱德总司令也贴我们的年画，彭德怀副总司令还写信鼓励我们。"

罗工柳，《儿童团查路条》，1940年，39×33厘米，套色水印木刻，现藏于中国国家博物馆。[1]

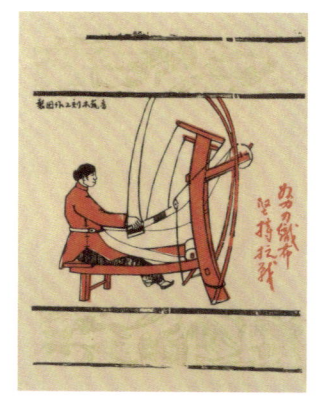

杨筠，《努力织布，坚持抗战》，1940年，39×33厘米，套色水印木刻，现藏于中国国家博物馆。[2]

▶ "鲁艺木刻工作团诸位同志：承赠自制年画多幅，谢谢！我早已听到你们工作的努力，现在又亲眼看到你们的作品，更证明了这话是对的。这次你们的勇敢尝试可以说是已经得到了初步的成功。许多艺术工作者口喊着大众化，实际上并没有真正做到，而你们则已向这方面走进一步了。……彭德怀启，二月七日"。

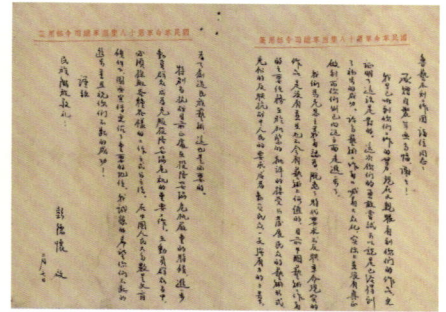

彭德怀写给鲁艺木刻工作团的信件，1941年2月7日，现藏于中国国家博物馆。[3]

[1] 注：图片来自中央美术学院编：《罗工柳》，人民美术出版社2016年版，第39页。
[2] 注：图片来自中央美术学院编：《罗工柳》，人民美术出版社2016年版，第40页。
[3] 注：图片来自中央美术学院编：《罗工柳》，人民美术出版社2016年版，第40页。

🎨 春，李研山作《江山卧游图》手卷。源于欣赏到冯己千所收藏的石涛作品《江山卧游》第廿五图卷，"伸纸对临，适座对名花，兴酣落墨，顷刻而就"。

> ▶ 题识：庚辰（1940）春夜，冯己千丈过深杏楼，出示所藏清溪老人江山卧游第廿五图卷，邀侪辈共欣赏，余伸纸对临，适座对名花，兴酣落墨，顷刻而就。因赠季子并索其赋诗云。李研山识。

李研山，《江山卧游图》，1940年，21.7×134.4厘米，水墨纸本。香港佳士得2011年秋季拍卖会拍品，成交价43.75万元港币。

🎨 郑可继续加工前受筹赈总会所嘱雕造的一座有南洋风光、表现华侨奋力抗战的大型浮雕模型，运用中国民间木雕、年画等手法。（连冕：《郑可研究暨重订郑氏简编年谱》，《装饰》2017年第1期，第37—47页。）

🎨 司徒奇应高剑父之考验创作《农圃幽趣》等作品四帧。[司徒乃钟手辑，陈继春参校：《司徒奇（苍城）年谱》，载《奇笔纵横：司徒奇的艺术人生》，司徒氏苍城画院（香港）2016年版，第209—214页。]

司徒奇，《农圃幽趣》，1940年，164×63厘米，水墨设色纸本。[1]

---

[1] 注：图片来自司徒奇：《司徒奇画集》，艺术图书公司（台湾）1994年版，第21页。

🎨 司徒乔在马来西亚期间创作油画《放下你的鞭子》。当时，著名导演金山等为筹集抗日经费来到此地，为侨胞演出街头剧《放下你的鞭子》，画家深受感动，抱病进行创作。画中以演员为模特，并以扔在地上的皮鞭、纷乱的道具和强烈的色彩，映衬了这一戏剧冲突，表达了画家对祖国深深的怀念和对敌人的刻骨仇恨。"这幅画在他心里酝酿了好几年，这次又画了无数速写，终于得到剧团负责人的协助，得以把它们结构成一幅大油画。……化装好的两位剧中人，耐烦地做着乔要求的动作。画室里立刻有了舞台的意味。工作开始了，好一场紧张的战斗。演员要长时间保持着同一的动作与表情，那比之演剧更难更累。画家要飞快地把复杂而深刻的表情画下来。……可惜第一个半天过去之后，女演员因故不能再到画室来。第二天男演员来了一整天，剧中的老头子画得差不多，只等香姐了。经过再三设法，才又安排了三刻钟的时间使女演员再来一趟……大约三星期紧张工作之后，全画才告完工。"（冯伊湄：《未完成的画》，人民文学出版社1978年版，第91页。）

▶ 《放下你的鞭子》是著名的抗战街头话剧。剧情主要讲述"九一八"以后，从中国东北沦陷区逃出来的一对父女在抗日战争期间流离失所、以卖唱为生的故事。一日，女儿香姐正要提嗓，却因饥饿难熬，晕倒在地，老父即举起鞭子打她，观众中一名青年工人十分愤怒，大声高呼："放下你的鞭子！"夺下了老父的皮鞭，并加以指责。老父和香姐诉说了日本侵华、家乡沦陷等辛酸，全场感动，高呼"打倒日本帝国主义"，激起观众的抗日救国情绪。剧本运用街头卖艺形式演出，演员与观众融为一体，揭露日本帝国主义的暴行和东北人民之痛。该剧在抗日战争中先后在北平、上海、汉口、成都、重庆、昆明、福州、华北和华中抗日民主根据地以及中国香港、新加坡、美国等地演出。

司徒乔，《放下你的鞭子》，1940年，布面油画，126×178厘米，现藏于中国美术馆。[1]

🎨 王少陵在美国为《一二八纪念画刊》创作抗日漫画。水彩《金门渡桥》获加州水彩画展荣誉奖。创作油画《红巾女郎》和水彩画《旧金山渡轮大楼》，后者在加州水彩画

王少陵在美国为《一二八纪念画刊》创作封面和内页的抗日漫画。[2]

---

[1] 注：图片来自司徒乃钟、黄静仪主编：《黄金时代：司徒乔、司徒奇、司徒杰、司徒乃钟艺术作品展》，长城艺术出版社（香港）2015年版，第30页。

[2] 注：图片来自《旅美一代绘画大家：王少陵》，《美中画报》社（美国）2004年版，第154页。

展获荣誉奖。[《王少陵年谱》,载《旅美一代绘画大家:王少陵》,《美中画报》社(美国)2004年版,第150—165页。]

王少陵正在创作《红巾女郎》,1940年摄。

王少陵,《红巾女郎》,1940年,101×75厘米,布面油彩,现藏于江苏省美术馆。[1]

---

[1] 注:图片来自《旅美一代绘画大家:王少陵》,《美中画报》社(美国)2004年版,第62页。

1941
辛巳 中华民国三十年

🗓 生卒　🎓 教育　🌐 流动　🏛 交游　👥 社团　🖼 展览　🎨 创作

🌐 1月中旬，全国木刻协会被封闭，黄新波离开桂林。在临行前刻作了《他并没有死去》，纪念在皖南事变中牺牲的革命烈士。2月，几经艰辛到达香港。"1941年1月皖南事变后党组织有计划地撤退，大部分同志分批跟随八路军驻桂林办事处到重庆转延安，一部分撤退到香港转苏北新四军驻地，而留在香港的同志是搞文化工作和海外工作的。新波2月份离开桂林辗转到达香港。"（黄元：《一个版画家的战斗历程：记我爸爸黄新波在桂林的片断》，《学术论坛》1981年第6期，第74—78页。）

黄新波，《他并没有死去》，1941年，13.5×17.5厘米，木刻版画，现藏于广东美术馆。

🌐 3月，罗工柳调回《新华日报》（华北版），从事木刻工作。"木刻工作团"团长胡一川回延安汇报工作，罗工柳任代理团长。办木刻工厂，出版水印套色木刻小册子。（《罗工柳年表》，载中央美术学院编《罗工柳》，人民美术出版社2016年版，第366—375页。）"当胡一川带着这批木刻（指1940年创作的新年画）回延安时，没想到'鲁艺'正在搞'大、洋、古'，看不起我们的木刻，认为太粗糙，硬是不给展出。一川在'鲁艺'坐了半年冷板凳，最后是在萧三的文化俱乐部搞了个展览。第二年，召开延安文艺座谈会，毛主席在讲话中有段讲'普及和提高'的话，就是针对胡一川从前方带回去的作品，大家不重视而说的。"（罗工柳、包立：《无声的榜样：罗工柳谈胡一川》，《艺术中国》2005年11月7日。）

🌐 20世纪40年代，延安爆发了关于救亡与艺术的论争，主要表现为普及与提高，前方与后方的矛盾。罗工柳自述："1941年前后，前方处于抗战相持阶段，战斗极其残酷，但后方延安'鲁艺'却在搞'关门提高'，搞大、洋、古，矛盾激化了。1941年我到八路军总部向李大章同志汇报工作，天快黑了，他说今晚艺校演戏，先去看戏，工作明天再谈。艺校演的是俄罗斯名剧《巡案》。看了一半，李大章不看了。李大章是留法的，为人很和气，这次他一进办公室就发火了，他说：'在前方演这种戏，有什么意义？！'"（刘骁纯编：《罗工柳艺术对话录》，山西教育出版社1999年版，第16—17页。）罗工柳谈到："我从1938年夏末到延安直到1949年进入北平的十年间，一半以上的时间在农村和士兵、农民一起生活。当时延安文艺界有'大、洋、古'，我们那时也可以说是'小、土、群'了。"（刘骁纯编：《罗工柳艺术对话录》，山西教育出版社1999年版，第25—26页。）

🌐 4月，《华商报》创刊，黄新波担任副刊美术编辑，在该报发表艺评、散文集木刻。（广东省美术家协会编：《黄新波纪念文献集》，岭南美术出版社2006年版，第170—180页。）

🌐 昆仑关抗日大捷，陈海鹰到该地访问及写生，应李宗仁夫人邀聘，协助桂林德智中学建校，同时策划兴建德智艺术馆，并被邀任该馆教职兼管理，获得博览该馆中西艺术藏书。陈教汪澄绘画技法，保证及辅助他到桂平浔洲中学任美术教师。陈与周泽航（千秋）、梁粲缨订交，周氏鼓励他从事专业创作，不要教学。
［饮水思源：《陈海鹰教授年表》，载时代艺术研究会编《画坛教父：陈海鹰》，天地图书有限公司（香港）2014年版，第391—406页。］

🌐 太平洋战争爆发前期，李研山通过时在西贡的陈融（协之）了解了一些越南的情况，有前往越南或新加坡或马来西亚的打算，已经办妥手续，因太平洋战争爆发而无法成行。在持续18日的香港攻防战中，李研山饱受惊吓，在炮声隆隆中提笔作画，以消除精神上的紧张。（曹云峰：《记三十年代广州美专校长李居端》，载广州市政协文史资料研究委员会编《广州文史资料》第四十辑，1989年版，第191—198页。）

🌐 太平洋战争爆发，上海沦陷。陈抱一蛰居上海。（《陈抱一年表》，载陈瑞林《现代美术家陈抱一》，人民美术出版社1988年版，第124—126页。）

🌐 12月，香港沦陷，余本避居澳门，得中华书局赞助，开个人画展，并靠卖画和教授学员维持生计。（《余本艺术活动年表》，载黄笃维、黄树德编《余本画册》，岭南美术出版社1994年版，第141—144页。）

🌐 杨善深避居澳门。与高剑父、冯康侯等成立"协社画会"。同年（协社）在澳门市政厅举行书画义展，为苦难儿童筹款。周日常与高剑父、关月山、司徒奇等外出写生。［《杨善深艺术年表》，载邓伟雄主编《春风草堂艺粹》，集古斋有限公司（香港）2012年版，第262—269页。］

🌐 香港沦陷后，李铁夫与友人"脱险于港往澳门"，在船上赋诗曰："惊闻离笛满船声，荡桨同仁斗酒倾。断头险阻都如梦，此日应为隔世情。"再取道澳门前往台山。

🌐 12月，日军空袭新加坡，司徒乔一家避居于柔佛山中橡胶园，与新加坡一水之隔。12月28日，司徒乔和冯伊湄回新加坡探听消息，"出境证"异常难办。12月29日戏剧性地办到各种签证，拿到船票，12月30日登船离开新加坡，次年1月9日抵达缅甸仰光。"第二天清早六时，乔和我（冯伊湄）分头出去想办法，乔为画件向英政府签出境证，我为取得仰光过境证而努力。……像变戏法似的，三时半把问题全解决了，连最困难的画件出境证也被乔领到了，旅费也向他的一个老同学借到了五百元。万事皆备，只等仰光复电了。复电四时到，是个肯定的答复。移民局五点下班，在一个小时之内，得把出境签证弄到手……抢过签好了的护照，我们走出了这个掌握华侨性命的办公室。……船并未按原定时间开，改在明早七点。……我们以为船一定挤得不得了。谁知船上空荡荡地，只有领馆眷属十九人，和我们这一家，连洋人一共只有乘客五十一人。这原是载一千二百人的船，只为了白种人都向澳洲和印度疏散，而需要经仰光入滇缅路回国的华人，又得不到出境签证，所以船才这样空着。……船上遭遇了三次空袭，我们仍然于元月九日安全到了仰光。元月十四日还到了一只海兴轮，但一个中国乘客也没有。海兴轮以后的船，全遇难了。二月十五日，新加坡失陷于日寇之手。"（冯伊湄：《未完成的画》，人民文学出版社1978年版，第98—105页。）

🌐 胡善馀受留法同学黄显之邀请从广州转移至重庆。任重庆北碚的国立师范学校西画系教员。妻弟周应甫从空军学校毕业，派至空军四十一大队任驱逐机飞行员，在四川的一次狙击日军轰炸的战斗中，奋力抗击，英勇牺牲。（《胡善馀艺术年表》，载吴为山主编《善彩馀韵：20世纪中国油画名家胡善馀》，人民美术出版社2017年版，第388—402页。）

🎓 5月，胡根天任广东艺术院教务主任。（《胡根天年表》，载《胡根天作品集》，广州美术馆1993年版，第87—101页。）

🎓 司徒杰到缅甸仰光向雕塑家曾竹韶学习雕塑，在仰光华侨中学教音乐和美术。（《司徒杰生平事略》，载《赤子之心：司徒乔、司徒杰艺术展》，中国美术馆2016年版印刷本，第80—85页。）

🏛 秋，柳亚子在香港探访李铁夫，赏画及谈诗，并作诗二首"赋呈中山先生老友李铁夫先生"，后收入《柳亚子诗词选》。11月16日夜，逢高谪生相邀，柳亚子于弥敦道画室与李铁夫会面，作《弥敦道画室有作呈李铁夫》诗一首"赋呈中山先生老友李铁夫先生"，详细描绘了此次访问的趣事。"谪生居地下，其门外榜曰'女医汪二姑'，余逡巡却步不敢扣扉，直上二楼，又遭闭门之拒。几欲穷途返驾矣。幸遇警士导之，始得达。有冰啤一军持，觅开瓶具不得，则碎其颈而饮之，曰此革命作风也。有白鹦鹉一，毛羽极美。"（柳无非、柳无垢选辑：《柳亚子诗词选》，人民文学出版社1959年版，第89—90页。）

🏛 11月18日，柳亚子又前往九龙画室拜会李铁夫，"出示近诗，有'专待春雷惊梦回，一声长啸安天下'句，又命观在香港为画家冯钢百先生及留学纽约美术大学时为同学某女郎所绘造像，欢喜赞美，不可无诗，赋此一首"。（柳无非、柳无垢选辑：《柳亚子诗词选》，人民文学出版社1959年版，第89—90页。）

▶ 柳亚子诗二首:
"失途真遣步兵哗,邻比流莺密巷花。坐上冰啤权当酒,帘前婴武惯呼茶。纵横意气齐髡舄(意为脱鞋);狼藉河山道济家。注曰:'君画颇近清湘一派。'领袖群伦尊一老,各持椽笔卫吾华。"

"一声长啸奠群哗,画意诗情美比花。壮士虹髯挥铁笔,美人玉貌胜仙茶。"注曰:"先生谓冯钢百有燕赵烈士之风,其挥笔如挥剑也。""凤栖丹穴贤为宝,龙卧南阳壁是家。倘起鹰扬成薄伐,白旄黄钺定中华。"

1月7日,司徒乔、刘抗等人陪同徐悲鸿由新加坡赴马来西亚吉隆坡,研究由雪华筹赈委员会拟举办的徐悲鸿画展。(王震编著:《徐悲鸿年谱长编》,上海画报出版社2006年版,第232页。)

李抚虹、司徒奇与方人定、伍佩荣、黄独峰等高剑父学生在香港发起成立"再造社",方人定任主持人。该会成立时提出三大宗旨:1. 我们本着中华的国民性,站在时代艺术的前线上,再开国画的新路为宗旨。2. 我们联合个性坚强、思想先进的艺术同志,共同研究,毫无阶级观念。3. 我们把身心寄托艺术,决不为外物所动摇,不做虚伪的宣传。(张惠仪:《香港书画团体研究》,香港中文大学艺术系1999年版,第145—146页。)

高剑父、冯康侯、杨善深等在澳门设"协社"。

9月,赵浩公任中国文化协进会第三届艺术研究会委员。(黄大德:《赵浩公年表》,载朱万章、郭燕冰主编《广东"国画研究会"研究》,岭南美术出版社2010年版,第178—204页。)

1月1日,黄新波参加文协、漫协和木协联合举办的"街头诗画展"。参加中华全国漫画家协会香港分会活动。(广东省美术家协会编:《黄新波纪念文献集》,岭南美术出版社2006年版,第170—180页。)

1月,杨善深画展在新加坡维多利亚大会堂举行,徐悲鸿撰写序言:"杨君善深粤人,最工写花鸟,溯粤自明林良以降,工花鸟者不乏人,民国纪元前前辈有若居巢、居廉两先生,具其道至今尤量,足以副吾国缔定之隆而鸣其盛者,此去不远,杨君其勉之矣。"(王震编著:《徐悲鸿文集》,上海画报出版社2005年版,第111页。)

2月,再造社在香港斯胜酒店举行第一次画展,参展画家包括方人定、伍佩荣、李抚虹、黄独峰、黄霞川、赵崇正、司徒奇、黎葛民、苏卧龙,作品题材有山水、人物、走兽等。出版《再造社第一次画展特辑》,除刊出画作外,并载多篇会员文章。(张惠仪:《香港书画团体研究》,香港中文大学艺术系1999年版,第145—146页。)

5月，中国文化协进会举办"东江兵赈书画展览会"，赵浩公任陈列组成员，并捐出十件作品。（黄大德：《赵浩公年表》，载朱万章、郭燕冰主编《广东"国画研究会"研究》，岭南美术出版社2010年版，第178—204页。）

7月7日，陈海鹰在桂林乐群社举办旅桂首次个展，李济深将军主持开幕。郭德洁、程思远著文介绍。[饮水思源：《陈海鹰教授年表》，载时代艺术研究会编《画坛教父：陈海鹰》，天地图书有限公司（香港）2014年版，第391—406页。]

朱沅芷参加纽约市丽池大楼举办的"为中国而画"联展、马萨诸塞州波士顿现代美术学院举办的"五十位新进美国画家展"联展，以及在纽约市蒙卓思画廊举办的"二十五位艺术家作品展"。（《朱沅芷年表》，载顾跃《世界名画家：朱沅芷》，河北教育出版社2013年版，第206—209页。）

朱沅芷，《我亲爱的中国朋友之肖像》，20世纪40年代，尺寸不详，布面油画。[1]

王少陵赴美个展首次在旧金山欧战军人纪念堂举行。油画《红巾女郎》在加州美术展获二等奖。[《王少陵年谱》，载《旅美一代绘画大家：王少陵》，《美中画报》社（美国）2004年版，第150—165页。]

1941

春，陈锡钧为黄少强创作浮雕像。（琥珂主编：《陈锡钧雕塑绘画作品集》，西泠印社出版社2011年版，第49页。）

陈锡钧，《黄少强》浮雕，1941年。款识：黄少强先生像，中华民国三十年春陈锡钧造。[2]

---

[1] 注：图片来自顾跃：《世界名画家：朱沅芷》，河北教育出版社2013年版，第89页。
[2] 注：图片来自琥珂主编：《陈锡钧雕塑绘画作品集》，西泠印社出版社2011年版，第49页。原书题作1939年，根据作品款识"民国三十年春"，应为1941年。

🎨 4—6月，黄新波在戴望舒主编的《星岛日报·星座》上发表木刻《开拓者》《建塔者》《陨落》《他并没有死去》与《沉思》（与1943年另一木刻同名）。（广东省美术家协会编：《黄新波纪念文献集》，岭南美术出版社2006年版，第170—180页。）

🎨 7月，李铁夫画油画《盘中鱼》赠台山名流刘栽甫。据刘栽甫之孙刘益坚所述，20世纪30年代刘栽甫母亲去世，经余本介绍，李铁夫为刘母作遗像，因而相识。刘家收藏了10幅李铁夫作品，有刘栽甫母亲遗像，还有李铁夫为其儿女所作的肖像画，刘氏子女也曾跟李铁夫学画。（连晗生：《广东美术馆藏李铁夫作品研究》，载《广东美术馆年鉴·2002》，澳门出版社，第81—87页。）"自太平洋战争爆发以后李铁夫的油画主要由好友刘栽甫和周公理二人妥为保管，如果不是靠这两位有心人，恐怕现在我们连这少数油画也看不到。"（黄蒙田：《李铁夫启事》，载《艺苑交游录》，岭南美术出版社1985年版，第271—274页。）

▶ 刘栽甫（1884?—1966），原名培旋，号希卢，台城横湖乡宝生村人，毕业于两广高级师范学校，同盟会会员，早年即追随孙中山参加革命。孙中山在广东成立革命政府期间，刘栽甫回到台山，1921年12月8日正式出任台山第一任民选县长，并连任三届。1928年1月6日，刘栽甫擢升为广东省政府委员兼民政厅厅长。其时政局混乱，刘栽甫在任约一年，省主席已三换其人，先是许崇智，而后李济深，再则陈铭枢。刘栽甫辞职后移居香港，常与在港进步文艺人士交往，与李铁夫颇有往来，曾在经济上给予李铁夫资助，李铁夫亦曾赠画于刘栽甫。

李铁夫，《盘中鱼》，1941年，82×97厘米，布面油画，现藏于广东美术馆。款识：铁夫写盘中鱼赠栽甫先生辛巳七月八。

🎨 7月至10月，香港《大众生活》周刊连载黄新波木刻连续画《沦陷区的故事》10幅及单张木刻5幅。8月起，香港《青年知识》周刊连载黄新波木刻连续画《爱》12幅及《沉默的战门》20幅。（广东省美术家协会编：《黄新波纪念文献集》，岭南美术出版社2006年版，第170—180页。）

黄新波，《看太阳：没有向"皇军"作揖的"惩罚"》（《沦陷区的故事》连环画之三），木刻版画，尺寸不详。[1]

---

[1] 注：图片来自广东省美术家协会编：《黄新波木刻：1933—1949》，岭南美术出版社2006年版，第146页。

- 7月起，黄新波组织编印大型画册《团结抗战大画史》，合作者有盛特伟、郁风、丁聪、胡考等，未及出版，日军于12月攻陷香港，全部资料毁于战火。（广东省美术家协会编：《黄新波纪念文献集》，岭南美术出版社2006年版，第170—180页。）

- 黄新波在《木艺》杂志、《大众生活》周刊、《笔谈》半月刊和《时代周刊》等刊物发表大量宣传抗战的美术作品。（广东省美术家协会编：《黄新波纪念文献集》，岭南美术出版社2006年版，第170—180页。）

- 赵浩公在香港期间，以数十年之心得，制成山水、花鸟各一册，授乃弟赵静山收藏。（黄大德：《赵浩公年表》，载朱万章、郭燕冰主编《广东"国画研究会"研究》，岭南美术出版社2010年版，第178—204页。）

- 司徒奇以夫人余英华女士为模特创作了《月上柳梢头》，余英华身着嫁妆之旗袍。［司徒乃钟手辑，陈继春参校：《司徒奇（苍城）年谱》，载《奇笔纵横：司徒奇的艺术人生》，司徒氏苍城画院（香港）2016年版，第209—214页。］

司徒奇，《月上柳梢头》，1941年，173.5×80.5厘米，水墨设色纸本。[1]

- 胡善馀创作油画《纤夫》《西康铜器》《北碚风景》《白公鸡》《云海》《少女像》等。（《胡善馀艺术年表》，载吴为山主编《善彩馀韵：20世纪中国油画名家胡善馀》，人民美术出版社2017年版，第388—402页。）

---

[1] 注：图片来自司徒奇：《司徒奇画集》，艺术图书公司（台湾）1994年版，第21页。

1942
壬午 中华民国三十一年

⌛ 生卒　🎓 教育　🌐 流动　🏛 交游　👥 社团　🖼 展览　🎨 创作

- ⌛ 6月，李金明（1942—）出生。李金明，广东鹤山古劳人。生于香港，后定居广州。1961年毕业于广州美术学院附中，1966年毕业于广州美术学院油画系本科。历任国家高级美术师、广东油画会常务理事和执行秘书长等职，现为中国美术家协会会员，广东省美术家协会理事。

李金明，《山高水长》，2016年，62×84厘米，布面油画，现藏于江门市美术馆。

- 🌐 香港沦陷后，陈锡钧拒绝为日军工作，连夜逃离中国，来到法国的势力范围——越南北面的某个地区。从1942到1945年年底间，陈锡钧与家人失散，音讯全无。（陈伟祥、陈秀华：《家父陈锡钧》，载琥珂主编《陈锡钧雕塑绘画作品集》，西泠印社出版社2011年版，第7—11页。）

- 🌐 2月，司徒乔、冯伊湄一家来到重庆，生活困苦，幼子鲲儿九个月时夭折。"在我腹中度过千山万水，在重庆生下来的我家唯一的男孩鲲儿，没有乳水喂他，也买不起奶粉和鲜奶，只好用发霉的军米煮糊给他吃，算是勉强活下来，到了呀呀学语、最逗人怜爱的第九个月上，终于溘然长逝了。"（冯伊湄：《未完成的画》，人民文学出版社1978年版，第106—110页。）

- 🌐 2月，黄新波偕同妻子章道非和出生不久的女儿，秘密离开日军占领的香港，穿越封锁线，经澳门及台山，于4月抵桂林，历时两个月。"1941年底太平洋战争爆发，12月香港沦陷，文化界的同志又相继撤回内地了。当时日本正在香港物色文化人参加工作，而留在香港搞地下工作的同志陈子秋劝他赶快离开。正好在香港沦陷的第二天，我呱呱落地了，我们一家先到澳门。刚好碰到陆浮从内地来，他是要利用走私船接叶挺将军的家属和邓文钊的嫂嫂等回内地的。于是我们便搭上了开航的走私船，但由于船费不够，只好先回故乡台山县老家去了。后从台山出发，边走边卖一些故衣度日，历尽艰辛，重返桂林。那时已经是1942年6月了。"（黄元：《一个版画家的战斗历程：记我爸爸黄新波在桂林的片断》，《学术论坛》1981年第6期，第74—78页。）

- "他一家大小先是偷渡到澳门，把两位老人家暂时留下来由他的妹夫陈子秋照顾，他和妻女又乘走私船回内地。由于船费只能到达台山县，走私船拒绝把他们送到广西。他们在半路被赶离走私船。新波原籍台山，八年前他从这里被学校开除并被通缉而出走到上海，现在只好先回乡下祖居去。然而家里只有一些远房兄弟叔伯，没有办法解决路费问题，但是他必须尽速回到桂林归队。最后想出的办法是：把祖母和母亲离乡前留在祖居的旧衣服，只要是还算好的，全部带上路。几年后我见到新波，他把这段十分辛苦的逃难生活像演文明戏似的用诙谐动作和轻松语言给我表演：黄元那时只有几个月大。我在老祖母陪嫁过来的漆皮杠里找到当年她背我的背带。我背着黄元，手里拿着一把也当手杖用的破洋伞，挽着一个小包袱，样子像老太婆一样滑稽，道非则挽着一个大包袱，在逃难的路上日以继夜地走。……他们三人，除了走路，各种落后的交通工具都坐过，带出来的大包袱也愈来愈小。包袱里的故衣是他们此行的全部生活和路费所在。那时在逃难路上，到处都可以看到贩卖故衣的地摊，那是旅客们为了帮补生活和路费而把随身带来的衣服逐件卖出。新波没有钱，带着'货物'上路是有准备的，他们在一个码头停下来的时候便摆地摊，卖得多少是多少，第二天又上路。故衣卖光，目的地也快到了。"（黄元：《一个版画家的战斗历程：记我爸爸黄新波在桂林的片断》，《学术论坛》1981年第6期，第74—78页。）

黄新波全家合影，摄于香港，1942年初。黄新波母亲（前坐者）、夫人（左一）、大妹（左二）、二妹（左四）、二妹夫陈秋帆、大女儿黄元（怀抱者）。[1]

1942

- 春，中央来电将罗工柳调回延安。4月，罗到延安，任"鲁艺"美术部美术创作室创作员。5月，罗工柳、古元、张望、胡一川等人参加"延安文艺座谈会"。罗工柳自述："1942年我被调回延安，一天在清凉山下遇见了当时的《解放日报》主编陆定一，他告诉我一个不好的消息：前方5月'扫荡'，八路军副参谋长左权同志、《新华日报》华北版主编何云同志都牺牲了，损失很大。后来前方回来的同志告诉我，演《巡演》的导演、主演及部分演员也都牺牲了。在谈思想方法时，陆定一有一段话给我的印象非常深，他说：'汽车当然好，但我们现在没有怎么办？毛驴好不好？现在看，毛驴好！'5月，毛泽东发表了他那个重要的《在延安文艺座谈会上的讲话》，影响非常大，其中关于普及提高关系的论述，就是针对前方和后方的矛盾讲的。毛主席发表讲话以后，又专门到鲁艺向师生作了一次报告，那次报告给予我印象最深的有两点：第一是他作了一个比喻，说鲁艺是个小鲁艺，人民群众的斗争生活才是大鲁艺，要走出小鲁艺到大鲁

---

[1] 注：图片来自广东省美术家协会编：《黄新波纪念文献集》，岭南美术出版社2006年版，第37页。

艺去；第二，他说不要轻视普及的工作，从群众生活中产生出来的普及作品是个苗苗，要保护它，大树也是从苗苗长起来的。经过整风学习，文艺界的风气变了，出现了《兄妹开荒》，以后又出现了歌剧《白毛女》。力群、华君武说的延安出现的争论，就是在这样的背景下产生的。"（刘骁纯编：《罗工柳艺术对话录》，山西教育出版社1999年版，第17—19页。）

延安文艺座谈会合影，后排左一为罗工柳，1942年。[1]

- "1942年的延安文艺座谈会是从5月初开始的，一共开了三次。第一次我记得是大家到齐以后，主席从后面他住的山坡上下来。……进会场以后，主席很亲切地与大家握手，中宣部部长凯丰主持会议。毛主席讲话中间，外面炮声隆隆，那是洛川的国民党在向我们进攻。当时好多文艺界的人是刚从重庆来的，有些紧张，就有人给毛主席写条子，问有没有危险。主席看了条子说：'我们开会，听到炮声，你们不要害怕。前方也有我们的部队，能顶住。我提几个建议：第一，你们的母鸡不要杀了，要让它下蛋；第二，你们的孩子要自己养着，不要送给老百姓；第三，我们的部队在前面顶着，万一顶不住，我带你们钻山沟。'听了主席轻松幽默的话语，大家就安心开会了。最后一次是在5月23日，开得时间比较长。很多中央领导都参加了。上午下午开了一天，晚上主席做结论。这些书上都有了，我不再重复。我要讲的，是座谈会后不久，主席来到了鲁艺。因为座谈会名额有限，鲁艺的很多教员都没能参加。这次主席到鲁艺来作报告，师生们都很高兴，全聚集在礼堂旁边的操场上。主席讲话不太长，但很重要，可以说是延安文艺座谈会讲话更集中、更通俗的表达。他说了两个意思：一、你们要到生活中去，不要老待在鲁艺。不到生活中去，怎么能搞创作呢？鲁艺是小鲁艺，人民群众的斗争生活才是大鲁艺。二、你们不要看不起普及工作。普及工作是苗苗，把苗苗踏死，那提高就没有希望了。因为大树是从苗苗长起的嘛。这次讲话对鲁艺的影响非常大，尤其使我们这些前方回来的'土'木刻家感到振奋。"（罗工柳：《小鲁艺与大鲁艺》，《人民日报》2002年5月23日。）

- 5月，毛泽东在延安高级干部会议上作《改造我们的学习》的报告，标志着整风运动的开始。罗工柳参加了整风运动。（《罗工柳油画》，山东美术出版社2004年版，第228—233页。）后在1951年中国革命历史博物馆组织的革命历史画创作中，被指定要求创作了油画《整风报告》，该油画成为罗工柳的代表作之一。

---

[1] 注：图片来自刘骁纯编：《罗工柳艺术对话录》，山西教育出版社1999年版，第18页。

▶ "革命历史博物馆列出了创作提纲,负责组织创作的彦涵指定我画《整风报告》,而且要画油画。我说:'我是搞版画的,油画我画不了。'他说:'不行,古元和你都要画油画。'我想:《整风报告》是开会,怎么画呀!我就有点想打退堂鼓,我说:'我有个《地道战》的稿子,提纲里没有,我想画这张,《整风报告》就不画了。'结果,他请示领导后回来说:'《地道战》很好,抗日战争的作品太少,但《整风报告》还要你画。'这样一说,原来是一张任务变成两张了。周扬说了:'罗工柳是参加了整风的,他不画,找一个没有参加过整风的怎么画得好?'……《整风报告》更伤脑筋,开会,上面一个人讲底下一群人听,这能画什么呀?后来明确了:画人物,画典型人物。好在毛主席作整风报告时我在延安,各地干部都集中上来准备开'七大',有大后方做地下工作的,有前方的军事干部的,有搞过工人运动的,有做妇女工作的,很多形象都活在脑子里。没有这样多活生生的任务这张画真的不知道怎么画。"(刘骁纯编:《罗工柳艺术对话录》,山西教育出版社1999年版,第32—37页。)

罗工柳,《整风报告》,1951年,236×164厘米,布面油彩,现藏于中国国家博物馆。[1]

🌐 春,李研山得朋友之助,移居澳门。春节前数日,李研山幸运地搭乘第一班开往澳门的船来到澳门避难。在澳门的亲友很快帮助他安家立命,并在葛地利亚街的一间葡萄牙式的房子中建立了画室。李研山在澳门生活规律,每天清晨步上松山,绕行一周后回家作画,空闲时信步前往旧物摊档,寻访是否有因战乱而流失市面的艺林珍宝。他在澳门的生活比在香港时有所好转,得到澳门上层人士的重视,画作被有识之人争相竞购,从画作所提上款来看,还包括澳督某某将军在内。[李允鉌等:《李研山的书画艺术及其生平记要》,载《李研山书画集》,东方文物图籍出版社(香港)1974年版,第7—27页。]

🌐 3月,香港沦陷,赵浩公牺牲了港寓的一切,率领着家人徒步由淡水经东江达到了曲江,历时五十余天,途中因无粮而求乞。"三十一年四月五日是周末的一天,在曲江风度路上,我邂逅了赵先生。我们在一间花园饭店欢叙了两个钟头,知道他沿途经历了许多艰险,也知道了港穗艺人各式各样的动态,谈起来他表露出激昂的神态。战争在继续进行,曲江和连县的交通大道上,差不多每年一次拥挤着逃亡者的来踪去影。赵先生因此便到过了连县。三十年六月,曲江又来一次疏散,赵先生又到连县,以后他便寄寓于连县的三江。三江是离连县城西二十五里的一个乡镇,三面环绕着姿态各异的高山,中间谷地流着一条清冽中的潢川,风景是十分雄奇而且幽雅的。一个画人在烽火连天的逃亡期间,能够暂作安居在这样的一个地方,不能说不是值得自慰的一个生活机缘。赵先生的寓所,门外便是三江的市集,市集期是逢四逢九,平时是静静萧萧的,到了四和九,一片喧闹声,趁市的人就差不多挤得水泄不通。特别是徭人,他们从三面的高山拢进来了,赵先生的门外,正是徭人聚集的一角,他们在这里摆卖山货,也在这里休息。因此,赵先生和徭人做起朋友来了,赵先生的画名,于是由三江传入了徭山。赵先生在三江,写画和品茗,可说是每天主要的生活。三江有一道'汉魂桥',是李汉魂将军捐资建筑的,桥畔有一座茶楼,临流清酌,近处看黑鸢

---

[1] 注:图片来自中央美术学院编:《罗工柳》,人民美术出版社2016年版,第74页。

鸬捕鱼，远一点眺目面峰支过，赵先生就差不多每天在这茶楼上坐一两个钟头，三江人都认识这有茶癖的老画师了。赵先生也说穷，他治穷的方法就是靠卖画。许多人都爱上他的画了，湘桂还没有给敌人攻陷的时候，他的画借了交通之便，有时还卖到重庆去。他虽然是在六十多岁的高龄，写画的兴趣却一点也不衰退。他的画风是严肃的。由于以北宗为出发，加以个人的性格刚直而峻严，这样，在画学上他认为离经叛道的东西，不客气地予以严格的批评，甚而至痛加斥骂是常常有的。"（胡根天：《赵浩公在连县》，《大公报》1948年12月4日。）

🌐 8月，胡根天任广东省立艺术专科学校教务主任兼美术系主任。同时兼任广东省博物馆馆长。（直到1944年10月博物馆裁并为止）。（《胡根天年表》，载《胡根天作品集》，广州美术馆1993年版，第87—101页。）

🌐 9月28日，赵浩公抵韶关。（黄大德：《赵浩公年表》，载朱万章、郭燕冰主编《广东"国画研究会"研究》，岭南美术出版社2010年版，第178—204页。）

🌐 李铁夫在台山县友人家避难，离港途次公益埠（公益埠位于潭江边，现属台山市大江镇，与开平市水口镇隔江相望。得益于新宁铁路和渡口码头，公益埠在20世纪初年曾繁盛一时，由华侨规划城镇，建有大量洋楼群），静居赵巡官园林亭数月有感，赋诗《感怀》："万户伤心遍野花，都人何日更荣华。凄凉终是空街静，饥饿应无半碗抓。虚留酒阁禅为宝，尚有巡官伴作家。极目天边云入晚，对河水口未迁他。"（广州美术学院、鹤山县文化局编：《李铁夫诗联书法选集附文献资料及评论文章》，1989年版印刷本，第12页。）

🌐 香港沦陷，郑可受聘于韶关开办的广东省立艺术专科学校。经在第四战区政治部任职的伍千里介绍，郑可携母及妻、女，赴第四战区司令部所在地广西柳州，在时任第四战区司令官张发奎的支持和伍千里的协助下，于黄图出版社内成立"郑可工作室"，主要创作雕塑，兼及建筑、家具设计。（连冕：《郑可研究暨重订郑氏简编年谱》，《装饰》2017年第1期，第37—47页。）

🎓 黄新波在桂林榕门美术专科学校兼课。秋天，在阳太阳开办的初阳美术学院兼课。"到达桂林后，新波没有固定职业，除了曾在私立桂林榕门美术专科学校任课，秋冬两季在阳太阳私人办的初阳美术学院兼课，几乎全是以木刻菲薄的稿费维持生活。但是新波和美术界的同志们在这一时期的创作和艺术组织活动非常活跃，包括举行义卖展览、抗敌画展、街头展览、橱窗宣传、壁画与标语、报纸画刊发行等。这些工作是由美术界的同人分头负责的。"（黄元：《一个版画家的战斗历程：记我爸爸黄新波在桂林的片断》，《学术论坛》1981年第6期，第74—78页。）

🎓 王少陵转读美国纽约艺术学生联盟。［《王少陵年谱》，载《旅美一代绘画大家：王少陵》，《美中画报》社（美国）2004年版，第150—165页。］

秋，司徒杰回重庆"国立艺专"复学。（《司徒杰生平事略》，载《赤子之心：司徒乔、司徒杰艺术展》，中国美术馆2016年版印刷本，第80—85页。）

2月，黄新波与50余位画家联名致函苏联版画家，支持抗德战争，倡议互相交流。（广东省美术家协会编：《黄新波纪念文献集》，岭南美术出版社2006年版，第170—180页。）

10月17日陈抱一参加弘一法师追悼会，由夏丏尊提议，约请陈抱一绘制《弘一法师像》。（《陈抱一年表》，载陈瑞林编《现代美术家陈抱一》，人民美术出版社1988年版，第124—126页。）

10月4日，香翰屏为《大光报》捐募"读者号"滑翔机及筹募方便医院基金举行古画展览。展品全部由赵浩公担任展板说明，并在展场即席挥毫、筹款。"因颜料无法买到，只限画水墨梅花及石，其余仿古花鸟，另订润例。"润例：山水花卉：中堂横披三尺二百元，四尺三百元，册页一百元，斗方一般五十元。兽口润例加倍。如需特别名贵纸张由购画者自备。先后售出《仿古花鸟》《墨梅》《花鸟》《梅石》等数十幅。（黄大德：《赵浩公年表》，载朱万章、郭燕冰主编《广东"国画研究会"研究》，岭南美术出版社2010年版，第178—204页。）

- 画展举办缘由及经过："为什么会举办'香港的受难'画展呢？原因是1942年初由田汉、洪琛和夏衍合写了《再会吧香港》的话剧，在桂林演出时遭特务破坏，捣毁了剧场舞台，只好向观众宣布退票，但观众激于义愤，纷纷表示不退票，当时即把戏票撕毁。那时新波、特伟和郁风经常相聚，他们由这次话剧的演出经过，联想到可不可以搞一次画展，以'香港的受难'为题，控诉日本法西斯在香港的罪恶呢？于是便开始筹备组织。鉴于话剧演出遭国民党反动派特务的注意和破坏，所以他们决意利用英国人出面，由郁风找她原来熟悉的美国记者G.帕克商量，并得到他的热情支持，会见了英国驻桂林总领事兼中英文化协会负责人班以安，他也表示极力赞助，于是画展是以中英文化协会的名义举办的。同时新波又通过熟悉的林伦彦（朋友们称他为林大哥）的帮助，他当时是行营政治部主任李济深的秘书，邀请李济深参加了开幕式。由新波、特伟、郁风组织的这次展览，经一个多月的筹备，在桂林中华圣公会大堂展出。参加画展的画家有杨秋人、新波、特伟、郁风、盛此君、温涛等六人。郁风起草了展览会的前言：'作者的话'。其中写道：'当今天香港沦陷周年纪念，也是同盟国更接近胜利的时候，我们想将我们的痛苦的经历给写出来。使人们再一起想起香港，想起一切不幸遭受到法西斯蹂躏的地方，反省我们自己，应该怎样使全世界爱自由的人民，不分国籍不分种族，像兄弟般的团结起来，产生更大的力量，才能更快地得到胜利，更彻底地消灭法西斯主义……'这样重大的题材，由6个风格不同的画家共写出了60幅作品，包括油画、水彩、漫画、木刻、素描等，在桂林展览只有15天，但观众非常踊跃，轰动一时，很有影响。这在政治上是对敌人发动的文化反攻，而在艺术上，6个画家把他们表现同一题材的不同风格的作品集中展出，则是一种前所未有的尝试。"（黄元：《一个版画家的战斗历程：记我爸爸黄新波在桂林的片断》，《学术论坛》1981年第6期，第74—78页。）

陈海鹰于桂林体育路社会服务处举办旅桂第二次中西画展。为沪上文化名人杨千里先生造像，并获赠诗、赠印。[饮水思源：《陈海鹰教授年表》，载时代艺术研究会编《画坛教父：陈海鹰》，天地图书有限公司（香港）2014年版，第391—406页。]

朱沅芷在纽约市米尔希画廊举办个展，参加纽约市蒙卓思画廊举办的"第八届独立艺术家协会年展"。同年，他被纽约的贝鲁华医院诊断为精神分裂症。（《朱沅芷年表》，载顾跃《世界名画家：朱沅芷》，河北教育出版社2013年版，第206—209页。）

在美国援华会的赞助下，王少陵画展在纽约"美国艺术家协会"画廊举行，并被《纽约时报》大篇幅报道及介绍。[《王少陵年谱》，载《旅美一代绘画大家：王少陵》，《美中画报》社（美国）2004年版，第150—165页。]

胡善馀油画《西康铜器》《少女像》入选在重庆举办的民国第三届全国美展，获三等奖（一等奖空缺）。（《胡善馀艺术年表》，载吴为山主编《善彩馀韵：20世纪中国油画名家胡善馀》，人民美术出版社2017年版，第388—402页。）

4月起，黄新波替桂林雅典书屋创作宣传抗日的木刻和宣传画，为海涅诗选《梦的画像》、鲁迅翻译作品契诃夫的《坏孩子和别的奇闻》等书籍，以及杂志《诗》《少年之友》设计木刻封面与插图。（广东省美术家协会编：《黄新波纪念文献集》，岭南美术出版社2006年版，第170—180页。）

8月，罗工柳在《解放日报》上发表木刻《左权像》及文章《怀念左权将军》。（《罗工柳年表》，载中央美术学院编《罗工柳》，人民美术出版社2016年版，第366—375页。）"6月15日，《解放日报》最显著的地方，大字标题写着：'麻田血战，英勇杀敌，左权同志壮烈殉国。'并有朱总司令的悼文。这些电讯和文章，我很吃力地读完了。"（罗工柳：《和人民在一起：纪念左参谋长》，《解放日报》1942年8月15日。）

▶ "在人群中间，有个人在方桌前立着，他没有穿大衣，穿的是1938年公家发的普通的和战士一样的棉衣，是褪了色变得发白的灰色的军衣。但是，整齐端正的他，打着绑腿和扎着皮带，皮带上挂着三号式的左轮，子弹带上空下五个圈子没有装上子弹。这个人是健壮的，结实的，腰直直的，胸脯挺起的中年人；但他的脸微带黛黑色；从这里好像透露出一个不能掩盖的事实：就是他一定吃的东西很坏，而做的事情很多，太辛苦了。然而，他精神旺盛，声音宏亮地在讲演。读者同志们请你们猜猜吧！这个人是谁呀？这就是左参谋长，他在报告'目前财政问题'。"（罗工柳：《和人民在一起：纪念左参谋长》，《解放日报》1942年8月15日。）

罗工柳，《左权像》，1942年，16.5×13.5厘米，黑白木刻，家属收藏。[1]

---

[1] 注：图片来自中央美术学院编：《罗工柳》，人民美术出版社2016年版，第43页。

1943
癸未 中华民国三十二年

⧗生卒　📖教育　🌐流动　🏛交游　👥社团　🖼展览　🎨创作

⧗ 3月，苏华（1943—）出生。苏华，女，广东新会小岗人。1966年毕业于广州美术学院，曾在北京、南京、广州、青岛、长沙、深圳、珠海、汕头、香港、澳门等地举办个展和联展。出版有《苏华画集》《苏华书画》《苏华书法艺术》《广东书法名家作品选》《苏华写意花鸟》《林墉苏华访问巴基斯坦画集》（合作）、《苏家美术馆藏画集》（合作）等。曾任广东省书法家协会副主席，广州市美术家协会副主席，苏家美术馆名誉馆长，广州画院画家，国家一级美术师，广州市第十届、第十一届人大常委，国务院特殊贡献津贴专家。

苏华，《红棉》，2005年，68×68厘米，水墨设色，现藏于江门市美术馆。

⧗ 9月，李醒韬（1943—）出生。李醒韬，广东开平水口人。

李醒韬，《南国水乡春晓》，2003年，69×138厘米，水墨设色，现藏于江门市美术馆。

🌐 司徒乔西北之行，画华山十幅。赴新疆创作一百八十余幅，有《巩哈饮马图》《生命的奔腾》（即《套马图》）、《新疆集体舞》等。"1943年，重庆'军事委员会政治部'有'前线视察团'的组织。……于是他要求随行，'政治部'让他参加'西北视察组'。……'西北视察团'任务完毕要回重庆了。提起雾沉沉、湿漉漉、乌烟瘴气的重庆，乔实在不想回来。正在兰州犹豫而又彷徨的时候，有几位专家要入新疆，乔加入和他们一同走。""新疆之行确实丰富了乔的画囊。在一百八十多幅作品中，描写劳动生活的，有织地毯的工人、待雇的失业者，女教师、打铁匠、套马、养蚕、采桑、种稻、归牧、放牧和他们的驼群、羊群、马群、牝牛。描写各族人民风俗的有婚礼、搬家、叼羊（一种马上夺羊的游戏）、制乳酪、赶集、合骑在一匹马上的幼童、并辔夫妇、每星期五抚摸着香妃墓前砖石痛哭自己不幸遭遇的妇女、哈萨克族的马上英雄、维吾尔族的乐坛歌手。描写古朴友情的有《送别》《探亲》。描写风景的有《百年积雪的天山》《一镜映空的天池》《戈壁的浩瀚黄沙》《冰湖的琉璃世界》。……他花了整整半年工夫,把行旅匆匆中画成的二百八十幅作品整理、修辑,于一九四五年九月,抗日战争胜利声中,举行新疆画展于重庆。一则平安把画带出新疆的,乔算是第一个人。二则西北风光,蛰居重庆的人看了,有一种清新浩瀚之感。"(冯伊湄:《未完成的画》,人民文学出版社1978年版,第111—117页。)

▶ 此画为司徒乔1944至1945年新疆之行的代表作。新疆马雄壮、矫健,是画家最喜描绘的动物。为此他曾下功夫研究,画过上百幅速写。画面色彩热烈奔放,笔触流畅自如。画家曾给这幅画起过一个富于诗意的标题——《生命的奔腾》。或许正因为它带有草图性质,不似完成作品那么严密,而更具绘画过程中的韵律。(中国美术馆)

司徒乔,《生命的奔腾》(套马图稿),1944年,59×98.5厘米,布面油画,现藏于中国美术馆。[1]

🌏 7月底,冯钢百与黎汝杰一道赴西南写生。后被捕,拘押在重庆歌乐山监狱。[《冯钢百年表(1883—1984)》,载广东美术馆编《中国早期油画大家冯钢百》,人民美术出版社2003年版,第120—142页。]

🌏 因逃难人数迅速增多,澳门不堪重负,整体环境日益恶劣。粮食短缺,饿殍遍地,人吃人的新闻时有所见。李研山觉得澳门生活并非久计,遂前往当时尚为法国殖民统治的广州湾,即今日之湛江,方便转入桂林、重庆,这是日军占领香港后很多人返回内地所走的路线。李研山到达湛江后,在当地名人陈翰华的照料下,他以学长之尊被安置下来,遂不再前行,安心留在湛江读书和作画。(曹云峰:《记三十年代广州美专校长李居端》,载广州市政协文史资料研究委员会编《广州文史资料》第四十辑,1989年版,第191—198页。)

🌏 冬,李铁夫应李济深之邀到达广西桂林。当时李济深任国民党军事参议院院长、国民党战地党政委员会主任、国民党军委会西南办公厅主任等要职,在桂林坚持抗日。他与李铁夫交情甚深,称李铁夫为李老师。李铁夫到广西桂林后,受到李济深的礼待。湘桂撤退时,李济深安顿李铁夫于自己故乡容县家中,直至日本投降。(广州美术学院、鹤山县文化局编:《李铁夫诗联书法选集附文献资料及评论文章》,1989年版印刷本,第13页。)

---

[1] 注:图片来自《司徒乔画集》,人民美术出版社1980年版,第22页。

🌐 陈海鹰在柳州与李济深将军迎接李铁夫老师到桂林。李铁夫、陈海鹰被李济深将军邀请同往桂林行营办公厅内居住，一起生活及绘画。（台湾省立美术馆编辑委员会编辑：《陈海鹰回顾展》，台湾省立美术馆1993年版，第85—91页。）

🌐 伍千里通过第四战区政治部向柳州各界民众商号倡议捐款建立"光复桂南纪念碑"。该碑位于柳州南岸立鱼峰下，由郑可设计承建，吴琬书写碑文。次年7月建成，1944年9月柳桂撤退，该碑毁于战火。[吴瑾：《青年艺术社与广州现代美术（1927—1937）》，岭南美术出版社2010年版，第162—163页。]

郑可，光复桂南纪念碑浮雕照片，20世纪40年代，已毁于战火。

🌐 9月，黄新波在中渡县鹰山一家中学教书，次年寒假回桂林。（广东省美术家协会编：《黄新波纪念文献集》，岭南美术出版社2006年版，第170—180页。）

🌐 朱沅芷的女儿礼黁（即朱礼银）出生。礼黁不到两岁时，海伦因不堪丈夫逐渐恶化的精神状态，带着女儿离开。朱沅芷受到婚姻破裂与失去爱女的双重打击，精神不稳定。（《朱沅芷年表》，载顾跃《世界名画家：朱沅芷》，河北教育出版社2013年版，第206—209页。）

📖 春，王少陵入读纽约哥伦比亚大学研究美术。[《王少陵年谱》，载《旅美一代绘画大家：王少陵》，《美中画报》社（美国）2004年版，第150—165页。]

📖 9月，林达川完成雕塑与油画学业，毕业于日本东京美术学校。（《林达川艺术年表》，载《大璞不雕：林达川油画作品集》，中国美术学院出版社2006年版，第249—254页。）

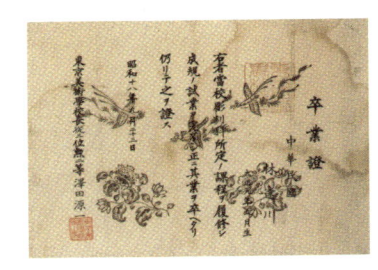

林达川的东京美术学校毕业证。[1]

---

[1] 注：图片来自《大璞不雕：林达川油画作品集》，中国美术学院出版社2006年版，第249—254页。

胡善馀在迁至重庆沙坪坝磐溪的国立杭州艺术专科学校任教授。(《胡善馀艺术年表》,载吴为山主编《善彩馀韵：20世纪中国油画名家胡善馀》,人民美术出版社2017年版,第388—402页。)

徐悲鸿撰文《中国新艺术运动回顾与前瞻》称："中国洋画家之老前辈,当首推李铁夫,今年七十余,其早年所画像,实是雄奇。惜乎二十年来,以吃茶耗其时日,无所表现。"(徐悲鸿：《中国新艺术运动回顾与前瞻》,《社会教育季刊》1943年第1卷第2期,第32—35页。)

陈海鹰在桂林月牙山倚红楼养病,赵少昂等来探访并赠画。[饮水思源：《陈海鹰教授年表》,载时代艺术研究会编《画坛教父：陈海鹰》,天地图书有限公司(香港)2014年版,第391—406页。]

4月,黄新波与盛特伟、郁风、杨秋人、盛似君、温涛等人举办的以太平洋战争流亡生活为题的大型画展"香港的受难"移展至重庆,增加叶浅予、丁聪和林仰峰的作品。"在重庆的展出则是取出其中六幅而增添了新的三幅。"(黄元：《一个版画家的战斗历程：记我爸爸黄新波在桂林的片断》,《学术论坛》1981年第6期,第74—78页。)

黄新波,《孤独》(《新曲》组画之一),1943年,15.8×12.8厘米,木刻版画。[1]

关于该次展览黄新波作品的评价："记忆中新波出品的版画幅数不多,令人难以忘却的是一幅题名《孤独》的木刻。在这荒凉的农村山野黑夜,暗淡的月光照在闪光的山坡小路上,一个神色慌张的迷途女孩在彷徨,远处村落有犬吠声。一颗星星横过黑色的天空陨落了。这凄凉的境界是新波在逃出香港流亡途中的感受,这可怜的女孩是在流亡路上被散失或遗弃了的,她的亲人可能惨死在刺刀下,可能死在海里,也可能散失在人海茫茫中。这孤独的生命是这一场战争造成的。新波在木刻《孤独》里向人们表达了这些日子以来一直震撼着他的心灵的印象,黑夜的寂寞、孤独使他的情感像火一样燃烧起来。"[黄蒙田："香港的受难"画展：回忆新波之四》,原载香港《美术家》1985年12月第47期,收入《黄蒙田散文：回忆篇》,天地图书有限公司(香港)1995年版。]

---

[1] 注：图片来自中央美术学院编：《罗工柳》,人民美术出版社2016年版,第74页。

- 陈海鹰代表李济深夫人到柳州主持名家画展（其中包括吴稚晖、于右任、林森、陈立夫、齐白石、徐悲鸿等画家作品），为桂林博爱托儿所筹募经费。[饮水思源：《陈海鹰教授年表》，载时代艺术研究会编《画坛教父：陈海鹰》，天地图书有限公司（香港）2014年版，第391—406页。]

- 陈海鹰在桂林中南路中国国货公司举办"陈海鹰旅桂第三次画展"。[饮水思源：《陈海鹰教授年表》，载时代艺术研究会编《画坛教父：陈海鹰》，天地图书有限公司（香港）2014年版，第391—406页。]

- 赵浩公从连县寄四十八张画到重庆，本来是请胡毅生为其主持举行个展的。适逢广东发生严重饥荒，广东旅渝人士，特发起庞大赈灾会，同时举办书画义卖展览。赵浩公闻之，当即表示把这批画参加赈灾义卖。（黄大德：《赵浩公年表》，载朱万章、郭燕冰主编《广东"国画研究会"研究》，岭南美术出版社2010年版，第178—204页。）

- 7月8日，黄新波与余所亚合办"夜萤画展"，个人参展作品约70幅，包括三色套版木刻《失地恢复之后》，余所亚参展漫画近60幅。展览后移至柳州和重庆。"这是以余所亚的漫画和新波的木刻为内容的画展。余所亚回忆说：取名'夜萤'，并非比喻为在漫长的黑夜中如流萤般起点闪烁的作用，而是着眼于作画时的实际情况。当时，物质条件很差，新波和所亚同在桐油灯下，在有如囊萤映雪的微光下进行创作的。这个画展，反映了当时文化工作者的物质条件艰难的一斑。梁琛为画展画的海报便是一盏微燃着的油灯。'夜萤画展'共有作品百余幅，多是围绕着当时的国际时事题材，也有不少是反映战时人民生活，表现他们的激奋和苦闷的。它先后在桂林'社会服务处''滑翔分会'展览，后来又在重庆中苏文化协会展出。余所亚的针对时弊的漫画共有近60幅，如《前方马瘦、后方猪肥》深为群众所喜爱，《纳粹的贡献》《完旦》则是充分发挥了他的讽刺才能，给法西斯以有力的一击。新波的独幅三色套版木刻《失地收复之后》，说明收复了地方，是彻底的民主。木刻《准备》《还击》《沉思》用抒情的手法，通过人物的形象，以象征性的手法表现人民将随时准备着给予敌人还击。当时在桂林的文化人中，罗曼·罗兰的《约翰·克利斯朵夫》、陀思妥耶夫斯基的《穷人》等有广泛的影响，这些作品在揭露社会、揭示人性方面，有着进步、积极的意义。因此，新波的木刻《陀思妥耶夫斯基》《罗曼·罗兰》肖像后面的远景是与暴风雪搏斗的行列，是放射着光芒，具有深邃的艺术力量。后来桂林春草书店出版的新波的木刻画册《新曲》里，便集有他在'夜萤画展'中的不少作品。"（黄元：《一个版画家的战斗历程：记我爸爸黄新波在桂林的片断》，《学术论坛》1981年第6期，第74—78页。）

王少陵的水彩画《纽约远眺》在全美艺术家作品展获荣誉奖。[《王少陵年谱》，载《旅美一代绘画大家：王少陵》，《美中画报》社（美国）2004年版，第150—165页。]

朱沅芷于纽约市米尔希画廊举办个展。（《朱沅芷年表》，载顾跃《世界名画家：朱沅芷》，河北教育出版社2013年版，第206—209页。）

罗工柳创作木刻《马本斋的母亲》等作品并参加"全国木刻展览会"。（《罗工柳年表》，载中央美术学院编《罗工柳》，人民美术出版社2016年版，第366—375页。）

罗工柳，《马本斋的母亲》，1943年，12.8×17.6厘米，黑白木刻，现藏于中国美术馆。[1]

李铁夫在台山写生创作一批水彩画，并试以宣纸画水彩画。1941年12月，香港沦陷后，李铁夫取道澳门前往台山。据台山名贤陈挺秀回忆："香港沦陷时，李铁夫更加困穷，我的家亦不幸被匪徒抢劫。尽管如此，我仍多方设法解决他的食住问题。他同时也得到台山刘栽甫的资助，不致饥冻。……后来我得到亲友的协助，才同他取道澳门，经过许多艰难险阻，才回到我的家乡台山。那时台山尚未沦陷。"而据顺德籍诗人黎畅九回忆，李铁夫在台山期间曾寓其家，且午品茗之习仍不改，与黎畅九家人孺子欣欣乐道其往日在美国之见闻以为快乐。午日，又负画具赴三台（台山县城，1914年，原新宁县改名台山，因县城东北有"三台山"而得名）名胜展匦作画，其称心之作有《台城郊外》《孟晋》《农场》《温泉乡》《那金村》《石化山》《西岩寺》《南郊塔》《石板潭》《通济桥外》等九帧，均三十二年春至夏所作，再三玩味而后钤印。"其年秋，余自三台赴端州，又与铁公同行，赴星岩玩游，一来复然，以途中不携画具，乃不

李铁夫，《石板潭》，1943年，66×44厘米，宣纸水彩，现藏于广州美术学院美术馆。[2]

1943

---

[1] 注：图片来自中央美术学院编：《罗工柳》，人民美术出版社2016年版，第40页。
[2] 注：图片来自广州美术学院选编：《李铁夫画集》，上海人民美术出版社1980年版。

复有星岩写生机之会,旋铁公以应李仁潮(李济深)先生之招,余乃送之苍梧转至八桂,时盖癸未(1943)十月也。"
(广州美术学院、鹤山县文化局编:《李铁夫诗联书法选集附文献资料及评论文章》,1989年版印刷本,第142—143页。)

李铁夫,《台城南郊塔》,1943年,40×66厘米,纸本水彩,现藏于广州美术学院美术馆。[1]

李铁夫,《温泉乡》,1943年,28×54厘米,宣纸水彩,现藏于广州美术学院美术馆。[2]

🎨 5月23日陈抱一的《弘一法师像》绘成,由夏丏尊等人护运至上海玉佛寺。(《陈抱一年表》,载陈瑞林编《现代美术家陈抱一》,人民美术出版社1988年版,第124—126页。)

🎨 9月,黄新波为桂林春草书店编辑"春草画丛",第一辑共六册,其中有新波选辑的《哺养》(世界版画选),以及个人木刻集《心曲》。

---

[1] 注:图片来自王见主编:《李铁夫研究》,岭南美术出版社2014年版,第33页。
[2] 注:图片来自广州美术学院选编:《李铁夫画集》,上海人民美术出版社1980年版。

1944
甲申 中华民国三十三年

⌛生卒 🎓教育 🌐流动 🏛交游 🏘社团 🖼展览 🎨创作

⌛ 11月，伍启中（1944— ）出生。伍启中，广东蓬江荷塘人，擅国画。1963年毕业于广州美术学院附中。曾任《广东画报》美术编辑，现为广东画院副院长、国家一级美术师、中国美协会员，广东省美协常务理事、政协广东省第六、七届委员，第八届、九届常务委员，享受国务院特殊津贴。

伍启中，《清音图》，年代不详，133×66厘米，水墨设色，现藏于江门市美术馆。

🌐 冯钢百被作为要犯，转押在贵州息烽监狱。［《冯钢百年表（1883—1984）》，载广东美术馆编《中国早期油画大家冯钢百》，人民美术出版社2003年版，第120—142页。］

🌐 7月，黄新波湘桂大撤退，乘末班火车到柳州。"1944年4、5月，湘桂战事紧张，党通知在桂林的同志准备疏散，新波便离开了桂林。"（黄元：《一个版画家的战斗历程：记我爸爸黄新波在桂林的片断》，《学术论坛》1981年第6期，第74—78页。）

🌐 9月，黄新波在宜山进入英国东南亚盟军心理作战部工作，负责对日兵策反宣传。（广东省美术家协会编：《黄新波纪念文献集》，岭南美术出版社2006年版，第170—180页。）

🌐 10月，黄新波随作战部赴贵阳，12月抵昆明。（广东省美术家协会编：《黄新波纪念文献集》，岭南美术出版社2006年版，第170—180页。）

🌐 林达川旅居日本，开始职业画家生涯。（《林达川艺术年表》，载《大璞不雕：林达川油画作品集》，中国美术学院出版社2006年版，第249—254页。）

🌐 10月，柳州疏散，郑可携家眷，辗转逃至湘桂交界的桂林及桂中象县（今来宾象州）。（连冕：《郑可研究暨重订郑氏简编年谱》，《装饰》2017年第1期，第37—47页。）

🌐 整风运动后，罗工柳下乡到陕甘宁边区的新正县七乡，任乡文书两年，深入了解农村和农民的生活。冬，参加"劳动英雄大会"的宣传活动，为劳动英雄画像，编绘大型彩色连环图画——"新洋片"，更加丰富、深刻、有力地服务根据地人民。（《罗工柳年表》，载中央美术学院编《罗工柳》，人民美术出版社2016年版，第366—375页。）

🎓 王少陵任纽约华侨公立学校校长。[《王少陵年谱》，载《旅美一代绘画大家：王少陵》，《美中画报》社（美国）2004年版，第150—165页。]

🖼️ 春，番禺县立师范学校举行书画展览艺术演讲会。展览开幕当日，时任勤勤师范大学教授胡根天，市美教授李桦、吴琬等到校指导。胡根天在学校做了"色彩的效能"艺术演讲，有师生百多人参加。（胡根天：《色彩的效能》，《广州民国日报》副刊《艺术周刊》1935年2月2日第39期，番禺县立师范学校书画展览艺术演讲会特辑。）

🖼️ 广东省美术协会、艺术专科学校、教育厅联合在韶关举行"首届美术节"。由胡根天担任审查委员会主任。

🖼️ 4月7日，陈海鹰旅桂第三届画展在桂林中国国货公司举行。"陈海鹰旅桂第三届画展，定于今日上午十时假座中北路中国国货公司举行。……届时留学英美四十八年之革命老画师李铁夫近作亦联合展出，李之作品在国内陈列，尚属首次。"（《陈海鹰李铁夫画展今天揭幕》，《大公报》（桂林）1944年4月7日。）

🖼️ 司徒奇作品被选参加苏联莫斯科举行之"中苏美术展览会"。在澳门参加"春睡画院十人作品展"，被邀参加由香港大学主办之"广东文献展览附广东当代名家画展"。参加开平县政府主办的"司徒奇画展"，筹募难童救济金及难童收容所。[司徒乃钟手辑，陈继春参校：《司徒奇（苍城）年谱》，载《奇笔纵横：司徒奇的艺术人生》，司徒氏苍城画院（香港）2016年版，第209—214页。]

朱沅芷作品参加纽约大都会博物馆举办的"描绘美国"联展，同年参加纽约市国际版画协会举办的"族群艺术"联展。（《朱沅芷年表》，载顾跃《世界名画家：朱沅芷》，河北教育出版社2013年版，第206—209页。）

元旦，李铁夫在桂林写感怀诗二首。其一："风云惨淡思悠悠，愁绪撩人不自由。七尺浮萍如落絮，十年浪迹等闲鸥。山河杌落兴亡感，天地昏沉杀伐秋。举目已无干净土，披衿慷慨弄吴钩。"其二："漓园欢宴腊灯红，预祝仇雠崩溃终。莫道庸愚无敌忾，裹尸马革实英雄。"（广州美术学院、鹤山县文化局编：《李铁夫诗联书法选集附文献资料及评论文章》，1989年版印刷本，第13页。）

5月，郑可于柳州设计第四战区阵亡将士公墓，建设费500万元，旋因柳州疏散而止。（连冕：《郑可研究暨重订郑氏简编年谱》，《装饰》2017年第1期，第37—47页；柳州市地方志编纂委员会编：《柳州市·大事记：中华民国》》第7卷，广西人民出版社2003年版，第415页。）

赵浩公写《松石图》，题识："盘根古干自离奇，莫道春风雨露迟。忽见参天青翠色，阶前生长万年枝。镜吾道兄博哂，甲申立春仿南田翁法，并书其诗，台山赵浩呵冻作。"（黄大德：《赵浩公年表》，载朱万章、郭燕冰主编《广东"国画研究会"研究》，岭南美术出版社2010年版，第178—204页。）

12月起，一直到次年抗日战争结束，黄新波绘制了大批反战宣传画和策反日军的传单。（广东省美术家协会编：《黄新波纪念文献集》，岭南美术出版社2006年版，第170—180页。）

1945
乙酉 中华民国三十四年

⏳ 生卒　📖 教育　🌐 流动　🏛 交游　👥 社团　🖼 展览　🎨 创作

⏳ 7月27日，陈抱一病逝，年52岁。（《陈抱一年表》，载陈瑞林编《现代美术家陈抱一》，人民美术出版社1988年版，第124—126页。）"1945年7月25日夜晚，对我来说是一个充满恐怖的夜晚。……我的父亲陈抱一在这晚突患重病，两天以后抛弃了母亲和我，抛弃了他为之奋斗一生的艺术，凄凉地离开了人世。那天晚上，父亲感觉不适，大口呕吐，腹部肿胀，人已经非常衰弱，说话十分吃力。因为家境艰难，母亲无力将他马上送入医院，直到次日才由朋友帮助入院治疗，27日早晨父亲便停止了呼吸。"（陈绿妮：《怀念我的父亲陈抱一》，载陈瑞林编《现代美术家陈抱一》，人民美术出版社1988年版，第163—168页。）

🌐 2月，胡根天任广东省立广州女子师范学校教员，直至1950年8月为止。（《胡根天年表》，载《胡根天作品集》，广州美术馆1993年版，第87—101页。）

🌐 4月，陈海鹰和李铁夫飞往重庆。5月，陈海鹰在重庆神仙洞主持"李铁夫老师作品欣赏会"，并招待新闻界、文化界。[饮水思源：《陈海鹰教授年表》，载时代艺术研究会编《画坛教父：陈海鹰》，天地图书有限公司（香港）2014年版，第391—406页。]

🌐 抗日战争结束前几个月，李研山从湛江前往茂名县县城，因他有一些学生在县城担任要职，遂以老师身份在当地小住。（曹云峰：《记三十年代广州美专校长李居端》，载广州市政协文史资料研究委员会《广州文史资料》第四十辑，1989年版，第191—198页。）

🌐 抗日战争胜利，李研山先回广州，后又回到离别八年的故乡新会，停留了一段不长的时间。很快离开故乡回到广州，与吴子复同住在"黄图画廊"的阁楼上。[李允鉌等：《李研山的书画艺术及其生平记要》，载《李研山书画集》，东方文物图籍出版社（香港）1974年版，第7—27页。]

🌐 8月，汤由础工作的新加坡"五彩石印工厂"破产倒闭，汤随后被雇于"新加坡海峡广告公司"，从事广告、商标的绘画设计。（王嘉整理：《汤由础艺术活动年表》，载广东美术馆编《汤由础恬静的故土》，2008年版印刷本，第98—101页。）

🌐 抗日战争胜利，赵浩公却生病了。10月28日，赵浩公与胡根天从连县启程，坐船回到广州。"1945年8月，日寇投降了，赵浩公先生却病了起来，而且病得很严重。他在病榻中怀念着广州，假如广州归不得，了也不能瞑目。两旬之后，病是医好了。10月28日，我和赵先生同日由连城县坐船启程，顺着连江南下回到了广州。"（胡根天：《赵浩公在连县》，《大公报》1948年12月4日。）

🌐 回广州后，赵浩公发现珍藏在家中的十多箱画作及藏画、古砖、奇石、印章、古玩等被日军强行搜掠一空，悲愤交加，一病几死，愈后体力渐衰。重新登记户籍表时，在职业一栏，填"写画"二字，警察问写画是何职业，先生为之长叹：盖写画数十年，至是始知写画确不足为业。（黄大德：《赵浩公年表》，载朱万章、郭燕冰主编《广东"国画研究会"研究》，岭南美术出版社2010年版，第178—204页。）

🌐 冯钢百被捕入狱后，为老友、时任云南省政府派驻重庆代表李一平知悉。恰逢日本战败投降之际，在李一平的解救下，冯钢百、黎汝杰经历了一年多的监禁后，从息烽监狱释放出来。冯钢百取道桂林到香港，寄住杨作甫家。[《冯钢百年表（1883—1984）》，载广东美术馆编《中国早期油画大家冯钢百》，人民美术出版社2003年版，第120—142页。]

🌐 因横滨空袭，林达川全家曾在中华墓地看墓老人家借居。（《林达川艺术年表》，载《大璞不雕：林达川油画作品集》，中国美术学院出版社2006年版，第249—254页。）

🌐 9月，抗日战争结束，英国东南亚盟军心理作战部解散，工作人员复员，由英国军机将黄新波自昆明送返香港。（广东省美术家协会编：《黄新波纪念文献集》，岭南美术出版社2006年版，第170—180页。）

🌐 罗工柳在农村基层做群众工作。（《罗工柳年表》，载中央美术学院编《罗工柳》，人民美术出版社2016年版，第366—375页。）

🌐 司徒杰与同学罗婉仪结婚。（《司徒杰生平事略》，载《赤子之心：司徒乔、司徒杰艺术展》，中国美术馆2016年版印刷本，第80—85页。）

🌐 年底，香港沦陷后逃往越南北部，与家人失散多时的陈锡钧回到广州。（陈伟祥、陈秀华：《家父陈锡钧》，载琥珂主编《陈锡钧雕塑绘画作品集》，西泠印社出版社2011年版，第7—11页。）

🌐 郑可受十九路军旧部和国民党民主派相关主人之托，再次赴香港创办数间工厂，包括中国工业美术厂、郑可美术供应厂，兼任香港合众五金厂有限公司执行董事，主要从事工商业美术设计和金属工艺研究、生产。（连冕：《郑可研究暨重订郑氏简编年谱》，《装饰》2017年第1期，第37—47页。）

🌐 抗日战争胜利后，郑可返抵广州，加入由伍千里任经理的黄图文化企业公司，复于其内设立郑可工作室。
（连冕：《郑可研究暨重订郑氏简编年谱》，《装饰》2017年第1期，第37—47页。）

🎓 秋季，王少陵被哥伦比亚大学聘为艺术系助教。[《王少陵年谱》，载《旅美一代绘画大家：王少陵》，《美中画报》社（美国）2004年版，第150—165页。]

🎓 司徒杰毕业于"国立艺专"雕塑系，在昆明西山小学教学。（《司徒杰生平事略》，载《赤子之心：司徒乔、司徒杰艺术展》，中国美术馆2016年版印刷本，第80—85页。）

司徒杰与同学在重庆"国立艺专"，前排右起司徒杰、陈道坦、许泽徽。[1]

🎓 广东省艺专从罗定迁回广州。

🎓 高剑父返穗，于"春睡画院"旧址创办私立南中美术院。

🏛 李铁夫、陈海鹰应徐悲鸿之邀到重庆盘溪中央美术院欣赏他百多幅国画。[饮水思源：《陈海鹰教授年表》，载时代艺术研究会编《画坛教父：陈海鹰》，天地图书有限公司（香港）2014年版，第391—406页。]

🏛 6月，应李济深将军之邀，陈海鹰与李铁夫同游内江、青城、成都、峨眉山及写生。[饮水思源：《陈海鹰教授年表》，载时代艺术研究会编《画坛教父：陈海鹰》，天地图书有限公司（香港）2014年版，第391—406页。]据温少曼回忆："1945年6月的一个早晨，师兄陈海鹰忽然来到我的宿舍，说是李铁夫老师已经抵达重庆，要我一同到夫子池'精神堡垒'（现重庆解放纪念碑处）对面的冠生园酒家与老师晤面。见面后，才得知先生此次峨眉之行是应著名爱国将领——李济深将军之邀，由广西桂林来到重庆，到四川峨眉等地同赴考察。……一早起来，开始收拾行装，略用早餐后在寺内报亭内购买到一支用野生藤制成手杖送给老师作登山之用，以及登山指南地图（木板刻制）。老人家非常爱惜，称赞这支古藤手杖，连连点头说：'very good（很好）！'老师留英美四十余年，不时在言谈中有许多语句用英语夹杂交谈使用。"（温少曼：《随李铁夫游画峨眉山》，《羊城晚报》2002年9月25日。）

1945

---

[1] 注：图片来自《赤子之心：司徒乔、司徒杰艺术展》，中国美术馆2016年版印刷本，第80—85页。

▶ 据温少曼回忆:"我们一行人到达'洗象池'已近傍晚,只见满山遍野已染上黄金色霞光。坐下来稍稍休息后,老师忽然画兴来了,要我们拿出画笔和颜色,就在他面前摊开。他稍沉思片刻,点燃一支香烟,抖擞精神,随手拈起一支笔,把构图大略勾画几笔,然后,涂上清水,从天空着色起到远山、寺廊一气呵成,这幅《四川峨眉》大作,赢得大家一致称赞。"

李铁夫,《四川峨眉》,纸本水彩,1945年,现藏于广州美术学院美术馆。[1]

🏛 9月9日中午,应陈树人邀,李铁夫、陈海鹰同到湖北路一六二号共谈画事。[饮水思源:《陈海鹰教授年表》,载时代艺术研究会编《画坛教父:陈海鹰》,天地图书有限公司(香港)2014年版,第391—406页。]

👥 抗日战争胜利后,杨善深回广州,随后寓居香港组织"丙申社",推广中华文化,在某次同善堂的书画义展中,杨善深捐出巨款四万元葡币赞助。[《杨善深艺术年表》,载邓伟雄主编《春风草堂艺粹》,集古斋有限公司(香港)2012年版,第262—269页。]

👥 高剑父、赵少昂、关山月、杨善深、黎葛民等在广州成立"今社画会"。12月间,杨善深在香港举行赈灾义展。[《杨善深艺术年表》,载邓伟雄主编《春风草堂艺粹》,集古斋有限公司(香港)2012年版,第262—269页。]

🖼 1945年夏天,黄新波在昆明与康朗合办"动静画展",以抗日为题,展出木刻、漫画、速写等作品130余幅。(广东省美术家协会编:《黄新波纪念文献集》,岭南美术出版社2006年版,第170—180页。)

🖼 抗日战争胜利,高剑父及其弟子在澳门举行大规模庆祝展览会。

🖼 司徒奇在澳门举办"司徒奇个人画展",高剑父老师及春睡同门莅临指导。[司徒乃钟手辑,陈继春参校:《司徒奇(苍城)年谱》,载《奇笔纵横:司徒奇的艺术人生》,司徒氏苍城画院(香港)2016年版,第209—214页。]

🖼 9月1日至4日,留在连山的广州市市立美术学校同学开了一个庆祝胜利的画展。"赵(浩公)先生的出品多至三十余幅,而且每幅都充满了功力,参观的人们为之惊叹不已,可见得他研究艺术态度的诚恳。"(胡根天:《赵浩公在连县》,《大公报》1948年12月4日。)

---

[1] 注:图片来自广州美术学院选编:《李铁夫画集》,上海人民美术出版社1980年版。

🖼 王少陵的油画《烽火余生》获全美青年艺术家作品展首奖。水彩画《校园映雪》获全美水彩画展荣誉奖。
[《王少陵年谱》，载《旅美一代绘画大家：王少陵》，《美中画报》社（美国）2004年版，第150—165页。]

🖼 "赵少昂、杨善深联合画展" 在新会、台山等地举办。[《杨善深艺术年表》，载邓伟雄主编《春风草堂艺粹》，集古斋有限公司（香港）2012年版，第262—269页。]

🖼 南京社会服务处举办"李铁夫、陈海鹰师生画展"。[饮水思源：《陈海鹰教授年表》，载时代艺术研究会编《画坛教父：陈海鹰》，天地图书有限公司（香港）2014年版，第391—406页。]"峨眉之行结束后，回到陪都重庆。不久，就是抗日战争胜利，日本投降了！老师与海鹰同乘船而下，到达南京。……得知老师要在南京"新街口"举办画展，我又即刻马不停蹄去南京。原来老师寓居在李将军鼓楼头条巷2号别墅中。"（温少曼：《水彩情深，恩师难忘：记恩师李铁夫先生画艺》，《大公报》1948年12月4日。）

▶ 据温少曼回忆："寓所前是'鼓楼公园'，感觉风景构图很美，在走廊前我画完了一幅《鼓楼远眺》水彩，正巧老师走下楼来，扶着手杖站在我身旁，指我画说：'你呢张画水彩味道唔够，颜色唔够透明，太过琐碎……不够艺术性。'先生拿起我的画笔，随手取出画纸就画。我立刻将所有颜色、碟，都清洗干净，站在他身旁，亲眼又一次目睹先生这幅《林荫消夏》，从开始到完成他的画法，仅用了约40分钟。并加重我对水彩画的体会，使我受益终生。"

李铁夫，《林荫消夏》，1945年，南京，纸本水彩，现藏于广州美术学院美术馆。

🖼 陈海鹰在中山图书馆与李铁夫举行"师生联合画展"，邀请李济深、张发奎、罗卓英揭幕，轰动整个广州。[饮水思源：《陈海鹰教授年表》，载时代艺术研究会《画坛教父：陈海鹰》，天地图书有限公司（香港）2014年版，第391—406页。]

李铁夫师生画展的专刊封面，由李济深题词。

🎨 年中，郑可与尹积昌等，初步完成制作"国民革命军陆军新编第一军印缅阵亡将士纪念碑"暨碑心铜鹰雕塑。（连冕：《郑可研究暨重订郑氏简编年谱》，《装饰》2017年第1期，第37—47页。）

🎨 抗日战争结束后，李研山欣喜若狂，首先回到许久未返的家乡，并在故乡创作了一幅《江山无恙图长卷》。这是他成名后在故乡所作的唯一一幅画。陈协之为此卷题诗曰："扛笔天涯伤路穷，纵横收束在玄中；十年一别丹青手，吴下真非旧阿蒙。"［李允鉌等：《李研山的书画艺术及其生平记要》，载《李研山书画集》，东方文物图籍出版社（香港）1974年版，第7—27页。］

🎨 黄新波在杜宣负责的大千印刷出版公司工作，编辑11月创刊的《大千画报》。美术作品：蜡笔画《英雄篇上的英雄——史迪威路的完成者》、宣传画《血不是白流的》《告诉幸存的人们》《黑暗已过，光明重临》等。在《新生日报》发表漫画、木刻与短篇小说。（广东省美术家协会编：《黄新波纪念文献集》，岭南美术出版社2006年版，第170—180页。）

🎨 日本投降，余本再度返港，为著名半岛酒店（Peninsula Hotel）创作大型壁画《街景》《海景》。这期间的主要作品有《捕鱼》《菖兰花》《渔民肖像》等。（《余本艺术活动年表》，载黄笃维、黄树德编《余本画册》，岭南美术出版社1994年版，第141—144页。）

🎨 司徒杰在昆明设计"十二·一运动烈士墓"（位于西南联大旧址）。（《司徒杰生平事略》，载《赤子之心：司徒乔、司徒杰艺术展》，中国美术馆2016年版印刷本，第80—85页。）

1946
丙戌 中华民国三十五年

⏳生卒　📚教育　🌐流动　🏛交游　👥社团　🖼展览　🎨创作

⏳ 6月1日，李润堂（1946—）出生于广东省台山市。曾从事过陶瓷工、工艺设计、酒店美工、剧院广告、宣传展览等工作。2000年以后开始进行职业漫画创作。2001年加入广东省漫画学会，2009年加入广东省美术家协会。其作品入选国际国内漫画大赛、入选展览、入选画册次数高达百余次。［王畅怀主编：《漫出侨乡：著名漫画家李润堂获奖作品选集》，中国李铁夫美术出版社有限公司（香港）2014年版。］

李润堂，《影子》，漫画，获2008年第二届"红人奖"国际幽默艺术大赛金奖。

🌐 广东省政府决议成立广东文献馆。

🌐 赵浩公等在广东文献馆内主持广东国画研究会复会会议。（黄大德：《赵浩公年表》，载朱万章、郭燕冰主编《广东"国画研究会"研究》，岭南美术出版社2010年版，第178—204页。）

🌐 1月，《华商报》复刊，黄新波担任外勤记者，至1947年初为止。（广东省美术家协会编：《黄新波纪念文献集》，岭南美术出版社2006年版，第170—180页。）

🌐 2月，黄新波、华嘉、陈实、黄宁婴、黄蒙田等发起组织人间书屋，出版文艺创作、翻译与理论书籍，负责出版物的装帧设计。人间书屋于1949年底迁回广州，继续出版工作，至1951年结束。六年间，先后出版人间文丛14种、人间诗丛6种、人间译丛6种，青年学习丛书4种，共30种。另有6种已预告出版，但因时局变动未及付印。（广东省美术家协会编：《黄新波纪念文献集》，岭南美术出版社2006年版，第170—180页。）

🌐 春，李铁夫归访故乡广东省鹤山县，住陈山小学楼上数日，携带作品先后在本乡及南山一中展出。书留"独鹤归何晚，昏鸦已满林""蟹眼涌泉秋更冷，龙珠赛月夜增光"等联，并作画数幅留村。

▶ 李玉麟记曰："一九四六年春，玉麟承陈山小学罗逸樵校长到穗造访，遵本乡父老之命邀同铁夫公返乡叙旧，同时携有铁夫公心爱作品，先后在本乡及南山一中展出，深受各界人士欣赏。"1983年，李铁夫的故乡鹤山在其出生地陈山村建立了一所纪念馆"铁夫画阁"，李玉麟将此照片送出以贺李铁夫画阁落成志庆。

李铁夫（中）、鹤山陈山小学罗逸樵校长（右）、李玉麟（左），1946年春摄于广州。

🌐 春，罗工柳回延安，入中央党校文艺研究室任美术组副组长。秋，到邢台，任晋冀鲁豫北方大学（范文澜任校长）文艺学院美术系主任。（《罗工柳年表》，载中央美术学院编《罗工柳》，人民美术出版社2016年版，第366—375页。）

🌐 因广东中山县开往香港的船发生意外，伍步云早期画作全数淹没。现存伍步云该年代的作品，仅有一幅于1938年所作的《月饼》。

🌐 20世纪40年代末期，谭华牧又重赴澳门从事美术活动，曾在当地名流何贤担任名誉会长的"澳门美术研究会"中担任名誉副会长。（《谭华牧艺术活动年表》，载广东美术馆编《谭华牧："失踪者"的踪迹》，岭南美术出版社2006年版，第227页。）

🌐 4月，余所亚在上海主持由《文汇报》创办的文学艺术刊物《文汇半月画刊》，该刊分"画"和"文艺"两个栏目。图画以漫画为主，另有国画、素描和铜、石、木等各种雕刻。文艺栏包括戏剧、诗歌、小说、游记、随笔、杂文等文学作品，并附有演员剧照和政界名人照片。

▶ 1946年5月，第3期《文汇半月画刊》封面，编辑人：余所亚；出版者：文汇报。

- 伍千里被选为广东省美术协会理事长,在广州《天行报晚刊》主编《艺术周》副刊。9月,伍千里在广州设立黄图文化企业公司,任经理。公司曾先后承造香港华商总会集资为蒋介石祝寿塑像、新一军纪念碑上的铜鹰等。[吴瑾:《青年艺术社与广州现代美术(1927—1937)》,岭南美术出版社2010年版,第162页。]

- 9月14日,司徒乔与夫人冯伊湄抵达美国西海岸,为治疗司徒乔的肺病一路奔波,从旧金山、洛杉矶、华盛顿到纽约。(冯伊湄:《未完成的画》,人民文学出版社1978年版,第184—206页。)

- 10月,郑可工作室重新成立于香港九龙塘,收入则多来自广告业务,涉及丝网印刷,但仍创作雕塑,并进行工业产品及设备的设计。(连冕:《郑可研究暨重订郑氏简编年谱》,《装饰》2017年第1期,第37—47页。)

- 国立艺专复原回杭州。11月,周薇辞去由宋庆龄募资捐款在广州建立的福利院的工作,与胡善馀同赴杭州履职。(《胡善馀艺术年表》,载吴为山主编《善彩馀韵:20世纪中国油画名家胡善馀》,人民美术出版社2017年版,第388—402页。)

- 冯钢百在广州杉木栏吴一堂楼上的盐务公司当挂名经理,后转为南华公司东莞鲤鱼沙蔗场当技术指导,作《老人》油画肖像。[《冯钢百年表(1883—1984)》,载广东美术馆编《中国早期油画大家冯钢百》,人民美术出版社2003年版,第120—142页。]

- 胜利复原之后,赵浩公花了一笔钱,把泽仁里抗战之前的山南社修复了。劫后余生,勇气尚在,以为世道清明,再能逍遥于艺苑,一则以四十年来不断研究的心得传于后进,献于社会;二则也以此乐其天年,这未尝不是老了的艺人的一个理想。(黄大德:《赵浩公年表》,载朱万章、郭燕冰主编《广东"国画研究会"研究》,岭南美术出版社2010年版,第178—204页。)

- 丁衍庸任广东省立艺术专科学校校长时期,谭华牧被聘任为该校美术科教授兼学校总务主任,同时执教于高剑父担任校长的广州市立艺术专科学校。(《谭华牧艺术活动年表》,载广东美术馆编《谭华牧:"失踪者"的踪迹》,岭南美术出版社2006年版,第227页。)

- 1946至1949年,陈洞庭先后在广州市南中美术专科学校国画科、广州市立艺术专科学校国画科学习,其间师承高剑父及方人定、关山月、黎雄才诸名家。

- 9月起,黄新波在南国动画艺术学院任教。(广东省美术家协会编:《黄新波纪念文献集》,岭南美术出版社2006年版,第170—180页。)

司徒杰在昆明南善中学教学。(《司徒杰生平事略》,载《赤子之心:司徒乔、司徒杰艺术展》,中国美术馆2016年版印刷本,第80—85页。)

邓尔雅为赵浩公刻"浩劫余生"印。边款:"历劫无恙,浩公画盟属刻,尔雅。"(黄大德:《赵浩公年表》,载朱万章、郭燕冰主编《广东"国画研究会"研究》,岭南美术出版社2010年版,第178—204页。)

4月,李铁夫随李济深到重庆,并同访郭沫若。"在四月尾上我离开重庆之前,任公(编者注:李济深,号任潮)同一位老画家李铁夫到我寓里来访问过,今天要算是到南京来回拜。"1946年7月7日至8月25日,郭沫若在上海《文汇报》副刊《世纪风》上连载《南京印象》时,曾在第十二篇《慰问人民代表》时提到与李铁夫的会晤。"李铁老在登峨眉山的时候,那样险峻的山地,一律是步行,既不肯坐轿子,也不肯坐背子(峨眉山上的一种特殊的交通工具,是一种简单的木架,人反坐在上面,被背上山)。但照他的外貌看来,只能看出是五六十岁的人,高长而瘦削。他喜欢喝茶。和任公同在昭平的时候,一清早起来,要走二十里的山地到一个小镇上去喝茶,来回就是四十里。他处之泰然,决不肯买些茶叶回来在家里喝。每天不问晴雨他一定要去走那许多路。见到了任公……我问到李铁老。他刚好出外去了。他到了南京来也还是天天要出外去走街,不管天气怎么热,太阳是怎么大。"(《郭沫若全集·文学编·第十四卷》,人民文学出版社1992年版,第506—514页。)

6月,黄新波、符罗飞、黄蒙田、陆无涯、梁永泰、陈雨田、萨一佛等发起组织人间画会,起草成立宣言。(广东省美术家协会编:《黄新波纪念文献集》,岭南美术出版社2006年版,第170—180页。)

12月,黄新波发起并与华嘉、陈实、黄宁婴、黄蒙田、黄秋耘、金帆、钟敬文、黄药眠、陈芦荻、楼栖等组织"人间书屋",出版文艺创作、翻译与理论丛书等,黄新波负责出版物的装帧设计。(广东省美术家协会编:《黄新波纪念文献集》,岭南美术出版社2006年版,第46页。)

"人间画会"与"人间书屋"部分同人合影,前排左起:陈雨田、黄新波、华嘉、陈宝昌;后排左起:梁永泰、老慕瑞、陈实、金帆、杨静、陆无涯。

🖼 1946年，司徒乔接受国民政府行政院"善后救济总署"的委托，为粤、桂、湘、鄂、豫五省灾区作画。1月22日，司徒乔从重庆启程前往广州，并将孩子送至寄宿学校，托亲友照应，然后开始五省灾区之行，作竹笔长卷《学龄儿童》《义民图》，及《饥饿》《逃荒》等，并赴解放区访问、写生。6月初在南京、上海举行"灾情画展"，郭沫若以《从灾难中像巨人一样崛起》为题发表评论。"乔接到南京善后救济总署的电报，让乔立刻把作品带到南京，悬挂在即将开幕的"联合国救济会议"的会场。画一共是七十多幅（除了在武汉失去的《学龄儿童》），装在一个硬纸皮做成的大画夹内，另外还有已在开封裱好的一大卷。7月1日，画展移到上海八仙桥青年会三楼举行。"（冯伊湄：《未完成的画》，人民文学出版社1978年版，第172—178页。）

司徒乔，待渡（竹笔《灾民图之一》），1946画于湖北，58×72.8厘米，原作藏中国美术馆。[1]

🖼 5月24日，李铁夫在重庆举行画展，李济深为其题字，到会留名者有徐悲鸿、吕斯百、廖冰兄、力扬、沙汀、邓初民、滕白也、黄养辉等数十位文化界知名人士。"抗战胜利，他……挟了一大捆油画和水彩画，到重庆想作一次公开展览，以供艺术界人士的公开品鉴。住在李公馆，备受推崇，任潮将军尊他为'李老师'。"（木龙·霞奇：《东亚第一画家李铁夫》，《人物杂志》1947年总第2年第3期，第6—9页。）

▶ 民国三十五年五月廿四日约在渝文化友好参观李铁夫先生佳作签名。"民国三十五年五月廿四日约在渝文化界友好参观李铁夫先生佳作签名"为李济深所题，出席并签名的文化界知名人士有徐悲鸿、吕斯百、廖冰兄、力扬、沙汀、邓初民、滕白也、黄养辉等。[2]

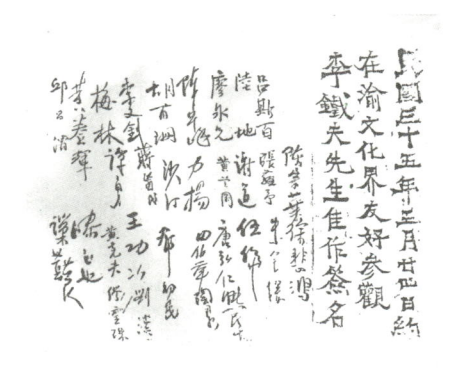

🖼 8月3日，赵少昂、杨善深在香港胜斯酒店二楼举行联合画展。"画家赵少昂及杨善深，抗战期间，足迹遍大后方，曾有合作作品不少，日前抵港，由今日上午十一时至下午六时假胜斯酒店二楼举行合作画展览，一连三天，不收门券，欢迎参观。"[《画家赵少昂杨善深今日举行联合画展》，《工商日报》（香港）1946年8月3日。]

---

[1] 注：图片来自《司徒乔画集》，人民美术出版社1980年版，第33页。
[2] 注：图片来自广州美术学院、鹤山县文化局编：《李铁夫诗联书法选集附文献资料及评论文章》，1989年版印刷本，第170页。

秋，赵浩公为叶因泉《流民图》题字："今之郑侠。因泉兄所绘流民图百页，淘空前之巨制也。书此以志佩服。民国卅五年秋，石佛。"（黄大德：《赵浩公年表》，载朱万章、郭燕冰主编《广东"国画研究会"研究》，岭南美术出版社2010年版，第178—204页。）

9月，李铁夫随李济深到南京，于9月10日举行画展。"……去年（1946）九月十日，在南京举行第一次公开展览……这次展览破例没有用着精美的画框，其中有在美国入选的三十一幅巨画之部，那种十九世纪的人物，笨重装束和布框上的裂痕，正象征着他的'古老'历史和卓越的成就，有一张惊心动魄的《二次革命失败蔡烈士锐廷就义时写实》画着一位先贤卧倒在血泊中，腊黄的脸上流着鲜红的殷血，一顶礼帽被抛在一尺远的前侧，双眼睁开，两手紧握着拳，手项上还紧扣着一副洋铐，这是一张画，也是一个史实！更是许多争自由民主战士们的典范！上面标价是一万万元，谁出这样代价来买一幅恶腥的死尸像呢？人们要的是美人，花鸟虫鱼！然而也没有一个革命者的血是能用钱来估价的！"（木龙•霞奇：《东亚第一画家李铁夫》，《人物杂志》1947年总第2年第3期，第6—9页。）

▶ 这幅画因记录时的错漏和画名的简记，长达三十年被称为《蔡廷锐就义》，致使画中人物身份及所反映的现实主义题材之意义长期不明。"当中以讹传讹的过程是：木龙•霞奇文章中把'蔡锐霆'误为'蔡锐廷'（'蔡锐霆'与'蔡锐廷'同音字误）；苏文将'蔡锐廷'误记为'蔡廷锐'（名字顺序颠倒）；岭南美术出版社1985年出版的《李铁夫画集》将该作品名称标注为《蔡廷锐就义》，画中烈士名称的标记与苏文出现同样的错误。原来作品的题目被简记，成为现在沿用的作品名。"[1]

李铁夫，《二次革命失败蔡烈士锐霆就义时写实》，1946年，100×177厘米，布面油画，现藏于广州美术学院美术馆。

10月，何香凝携带"抗战八年木刻展览会"部分作品赴港，交给黄新波，12月以"鲁艺木刻展览会"之名展出，数量200余幅。（广东省美术家协会编：《黄新波纪念文献集》，岭南美术出版社2006年版，第170—180页。）

---

[1] 注：图片来自许以冠：《烈士真名：李铁夫〈二次革命失败蔡烈士锐霆就义时写实〉辨误及分析》，《美术学报》2013年第1期，第70—75页。

- 黄新波为人间书屋设计《造物者悲多汶》（罗曼·罗兰著，陈实译）封面、扉页及封底。开始油画创作，完成《铁丝网》《都市的人》《归侨》和《亡命路上》。在香港《新生晚报》《星岛日报》《华商报》发表艺评、小说、散文和时事漫画。（广东省美术家协会编：《黄新波纪念文献集》，岭南美术出版社2006年版，第170—180页。）

黄新波设计，《造物者悲多汶》封面，罗曼·罗兰著，陈实译，1946年出版。[1]

- 1946至1948年三年间，黄新波进行了油画创作的探索。

黄新波和他所创作的油画。[2]

- 3月，郑可受居港华人、华侨商界之托，与伍千里合作，为纪念"抗战"胜利，以64两黄金，为蒋介石塑半身像，配石质基座。像成后，送南京陈列。（连冕：《郑可研究暨重订郑氏简编年谱》，《装饰》2017年第1期，第37—47页。）

- 4月，罗工柳与庄言、胡蛮、辛莽编绘"新洋片"《赵天顺翻身》。（《罗工柳年表》，载中央美术学院编《罗工柳》，人民美术出版社2016年版，第366—375页。）

---

[1] 注：图片来自广东省美术家协会编：《黄新波纪念文献集》，岭南美术出版社2006年版，第47页。
[2] 注：图片来自广东省美术家协会编：《黄新波纪念文献集》，岭南美术出版社2006年版，第44页。

🎨 6月，罗工柳为赵树理的著作《李有才板话》创作木刻插图19幅，在延安《解放日报》上连载，后又结集出版。罗工柳自述创作过程及心得："那时艺术家生活在特定的时代。没有那个生活，没接触那些人，可能也刻不出来。我刻《李有才板话》是经过延安文艺座谈会以后，又下了乡。到农村里当乡文书，整天跟农民在一起。这好处很大，我熟悉很多的朋友，了解很多他们的性格与个性。我经常画他们，他们的形象都活在我的脑子里。所以我画起来很自然，形象自己便出来了。另外，在延安生活不发愁、吃穿不发愁，供给制，钱也不发了，对于用钱从淡泊渐渐到遗忘，使人忘掉了名利。其他也是自由的，想怎么画就怎么画，好像一个艺术的天堂，因此非常忘我，不像现在有很多利欲干扰。比较接近原始生活。再回到那种境界是很难的。我当时根本没有想到要搞什么风格，只是一心一意、专心地、无杂念地搞好一种艺术。"（刘骁纯编：《罗工柳艺术对话录》，山西教育出版社1999年版，第30—31页。）

罗工柳，《李有才板话》插图之一，1946年，12×8.5厘米，木刻油印，现藏于中国美术馆。[1]

🎨 赵浩公写《山水》，题识："峭石浮岚俯翠薇，瀑流飞雨散林霏。渔翁来往清溪曲，怅望行人古道稀。画似世尧 仁兄雅属，丙子小阳并录元诗，赵浩公"；写工笔《花鸟》四屏，题识："翰柏道盟兄雅玩。丙戌长夏仿唐人本，台山赵浩"（石石斋藏）；写《罗汉》图，题识："翰柏道盟兄雅玩。丙戌腊八台山赵浩"（石石斋藏）；写《花鸟》，题识："宁斋先生博粲，丙戌腊八台山赵浩"；写《松鹤图》，题识："丙戌初秋画奉少旅先生。台山赵浩"；写《鹦鹉》，题识："翰仙道兄清赏，丙戌长夏拟宣和院本。台山赵浩公并记"。（黄大德：《赵浩公年表》，载朱万章、郭燕冰主编《广东"国画研究会"研究》，岭南美术出版社2010年版，第178—204页。）

🎨 12月25日，胡根天在广州《天行报》晚刊发表题为《日本的美术在中国的摇篮中长大》的文章。"民国四年（1915）东京美术学校招生，当我到上野公园进入学校的校务处报名的时候，我本来是要考日本画科的，但校务处两位留着胡子的职员或教员，他们却坦白地献给我一个意见，以为中国人来到日本学习绘

---

[1] 注：图片来自中央美术学院编：《罗工柳》，人民美术出版社2016年版，第53页。

画，应当入西洋画科；日本画是由你们中国学过来的，到日本来学日本画，不如就在你们中国学中国画！至于中国人到日本要学西洋画，这理由是因为西洋画在中国还没有萌芽，而在日本则已经有三四十年历史了，中国学生应当回国去开展新的园地！"（《胡根天年表》，载《胡根天作品集》，广州美术馆1993年版，第87—101页；胡根天：《日本的美术在中国的摇篮中长大》，《天行报》1946年12月25日晚刊。）

陈锡钧回到广州后繁忙地进行创作，为旭苏爵士、香港上海银行主席阿瑟莫尔斯爵士、何东爵士及许多知名人物塑像。（陈伟祥、陈秀华：《家父陈锡钧》，载琥珂主编《陈锡钧雕塑绘画作品集》，西泠印社出版社2011年版，第7—11页。）

陈锡钧，《何东爵士像》，1949年，现藏于香港大学博物馆。[1]

---

[1] 注：图片来自琥珂主编：《陈锡钧雕塑绘画作品集》，西泠印社出版社2011年版，第31页。

1947
丁亥 中华民国三十六年

⊠生卒　📖教育　🌐流动　⛩交游　👥社团　🖼展览　🎨创作

🌐 春天，黄新波离开《华商报》。（广东省美术家协会编：《黄新波纪念文献集》，岭南美术出版社2006年版，第170—180页。）

🌐 5月，林达川居住在横滨元町5-195番地，继续职业画家生涯，从事自己的绘画事业，并协助夫人陈笑兰经营化妆品、饮食店维持一家生计。（《林达川艺术年表》，载《大璞不雕：林达川油画作品集》，中国美术学院出版社2006年版，第249—254页。）"父亲是勤奋的，还记得幼年时一家居住在日本横滨元町5-195番地那所简易的二层木屋。我放学回家，经常看见父亲在画画，空气中漂浮着熟悉的油画颜料和调色油的气味。暑期父亲经常带着我们几个孩子去叶山海岸一带嬉水游玩，他一个人却在远处写生，直到傍晚才赶末班车回家，途中我们一人捧一幅油彩未干的作品并被关照小心不准碰撞。荣获1949年全日本第五回美术展览特选奖的作品《窗前的景致》就是在那所木屋的二楼窗前创作的。"（林亦香：《后记》，载《大璞不雕：林达川油画作品集》，中国美术学院出版社2006年版，第255—259页。）

🌐 7月，汤由础与四个朋友合股接顶了"新加坡海峡广告公司"，仍然画广告商标、绘画卖画、做镜框兼经营美术用品。（王嘉整理：《汤由础艺术活动年表》，载广东美术馆编《汤由础恬静的故土》，2008年版印刷本，第98—101页。）

汤由础在新加坡海峡美术广告公司。[1]

🌐 11月，黄新波任香港《大公报·新美术》双周刊与《文汇报·漫画周刊》主编。（广东省美术家协会编：《黄新波纪念文献集》，岭南美术出版社2006年版，第170—180页。）

---

[1] 注：图片来自广东美术馆编：《汤由础恬静的故土》，2008年版印刷本，第99页。

- 罗工柳带领北方大学文艺学院美术系师生到冀南参加土改工作。（《罗工柳年表》，载中央美术学院编《罗工柳》，人民美术出版社2016年版，第366—375页。）

- 广东摄影学会成立，伍千里任常务委员，继续在《中山日报》主编《艺术周》。［吴瑾：《青年艺术社与广州现代美术（1927—1937）》，岭南美术出版社2010年版，第162页。］

- 王少陵受聘为南京国立中央大学艺术系教授。［《王少陵年谱》，载《旅美一代绘画大家：王少陵》，《美中画报》社（美国）2004年版，第150—165页。］

- 市政府拟由李研山恢复广州市市立美术学校。重组广州市美之事无果后，高剑父奉令筹办广州艺术专科学校。

- 10月1日，林荣俊任广州市立艺术专科学校教授。20世纪50年代为广州某中学教师，以后不知所终。（刘晓路：《各奔东西：纪念近代留学东洋和西洋的中国美术先驱们》，《新美术》1998年3号，第23—29页。）

- 司徒杰接到加拿大多伦多美术学院的入学通知书，为当时人民解放斗争的胜利所鼓舞，毅然放弃出国，决心要为新中国贡献自己的艺术人生。（《司徒杰生平事略》，载《赤子之心：司徒乔、司徒杰艺术展》，中国美术馆2016年版印刷本，第80—85页。）

- 黄云在广州黄埔中正中学读初中（现广州六中的前身）。［《黄云年表》，载广东省江门美术馆编《黄云艺术人生》，中国文艺出版社（香港）2009年版，第240—258页。］

- 1月23日，徐悲鸿复王少陵一函，谓："得书欣知驾返南京，并闻将举行展览，欣慰无极。兹特附函致中大艺术系主任吕斯百先生，请往访之。中大为南京艺术界核心，得诸位同事助力便能进行裕如也。"（王震编著：《徐悲鸿年谱长编》，上海画报出版社2006年版，第289页。）

1947

🏛 11月12日，徐悲鸿复王少陵一函，言："手教诵悉。足下虚怀若谷，曷胜钦佩！倘归来真能来敝校任教，弟等之深幸也。另纸证明，请持示美国领事，如此便无北来之望矣。附：徐悲鸿手条 兹证明 王少陵先生赴美归国后来敝校任教授 卅六（1947）年十一月二十日 国立北平艺术专科学校校长"。（王震编著：《徐悲鸿年谱长编》，上海画报出版社2006年版，第299页。）

徐悲鸿手条。[1]

🏛 11月14日，徐悲鸿复王少陵一函，言："得手书及剪报，欣慰无量。吾兄实至名归，曷胜庆贺。亚尘兄与兄同去美国至为理想，如此则一切当能顺利矣。能否来平一游？惟此时已寒，不是旅行季候，只图快晤而已。"（王震编著：《徐悲鸿年谱长编》，上海画报出版社2006年版，第299页。）

🏛 3月，李铁夫在上海参加辛亥革命同志会活动，被推举为监察委员。[《辛亥革命同志会》，《大公报》（上海）1947年3月30日。]

🏛 9月13日，赵浩公在广州《中山日报》发表《国画研究会是怎样成长的》一文，详尽回顾癸亥合作社到国画研究会成立及发展的过程。（黄大德：《赵浩公年表》，载朱万章、郭燕冰主编《广东"国画研究会"研究》，岭南美术出版社2010年版，第178—204页。）

🏛 11月，赵浩公等假座广东文献馆筹商国画研究会复员办法。议决将邀集旧会员登记，但拒绝曾在日军占领期间失节的会员参与。（黄大德：《赵浩公年表》，载朱万章、郭燕冰主编《广东"国画研究会"研究》，岭南美术出版社2010年版，第178—204页。）

🏛 1月2日，赵浩公、冯钢百、胡根天、黄般若、吴琬、李研山等于广州黄图画廊举行美术展览。（黄大德：《赵浩公年表》，载朱万章、郭燕冰主编《广东"国画研究会"研究》，岭南美术出版社2010年版，第178—204页。）

---

[1] 注：图片来自朱晨光：《王少陵》，东方文化事业公司（北美）1989年版，第41页。

📷 年初，李铁夫到上海，于2月18至28日在大新公司画廊举行画展。"老画师李铁夫先生，留学欧美五十余年，近膺吴市长、潘议长暨文化界友好之请，特于下周假座大新画廊，以其入选国际名作廿一幅，暨历年心血作品展出，以供爱好艺术者之研究。"［《国际驰名老画师李铁夫画下周在沪首次展出》，《大公报》（上海），1947年2月15日。］"留美五十余年之革命老画师李铁夫画展，决于明日假座大新画廊展出，并定今日下午举行预展，招待党军政新闻文化艺术界参观批评。"［《李铁夫画今日预展》，《大公报》（上海）1947年2月18日。］

《国际驰名老画师李铁夫画下周在沪首次展出》，《大公报》（上海）1947年2月15日。

📷 上海大新公司画廊举办"李铁夫、陈海鹰师生联展"，介绍人都是李的老同志，党国要员。包括张继、孙科、陈立夫、朱家骅、徐悲鸿等，极受注目。（见当时画展场刊）陈海鹰应邀为黄琪翔将军及夫人郭秀仪女士绘像。应中央监察院长黄绍雄之邀造像，完成后黄特举行宴会，宴请部、院首长及沪上名流，推介陈氏的艺术成就，参加者有白崇禧、黄琪翔、陈树人、黄君璧、徐悲鸿、孔祥熙、陆丹林等。孙科在武夷路七号公馆邀宴陈海鹰，并题赠了"艺苑之秀"墨宝。陈海鹰的中西画展于上海大新公司画廊，以肖像画为主，轰动一时，遐迩传诵，陈树人、李铁夫、高剑父、徐悲鸿联名为介，徐悲鸿且特为作介绍词："陈海鹰先生精研艺事，尤擅绘像，其用笔之豪放与设色之熟练，匪止刻划形态，抑能表现其人之个性与神采！"沪上名画家许士骐且著文于上海美协出版的《美》，盛誉陈氏绘画，见载于当年上海《新中国画报》。［饮水思源：《陈海鹰教授年表》，载时代艺术研究会编《画坛教父：陈海鹰》，天地图书有限公司（香港）2014年版，第391—406页。］

📷 3月，人间画会举办首次成员画展——"风雨中华"漫画展，黄新波个人参展作品约10件。画展获得极大成功，影响空前。此后两年，人间画会主办的成员展览络绎不断："王琦画展""黄永玉画展""陆志庠素描展览""特伟、陆无涯、方菁、盛此君、陈雨田、新波六人画展""廖冰兄漫画展""猫国春秋""张光宇漫画展""西游漫记""符罗飞画展""吴藻凡画展"等。（广东省美术家协会编：《黄新波纪念文献集》，岭南美术出版社2006年版，第170—180页。）

5月，人间画会和香港中外文艺联络社、全木协会在香港宇宙俱乐部联合举办"第一届全国木刻画展"。（广东省美术家协会编：《黄新波纪念文献集》，岭南美术出版社2006年版，第170—180页。）

在香港宇宙俱乐部的文化界人士。左起：丁聪、周而复、张光宇、洪遒、特伟、戴望舒、韩北屏、黄新波。[1]

王少陵应国民政府教育部之邀，在南京国立中央大学艺术系举办归国画展。10月，该展览移至香港展出。徐悲鸿为画展撰《观王少陵归国近作》一文。[《王少陵年谱》，载《旅美一代绘画大家：王少陵》，《美中画报》社（美国）2004年版，第150—165页。]"余于二十四年（1935）初冬过香港始识王少陵先生，一见如故。时少陵已负盛名，嗣后数次往来宁桂，过港必晤叙。二十六年（1937），余邀少陵及李铁夫、余本三先生同游桂林，旋抗战起，少陵即赴美。至三十年（1941），余在星洲获林语堂先生书，极言少陵在美成就，及卅二年（1943）林先生在渝与余晤面，犹称道少陵不置。今少陵归国，以其所造见示，深信语堂之真知也。少陵曩日已工水彩，今其作风益阔大雄奇，如《金门渡桥》，如《纽约远眺》，如《红巾女郎》，又如《烽火余生》，凄清之表情与其近代格调，允称杰作。吾常深羡广东之多才士也，少陵尤为其壮年替，故余寄其无限之期待，冀其多产杰作为国光也。徐悲鸿三十六年（1947）六月。"（王震编：《徐悲鸿文集》，上海画报出版社2005年版，第134页。）

王少陵画展移至香港再展，时任港督葛良洪（Alexander Grantham）特来祝贺并参观。[2]

9月，杨善深在香港中区新英明影与赵少昂举行"合作玫瑰画展"，继之与邓芬、赵少昂举办"扇面作品展"。[《杨善深艺术年表》，载邓伟雄主编《春风草堂艺粹》，集古斋有限公司（香港）2012年版，第262—269页。]

---

[1] 注：图片来自广东省美术家协会编：《黄新波纪念文献集》，岭南美术出版社2006年版，第45页。
[2] 注：图片来自《旅美一代绘画大家：王少陵》，《美中画报》社（美国）2004年版，第157页。

🖼 10月，赵浩公、黄般若、李研山、胡根天、伍千里发起广东美术协会、国画研究会、市美同学会国庆联合画展在广州中山图书馆举行。（黄大德：《赵浩公年表》，载朱万章、郭燕冰主编《广东"国画研究会"研究》，岭南美术出版社2010年版，第178—204页。）

🖼 省艺专与南中艺专在中山图书馆联合主办庆祝美术节画展。参展者有高剑父、丁衍庸、谭华牧、黎葛民、赵少昂、苏卧农、关山月、麦语诗、杨秋人、阳太阳、陈曙风等数十人。

🖼 国画研究会在广东文献馆举办温其球、姚粟若、宋彦成、张纯初、潘致中、李野屋、利佳士、李耀屏八人遗作展。

🖼 余本与陈福善（Louis Chan）、李秉（Lee Byng）承办"三人联展"，成为画坛盛事，日后又组织香港艺术社，进一步推动香港艺术活动的发展。（《余本艺术活动年表》，载黄笃维、黄树德编《余本画册》，岭南美术出版社1994年版，第141—144页。）

🖼 12月，"特伟、陆无涯、方菁、盛此君、陈雨田、黄新波六人画展"，黄新波作品因为探索艺术新表现形式，受到批判。（广东省美术家协会编：《黄新波纪念文献集》，岭南美术出版社2006年版，第170—180页。）

🎨 冯钢百到香港作画，一直到1950年初。约此时，作油画静物《大头鱼》一幅，送画友杨作甫。另作有《黎汝杰像》。[《冯钢百年表（1883—1984）》，载广东美术馆编《中国早期油画大家冯钢百》，人民美术出版社2003年版，第120—142页。]

冯钢百，《黎汝杰像》，约20世纪40年代末，51×43厘米，布面油画。私人收藏。[1]

---

[1] 注：图片来自广东美术馆编：《中国早期油画大家冯钢百》，人民美术出版社2003年版，第64页。

🎨 黄新波创作油画《观音土》《种子》《狱墙外》《废墟》《黎明之献》及《保卫》，香港题材木刻《聆》《控诉》等。在香港报刊发表时事漫画及艺评。未发表作品：一本介绍美术的书稿（未完成），诗歌《白鸟之歌》《无题（你该满足的，朋友）》及与陈实合写的书信体小说《流沙》。（广东省美术家协会编：《黄新波纪念文献集》，岭南美术出版社2006年版，第170—180页。）

🎨 赵浩公写《朱竹》，题识："亦是檀栾池上枝，却缘殊色借胭脂。清阴忽讶繁红借，劲节难从染绛移。结实定为朱凤食，腾空堪作赤龙骑。多应血泊湘妃尽，容赋梁园总未知。右录名人诗七律。朱竹始于宋仲，继者如姚云东、孙雪居尤称擅长。清代李芸甫每有此作，予曾藏一帧，今不知去处。秋窗偶忆，戏为仿之，未得其万一。丁亥仲秋二日并记于'无所容居'，台山赵浩。"（石石斋藏）（黄大德：《赵浩公年表》，载朱万章、郭燕冰主编《广东"国画研究会"研究》，岭南美术出版社2010年版，第178—204页。）

🎨 赵浩公与黄般若相约计划编一近代广东画人名录，内容并不限于国画。（黄大德：《赵浩公年表》，载朱万章、郭燕冰主编《广东"国画研究会"研究》，岭南美术出版社2010年版，第178—204页。）

🎨 10月25日，胡根天在广州《中山日报》发表题为《谈写实的绘画》一文。"第一，写实的绘画应当注意客观的现象。……所谓客观的现象，就是事事物物所呈现的各种不同姿态，这许多不同的姿态，不论面和线条，色彩和明暗，单独体和综合体，画家们都应该运用自己的技巧，忠实地把它们描绘出来。第二，写实的绘画应当注意构成画面的技巧。……虽然说是写实，但怎样运用线条，怎样运用明暗，怎样运用色彩，才能有效果地表现出现实界的一个主题，这确要靠个人的匠心独运，才能建立起艺术的价值来。第三，写实的绘画应当表现出作者的世界观和人生观。"（胡根天：《谈写实的绘画》，《中山日报》副刊《艺术周》1947年10月25日。）

🎨 11月到12月，胡根天在广州《中山日报》副刊《艺术周》连续发表《西洋绘画在中国的发展》《漫谈室内装饰》《室内装饰和色彩》《宣传与色彩》《大人物与写画》《谈自由画》等一系列文章。"所以说起现代中国画受了西洋绘画的影响这一个问题，正确的答案，那只可认为是观赏上的自然反应，而不是技术上的有意模仿，这一点是有分别的。由于观赏上的反应，可能刺激起中国画新发展的寻求；但技法上的模仿，这却引人容易走入一条死路，那是应当审慎，不要自误而误人的！"（胡根天：《西洋绘画在中国的发展》，《中山日报》副刊《艺术周》1947年11月1日；《胡根天年表》，载《胡根天作品集》，广州美术馆1993年版，第87—101页。）"自由画在教育上的价值，研究小学教育的人们应该很明白。自由画的教育运动，在中国差不多有三十年历史了，在日本则更早些。……中国的自由画教育运动，是由日本影响过来。……山本氏所谓的自由画，是包括写生、记忆、想象几种方法，也即是把临画废除，主张儿童直接的表现。因此，自由画的教学方法，最要紧是教儿童以对自然的观察，而不注重描写法的传授。"（胡根天：《谈自由画》，《中山日报》副刊《艺术周》1947年12月27日。）

🎨 司徒杰创作雕塑作品《疯子》，该作品解放后曾参加第一届全国美展。（《司徒杰生平事略》，载《赤子之心：司徒乔、司徒杰艺术展》，中国美术馆2016年版印刷本，第80—85页。）

▶ 司徒杰擅长雕塑速写法，即直接快速地进行人像泥塑创作，准确地再现对象状貌的同时，结合了诗意的构思，在每一件具体的个性刻画中展现着普遍的、人性的善和美。……《疯子》是用西方的雕塑技法语言所塑造的具有东方气质的人物形象，人物有一种呼之欲出的愤怒之情，意在表达民族要求抗争、人民要求解放的心声，作品富有浓厚的正义感。[2]

司徒杰，《疯子》，1947年创作，2001年重作，33×19×14厘米，泥塑。[1]

🎨 郑可与尹积昌、高永坚等合作，在港创作《毛泽东》大浮雕像（直径约2米）。（连冕：《郑可研究暨重订郑氏简编年谱》，《装饰》2017年第1期，第37—47页。）

---

[1] 注：图片来自中国美术馆编：《赤子之心：司徒乔、司徒杰艺术展》2016年版印刷本，第107页。
[2] 注：引自《司徒杰生平事略》，载《赤子之心：司徒乔、司徒杰艺术展》，中国美术馆2016年版印刷本，第106页。

1948
戊子 民国三十七年

| 生卒 | 教育 | 流动 | 交游 | 社团 | 展览 | 创作 |

⌛ 4月，卢延光（1948—）出生。卢延光，又名卢禺光，广东开平市人。1986年以来出版的作品有《一百帝王图》等系列图书五种及个人画集十余本。1988年任广州市文艺创作研究所艺术研究室主任，同年创办《广州美术研究》杂志，任主编。1992年调往广州美术馆工作，任馆长。1994年组织实施广州艺术博物院工程建设及藏品征集。2000年任广州艺术博物院院长。2003年当选广州市美术家协会主席，国家一级美术师，获国务院专家津贴。2007年当选广东省美术家协会副主席，广州市文史研究馆副馆长，广州市政协常委。现为广州市政协书画院副院长，关山月基金会副理事长。

卢延光像。

卢延光，《意大利文艺复兴时期之女郎》，2010年，136×68厘米。

⌛ 6月21日，马华坤（1948—）出生。马华坤，广东新会人，广州美术学院油画专业毕业，曾在江门市人民电影院从事电影广告宣传工作，任宣传组组长。毕业分配到江门市文化馆（后改为江门市群众艺术馆）负责宣传、组织群众文化活动，开展各类艺术展和学术研究。1986年参与江门市美术家协会成立的筹备工作，并任协会秘书长、副主席等职。创作的油画作品《水乡》《山村》《童年》《水乡情》、漆画《水乡》《新楼》《龙的传人》等参加省展及报刊发表，其中油画《水乡情》获省美术作品展银奖，《山村》获三等奖。1996年荣获江门市委、市政府授予江门市优秀文艺家称号。曾任江门市群众艺术馆副馆长，江门市图片社社长，江门美术馆馆长。现为广东省美术家协会会员，广东省写意油画会监事，江门市美术家协会名誉主席，江门市画院荣誉院长。

马华坤，《岁月：江门街景》，2012年，60×52厘米，现藏于江门市美术馆。

- 9月2日，赵浩公在广州病逝，终年68岁。9月10日，广州《越华报》发表纪念赵浩公专辑。12月4日，《大公报》发表胡根天《赵浩公在连县》，林清霓《记赵浩公先生及其画法》，王益伦《为赵浩公遗作展而写》《敬悼赵浩公先生》。（黄大德：《赵浩公年表》，载朱万章、郭燕冰主编《广东"国画研究会"研究》，岭南美术出版社2010年版，第178—204页。）

- 夏，李研山移居香港，在中医师陈炳森的六安室创作，研究金石书画。（《民国人物小传》，《传记文学》第70卷第4期，第143页。）"中医师陈炳森为他所安排的画室名叫为六安室。实在只是一个小得可怜的房间，大概不满一百平方呎，除了一张绘画的大桌子外便所剩无几了。其实，也不是一个作画的好环境，不过他早经过在什么环境下都可以绘出画来的锻炼，对此他亦安之若素，振臂挥毫起来。"[《李研山的书画艺术及其生平记要》，载李允鉌等编《李研山书画集》，东方文物图籍出版社（香港）1975年乙卯春初版，第7—27页。]

- 受教育部委派，王少陵从香港乘海轮经上海和汪亚尘一起再度赴美考察西方美术教育。[《王少陵年谱》，载《旅美一代绘画大家：王少陵》，《美中画报》社（美国）2004年版，第150—165页。]

- 王少陵被哥伦比亚大学续聘，提升为教授。[《王少陵年谱》，载《旅美一代绘画大家：王少陵》，《美中画报》社（美国）2004年版，第150—165页。]

- 石家庄解放后，华北联大和北方大学合并，成立华北大学。罗工柳带文艺学院师生回校部后，请假回太行山，访问战争年代相熟的乡亲、了解武乡窑洞保卫战情况，从此开始酝酿创作《地道战》。（《罗工柳油画》，山东美术出版社2004年版，第228—233页；《罗工柳年表》，载中央美术学院编《罗工柳》，人民美术出版社2016年版，第366—375页。）

华北大学三部美术系师生合影，左一为班主任罗工柳，1949年。

- 12月，李铁夫重回香港，香港书画界拟举办座谈会，以资欢叙。"革命老画家李铁夫，自港事变后返国，遍游桂林、南岳、重庆、峨眉等名山大川，从事写作。至光复后，受孙科之请飞京，以写人像及大头鱼，名闻中外。此次京沪纷乱之际，乃携其在美时入选获世界奖金之名作数十幅返港，本港书画界人士，拟举行座谈会，以资欢叙云。"[《革命老画家铁夫抵港，本港书画界筹备欢迎》，《华侨日报》（香港）1948年12月20日。]

🌏 9月，黄幻吾离开美洲大陆赴檀香山（夏威夷），经菲律宾考察后归国，于年末返抵上海。"幻吾是冶中西于一炉的画家，他挟了一千多幅的作品，应加拿大各侨团及西人美术院的聘，前赴温哥华、都朗度、满地可、鄂大瓦京城等，举行画展，备受彼邦人士热烈的欢迎，后到美东的波士顿、纽约、华盛顿、芝加哥等十余个城市，宣扬中国文化艺术……游踪所止，达三万五千余里，真当得起壮游二字。"（郑逸梅：《黄幻吾游美归来》，《机联会刊》1949年版，第17页。）

🎓 司徒杰任教于国立北平艺专。（《司徒杰生平事略》，载《赤子之心：司徒乔、司徒杰艺术展》，中国美术馆2016年版印刷本，第80—85页。）

🎓 9月，杭州国民党宪兵队逮捕了杭州艺专的李伏雨等五位同学，胡善馀代表教授看望被国民党逮捕入狱的学生，遭校方开除。失业，靠举债度日。数月后，学校教师反对学校的错误决定，竭力挽回，才得以重新被聘用。（《胡善馀艺术年表》，载吴为山主编《善彩馀韵：20世纪中国油画名家胡善馀》，人民美术出版社2017年版，第388—402页。）

👥 林达川加入日本著名美术团体"一水会"，同年加入东京新构造社"连立会"。其间受到日本著名画家木下孝则、有岛生马的指导。（《林达川艺术年表》，载《大璞不雕：林达川油画作品集》，中国美术学院出版社2006年版，第249—254页。）

👥 5月28日，香港美术会举行战后第一次集会，李秉当选为委员。"香港美术会昨天举行战后的第一次集会，到新旧会员数十人。经过讨论后，他们选出陈福善为秘书，法兰克斯夫人为财务，另委员简文舒、李秉、诺宾斯、多里斯、屈臣等五人。两星期后，他们将再度集会，对会章、会费以及怎样和中英学会联系诸问题，作更具体的讨论。"［《香港美术会战后初次集会》，《大公报》（香港）1948年5月29日。］

👥 6月11日，香港美术会举行战后第二次同人大会，李秉当选为董事团成员。"香港美术会在上月改组，并选出黄溪为主席，陈福善为秘书，法郎为司库，李秉、简文舒、罗宾、戴维及屈臣夫人等为董事团。该会定今日下午五时一刻在湾仔告士打道驻中国舰队俱乐部举行第二次同人大会。该会是全港中西画家及其他艺术爱好者的集团，目的在把本港艺术活动作联合的行动及有组织的推进。该会的入会手续简单，资格只须该参加者对艺术有相当兴趣，如愿意参加者可于今日依时前往参加开会或投函该会秘书陈福善（地址国民行六楼大众行）。"［《香港美术会今天开二次大会》，《大公报》（香港）1948年6月11日。］

📷 杨善深应广东省立民众教育馆邀请，与高剑父、陈树人、赵少昂、关山月、黎葛民在广州中山图书馆举行"岭南国画名家书画展览会"联展。6月，该展转往香港圣约翰教堂展出。6月8日至12日，广东省立民众教育馆于香港花园道圣约翰礼拜堂，主办"岭南六名家书画展览"，参展者包括高剑父、陈树人、杨善深、赵少昂、关山月、黎葛民，港督葛量洪爵士伉俪到场参观。[《岭南六名家书画展览会专刊》，《星岛日报》（香港）1948年6月10日；《港督参观画展》，《星岛日报》（香港）1948年6月13日。]

📷 6月，人间画会举办"反美扶日漫画木刻展览"，出版《反抗日画集》。黄新波参加"八人画展"（高谪生、方菁、盛此君、王琦、黄新波、陆无涯、陈雨田、吴霭凡），为新创办的香港南方学院义卖筹款。（广东省美术家协会编：《黄新波纪念文献集》，岭南美术出版社2006年版，第170—180页。）

📷 汤由础在新加坡参加新加坡华人美术研究会组织的美术研讨会，并举行个人画展。新加坡《星洲日报》以题为《东南亚著名画家汤由础》一文，报道了他的艺术生涯。汤由础创作《马来风光》系列油画。（王嘉整理：《汤由础艺术活动年表》，载广东美术馆编《汤由础恬静的故土》，2008年版印刷本，第98—101页。）

📷 王少陵、汪亚尘在美国纽约大都会博物馆主持"中国现代画展"，王少陵的水彩作品《纽约远眺》被纽约大都会博物馆永久收藏。[《王少陵年谱》，载《旅美一代绘画大家：王少陵》，《美中画报》社（美国）2004年版，第150—165页。]

王少陵（右一）与汪亚尘（左一）主持的"中国现代画展"在美国纽约大都会博物馆开幕，时任中国驻美大使顾维钧（中）出席并签名留念。[1]

王少陵和他的水彩杰作《纽约远眺》。这幅作品在1943年全美艺术家画展获荣誉奖，1948年为纽约大都会艺术博物馆永久收藏。

📷 陈海鹰由沪返港，香港美术协会特在圣斯大酒店画廊举办"陈海鹰中西画展会"。[饮水思源：《陈海鹰教授年表》，载时代艺术研究会编《画坛教父：陈海鹰》，天地图书有限公司（香港）2014年版，第391—406页。]

---

[1] 注：图片来自《旅美一代绘画大家：王少陵》，《美中画报》社（美国）2004年版，第157页。

🖼 林达川油画作品《ハマ山手风景》参加日本第十一回一水会展览。雕塑作品《半身像》参加第二回新构造社"连立会"展览。（《林达川艺术年表》，载《大璞不雕：林达川油画作品集》，中国美术学院出版社2006年版，第249—254页。）

🖼 12月4日至6日，广东文献馆、广东省美术协会、国画研究会联合主办赵浩公遗作展览暨纪念会。纪念会由香翰屏主祭，由香先生述其平生，胡毅生谈先生之艺术，陆幼刚讲先生之人格，简又文谈纪念先生的意义，大家都一致强调赵先生的高尚人格。（黄大德：《赵浩公年表》，载朱万章、郭燕冰主编《广东"国画研究会"研究》，岭南美术出版社2010年版，第178—204页。）

🖼 12月12日至13日，香港美术同人在皇后大道中中国书画汇会址举办赵浩公遗作展览会。香港《星岛日报》刊登《赵浩公遗作展特刊》，载有《赵浩公传略》及简又文题字："浩公老兄不朽，艺术气节并高"。"故名画家赵浩公，台山人，精研六法，著誉岭南，品格之尊，艺林共仰。今岁九月，遽归道山，为吾粤画坛重大损失，兹广东文献馆联同香港书画汇搜其遗作，影印成书，垂纪念于永久，作后学之楷模，并定于十二月十二日至十三日，开赵先生遗作展于皇后道中中国书画汇，该会公开征集，凡藏有赵先生书画者，均欢迎参加。收集处为中国书画汇，收集截止期，十二月十一日。"[《赵浩公遗作展》，《星岛日报》（香港）1948年12月10日。]

🖼 12月15日至18日，余本、陈福善、李秉三人在思豪酒店举行联合画展。"画家余本、陈福善、李秉三人举行联合画展，已定本月十五日至十八日一连四天在思豪酒店举行。"[《两个画展　陈佐治油画预展　三人联展将举行》，《大公报》（香港版）1948年12月12日。]

🎨 黄新波创作油画《晨》《船女》《闲人》《浪花》《晚餐》《三等舱》《都市的动力》和《来了！》，香港题材木刻《卖血后》《香港跑马地之旁》《码头》《看守》《修路》等。为马荫隐的《旗号·苦行放歌》和加因的《小鼠米》（童话）绘制插图。在香港报纸及杂志发表时事漫画。（广东省美术家协会编：《黄新波纪念文献集》，岭南美术出版社2006年版，第170—180页。）

🎨 8月，黄新波为司马文森的《上水四童军》（署名宋芝）画插图。（广东省美术家协会编：《黄新波纪念文献集》，岭南美术出版社2006年版，第170—180页。）

🎨 王少陵创作水彩《长岛夕照》。开始创作油画《秋梦》。[《王少陵年表》，载朱晨光《王少陵》，东方文化事业公司（北美）1989年版，第83—86页。]

✐ 罗工柳画多幅《地道战》草图，开始酝酿《地道战》的创作。（《罗工柳年表》，载中央美术学院编《罗工柳》，人民美术出版社2016年版，第366—375页。）"《地道战》我打的稿子比较多，变化也比较多，并且早在没有进城前就酝酿这个题材了。为什么呢？因为我在前线几年的生活体验太深了，特别是到了华北平原后，敌人又回师华北，形势非常紧张的。当时胡一川患了疟疾，在冀西的部队医院。我带着一个美术训练班，辅导年画、宣传画，筹办木刻工厂，我保护学员的责任很大，一个冬天睡觉没有脱过棉鞋，以便随时转移。虽然我们都穿了老百姓的衣服，头剃得光光的，万一被敌人包围，一看还是能看出不是农民，也跑不了。那个时候还没有地道战，我想万一被敌人包围了怎么办？能不能让学生钻到老百姓的地窖里去？但到了地窖里也是跑不了的，自己想不出办法来。战争年代人民的牺牲太大了，因此听到人民用地道战来打击敌人时非常激动，我第一个反应就是：中国老百姓真是聪明！这真是个了不起的发明！产生了很强的创作愿望。开始有一个画稿表现的是民兵从室外的牛棚登上屋顶，碾庄的民兵看了以后说：'那我们还不全让鬼子打死了！''开始我们这样干过，吃了大亏。'两句话给枪毙了。他们说地道要和大的庄院通在一起，院墙封得比较严，从里边上房顶，从地道登岗楼。我不懂，老百姓教了我才画出了《地道战》。"（刘骁纯编：《罗工柳艺术对话录》，山西教育出版社1999年版，第34—35页。）

✐ 10月，黄新波编辑《现代版画选集》（艺学社丛书第一册）。（广东省美术家协会编：《黄新波纪念文献集》，岭南美术出版社2006年版，第170—180页。）

✐ 《中华民国卅六年美术年鉴》出版，广东被收入该年鉴"美术家传略"的画人有：丁衍庸、方人定、司徒乔、李凤公、李研山、李铁夫、林风眠、高剑父、张谷雏、陆丹林、陈树人、冯缃碧、黄君璧、黄般若、黄独峰、赵浩公、关良、邓尔雅、卢子枢、卢镇寰、卢伯强等。〔王扆昌等编：《中国美术年鉴·1947》（中华民国三十年中国美术年鉴影印版），上海社会科学院出版社2008年版。〕

✐ 1月至3月，胡根天继续在广州《中山日报》副刊《艺术周》发表《线条与性格》《美展的审查制度及其方法》《论画展》《艺术在中国的移动》等一系列文章。"审查制度及其方法……大概说来，可分为下列四种：第一种是独裁制……好处是由一人负责，省却许多争执，坏处则落选中常有好作品，入选中又常有坏作品。第二种是学院制，也即是淘汰制。……但事实上常不免滥选……便不得不作再审、三审而至四五审，手续便麻烦了。第三种是采分制。……依次淘汰分数较低的作品。第四种是混合制，担任审查者不限于美术作家，此外如美术批评家、文艺作家、新闻记者等也遍请到场，用座谈方式决定出品的取舍。这是一个比较轻松而活泼的方法，但只适于小规模的美展。以上四种审查制度，第二、第三比较多用——第二次全国美展广东省预展用第三种,第三次全国美展则用第二种而易以投票方法。关于采分制,为表示审查的公正无私态度,总目录只刊号数和品名,而不刊作者姓名,颇觉得必要。"(胡根天:《美展的审查制度及其方法》,《中山日报》副刊《艺术周》1948年1月17日;《胡根天年表》,载《胡根天作品集》,广州美术馆1993年版,第87—101页。)

论争 李育中在《大光报》发表《谈折衷的画——特提供一些问题》,引发广东画坛对折衷派的第三次公开论争。2月26日,胡根天在广州《中山日报》发表《新国画与折衷》,3月14日发表《新国画的建立问题》,参与这次论争。"新国画和折衷……这样一个题目,在三十年前或者还觉得有点鲜味,可是现在味同嚼蜡了,而在艺展最近又突然漾起论争的微波,这显然就表明新国画的建立还依旧彷徨于歧路,说起来可不能不令人为之怅然的……我这一段意见,最近李育中先生在《大光报》《谈折衷的画》引了出来,作为我对于新国画的建立,否决了折衷这一条路径的论述。实在说,我向来只觉得'折衷'二字,不过是'过渡'或'妥协'的代名词,这大概在时间的关系上为'过渡',在空间的关系上为'妥协'。……假使有人徒然以'折衷'为标榜,认为这是百年大计,而忘记了自身应当还有更远大、更健全的前途,这在政治上必然陷国家于附庸而失去其独立性,在艺术和文化上也必然造成卑鄙的风格而难有坚强伟大的发展,那是应当警惕的!"(胡根天:《新国画与折衷》,《中山日报》副刊《艺术周》1948年2月26日。) "新国画的建立,四十年来始终还彷徨于歧路,始终站不稳脚跟,事实具在,无可讳饰。……依我的见解,新国画运动四十年来,不论从它的实质看来,或从运动的人们所标榜的派别和名词看来,其意义都不过是过渡时期所不能免的产物而已。……所以,新国画的建立问题,目前实在有重新讨论的必要……第一,仍须注意技巧的修养,第二,又应当注意思想的表现。"(胡根天:《新国画的建立问题》,《中山日报》副刊《艺术周》1948年3月14日。)

1949
己丑 民国三十八年
10月1日，中华人民共和国成立。

⌛ 生卒　📖 教育　🌐 流动　🏛 交游　👥 社团　🖼 展览　🎨 创作

⌛ 3月，何三峰（1895—1949）因脑溢血在广州逝世。

🌐 国民党总统府迁广州，广东文献馆被占用而停止开放。

🌐 春，罗工柳进入北平，任华北大学三部（文艺学院）美术系党支部书记。（《罗工柳年表》，载中央美术学院编《罗工柳》，人民美术出版社2016年版，第366—375页。）

🌐 5月，梁锡鸿从广州赴香港，向黄新波、黄茅、张光宇等人通报广州市立艺专情况，受命进行护校工作，等待解放。（广东省美术家协会编：《黄新波纪念文献集》，岭南美术出版社2006年版，第170—180页。）

🌐 6月，罗工柳参加"第一次全国文学艺术工作者代表大会"。（《罗工柳年表》，载中央美术学院编《罗工柳》，人民美术出版社2016年版，第366—375页。）

🌐 夏，胡根天到香港与中国共产党取得联系，并接受任务回到广州，在文化教育界进行地下工作。（《胡根天年表》，载《胡根天作品集》，广州美术馆1993年版，第87—101页。）

🌐 上半年，郑可参加以香港华侨工商俱乐部为基础，由黄炎培倡立的中国民主建国会香港分会。（连冕：《郑可研究暨重订郑氏简编年谱》，《装饰》2017年第1期，第37—47页。）

🌐 7月，第一次全国文化艺术工作者代表大会在北京召开，黄新波当选为香港区代表，但因交通不便未能到会，被会议推选为理事。（广东省美术家协会编：《黄新波纪念文献集》，岭南美术出版社2006年版，第170—180页。）

🌐 9月，黄新波进入东江解放区，任营指导员。（广东省美术家协会编：《黄新波纪念文献集》，岭南美术出版社2006年版，第170—180页。）

🌐 10月，黄新波随军进入广州，任广州军事管制委员会文教接管委员会文艺处美术组组长，参加接管广东省、广州市艺术专科学校。（广东省美术家协会编：《黄新波纪念文献集》，岭南美术出版社2006年版，第170—180页。）

◎ 广州解放后，冯钢百从香港回广州市出席广东省第一次人民代表会议。[《冯钢百年表（1883—1984）》，载广东美术馆编《中国早期油画大家冯钢百》，人民美术出版社2003年版，第120—142页。]

◎ 得知中华人民共和国成立，在美国旧金山就医治病的司徒乔毅然决定回国。1950年8月28日，司徒乔从旧金山市乘威尔逊总统号轮船经香港到广州，在船上创作《三个老华工》，10月底抵达首都北京。（《司徒乔生平事略》，载《赤子之心：司徒乔、司徒杰艺术展》，中国美术馆2016年版印刷本，第8—11页。）

司徒乔，《三个老华工》，1950年，48.3×39.4厘米，纸本彩色铅笔，现藏于中国美术馆。

◎ 广州解放后，陈锡钧从香港回到广州。（陈伟祥、陈秀华：《家父陈锡钧》，载琥珂主编《陈锡钧雕塑绘画作品集》，西泠印社出版社2011年版，第7—11页。）

◎ 1949年至1953年，陈洞庭参加中国人民解放军，在中南军区政治部战士读物社美术组任美术创作员。

◎ 胡善馀参加中华全国美术工作者协会杭州分会。（《胡善馀艺术年表》，载吴为山主编《善彩馀韵：20世纪中国油画名家胡善馀》，人民美术出版社2017年版，第388—402页。）

🎓 司徒杰受聘为国立北平艺专雕塑系讲师，和夫人罗婉仪一起报名参加北京华北大学学习。（《司徒杰生平事略》，载《赤子之心：司徒乔、司徒杰艺术展》，中国美术馆2016年版印刷本，第80—85页。）

🏛 1月1日，徐悲鸿致王少陵一函，言："弟箱已取出否？如有问题，请径函林语堂先生。又发光油必祈购得，交汪兄，拜祷不尽！余详汪兄函中，请览之。"（王震编著：《徐悲鸿年谱长编》，上海画报出版社2006年版，第311页。）

🏛 1月9日，港九书画文艺界在中国近代书画汇举行第七次雅集，并欢迎李铁夫、张大千，到会者数十人，即席挥毫。［《书画文艺界雅集欢迎两大画人》，《星岛日报》（香港）1949年1月10日。］

🏛 1月17日，徐悲鸿致王少陵一函，言："久无消息，未知近状，奚似昨日。天津已入共军之手，北平被围将更加紧。乘此空隙再与足下通一信，此后或须长期彼此不得音问也。另纸请为购两册价共十美金，弟箧务祈分神为一办理，感激不尽。"（王震编著：《徐悲鸿年谱长编》，上海画报出版社2006年版，第311页。）

🏛 1月21日，徐悲鸿致王少陵一函，言："日来和平似甚有望，大家心情为宽。兹请兄代购Rutin十瓶，因此药治血压高颇有效；乃弟所急需也，俟交通恢复，恳即付寄。又美国小孩有读物Encyclopedia有插图甚多，请买一册，如有小儿有益玩具（须坚固者）请购些（如有机械意义），或增加常识者，可以仿制者，请汪兄带回。"（王震编著：《徐悲鸿年谱长编》，上海画报出版社2006年版，第311页。）

🏛 4月26日，徐悲鸿致汪亚尘、王少陵一函，言："弟十七日随中国代表团到捷克京城，因未能得进入法国，故即捷京开会，成绩有意外之好。昨夜闭幕，今夜弟即赴莫斯科，因不能坐飞机，故须先行也。闻昨夜上海解放，亚兄幸毋虑，一切会更好的。"（王震编著：《徐悲鸿年谱长编》，上海画报出版社2006年版，第311页。）

🏛 天津著名书画金石收藏家陈仁涛带了一大批珍藏文物到香港，请李研山到其"金匮室"一起研究品评。李研山借此机会，一边研究一边创作了一些仿古作品。［《李研山的书画艺术及其生平记要》，载李允鉌等编《李研山书画集》，东方文物图籍出版社（香港）1975年乙卯春初版，第7—27页。］

🏛 张大千到港，李研山与其交往了一段时间。［《李研山的书画艺术及其生平记要》，载李允鉌等编《李研山书画集》，东方文物图籍出版社（香港）1975年乙卯春初版，第7—27页。］

🏛 王少陵给到访美国的张大千笔墨接风。［《王少陵年谱》，载《旅美一代绘画大家：王少陵》，《美中画报》社（美国）2004年版，第150—165页。］

王少陵（左一）与张大千（左二），1949年。

🏛 6月中旬某晚，李抚虹、梁锡鸿、陈达人、叶永青、陈曙风等人陪同校长高剑父，赴中山四路财政厅前太平馆参加于右任宴会。

🏛 10月26日，侨港美术工作者于湾仔六国饭店举行茶会，庆祝中华人民共和国诞生。由李铁夫、张光宇、黄潮宽、关山月、林千石、廖冰兄、郑家镇、黄茅、郑可、阳太阳、梁道平、杨秋人、王琦、梁永泰等画人所发起，邀请范围广阔，包括全港九画界、西画界、木刻界、漫画界、雕塑界、工商业美术界、电影美工界各部门人士。到会者有画家、雕塑家、摄影家约200人。张光宇致开会词。简琴斋建议拟一电稿，祝贺北京政府成立，庆祝华南的解放。郑可、陈福善、关山月、叶灵凤、吴光耀等先后发言，之后廖冰兄讲述美术工作者与政治的关系。李铁夫等十四人临时建议筹备一次盛大的劳军美术展览会，把作品售得的款项，作为慰劳解放军之用。由余本、林千石为筹备委员。"侨港美术工作者定于今日（廿六日）下午一时，假座湾仔六国饭店举行茶会。该会系由李铁夫、张光宇、黄潮宽、关山月、林千石、廖冰兄、郑家镇、黄茅、郑可、阳太阳、梁道平、杨秋人、王琦、梁永泰等画人所发起，邀请范围广阔，包括全港九画界、西画界、木刻界、漫画界、雕塑界、工商业美术界、电影美工界各部门人士，预料届时到会者将有百余人。该会之意义，在乎庆祝中华人民共和国诞生，商谈今后美术工作方向，及如何加强团结以响应祖国建设号召诸问题，凡侨港美术工作者，届时均可参加云。"[《画人今日集会》，《华侨日报》（香港）1949年10月26日。]

🏛 11月21日，港九美术人士冯钢百、赵少昂、黄潮宽、张光宇，陈福善，郑可、廖冰兄、陈海鹰等11人在金陵酒家二楼举行茶会，庆祝李铁夫八轶寿辰。陈海鹰在会上报告李铁夫的生平及思想，廖冰兄则报告回穗观光的经过。

🖼 1月18日，人间画会在思豪酒店举办"新波画展"，展出木刻、油画100余幅。"画家黄新波个展，今日在思豪酒店开始举行。作品有油画及木刻数十幅。文化界及黄氏艺坛友好，今日均将前往参观。"[《黄新波个展今天在思豪酒店举行》，《大公报》（香港）1949年1月18日；广东省美术家协会编：《黄新波纪念文献集》，岭南美术出版社2006年版，第170—180页。]

🖼 2月，黄新波主持人间画会"春季画展"，展出40余位画家的油画、木刻、素描、漫画等作品300多幅。
（广东省美术家协会编：《黄新波纪念文献集》，岭南美术出版社2006年版，第170—180页。）

秋，林达川的油画《窗前的景致》参加全日本第五回美术展览会，并荣获该展览"特选奖"。该作品刊登在日本美术杂志，并印作彩色明信片，为此，横滨华侨界在南京街中华菜馆万珍楼聚会庆祝，并摄影留念。（《林达川艺术年表》，载《大璞不雕：林达川油画作品集》，中国美术学院出版社2006年版，第249—254页。）

林达川油画作品《窗前的景致》获全日本第五回美术展览会"特选奖"。

林达川《窗前的景致》获奖后在日本发行的明信片。

11月25日至28日，李研山、吴子复、陈汀兰书画联展在香港思豪酒店画廊举办。此次画展是战后李研山的画第一次与香港人正式见面，画展非常成功，得到热烈赞颂并售出一大批画，李研山得到了一笔可观收入。"广州市美留港同学，为发扬艺术起见，邀请该校前校长李研山、教授吴子复，及陈汀兰同学各检书画近作，由昨日起，一连三天，假思豪酒店画厅举行观赏会。三氏于国学书画，夙有研究，造诣甚深，昨日到会参观者，极为挤拥，观赏之余，咸认为年来罕见之佳构，且多商请定制，以留赏玩，诚一时风雅事云。"（《李研山等书画观赏会昨日开幕参观者极为挤拥》，《华侨日报》1949年11月26日。）

- "年来蕞尔兹岛，画展弥盛，徒见流派标举，工丽投时……李研山先生之画，文人画也，海内外夙知宗仰，然慕者或未窥其素蕴，岂真知研山哉。研山积学壮游，襟怀洒落，固渊明所谓无适俗韵，有高世情者。其诗清逸深醇，书则秀妍婀娜，画则穷历代大家堂奥，猎众智而发孤芳，即舍画而言诗与书，二妙已足寿世，况三绝乎。顾研山自评，书胜于画，画胜于诗，实则均具卓造，其书亦画，诗亦画，神理互契，而画则为诗心书法所融合，盖东坡作书如见画，摩诘画有诗、诗有画之道，研山备焉，故能抒逸而通神也。"（草衣：《研山汀兰画展序》，《华侨日报》1949年11月25日。）

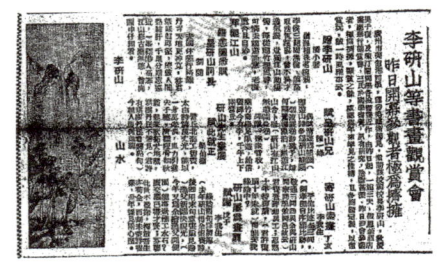

《李研山等书画观赏会昨日开幕参观者极为挤拥》，《华侨日报》1949年11月26日。

汤由础在新加坡举行个人画展、《马来风光》油画系列展，并出版画集。并于次年从新加坡归国，参加了华南文工团美术队。（王嘉整理：《汤由础艺术活动年表》，载广东美术馆编《汤由础恬静的故土》，2008年版印刷本，第98—101页。）"1950年5月，我终于抱着一股热爱祖国的激情回到了广州。在广州，我无亲无故，但是党和新中国比亲人还亲。一到广州，组织上马上就安排我在华南文工团美术队工作，我尽可以在新中国这个自由的天地纵情挥毫，尽可以用我曾经饱蘸血泪的彩笔，绘画祖国的锦绣河山，绘画党领导下的伟大人民。我真正的艺术生命从此诞生了。"（汤由础：《新中国和我的艺术生命》，原载广东人民广播电台、广东人民出版社编《我和共产党》，广东人民出版社1964年版。）

1950年归国途中的汤由础夫妇，途径香港，在太平山上合影。[1]

3月，香港殷社出版《新波画册》，收集1943至1948年木刻及油画作品33幅，包括受批判的作品。

《新波画册》（1943—1948）封面影印，殷社出版（香港），1949年。[2]

5月，人间画会经过多次座谈会后，决定由黄新波、黄茅（黄蒙田）、王琦、余所亚执笔写成二万字长文《我们对于建立新美术的意见》。[《我们对于建立新美术的意见》，发表于《文汇报》美术双周刊（香港）1949年5月20日；广东省美术家协会编：《黄新波纪念文献集》，岭南美术出版社2006年版，第170—180页。]

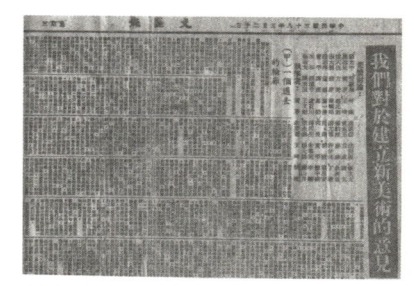

黄茅、余所亚、王琦、黄新波执笔，《我们对于建立新美术的意见》，发表于《文汇报》美术双周刊（香港）1949年5月20日。[3]

---

[1] 注：图片来自广东美术馆编：《汤由础恬静的故土》2008年版印刷本，第97页。
[2] 注：图片来自广东省美术家协会编：《黄新波纪念文献集》，岭南美术出版社2006年版，第51页。
[3] 注：图片来自广东省美术家协会编：《黄新波纪念文献集》，岭南美术出版社2006年版，第51页。

🎨 黄新波在香港《星岛日报》《文汇报》等发表艺评、时评及漫画。（广东省美术家协会编：《黄新波纪念文献集》，岭南美术出版社2006年版，第170—180页。）

🎨 王少陵完成了油画《秋梦》和《自君别后》的创作。［《王少陵年谱》，载《旅美一代绘画大家：王少陵》，《美中画报》社（美国）2004年版，第150—165页。］

▶ 1949年，王少陵完成了从1945年开始创作的油画《自君别后》的创作。画中人是他的两个美国学生，前面一个是丈夫在战时应征入伍，后来被列入战场失踪名单，从此没有音信，后面一位同学正在安慰她。王少陵见此景，便创作了这幅画。[2]

王少陵，《自君别后》，1945—1949年，100.5×120.5厘米，布面油画，现藏于香港艺术馆。[1]

🎨 秋天，人间画会集体绘制巨幅画像《中国人民从此站起来了》（高30米，横10米），黄新波在陈雨田陪同下到车站接取，广州解放时悬挂在爱群大厦。（广东省美术家协会编：《黄新波纪念文献集》，岭南美术出版社2006年版，第170—180页。）"人民领袖毛主席的全身巨幅画像，于七日高悬于广州最高建筑爱群酒店。"［香港《文汇报》1949年11月8日；《毛主席巨像快完成》，《大公报》（香港版）1949年10月26日；王琦：《我国第一幅毛主席画像五十年前由香港人间画会完成》，《美术》1999年第11期，第16—17页。］

为迎接广州解放，人间画会成员集体绘制了巨幅毛主席画像《中国人民站起来了》（广州解放后，此作悬挂在十三层高的爱群大厦外面）。[3]

🎨 黄新波刻制《中国诗坛》第三期封面。（广东省美术家协会编：《黄新波纪念文献集》，岭南美术出版社2006年版，第170—180页。）

---

[1] 注：图片来自广东省美术家协会编：《黄新波纪念文献集》，岭南美术出版社2006年版，第48页。
[2] 注：朱晨光：《王少陵》，东方文化事业公司（北美）1989年版，第55页。
[3] 注：图片来自广东省美术家协会编：《黄新波纪念文献集》，岭南美术出版社2006年版，第48页。

罗工柳为赵树理的著作《小二黑结婚》创作木刻插图，为龚古今的著作《文富贵》创作彩色插图。10月，为华北大学三部出版的《人民胜利万岁》（大歌舞）设计封面。（《罗工柳年表》，载中央美术学院编《罗工柳》，人民美术出版社2016年版，第366—375页。）

罗工柳，《小二黑结婚》插图，1949年，13×14厘米，黑白木刻，私人收藏。[1]

---

[1] 注：图片来自中央美术学院编：《罗工柳》，人民美术出版社2016年版，第59页。

江门近现代五邑籍美术家名录

冯锦 汇编

江门近现代五邑籍美术家名录[1]

C

陈柏坚（1925—）

又名白天。新会罗坑人。20世纪40年代初在香港读初中，香港沦陷后返国内读书并参加抗日艺术宣传队，从事漫画和壁画创作。毕业于广东省立艺术专科学校，1996年获中国版协颁发"鲁迅版画奖"。历任中国美术家协会会员、中国版画家协会会员、广东省音乐家协会会员和香港作家联会会员。1986年移居香港。[2]

陈抱一（1893—1945）

原籍广东新会。1893年出身于上海富有家庭。1907至1908年间，在上海四川路青年会学校读书，师从张聿光；1911年夏，曾入周湘所办的布景传习所学习，同学者有刘海粟、乌始光等人；1913年东渡日本，进入日本西画团体"白马会"的葵桥洋画研究所学习；1914至1915年间，因病短期回国，在上海停留期间，担任上海图画美术院的西画教员，并组织"东方画会"；1916年，返回日本继续学习，初入藤岛武二的川端洋画研究所，继入东京美术学校，与中国留日美术生组织中华美术协会，作为留日美术学生的联谊机构和课余习画场所。1921年3月毕业，同年初夏，携新婚不久的日本妻子归国，冬天筑画室于上海江湾。归国后主要在上海从事美术教育，从1922年开始，先后任教于上海美术专门学校、神州女学美术科、上海大学美术科等校的西画教学；1932年一·二八战争炮火破坏了上海艺专校舍和江湾画室，渐为生活所累，画室被毁，作品散失，寄居于亲友家中。陈抱一擅长油画，其画风融后期印象派的风韵、浑厚、练达。代表作有油画《小孩之梦》《弘一法师像》《陈抱一自画像》等。注重学术研究，著有《油画法之研究》《静物画研究》《人物画研究》等。1945年7月于上海逝世。[3]

陈洞庭（1929—1987）

台山汶村人。1946年先后学习于广州中南美专、广州艺专国画科。中国美术家协会会员，历任解放军部队美术创作员，《南方日报》《羊城晚报》美术编辑，广东画院专业画家、副院长等职务。

陈锡钧（1893—1951）

台山人。雕塑家。1907年前往加拿大蒙特利尔留学。1919年赴加拿大修读英文及医学。1926年转入美国波士顿博物馆美术学校攻读绘画和设计。1927年获得奖学金前往法国巴黎，在大师罗丹助手东布得尔工作室专修雕塑（同期学习的有上海的岳仑），一年后东布得尔病故，陈锡钧在巴黎取道意大利佛罗伦萨，在佛罗伦萨美术学院进修两年，与意大利姑娘Lina de Maria结婚，随后携妻子归国。1931年在李研山邀请下在广州市立美术专科学校任教6年。后定居香港，因中风去世。[4]

---

[1]参照《江门五邑书画名人录》为底本编辑整理。陶四强：《江门五邑书画名人录》，江门市政协学习文史资料，第41辑，2004年版。
[2]《陈柏坚选》，香港笔会1999年版，第3页。
[3]陈瑞林：《陈抱一和中国早期的油画运动》，《美术研究》1986年第2期，第29—34页。收入陈瑞林编：《现代美术家陈抱一》，人民美术出版社1988年版，第191—199页。
[4]陈伟祥、陈秀华：《家父陈锡钧》，载琥珂主编《陈锡钧雕塑绘画作品集》，西泠印社出版社2011年版，第7—19页。

陈语山（1903—1987）

原名汉普，以字行，江海外海人。初学西画，后与冯康侯学印，好作隶书。晚年居香港。有《陈语山印集》出版。

崔　芹（1846—1915）

字咏秋，别署鹤山山樵。鹤山人。《岭南画征略》误籍番禺。寓广州，营昌隆席庄。学画于何翀，与何仲华、程景宣、伍德彝结画会于广州荔枝湾修缘精舍。善画花鸟，多仿华嵒笔意。

陈海鹰（1918—2010）

出生于香港德辅道西。祖籍福建莆田，寄籍新会外海乡（现属江门市外海镇），曾任江门政协书画院顾问。曾多年追随李铁夫，数次举办师生联合画展。1952年创办香港美术专科学校并任校长，齐白石题写校名"香港美术专科学校"，该校多年来在香港培养了多名艺术工作者。[1]

陈勤卓（1938—?）

开平赤坎人。青年时代曾师从司徒奇学画，1961年就读于中央工艺美术学院装饰绘画系，中国美术家协会会员。

陈子毅（1919—?）

江门外海人。1936年入广州市市立美术学校学习中国画，并在赵少昂主办的"岭南艺苑"研习岭南派花鸟画。曾于香港华侨中学、梧州女师任教。中国美术家协会会员，历任广州市文联委员、广州市美术家协会副主席、广州市中国画会副会长、广州市粤海诗书画会会长、广州市文史馆副馆长、江门市政协书画院顾问等职。

崔德祺（1912—2007）

新会罗坑人。澳门东亚大学社会科学荣誉博士、澳门颐园书画会创始人兼会长、江门市政协书画院名誉院长。擅长中国画。

崔六桥（1884—?）

原籍鹤山，落籍番禺。廷芬子。少随父学画，善医、书、画、篆刻，国画研究会会员。七七事变后广州陷敌，从广州转往香港，行医业并鬻书画过活。尝论画云："绘画要有特笔，有时放若无天，或则密若无地。吾昔善用淡墨渴笔，今将变用浓墨，使若烟云缭绕，以见磅礴之气势。然若按部就班，动辄模仿古人，是拙工耳。"主张绘画创新，要有奇笔。曾自刻肖形印：桥头风吹树，一鹿游其间，谐粤音"崔六桥"。

---

[1]《江门五邑籍书画名家作品集》，岭南美术出版社2004年版，第34页。台湾省立美术馆编：《陈海鹰回顾展》，台湾省立美术馆1993年版。

D

戴国顺（1940—）

新会双水人。中国美术家协会会员，广东省美协四、五、六届理事，广东省作家协会会员。1966年毕业于广州美术学院版画系，曾任江门市美术协会主席、江门教育学院美术系主任。

邓长夫（1914—1991）

鹤山人。擅长中国画，长期担任中学美术教师。曾任广东省文史研究馆馆员，广州市中国画会理事，广州市荔湾区政协诗书画室主任。广东美术家协会会员。主要作品有《桂林写生长卷》《神州处处沐春风》《丹羽拂云阶》等。

F

冯丙太（冯细碧，1896—1974）

又名永康，字细碧。鹤山人。少时从程景宣学画山水，并远追宋、元各家，近法石涛而参己意。所作峰峦泉瀑，萦回万态，苍莽豪纵，水墨淋漓，变化多端，浑厚有致。二十二岁即当省、市中学教师。能诗。后受聘为广州市文史馆员。

冯钢百（1883—1984）

字百炼，号均石。新会古井人。自幼爱好绘画，十四岁到广州做工并学画肖像，1902年开始以画肖像为业。1905年始赴墨西哥、美国留学。1921年回国，与胡根天、陈丘山等人在广州创办赤社美术研究会，填补华南地区无正规西洋美术研究教育社团的局面；同年，参与筹办中国南方第一间公立美术学校——广州市立美术专科学校，主持校务，从事美术教育和创作活动；20世纪20年代末开始，往返于上海、香港、广州、庐山、南京等地作画；广州解放后，从香港回广州市出席广东省第一次人民代表会议。1950年任东莞县垦殖农场场长，1956年被聘为广东省文史馆员，并参加中国美术家协会广东分会，1979年出席第四次全国文学艺术工作者代表大会。他的油画创作以肖像为主，中国美术馆收藏有他画的《塘鱼》《戴眼镜的音乐家》等画。《中国美术》等刊物发表过他画的《自画像》《少女》《古琴家》等。晚年曾任广东省文史馆副馆长、中国文学艺术工作者联合会广东分会委员、中国美术家协会广东分会理事、广东省政协委员。出版有《早期油画家冯钢百》等。[1]

---

[1]参见《前言》，载广东美术馆编《中国早期油画大家冯钢百》，人民美术出版社2003年版，第6页。

G

关金鳌（1899—1991）

广东早期油画家，开平赤坎人。少年时随父到美国就学，考进美国国家美术学院。毕业后，到巴黎深造。1928年回到祖国，在广州参加了"赤社美术研究会"从事西洋画的教育、研究和创作活动。创作了《乞丐》《持伞少女》《新娘子》等作品。1931年关金鳌和他的美国妻子再次到法国定居。1985年通过老画友胡根天把自己历年创作的油画、水彩画和珍藏的西欧油画分别捐赠给广州美术馆、开平美术馆和故乡的赤坎关氏图书馆。

关曼青（1918—）

开平百合乡虾近村人。10岁时随父亲关以文赴新加坡谋生，1949年8月归国，1978年被聘为广东省文史馆馆员，出版有画册《关曼青画集》。[1]

关墨园（1897—1945）

开平赤坎人。1926年毕业于古巴国立美术大学油画系，曾任古巴侨报《民生日报》编辑，1932年归国后，在开平乡间从事小学教育，在希宪小学、越华中学、广东长师、开平一中等多所学校任教。

H

何三峰（1895—1949）

台山人。善画油画。学画于日本东京美术学校，归国后曾任教于广州市市立美术学校。[2]

胡 俊（胡剑庵，1891—1961）

字剑庵。号不隐。鹤山人。居香港。工书法、篆刻。善画山水、花鸟、设色浑厚，水墨运用尤见空蒙巧妙。为南社画人，南社有剑父、剑庵二剑之称，又有寿庵、剑庵二庵之谓。为人守素安贫，生活朴实。作画喜于前人作品中覃思冥索，传统功力甚高。[3]

胡钜湛（1930—？）

开平人。1953年、1956年先后毕业于华南人民文学艺术学院美术系和中南美术专科学校绘画系。毕业后30多年来一直任教于广州美术学院，曾任教育系主任、教授、硕士生导师。退休后兼任广东教育学院美术系主任、教授，是这两个学院教育系的创建人。[4]

---

[1]《关曼青画集》，岭南美术出版社1993年版。
[2] 阮云光：《西洋画伯何三峰》，《工商晚报》（香港）1960年8月21日。
[3] 郑春霆：《岭南近代画人传略》，广雅社（香港）1987年版，胡剑庵条，第100—102页。
[4]《胡钜湛简介》，载《胡钜湛、陈秀莪水彩画作品选》，岭南美术出版社2014年版，第13页。

胡根天（1892—1985）

原名毓桂，号抒秋，又号志抒，别署天山一叟。开平汤边人。1913年毕业于广东省高等师范学校附设图工专修科，次年赴日本留学。1920年于东京美术学校西洋画科毕业后回国。1921年在上海参加文学研究会，曾为《小说月报》俄国文学专号撰写专稿；下半年应广州市教育局邀请回到广州市市立美术学校，后任教务主任、校长；10月与陈丘山、梅雨天等人组织赤社（又名尺社）美术研究会，从事西洋画的介绍和创作活动；同年底被聘为广东省第一次美术展览作品审查委员。1928年又在香港开设美术学校。1929年任上海新华及人文艺术专科学校教授。1932年在广州任国立中山大学讲师，并兼广州市立师范学校教席。1937年任广州战时民众教育委员会委员兼抗日美术宣传组组长。此后还担任过广东省立战时艺术馆教导主任、广东省立艺术专科学校教务主任、广东省博物艺术馆馆长等职。中华人民共和国成立后历任华南文学艺术工作者联合会常务委员兼美术部部长、中国美术家协会广东分会副主席、广州市文史馆长、广东省书法篆刻研究会副主席等职，是我国著名的美术教育家、画家和书法家。在创作上，他早年画过不少油画肖像和风景画，可惜几经战乱，大多散失；晚年喜画墨竹和墨梅，书法亦神意自成，别具自然之致。享高年九十三岁。学生关山月挽以联云："画院先驱，百年呕尽数人心。"学生吴琬的遗属挽以联云："赤社起南天，何止三千怀杏雨；黄泉逢大北（吴琬），定当两代谢良师。"[1]

胡善馀（1909—1993）

开平百合人。1927年始，曾先后在广州市市立美术学校、广州"赤社"美术研究所、上海人文艺术大学、国立西湖艺术院学习。后留学法国，毕业于巴黎国立高等美术学院。其作品《静物》《自画像》曾先后入选法国春季沙龙。1935年回国，先后任广州美术学院、国立杭州艺专、中央美术学院华东分院教授。并为浙江美术学院（现为中国美术学院）油画系教授。1993年在上海举办"胡善馀从艺七十年画展"，出版有《胡善馀油画选》。

黄潮宽（1896—1971）

开平人。1910年随父赴美国谋生，后考入纽约州布法罗成美术学校，后转学于宾夕法尼亚州费城美术学校。毕业后于1926年回国。1934年抵上海，在岭南学校上海分校任教，同时兼作壁画和肖像，曾为上海证券交易所绘制两幅壁画。油画作品参用中国画技法，富于民族感情。后移居香港，任教于各中学校。[2]

黄笃维（1918—2004）

开平蚬岗人。自幼酷爱书画，在开侨中学读书时，曾获得全校图画比赛第一名。1935年考入广州市市立美术学校。1940年毕业于上海美专西洋画系。1937年抗日战争全面爆发后，以画笔为武器投入抗日救亡运动，辗转于

---

[1] 陈滢主编：《胡根天作品集》，广州美术馆、开平美术馆1993年版，第7—19页。
[2] 简又文：《黄潮宽的画》，《逸经》1937年第25期，第45—49页。

广州、河南、成都、西安等地，以艺术形象宣传抗日。抗日战争胜利后，由重庆回到广州，在广东省立艺专担任讲师。中华人民共和国成立后历任美术院校讲师、副教授、教授，广东省文艺创作室美术组长，广东省美协秘书长、副主席，广东画院副院长，广州水彩画研究会会长，广东省摄影家协会副主席等职。为广东省政协二、三、四、五届委员。出版有《黄笃维画集》《黄笃维书法集》《黄笃维水彩写生集》等。[1]

黄幻吾（1906—1985）

明罕，字幻吾，号罕僧，晚年称"罕翁"。新会双水人。早年临《芥子园画谱》，学画肖像。后与高剑父、高奇峰兄弟相识，大受教益。善画卉、山水、禽鸟，重视写生。他继承岭南画派色彩艳丽明快的传统以及撞粉、撞色、撞水等技法，半工半写，不拘一格。善于吸取西画的某些方法，重形似以及真实感，作品雅俗共赏。曾三次出国，赴南亚、北美、日本等国访问讲学，举办画展。代表作有《渔村冬雪图》等，出版有《黄幻吾画集》《黄幻吾小品集》等。曾任上海国画院画师、上海文史馆馆员，中国美术家协会会员、上海分会理事。[2]

黄金海（1899—2001）

台山三八人。原三多轩文房用品店经理，广东国画研究会会员，广州文史研究馆馆员，粤海诗社名誉社长，粤海诗书画社顾问。

黄浪萍（？—1938）

台山人。1933年至1935年在日本东京学习绘画与雕塑。回国后在北平艺术学院做了两年的教授。1937年参加政府在南京新街口立孙中山铜像的招标案。此后至抗日战争全面爆发一直在南京的立法院工作，塑孙中山先生雕像。1937年雕塑作品头像《憨》曾参加国民政府教育部第二次全国美展。抗日战争时期参军并牺牲于1938年8月保卫九江的战役中。[3]

黄新波（1916—1980）

原名黄裕祥。台山人。自少爱好文学美术。1932年在台山县立中学读书，因参加学生抗日救亡工作被校方开除。1933年到上海，先后参加上海反帝大同盟、新诗歌会、中国左翼作家联盟、中国左翼美术家联盟和中国共产主义青年团，同时在中国左翼文化总同盟办的新亚学艺传习所和上海美术专科学校学习。1933年起，在鲁迅的直接指导下，开始木刻创作。1934年与友人组织"无名木刻社"（后易名"未名木刻社"），同年出版《无名木刻集》，由鲁迅资助并作序。1935年赴日本留学，次年回国，为上海木刻作者协会发起人之一，同时参与组织"第二回全国木刻流动展览"。1937年4月，出版第一本个人画集《路碑》。1938年在广州《救亡日报》任特约通讯员，同年参加中国共产党。1939年转移至桂林，为中华全国木刻界抗敌协会主持人之一，参与主编

---

[1] 张桐瑀：《千里云山意不尽：读已故著名画家黄笃维的山水画》，《国画家》2011年第4期，第15—19页。
[2]《美哉！岭南黄：现代中国杰出国画大师黄幻吾的执着人生》，载《黄幻吾薛宇才双百书画遗珍合集》，浙江大学出版社2013年版，第1—9页。
[3] 贾植芳：《悼黄浪萍君》，《七月》1939年。转引自贾植芳：《把人字写端正：贾植芳生平自述与人生感悟》，东方出版中心2009年版。

《救亡日报》的《漫木旬刊》《漫画与木刻》及全国木协会刊《木艺》等。1941年2月到香港，任职《华商报》。后因日寇入侵，于1942年初经澳门、台山重返桂林，继续进行抗敌文化活动。1944年抵达昆明，在"英国盟军服务团心理作战部"工作，制作对日反战宣传品。抗战时期曾出版画集《老当益壮》与《心曲》，并在桂林、重庆、昆明等地举办过"香港的受难""夜萤画展""动静画展"等展览。抗日战争胜利后，回到香港，担任《华商报》记者，同时发起组织"人间画会"与"人间书屋"，举办各种社会活动，对战后香港的文化艺术生活产生了重要的影响。1949年秋离开香港赴东江解放区，是年底回到广州，担任广州军事管制委员会文艺处美术组组长和广东省人民政府文教委员会委员。历任华南人民文学艺术学院教授、美术部主任，广东省美术工作室主任，中国美术家协会广东分会主席兼党组书记，中国人民对外文化协会广东分会副会长，广东人民艺术学院革委会副主任，广东省文艺创作室副主任，广东省文学艺术联合会副主席，中共广东省省委候补委员，中国美术家协会副主席及全国文学艺术界联合会委员。黄新波作品丰富，一生创作版画600多幅，出版画集15本，还留有油画、漫画、诗歌和散文。[1]

黄蒙田（1916—1997）

原名黄草予，又名黄茅。台山人。1936年毕业于广州市立美术专科学校西洋画系。常年定居香港，1945年抗日战争胜利后，放弃美术创作实践，集中美术业务和美术评论写作。

黄云（1931—2007）

新会牛湾人。生于广东恩平，曾就读于中央工艺美术学院装饰系壁画专业，曾任华南师范大学美术系教授、广州市文史馆馆员、中国美术家协会会员。[2]

黄磊生（1928—2011）

台山人。出生于台山北溪乡，自幼爱好书画，浸淫古典名籍。1949年师从岭南画派赵少昂习画，后于香港创立"国风艺苑美术研究所"，从事中国绘画理论与实践指导工作。1960年移居美国，再度于旧金山创设"国风艺苑美术研究所"。历任旧金山中国美术家联盟会会长、美国西部美术家协会及美国水彩画会会员、美国东方艺术协会最高荣誉顾问、美国中华艺术学会理事长、中国台湾三石画艺学会理事长；台湾省立美术馆、台北市立美术馆、台北"国父纪念馆"及亚太地区艺展国画评审委员、中国文化大学美术系专任教授。曾多次受邀举行个展于美国数大美术博物馆、比利时王国艺术与历史博物馆、日本东京中央美术馆等。2004年起，"黄磊生六十年绘画艺术展"曾先后展出于广东美术馆、南京博物院、上海美术馆、北京中国美术馆、香港大会堂及台北"中山国家画廊"。[3]

---

[1]《黄新波传略》，载广东省美术家协会编《黄新波木刻：1933—1949》，岭南美术出版社2006年版，第12页。
[2]《黄云年表》，载广东省江门美术馆编《黄云艺术人生》，中国文艺出版社（香港）2009年版，第240—258页。
[3]《黄磊生水墨画选》，天津人民美术出版社2005年版，第1页。

K

邝 声（1928—2011）

台山三八人。广州美术学院教授，中国美术家协会会员，广东省美术家协会会员。1950年毕业于广州南海中学，1953年毕业于华南文艺学院美术系，1956年毕业于中南美术专科学校（广州美术学院前身）绘画系。毕业后留校任教，历任附中教师、工艺系基础课教研组组长、工艺系副主任、广州美术学院教务处处长。

L

雷浪六（1902—？）

台山人。清光绪二十八年生。日本国立东京大学毕业。工书、兼擅西画、精篆刻。所作山水、花鸟，简朴豪迈，意白阳、八大之间。曾任武昌美专、上海艺术大学、广州市立美专、广州市立师范及广东省立女师教席。晚年居香港。

雷鲁萍（1916—？）

台山人。民国五年生。广州市市立美术学校毕业、英国自由圣公会大学民法学博士、英国圣安德鲁学院院士。工书、兼善画西画，精工雕塑、摄影。所作用笔豪放，近则趋于抽象，喜用原色，不做细腻描写。创办东方艺术专门学校并自任校长。著有《中国美术概论》《中国艺术》。

雷佩芝（1909—？）

女，新会人。清宣统元年生。长于沪上，适摄影家郎静山。曾游于马公愚之门，工书、善画，所绘人物，笔力遒劲。民国三十六年于上海女子书画会中展出之孔子像，识者誉为有金石气息。

李秉（1903—1994）

台山人。香港早期西画家之一。毕业于加拿大多伦多安大略艺术学校，返回香港后加入香港美术会，与陈福顺、余本被称为香港"西画三杰"。1952年三人又共同组织了"香港艺术社"。1955年之后，李秉携家人重返加拿大，后定居加拿大。

李抚虹（1902—1990）

原名耀民，号照人。江海外海人。毕业于广州政法专门学校，后居江门。稍长除了向父亲问学外还师事邑人郑伯都，山水师石涛，心折石涛之"至法无法"。后入高氏门下学习新国画，其后游学于日本，以分析折衷派的源流。并与在京都留学的杨善深有密切的往还。之余也著书立说，后有《东麟集》行世。著有《山水画史》《读剑楼画话》等书。日寇南犯，避难港澳，与方人定、司徒奇、黄独峰、黎葛民、关山月、伍佩荣、罗竹坪、黄霞川诸君子共组"再造社"，时应简又文之邀佐中国文化协会笔改。嗣香港沦陷，虽贫而坚持不为敌用，尝沿街叫卖为活。抗日战争胜利后，参与高剑父创办的南中美术院及广州市立艺术专科学校事务。后长居香港，曾任专上校院教授及系主任，华侨书院艺术系主任，喇沙书院、香港教师会暨香港政府文员会学术组国画导师；主讲香港大学校外课程山水、花鸟、鱼龙等科。并曾应司徒奇之邀，任教其苍城画院，历时七年，至司徒奇移居加拿大而止。尝被推为香港美术会第六届执委主席及执委秘书，中国书道协会历届监事长，中国书画学会监事长及会长。[1]

李金明（1942—）

鹤山古劳人。生于香港，后定居广州。1961年毕业于广州美术学院附中，1966年毕业于广州美术学院油画系本科。历任国家高级美术师、广东油画会常务理事和执行秘书长等职，现为中国美术家协会会员，广东省美术家协会理事。

李九杲（1895—1959）

字家鹤，号五味斋主。鹤山雅瑶陈山村人。山水画家。

李润堂（1946—？）

台山人。曾从事过陶瓷工、工艺设计、酒店美工、剧院广告、宣传展览等工作。2000年以后来是进行职业漫画创作。2001年加入广东省漫画学会，2009年加入广东省美术家协会。其作品入选国际国内漫画大赛、入选展览、入选画册次数高达百余次。[2]

李铁夫（1869？—1952）

原名玉田。鹤山雅瑶陈山人，民主革命家，被一般公认为晚清最早前往西方系统学习美术的留学生。19世纪末随叔父往加拿大谋生、求学，曾入读阿灵顿美术学校、美国国家艺术学院、纽约学生艺术同盟等并担任教职。1909年在美国加入纽约同盟会，从事筹款宣传等革命活动。1931年以后归国，长居香港，以为人画像和教授学生

---

[1] 邓国荣：《李抚虹教授小传》，《抚虹画集》1993年香港印刷版，第6—9页。
[2] 王畅怀主编：《漫出侨乡：著名漫画家李润堂获奖作品选集》，中国李铁夫美术出版社有限公司（香港）2014年版。

为生；1941年底香港沦陷后，转道澳门离开香港赴台山避难；1943年受李济深邀请前往桂林，足迹遍及桂林、重庆、广州、南京、上海等地并举办多次展览；1948年重返香港，与"人间画会"的青年画家来往，思想逐步亲近新中国；1950年华南文联将重病之后的李铁夫接回广州直至1952年去世。[1]

李慰慈（1909—2003）

女，笔名杜金、彭兑。新会人。曾留学法国，先后就读于法国里昂美术学院和法国巴黎考古学院，回国后曾在广州市市立美术学校教授美术理论。曾翻译编著《实用色彩学》，由商务印书馆出版，实用性强，传播广泛。后长期在各大学教授法语。[2]

李醒韬（1943—）

开平水口人。1963年毕业于广州美术学院附中，1968年毕业于广州美术学院。现为国家一级美术师、中国美术家协会会员、中央文史馆书画院研究员、广州市政协书画院副院长、广州市人民政府文史研究馆书画院执行院长、广州炎黄画院院长。历任广州市委宣传部美术组组长、广州画院副院长、广东文艺职业学院副院长、广东省美术家协会常务理事、广州市美术家协会常务副主席。从艺五十多年，从宣传画、油画、水彩画到中国画，在不同年代的创作中：七次获全国性美术作品金、银、铜及优秀奖和表彰奖；二十多次入选全国性美术作品展；获广东省美术作品展银奖、优秀奖；部分作品为中国美术馆、广东省美术馆、广州市艺术博物院等纪念馆、博物馆收藏。

李耀辰（李研山，1898—1961）

字居端，号研山。蓬江区荷塘人。广府学堂毕业，课余曾随美术课老师潘和学习，后就读于北京大学法律系。1932年被任命为广州市市立美术学校校长，直至抗日战争全面爆发前一年才去职。1948年重到香港，曾与吴琬、陈汀兰等在思豪酒店画廊举行画展。1958年前后，择九龙钻石山筑石溪壶馆，过半隐居的优游林下生活。曾自评："书胜于画，画胜于诗。"1960年曾有编绘《竹谱》计划，但未成即谢世。画笔超逸，于宋院功力最深，书卷气息浓郁。[3]

李逸峰（1897—1992）

开平人。1923年毕业于广东省立工业学校美术专科班，得岭南画派大师高剑父、高奇峰的传授，毕业以后留校任教十余年，中华人民共和国成立后在开平广东长沙师范任教至退休。

---

[1] 迟轲主编：《李铁夫》，岭南美术出版社1985年版。冯锦、王畅怀：《李铁夫出生时间各家观点考辨》，《美术学报》2017年第4期，第78—84页。

[2] 吴瑾：《青年艺术社与广州现代美术（1927—1937）》，岭南美术出版社2010年版，第167—169页。

[3] 李允鉌等：《李研山的书画艺术及其生平记要》，《李研山书画集》，东方文物图籍出版社（香港）1974年版，第7—27页，收入朱万章、郭燕冰主编：《广东"国画研究会"研究》，岭南美术出版社2010年版，第92—119页。

李征（1938—？）

曾用名李文铮。台山三八人。1960年毕业于广州美术学院附中，1965年毕业于广州美术学院版画系，毕业后留校任教。曾任版画系主任，学院学术委员会委员，中国版画家协会理事。

利佳士（？—1915）

新会人。广东国画研究会会员。以画斗鸡出名。作大幅山水气势浑厚，墨色深透。

梁竹亭（1887—1974）

台山人。少时在香港当学徒工，1914年考入加拿大国立美术学院学习雕塑，1928年毕业。回国后，在广州、香港从事雕塑创作。1930年再度赴加，学铜铸及陶瓷工艺。1935年在南京任建设委员会技术设计委员并从事雕塑创作，至抗日战争全面爆发离职复返香港。中华人民共和国成立后回广州，一直在中国美术家协会广东分会从事专业创作，并任广东省政协委员。作品有木雕《农妇》《水果之乡》，石雕《丰收》等。

林近（1923—2004）

原名崇栻，新会罗坑人。曾任澳门颐园书画会理事长、西泠印社社员、江门市政协书画院顾问。书法篆刻作品先后入选全国书法篆刻作品展，并多次在香港、澳门、北京、广州等地举办个展。出版有《林近书法作品集》《怀远楼印存》等。

林达川（1912—1985）

新会人。擅长油画。早年就读国立杭州艺专。1949年毕业于日本东京美术学校。1944年开始在日本从事职业画家生涯，1949年油画作品《窗前的景致》参加全日本第五回美术展览会，并荣获该展览"特选奖"。继而在日本美术界获得"无监查"及"依嘱"荣誉资格，同年在东京银座画廊举办第一次个人展览。1951年加入日本美术极爱联盟，是当时唯一的中国籍画家，同年油画作品《港口的远眺》参加第七回日本美术展览会。同年5月在东京银座画廊举办第二次个人展览。1953年回国。任教浙江美术学院油画系。中国美术家协会会员，曾于日本举办个人画展。[1]

林千石（1918—1990）

原名载，字千石，以字行，号曰印禅。工金石篆刻，旁及书画，山水花卉翎毛，无不精能。所作设色牡丹，轻盈雅淡，俊秀之气跃然于楮墨之间。书秀逸，诗词亦佳。室名有北海书堂、青原堂。祖籍广东鹤山，世居广州。1949年移居香港，然而在1953年以前，仍往往栖迟于槟城、星洲之间。1970年因儿辈之请，迁加拿大，后

---

[1]潘耀昌、龚鹰主编：《大璞不雕：纪念林达川诞辰一百周年文献·作品集》，中国美术学院出版社2012年版。

逝世于多伦多。其书师法李邕，故以"北海书空"颜其室，擅作行草，喜参米海岳、黄山谷两家之法以取姿致，笔势苍劲，沉着痛快。又精究《汉礼器碑》，生动奇崛，貌拙气酣。著有《千石书画印合集》《林千石百体书法》《千石印存》《青原堂诗》。[1]

林荣俊（1906—？）

台山人。毕业于台山县立中学，后留学日本学习西洋画，曾在川端画学校、东亚学校修业，毕业于东京美术学校。曾任广州市立艺术专科学校教授。[2]

林镛（1912—？）

新会人。曾在上海和日本的美术学校学习。曾求学于上海中华艺术大学，师从陈抱一，后留学日本东京文化学院美术科。1929年，作品参加在上海举行的教育部第一次全国美术展览；1943年作品参加在重庆举行的第三次全国美术展览。曾任教于重庆国立艺术专科学校。1949年移居法国，作品在法国艺术家沙龙、秋季沙龙展出。[3]

刘达滚（1937—）

台山横湖龙扬村人。1955年旅居美国，毕业于纽约视觉美术学院其后成为美国粉画协会会员。20世纪80年代与著名油画家陈逸飞、陈丹青等人在纽约举办画展，90年代起常回祖国在广州参加艺术活动，并经广州美术学院郭绍刚院长介绍在美院进修学习。在家乡台山市与陈博仁先生创建"台山市美术协会创作室"，为当地画家提供一个共同切磋研究画艺的场所。现为美国粉彩协会会员、纽约美术联盟会员、台山市美术协会荣誉会长。[4]

卢延光（1948—）

又名卢禺光。开平人。1986年以来出版的作品有《一百帝王图》等系列图书五种及个人画集十余本。1988年任广州市文艺创作研究所艺术研究室主任，同年创办《广州美术研究》杂志，任主编。1992年调往广州美术馆工作，任馆长。1994年组织实施广州艺术博物院工程建设及藏品征集。2000年任广州艺术博物院院长。2003年当选广州市美术家协会主席，国家一级美术师，获国务院专家津贴。2007年当选广东省美术家协会副主席，广州市文史研究馆副馆长，广州市政协常委。现为广州市政协书画院副院长，关山月基金会副理事长。

陆无涯（1912—1984）

字艺，号晦庐，笔名羽军，鹤山人。早年就读于广州市市立美术学校与上海艺术专科学校，习西洋美术，后专修国画。毕业后曾任教于鹤山、中山。抗日战争全面爆发后，随澳门四界救灾会回国服务团到粤北参战，任第六队队长。继在第十二集团军政工队员补习班任美术与歌咏教官。1948年抵东江游击区参加解放战争。中华人

---

[1] 林千石：《林千石书画印合集》，中国艺文社（香港）1956年版。
[2] 刘晓路：《各奔东西：纪念近代留学东洋和西洋的中国美术先驱们》，《新美术》1998年3号，第23—29页。
[3] 林镛：《往事的回忆：怀念陈抱一老师》，载陈瑞林《现代美术家陈抱一》，人民美术出版社1988年版，第152—156页。
[4] 郭绍刚：《侨乡画家刘达滚的艺术》，载《刘达滚画集》2017年印刷本。

民共和国成立初，任教于广东省文艺学院西洋画系。1950年底赴香港从事美术教育与出版工作，历任《乡土》半月刊、《娱乐画报》《新晚报》美术版主编，并组织人间画会、庚子画会。出版画集有《风雨集》《抗战画报》《中国山水纪游画集》《欧洲写生画集》等。画论与其他文艺著作有《诗书画的艺术》《中国古画鉴辨知识》《摄影与绘画》《中国山川纪胜文集》《欧洲游踪文集》等。

吕灿铭（1892—1963）

字智惟，号禅侣，鹤山人。世寓佛山。曾就读于佛山书院，于经史、古文辞极有根基。善书画，书法取东坡，画以山水著。尝云："立德、立功、立言，皆非易事，性以书画传名艺苑，如飞鸿爪迹，于愿已足。"因自颜所居曰"鸿变斋"。曾任四会县教育局长，龙门县县长等职。著有《中国画学纵谈》。[1]

吕化松（1898—1982）

又名吕镕。鹤山人。日本大学肄业，广州大学法学学士。工书、能画、擅诗词，画以南田、藕塘、隔山诸家为法，但不为各家画派所囿，而能参以己意，挥洒自如。历任广东省立、市立各中学中文、国画教席、香港中国美术会执行委员。著有《吕化松花卉画稿》《国花花卉写作法》。[2]

吕寿琨（1917—1975）

字玉虎，鹤山人。灿铭次子。幼承家学，并学画于赵浩公、卢振寰。1948年定居香港以来，将西洋艺术元素结合中国道家和佛家禅宗的哲理，创立"禅画"，带领香港的新水墨运动，令水墨画走向现代化，被誉为香港水墨画的先行者。1962年以来，被聘为香港市政局之艺术顾问。1966年开始在香港中文大学校外进修部主持水墨画课程，影响了香港艺术及设计界人士，如王无邪、梁巨廷、许雪碧、靳埭强等。1971年4月，英国女皇为推崇他在艺术方面的贡献，特颁授他MBB勋章。[3]

吕祖铭（1924—2004）

字君庸。江门市人。中国书法家协会会员，江门市书法家协会顾问。出版有《吕祖铭篆刻作品精选集》。

罗卓（罗艮斋，1890—1954）

字艮斋。蓬江区棠下梁溪人。工雕塑。辛亥革命后在广州举行的广东省第一次美术展览会中的六祖巨型塑像即他手塑，颇获好评，展览结束，被移置白云山能仁寺供奉。中年曾到马来群岛营冶锡矿，在海陬涯谷筑木石居，业余兼事摄影。归广州后，专事绘画创作，善画人物、鸟兽，兼课于广州市市立美术学校。他作画主张"取资于眼前事物，发求其真。广州美术馆藏有他画的《罗汉图》《水火既济图》《鼠粟图》《十八学士图》与赵浩公、黄少梅合作的《双牛图》等。

---

[1] 郑春霆：《岭南近代画人传略》，广雅社（香港）1987年版，吕灿铭条，第72—74页。
[2] 郑春霆：《岭南近代画人传略》，广雅社（香港）1987年版，吕化松条，第78—80页。
[3] 王无邪等编：《吕寿琨纪念画集》（Lui Shou-kwan，1919—1975），吕梅倩萍出版，香港SS设计制作公司设计经销，1979年版。

罗工柳（1916—2004）

开平月山人。1931年在国立中山大学附中读书，1936年考入杭州西湖艺专学画，并自学木刻。抗日战争全面爆发后投笔从戎，1938年在武汉参加筹组全国木刻协会，当选理事。同年到延安入鲁艺，不久参加"鲁艺木刻工作团"到太行山，在敌人后方工作三年。1942年调回延安，参加延安文艺座谈会。1946—1949年任教于北方大学和华北大学文艺学院。1949年参加中央美术学院创建工作，1953年任绘画系主任。1955—1958年，在列宾美术学院进修油画。回国后仍在美院任教，1979年任副院长，并当选美协常务理事，全国文联委员。油画代表作有《地道战》《整风报告》《前仆后继》《毛泽东在井冈山》等作品，为中国革命历史博物馆收藏，并画了许多人物和风景作品，为中国美术馆收藏。出版有《罗工柳画集》《罗工柳艺术对话录》等。长期从事美术教育工作，主持文化部主办的中央美术学院油画研究班和油画系罗工柳工作室的教学，在油画人才的培养上有显著贡献。其绘画技法和教学方法对中国油画创作和油画教学，有广泛影响。其书法别具一格，尤擅草书。从1950—1985年主持人民币二套至四套的设计工作，在国际上有突出影响。[1]

M

马华坤（1948—）

新会人。广州美术学院油画专业毕业，曾在江门市人民电影院从事电影广告宣传工作，任宣传组组长。毕业分配到江门市文化馆（后改为江门市群众艺术馆）负责宣传、组织群众文化活动，开展各类艺术展和学术研究。1986年参与江门市美术家协会成立的筹备工作，并任协会秘书长、副主席等职。创作的油画作品《水乡》《山村》《童年》《水乡情》、漆画《水乡》《新楼》《龙的传人》等参加省展及报刊发表，其中油画《水乡情》获省美术作品展银奖，《山村》获三等奖。1996年荣获江门市委、市政府授予江门市优秀文艺家称号。曾任江门市群众艺术馆副馆长，江门市图片社社长，江门市美术馆馆长。现为广东省美术家协会会员，广东省写意油画会监事，江门市美术家协会名誉主席，江门市画院荣誉院长。

P

潘思同（1904—1980）

原籍广东新会。生于上海四川路聚贤里，因父亲是往来于上海和广州的商人，早年一直生活在这两个开放的城市中。1917年，潘思同年方十五岁，即报考上海美专水彩画科函授班，开始接受学院式训练。1922年夏，在掌握一定绘画基础以后，正式考入上海美专西画科。1925年毕业后，由于家道中落，不得不多处兼职谋生，给书

---

[1]《罗工柳油画》，山东美术出版社2004年版。

商做书籍装帧，为店铺画广告，空余时继续研究绘画，主攻水彩。1928年与陈秋草等于上海创办"白鹅绘画补习学习学校"，并出版《白鹅画刊》。1929年上海良友图画公司出版《思同铅笔画集》。1929至1931年任上海美专西画科素描、水彩画教授，1933年任上海商务印书馆美术编辑和大成出版公司美术部编辑。水彩画作品《涉水》为梁得所编译的《西洋美术大纲》刊载。1935年出版《思同水彩画集》。1952年随商务印书馆迁寓北京，后调任高等教育出版社美术编辑。1955年，经刘开渠推荐，到中央美院华南分院任教。除在版画系、工艺系从事教学外，还深入江苏、上海、安徽、浙江各地体验生活，创作了《林间》《缆索桥》《半山钢铁厂》《新安江工地》等优秀作品。1972年退休回沪后，孜孜以求地钻研水彩画，在创作中吸收中国水墨渲染技法，和清末画家任伯年的用色法。享年77岁高龄病逝于上海。[1]

R

容大块（1900—1963）

原名容建勋，名冲，又名星哲。新会荷塘乡东良村人。毕业于广东省立第一甲种工业学校美术科，曾随高剑父习画，是其早期弟子之一。擅山水、走禽、花鸟、虫鱼，亦工书法，其写生、山水，早年与黎雄才齐名。曾任教于上海美术专科学校、广西省立第二、第三师范学校，为广州清游会及上海百川书画会员。20世纪30年代初至40年代末，遍游祖国各地，后回广州定居，中华人民共和国成立后任广州市文史馆馆员。

S

沙　飞（1912—1950）

原名司徒传，笔名莫燕、白桦等。开平人。1935年在上海参加黑白影社。次年拍摄并发表鲁迅生前最后一次公开活动的照片和鲁迅遗容。曾在广州、桂林举办过个人影展。1937年10月赴晋，第一个以摄影记者身份参加八路军。嗣任晋察冀军区政治部宣传部编辑科科长兼《抗战报》社副主任、新闻摄影科科长。1942年5月任《晋察冀画报》社主任，同年参加中国共产党。曾与石少华等主办了8期摄影训练队，致力于我军摄影人才的培养。1950年病逝。

司徒常（1932—）

开平赤坎人。毕业于中南美专绘画系，广州美术学院教授，广东美术家协会会员。主要著作有《外国美术简明教程》《西方美术史简编》及美术译论文章多篇。

---

[1] 连屹（潘耀昌）：《潘思同和他的水彩画艺术》，《新美术》1984年第1期，第80—85页；《潘思同：伟大独特之精神，坚贞热烈之怀抱（节选）》，《艺术当代》2017年第1期，第92—95页。

司徒杰（1920—2005）

开平塘边人。中央美术学院教授。青少年时期受兄长司徒乔的影响和指导，决定学习雕塑。1937年考入北平艺术专科学校雕塑系从王临乙，1939年赴新加坡与德籍雕刻家杜迪希（Karl Dudige）学雕塑。1941年在仰光师从雕塑家曾竹韶教授。1945年毕业于重庆国立艺术专科学校雕塑系。1948年起任教于国立北平艺专（后中央美术学院），直至退休。历任中国革命历史博物馆创作员，加拿大安大略省美术学院特聘驻院艺术家。多次应邀赴美国费城大学、康乃尔大学等讲学。受聘中央工艺美术学院，主持司徒杰雕塑教学工作室，中央美院主持第一工作室。中国美术家协会会员。[1]

司徒奇（1907—1997）

字苍城，开平赤坎人，岭南画派第二代弟子，高剑父传人。早年曾入广州市市立美术学校学习西洋画，后毕业于上海中华艺术大学，毕业后回广州创办烈风美术学校。早期以油画家面目出现在美术圈，后因笔战结识高剑父，成为春睡弟子后，专注于中国画领域。在抗日战争时，司徒奇侍父随师到澳门，抗日战争胜利后回家乡，1949年后去澳门，1961年后至香港，创立了苍城画会，1976年举家移居加拿大温哥华。司徒奇以花卉见长，兼擅人物、山水。[2]

司徒乔（1902—1958）

开平塘边人。1924至1926年就读于燕京大学神学院。1926年在北京中央公园水榭举办个人第一次画展。1928年赴法国留学，师从写实主义大师比鲁。1930年赴美国，以绘壁画为生。翌年回国，任教于岭南大学。1931年与冯伊湄结婚。1934至1936年任《大公报》艺术周刊编辑，后来去缅甸仰光养病，1939年辗转新加坡，创作《放下你的鞭子》。1942年返回重庆，1943年赴西北写生，并于1945年在重庆举办新疆写生画展。1946年曾远涉广东、广西、湖南、湖北等地作《义民图》多幅，并先后在南京与上海展出。后赴美国养病，1950年回国途中作《三个老华工》，后曾任中央美术学院教授。擅长油画、水彩、粉画。有《司徒乔画集》行世。[3]

司徒兆光（1940— ）

开平赤坎人。司徒慧敏之子。1959年毕业于中央美术学院附中。1961至1966年留学与苏联列宁格勒列宾美术学院雕塑系，回国后任教于中央美术学院，历任讲师、副教授、雕塑系主任、教授。[4]

苏 华（1943— ）

女，新会小岗人。1966年毕业于广州美术学院，曾在北京、南京、广州、青岛、长沙、深圳、珠海、汕头、香港、澳门等地举办个展和联展。出版有《苏华画集》《苏华书画》《苏华书法艺术》《广东书法名家作品选》

---

[1] 司徒乃钟、黄静仪：《黄金时代：司徒乔、司徒奇、司徒杰、司徒乃钟艺术作品展》，长城艺术出版社有限公司（香港）2015年版，第167页。
[2] 朱万章：《走进司徒奇的艺术世界》，《中国近现代名家画集：司徒奇》，人民美术出版社2016年版，第1—4页。
[3] 司徒乃钟、黄静仪：《黄金时代：司徒乔、司徒奇、司徒杰、司徒乃钟艺术作品展》，长城艺术出版社有限公司（香港）2015年版，第9页。
[4]《司徒兆光雕塑集》，荣宝斋出版社1997年版。

《苏华写意花鸟》《林墉苏华访问巴基斯坦画集》（合作）、《苏家美术馆藏画集》（合作）等。曾任广东省书法家协会副主席，广州市美术家协会副主席，苏家美术馆名誉馆长，广州画院画家，国家一级美术师，广州市第十届、第十一届人大常委，国务院特殊贡献津贴专家。

苏　以（1933—）

广东新会人。中国版画家协会会员，广东省美术家协会会员，曾任江门市文联副主席、江门市美术家协会主席、江门市政协书画院顾问。

T

谭华牧（1895—1976）

笔名谭牧，台山人。1919至1924年就读于日本东京美术学校西画科。回国后曾与留日同学何三峰、陈士洁在广州创办私立"主潮美术学校"。民国年间，历任上海艺术大学西画系主任兼教授、上海新华艺术大学及上海美术专科学校教授、广州市市立美术学校教务主任兼西画系主任。广州沦陷期间，流亡澳门；抗日战争胜利后任广东省立艺术专科学校美术科教授。20世纪40年代末期重赴澳门从事美术活动，曾任澳门美术研究会名誉副会长。1956年返回广州定居，同年加入中国美术家协会广东分会。1959年开始成为在编广东画院画家。1976年12月17日在广州去世。擅长油画、水彩，绘画题材以南国风景和农村生活为主，风格介乎后期印象派与野兽派之间，并在不断写生的基础上，发展了个人独特的稚拙风格。[1]

谭连登（1901—？）

台山人。曾留学入日本东京美术学校西洋画科学习美术，1926年毕业后作为研究生继续深造，1927年因家事退学。[2]

谭雪生（1921—2011）

开平赤坎人。"人间画会"成员，曾任香港美术教师联谊会会长。1949年以来，历任华南人民文学艺术学院讲师、广州美术学院附中校长、广州美术学院工艺美术系主任、广州美术学院教务主任。

汤由础（1912—1971）

新会古井人。幼孤，曾就读于广东省立孤儿教育院藤工科。1927年赴新加坡，从事广告商标设计等工作。酷爱绘画，并于1948年在新加坡举办个人画展。1950年回国后，先后任职于华南文工团、广东人民美术社。1956年

---

[1]《前言》，载广东美术馆编《谭华牧："失踪者"的踪迹》，岭南美术出版社2006年版，第5页。
[2] 刘晓路：《各奔东西：纪念近代留学东洋和西洋的中国美术先驱们》，《新美术》1998年版3号，第23—29页。

调入中国美术家协会广东分会，历任中国美术家协会广东分会工作部主任、党组书记，广东画院副秘书长等职务。擅长油画、版画和水彩画，经常深入农村、部队写生，作品极富生活气息。重要作品有《开平谭江》，曾经在2000年入选"中国百年水彩画展"。[1]

W

王少陵（1909—1989）

台山人，1913年移居香港；1928年参加北伐任国民党中央宣传委员会驻沪办事处宣传干事，从事漫画工作；1931年开始研习西画，并于1933年在香港与陈福善、杜灵格等发起并组织了"香港文艺协会"。在好友徐悲鸿的鼓励下，1938年王少陵决定赴美留学，并于同年9月抵达三藩市，进入加州美术专科学校学习。1947年获邀回国担任南京国立中央大学艺术系教授；1948年再度赴美，在纽约大都会博物馆筹办了"中国现代画展"；1949年后长居美国，画作以风景和人物肖像为主。[2]

温水源（1917—2011）

鹤山人。广东美术家协会会员，鹤山市美术家协会名誉会长。1937至1940年师从岭南画派黄少强、何漆园、叶少秉在香港美学院学习中国画。1940年在香港金陵酒家举办第一次个人画展并出版《水源画集》，参加美学院院展、民间画会联展。1941年在香港九龙侨星画廊举办第二次个人画展，1943年鹤山县政府办义卖慰劳抗日将士个人画展，1944年在鹤山总商会举办第四次个人画展，与新会胡昌硕联合画展，1941年至1946年在鹤山县中，鹤山师范任教，1946年任县民教馆长，举办第五次个人画展，并为李铁夫举办个人画展。1984年县文化局，县文联主办第六次个展。1998年在鹤山博物馆举办黄少强、温水源师生国画联展。2003年在鹤山博物馆举办温水源师生联展。2009年7月获中国文学艺术界联合会颁发"从事新中国文艺工作六十周年"荣誉证书。作品多次在全国、省市博物馆展览中展出收藏。[3]

吴江冷（1911—1986）

原名吴贻荪，新会人。擅长工艺美术。国立杭州艺专图案系毕业，曾任广州市立艺专副教授。实用美术科主任，广州美术学院工艺美术系副教授。中国美术家协会会员。

伍蠡甫（1900—1992）

新会麦园乡人（现江门市江海区外海镇麦园村），出生于上海。其父伍光建（1867—1943）早年考入北洋水师学堂，后赴英国留学，归国后成为翻译家。伍蠡甫幼时随父亲辗转于北京和上海，就读于汇文附小、圣约翰附

---

[1]《前言》，载广东美术馆编《汤由础恬静的故土》，2008年版印刷本，第5页。
[2] 王璜生：《序言》，载《旅美一代绘画大家：王少陵》，《美中画报》社（美国）2004年版。
[3] 温水源先生的生平资料由温水源学生李国雄先生提供。

中，受父亲影响，博学且喜好文艺，1923年毕业于私立复旦大学文科，获学士学位，1936年远渡英伦，入伦敦大学深造；成长为著名翻译家、美术理论家、西方文论专家、文学家、国画家，曾任复旦大学文学院院长、复旦大学外文系英美文学专业博士研究生导师，上海画院兼职画师，《辞海》编委及美术学科主编，中华全国美学学会、全国外国文学学会顾问，上海社联、上海文联委员，《中国大百科全书》中国文学、外国文学卷编委等。伍蠡甫去世时，美学家蒋孔阳送上挽联："中国画论西方文论论贯中西，西蜀谈艺海上授艺艺通古今。"[1]

伍步云（1904—1992）

台山人。父亲为菲律宾华侨。20世纪20年代于菲律宾修读美术，是时家贫，几经艰苦，前后六七年方能完成美术课程。20世纪30年代返回香港后正式开始从事美术写作生涯。早期定居于香港，写尽香江风貌，作品中有强烈的生活气息。20世纪80年代初期，应中国文化部和中央美术学院邀请，出任客座教授，更游遍中国名山大川，山河风貌尽入画图中。其后定居加拿大，致力多元文化，曾在台湾展出90回顾展，甚获好评。[2]

吴启中（1944— ）

蓬江区荷塘人，擅国画。1963年毕业于广州美术学院附中。曾任《广东画报》美术编辑，现为广东画院副院长、国家一级美术师、中国美协会员，广东省美协常务理事、政协广东省第六、七届委员，第八、九届常务委员，享受国务院特殊津贴。

伍千里（1906—1969）

原名自重，又名时骥、朝栋。新会虎溪乡山溪村人。1922年就读于广州市市立美术学校西画系。1926年毕业创作画《孙中山塑像》悬挂于广州市市立美术学校。毕业后投考国民革命军，参加北伐。1928年秋返回广州，加入青年艺术社，油画《读书之女》《凝思》等六件作品参加"青年艺术社第一回秋季绘画展览会"。1933年油画《少女》、摄影《归途》等参加美术展览"广州市第一次展览会"，并主持编辑出版"广州市第一次展览会"会刊。1937年任第二次全国美展广东省预展会筹备委员。抗日战争期间先后任第四战区长官部上校副官、编纂委员会出版组组长、柳州黄图出版社社长等。抗日战争胜利后在广州设立黄图文化企业公司，陆续在广州《天行报晚刊》《中山日报》上主编《艺术周》。[3]

伍廷杰（1918—1984）

台山人。开平风采中学美术教师。中国美术家协会会员。早期版画家。

---

[1] 刘媛：《论贯中西，艺通古今：伍蠡甫的艺术研究之路》，《美术观察》2016年第8期，第132—133页。
[2] 吴步乃：《画家伍步云先生及其作品》，《美术》1979年第9期，第45—29页。
[3] 吴瑾：《青年艺术社与广东现代美术（1927—1937）》，岭南美术出版社2010年版，第162页。

X

许乐之（1912—1997）

新会会城人。曾于赵少昂主办的广州岭南艺苑美术科修业。

Y

杨善深（1913—2004）

台山赤溪人，早年名淼青、子江。20岁即致力于画艺。1934年留学日本，入京都堂本美术专科学校研读美术。课余遍览东京及京都两地名手之作，尤爱竹内栖凤，1940年展画于新加坡，与徐悲鸿相遇，获其称赞。与高剑父交往甚密，虽然从未正式入剑门下，但以师礼事剑父，对岭南派画法有深刻的研究与理解。他的画每能兼备"岭南三杰"之所长，有高剑父的苍莽笔墨意趣，有高奇峰的超凡写生技巧，有陈树人的脱俗构图，并且在"三杰"的基础上变化发挥，作品具现代感，并透出岭南淡雅文人的气息。20世纪50年代起展画于美国，并进行环球之旅。20世纪70年代末写生于国内，后移居加拿大，从90年代起又多住香港。杨氏笔触沉稳厚健，极能发挥线条之雄辩，书体造诣亦深，颇能揉化汉碑，撷取新的字体结构及内蕴，刚劲古朴，别具一格，其在艺术上的探讨，不断谋求新的推展与融合，对艺术精诚执着的精神，值得学画后人效法。[1]

叶因泉（1903—1969）

笔名叶些刹，台山人。广东早期漫画家，一生以画漫画为专业。在20世纪20年代末期，于广州主编出版以娱乐性为主的16开对折四页的漫画刊物《字纸篓》。这份图文并茂的套色不定期刊物，颇受市民欢迎，为适应社会需求，更名为《半角漫画》周刊（以售价每份半角钱取名）。发表了黄苗子、李凡夫、陈青白等人作品，因其内容多反映当时现实生活中下层贫民、市民生态。故每期都吸引了不少市民购读。叶还创作了连环漫画《何老大》在刊物上长篇连载，通过何老大展现人间百态，影响颇大。抗日战争时期，叶创作了抗战难民图，反映了被侵略者追迫的难民惨状，是抗日战争的历史实录。[2]

易孺（1874—1941）

初名廷意，原名开骐，字季复，号魏斋、韦斋、大厂等，署号繁多。广东鹤山沙坪玉桥人。在篆刻艺术上多以易大厂（音ān）之名行世，其名号中的"厂""庵""岸""盦"属于同音假借，可以互用。"厂"，《说文》释为：山石之厓岩，人可居，象形，凡厂之属皆从厂，呼旱切。[3]

---

[1] 陈继春：《融合中西新艺术》，硕士论文，南京师范大学，2002年。

[2] 蒋志华：《难忘〈抗战流民图〉》，《岭南文史》2005年第3期，第6—9页。

[3] 李万安：《易大厂篆刻艺术》，荣宝斋出版社2007年第4期，第234—237页。李云井：《易大厂篆刻入印文字研究》，《中国书法》2017年第14期，第189—191页。

余本（1905—1995）

原名余建本，台山人。1918年到加拿大勤工俭学，1928年考入威尼伯克艺术学院，1931年毕业于多伦多安德里奥省立艺术学院，获得特别优异高级文凭，继续留校深造一年，创作了《奏出人间的辛酸》等作品，入选加拿大全国性展览及世界博览会。1935年从加拿大回国，定居中国香港，设立画室作画并授徒传艺，1935至1956年，先后举办个人画展十余次，期间所创作的《晚归》《海景》《街景》《捕鱼》等作品，都反映了他眷恋祖国乡土的深厚感情。1937年徐悲鸿到香港，对余本的艺术造诣极为称赞，回桂后即邀请他到桂林作画，创作了《纤夫》，表现了纤夫与激流险滩抗争的气概和坚强的性格。1956年余本随港澳同胞参观团参加北京"五一"观礼，受到周恩来总理接见，并到东北、杭州等地观光。9月响应周总理关于海外知识分子回祖国参加社会主义建设的号召，毅然携眷返广州定居。在此以前余本的油画创作主要受伦勃朗·德拉克罗瓦及印象主义的影响。1957年开始，感到要表现他对祖国的内心激情，要开拓自己艺术生命的新时期，采取写实主义的表现方法注入了浪漫的色彩，使作品在深厚沉雄中存在着鲜明清新的气势。特别是融注了民族化艺术的新血液，形成自己的特色。代表作品有《海珠桥下》《黄河渡口》《万里长城》《延安》等。上海、北京人民美术出版社先后出版了《余本画集》。[1]

余其万（1935—）

开平三埠人。擅长版画、中国画，中国美术家协会会员。1956年参军，1959年起从事美术工作。1960至1962年在广州美院进修。

余所亚（1912—1991）

台山人。其年幼患有小儿麻痹症致双腿瘫痪，只能靠两张小木凳行动，以超人的毅力终身从事文艺工作，被誉为"画坛奇人"。作品常署名Soa。[2]

Z

周树桥（1938—）

开平人。1966年于广州美院油画系毕业后，到广州美术公司从事创作，后到广州画院，曾任画院副院长。20世纪90年代移民美国。

---

[1] 谢钧主编：《永恒的朴素：余本作品及评论集》，岭南美术出版社2017年版。
[2] 林焕平：《生活的最强者：怀念余所亚同志》，载《桂林抗战文化史料》，漓江出版社1995年版，第37—38页。

郑可（1906—1987）

本名郑应能。新会人，出生于广州。著名工艺美术家与雕塑家。其父是香港的一名西餐厨师。郑可生长于广州手工业区，其中金属工艺、牙雕、玉器等传统工艺美术较为发达。1927至1934年间，郑可入读法国巴黎国立美术学院和巴黎工艺美术学院，学习雕塑、工艺和设计。1936年，再次到法国参加世界博览会。回国后在广东勷勤大学任教，以后在新加坡和中国香港办工厂。1951年应廖承志同志邀请回国，以后主要任教于中央工艺美术学院郑可工作室。1957年研究成功电脉冲雕刻钢模等先进工艺，1977年应财政部邀请，为国家培养金币设计人员。主要擅长雕塑和雕刻工艺，对室内装饰、建筑装饰、金属工艺、陶瓷工艺以及货币铸造等均有研究。郑可多年来在河北邯郸、江苏宜兴、山东淄博等地，创作了大量陶瓷工艺品。代表作有巨幅陶瓷浮雕《女娲传说》等。[1]

郑伯都（1884—1980）

名乘闉，字伯都，新会人。曾任广东省高等法院刑庭庭长。其虽供职于法院，绘画乃其余事，但画艺不亚于专业画家，书法秀整，兼工篆刻，为广东国画研究会成员。广州沦陷后寓居香港。李健儿在《广东现代画人传》中称其"山水法倪云林、大痴，花卉工笔宗徐崇嗣，意笔取陈白阳，墨笔朱笔兰竹兼采郑所南、吴仲圭、大涤子之长皆有所得"。广东省博物馆藏有其与周鼎培合作于1931年的《牡丹螳螂图扇面》，为意笔之作，颇具生气。[2]

张影（1910—1961）

开平沙岗人。自小随父亲到印度尼西亚读书打工，1931年回国求学，1935年毕业于广州市市立美术学校第11届西洋画系。在校期间参与李桦等市美师生发起成立广东第一个木刻社团"现代创作版画研究会"（一般简称"现代版画会"）。提倡新兴木刻创作，开展革命宣传及抗日救亡活动，得到鲁迅先生的鼓励与赞赏。1949年后作品多次在全国、省市展览中展出，为广东省美术家协会会员，中国版画家协会会员。[3]

赵浩（赵浩公，1881—1948）

又名秀石，号牛口，又号浩公。斋名有无所容居，山南画舍。台山人。少年学装潢于兰雪斋画肆。17岁时得结识王根并获其教授画兰花。曾与卢振寰、卢观海组织山南画社，以摹古画为业，所赝多唐、宋名迹。赵氏所赝名迹从纸绢、颜色、印章、题识、款字、装潢均一手炮制，数年间收入竟可购入广州数幢楼房，时称"多金画人"。1921年举办广东省第一次美术展览时，他与高剑父、卢振寰等同被聘为审查委员。1923年与卢振寰、卢观海、黄般若、潘和、黄少梅、姚粟若、罗卓八人组织癸亥合作画社，每周末雅集于广州之西园。后又组织广

---

[1] 连冕：《郑可研究暨重订郑氏简编年谱》，《装饰》2017年第1期，第37—47页。
[2] 李健儿：《广东现代画人传》，俭卢文艺苑（香港）1941年版，第81页。朱万章：《广东"国画研究会"及艺术风格解读》，载广东省博物馆、香港中文大学文物馆编《守望传统：广东国画研究会1923—1937》，香港中文大学文物馆2006年版，第25页。
[3] 生平信息由张影哲嗣张竞能先生提供，另参见开平市美术馆编：《开平书画集》1995年版印刷本。

东国画研究会于广州六榕寺人月堂，会员多至三百余，还创办国画图书室，搜集有关绘画之参考书册逾千种，直至日寇侵犯广州时才停止活动。曾任广州市市立美术学校国画教授、中山大学画学教授，并编著《花鸟画法》为教材。有《金竹先生集》行世。[1]

周清泉（1906—1987）

原名荣尧，号在询。11月24日出生于开平蚬岗至得乡东和里村。小学毕业后，在蚬岗启新小学教书。因有排球特长，由时任杭州艺专体育教员关清华老师推荐，被杭州艺专录取，师从李苦禅。周清泉在学期间，除擅长国画、油画、肖像、漆画装饰画等，以书法最有特色。毕业后返回广州在岭南大学附小工作，一年后出国前往马来西亚，从事华人文化教育工作，先后任柔佛州华人教育协会主席和国家华人教育协会副主席。

赵雅庭（不详）

台山人。早年学油画于墨西哥。20世纪20年代回国与胡根天、冯钢百等在广州创办赤社美术研究会，1923至1928年任职于赤社美术学校、广州市市立美术学校。其油画作品《老人》曾入选1937年第二次全国美术展览会。赵氏后来的专业领域离开油画界转入了速记学。[2]

朱沅芷（1906—1963）

原名朱荣沅，开平人。1921年赴美并取得美国公民身份，很快进入加利福尼亚美术学校研习架上绘画，主要于海外活动，他的绘画涵盖他对于不同的现代主义表现如立体派、共色主义、未来主义和社会写实主义的浓厚兴趣。1924年，朱沅芷进入加州美术学院（即现在的旧金山艺术学院）学习，跟随留欧返美的加州艺术代表人物欧蒂斯·欧菲德（Otis Oldfied）学习了立体主义等现代主义画风，并用独特的现代主义手法创作风俗画、肖像画和一些深含图像隐喻色彩的寓言式作品，后自己命名为"钻石主义"（Diamondism）。1927年在个人作品展览会上遇到阿希尔·缪拉王子夫妇（Achille Murat）深获赏识，在其赞助下前往巴黎，进入了当时法国最前卫的艺术家和赞助人的圈子，先后多次在知名画廊中举办展览，并邂逅第一任妻子女诗人苞尔·德洛丝（Paule de Reuss）。离异后，朱沅芷返回纽约，沉寂六年后再次带着一批作品重返巴黎。1939年第三次回到纽约后，逐渐淡出主流视野。1942年与其学生海伦·威玛（Helen Wimmer）结婚，育有一女，后因酗酒和精神抑郁在1947年离婚。1950年后一直与维玛·爱德劳特（Velma Aydelott）生活在一起直到1963年因胃癌去世。其女朱礼银（Li-lan）亦为职业画家。[3]

曾景文（1911—2000）

台山人。1911年出生于美国加利福尼亚州的奥克兰，5岁时全家移居中国香港，在私塾攻读中英文及书画。

---

[1] 黄大德：《赵浩公年表》，载朱万章、郭燕冰主编《广东"国画研究会"研究》，岭南美术出版社2010年版，第178—204页。任文岭：《手摹心追守望传统：赵浩公的绘画艺术》，《书画世界》2017年第7期，第28—30页。
[2] 教育部第二次全国美术展览会管理委员会：《现代西画图案雕刻集》，商务印书馆1937年版。
[3] 顾跃：《世界名画家·朱沅芷》，河北教育出版社2014年版，第4—5页。安东尼·W.李（Anthony W. Lee）：《美国华人绘画简史，讫于1945年》，收录于美国古根海姆博物馆编著《美国艺术三百年》，上海辞书出版社2006年版，第234—241页。

1926年进入岭南学校，向该校校长兼美术教师司徒卫学习西洋油画，并从刊物杂志中，经常观赏到当时中国"新派"画家如高剑父、高奇峰、刘海粟、徐悲鸿等人的作品。1926年返回美国，在奥克兰福克斯美术学校（Fox and Morgan Studios）继续学习油画。后经人指点舍弃油画，从1931年起专攻水彩。曾景文初返美国时，无处谋生，以帮人洗盘碗或卖报勉强度日，后离开奥克兰华侨区，迁居旧金山，在一美国人家中做男仆，终日工作，每星期只得半日空闲，利用此半日时间，出外写生，集腋成裘，后在旧金山美术中心举办个人画展，初露头角。1936年，曾景文获得美国政府工作计划管理处的津贴，开始专心作画。1941年获得奖学金得以遍游美国各地写生。1942年第一次在纽约市城中画廊举办个人作品展览会。曾受聘于哥伦比亚大学、亨特女子大学讲学。1954年美国国务院曾特聘曾景文前往欧亚各国讲学及举办展览，作世界性友好访问。1981年应中国文化部邀请，曾景文作为"中美建交"后第一个在中国举办个人画展的美籍艺术家，在中国美术馆举办了个人画展。[1]

---

[1]参见中国美术馆、浙江美术学院、广州文化公园巡展的曾景文水彩画展览资料，1981年版印刷本。安东尼·W.李（Anthony W. Lee）：《美国华人绘画简史，讫于1945年》，收录于美国古根海姆博物馆编著《美国艺术三百年》，上海辞书出版社2006年版，第234—241页。

江门五邑美术研究文献资料索引

冯锦 整理

江门五邑美术研究文献资料索引

一、地方志

01. [明]陈元珂主修：《台山县志》（原名《新宁县志》），台山县志编辑部，据明嘉靖廿四年（1545）刻本重印，1991年版。

02. [清]顾嗣协、顾嗣立辑：《冈州遗稿》六卷，清康熙年间刻本。

03. [清]贾雒英主修，薛起蛟、汤晋纂：《新会县志》十八卷，清康熙二十九年（1690）刻本。

04. [清]言良钰编：《增冈州遗稿》一卷，清道光年间刻本。

05. [清]言良钰编：《续冈州遗稿》八卷，清道光二十三年（1843）刻本，松溪精舍藏版。

06. [清]王文骥主修，李科等纂：《开平县志》十卷，清道光三年（1823）刻本，广东省中山图书馆1992年影印。

07. [清]石台主修，杨秀拔等纂：《恩平县志》十八卷（首一卷、末一卷），成文出版社（台湾）据清道光五年（1825）刊本影印，1966年版。

08. [清]林星章主修、黄培芳等纂：《新会县志》，成文出版社（台湾）据清道光二十一年（1841）刊本影印，1966年版。

09. [清]张启琛纂修：《开平县志》，广东省中山图书馆据清光绪十二年（1886）抄本影印，1994年版。

10. [清]彭君谷主修，钟应元等纂：《新会县志续》，清同治九年（1870），会城大新街英隆印务局印本/纬经楼刊刻本。

11. [清]蔡垚爔主修，谭镳等纂：《新会乡土志辑稿》，清光绪三十四年（1908），粤东编译公司印本。

12. 余棨谋修，张启煌等纂：《开平县志》，成文出版社（台湾）据民国二十二年（1933）排印本影印，1966年版。

13. 余丕承修，桂坫纂：《恩平县志》二十五卷（图一卷），成文出版社（台湾）据民国二十三年（1933）排印本影印1966年版。

14. 黄剑云主编，广东省江门市地方志学会、广东省台山县志编辑部编：《台山通略》，1988年印刷本。

15. 黄剑云主编，广东省江门市地方志学会、广东省台山县志编辑部编：《台山百年事纪略：1498-1987》，1988年印刷本。

16. 《新宁县志》（今台山市），清光绪十九年纂修，影印本。

17. 台山县侨务办公室：《台山县华侨志》，1992年印刷本。

18. 新会县地方志编纂委员会：《新会县志》，广东人民出版社1995年版。

19. 新会县地方志编纂委员会：《新会县志续编》，广东人民出版社1998年版。

20. 台山县地方志编纂委员会：《台山县志》，广东人民出版社1998年版。

21. 司徒星、余玉晃主编，开平市地方志办公室编：《开平县志》，中华书局2002年版。

二、民国期刊杂志

01. 高奇峰：《真相画报》，真相画报社出版，1912年6月5日至1913年3月1日第1—7期。

02. 癸亥合作社：《癸亥合作画社》，广州丁卜印刷工厂1924年。

03. 《国画研究会特刊》，附刊于广州《七十二行商报》，1925年10月。

04. 《国画研究会特刊》，广州出版，1926年1月3日。

05. 广东国画研究会编印：《国画特刊》，1927年7月，1928年8月，1929年11月，1931年8月，1932年1月，1933年10月第1—6号。

06. 广东国画研究会画风社编印：《画风》，1929年11月、12月，1930年6月第1—3期。

07. 广州青年艺术社编：《画室》，1927年10、11月第1、2期。

08. 广州青年艺术社编：《青年艺术》半月刊，1928年6月25日、7月10日、7月25日、8月15日第1—4期。

09. 广州青年艺术社主编：《广州国民日报》副刊《艺术周刊》，1929年5月至1929年11月1—25期。

10. 广州青年艺术社主编：《广州民国日报》副刊《艺术周刊》，1934年5月至1935年6月1—60期。

11. 《国画特刊》，广东国画研究会市立美术专科学校（第四届）分会出版，1935年5月。

12. 《广州民国日报》副刊《艺术周刊》，1—18期，1936年9月至12月。

13. 《广州市民日报》副刊《艺术周》，1—24期存目，1937年1月至6月。

14. 广州青年艺术社编：《青年艺术》月刊，1937年2月、4月至7月第1—5期。

15. 杭州艺风社编：《艺风月刊》，1934年第2卷第7—10期。

16. 《非非画报》（香港），非非药局，第1—12期，1928年5月至1930年7月。

三、实录及资料汇编

01. 广东驻日留学生经理处编：《广东留日学生在学校状况一览》，1930年印刷本。

02. 胡伟：《东方的理想：日本东京艺术大学》，人民美术出版社2004年版。

03. 汪兆镛编纂，汪宗衍增补：《岭南画征略》（外二种，含《岭南画征略续录》《岭南画人疑年录)》），广东人民出版社2011年版。

   著录：高俨、李魁、郑绩、甘天宠、罗天池等五邑籍画人。

04. 李健儿撰述：《广东现代画人传》，俭庐文艺苑（香港）1941年版。

   著录：崔六桥、易大厂（易孺）、李抚虹、郑伯都、司徒奇、黄金海、赵浩公、罗卓（艮斋）、李砚山（研山）、杨善深等五邑籍画人。

05. 谢文勇编：《广东画人录》，岭南美术出版社1985年版。

06. 郑春霆编：《岭南近代画人传略》，广雅社（香港）1987年版。

   著录：李研山、吕灿铭、吕寿琨、吕化松、易大厂（易孺）、胡剑庵（胡俊）等五邑籍画人。

07. 王扆昌等编：《中国美术年鉴·1947》（中华民国三十年中国美术年鉴影印版），上海社会科学院出版社2008年版。

08. 黄小庚、吴瑾编：《广东现代画坛实录》，岭南美术出版社1990年版。

09. 汪宗衍：《广东书画征献录》，香港大同印务有限公司1988年印刷本。

10. 陈荆鸿：《岭南书画名家》，广东人民出版社2009年版。

11. 赵世铭编撰：《穗美十七年：广州市市立美术学校的创立及开展》，香港1991年印刷本。

12. 许志浩编：《1911—1949中国美术期刊过眼录》，上海书画出版社1992年版。

13. 许志浩编：《中国美术社团漫录》，上海书画出版社1994年版。

14. 黄般若著、黄大德编：《黄般若美术文集》，人民美术出版社1997年版。

15. 李伟铭辑录，高励节、张立雄校订：《高剑父诗文稿初编》，广东高等教育出版社1999年版。

16. 郎绍君、水中天编：《二十世纪中国美术文选》，上海书画出版社1999年版。

17. 张惠仪：《香港书画团体研究》，香港中文大学艺术系1999年版。

18. 赵力、余丁编：《中国油画文献：1542—2000》，湖南美术出版社2000年版。

19. 陶四强编：《江门五邑书画名人录》，江门市政协学习文史资料2004年印刷本第41辑。

20. 广东画院编：《镌美流花：广东画院50年·历程》，岭南美术出版社2009年版。

21. 罗淑敏：《1940至1959香港亲中报章刊载的艺术家活动年表》，唐锦腾《香港视觉艺术年鉴2010》，香港中文大学艺术系2011年版，第167—195页。
22. 广东美术家协会编、谭天主编：《广东省美协1956—2006文献集》，岭南美术出版社2011年版。

四、图册图录

01. 香港中文大学文物馆编：《香港中文大学文物馆藏广东书画录》，新雅印务有限公司1981年版。

02. 陶咏白编：《中国油画1700—1985》，江苏美术出版社1988年版。

03. 刘新编：《中国油画百年图史：1840—1949》，广西美术出版社1996年版。

04. 苏林编：《二十世纪中国油画图库：1900—1949》，广西美术出版社2001年版。

05. 岭南画派纪念馆研究部编：《岭南画派纪念馆藏画选》，岭南出版社2001年版。

06. 广东画院编：《广东画院画家作品集》，岭南美术出版社1999年版。

07. 文化交流杂志社、浙江展览馆编：《雨夜楼藏中国早期油画展》图册，2002年印刷本。

08. 开平市美术馆编：《开平书画集》，1995年印刷本。

09. 《江门五邑籍书画名家作品集》编委会编：《江门五邑籍书画名家作品集》，岭南美术出版社2004年版。

10. 《新会艺术家书画摄影作品集》编委会编：《新会艺术家书画摄影作品集》，2006年印刷本。

11. 广东省博物馆、香港中文大学文物馆编：《守望传统：广东国画研究会1923—1937》，香港中文大学文物馆2006年版。

12. 美国古根海姆博物馆编：《美国艺术三百年》，上海辞书出版社2006年版。

13. 卢延光、韦承红编：《岭南画派大相册》，岭南美术出版社2008年版。

14. 广东画院编：《镌美流花：广东画院50年·画集》（上下册），岭南美术出版社2009年版。

15. 中共江门市委宣传部、江门市文学艺术界联合会编：《根在五邑：江门籍美术书法名家邀请展作品集》，2012年印刷本。

16. 《中国共产党历史画典》编委会编：《中国共产党历史画典》，中共党史出版社2012年版。

五、通史及综论

（一）著作

01. 冯自由：《中国革命运动二十六年组织史》，商务印书馆（上海）1948年版。
02. 冯自由：《华侨革命开国史》，商务印书馆（台湾）1975年版。
03. 张少侠、李小山：《中国现代绘画史》，江苏美术出版社1988年版。
04. 朱伯雄、陈瑞林：《中国西画五十年：1898—1949》，人民美术出版社1989年版。
05. 阮荣春、胡光华：《中华民国美术史》，四川美术出版社1990年版。
06. 阮荣春、胡光华：《中国近现代美术史》，天津人民美术出版社2005年版。
07. 吕澎：《20世纪中国艺术史》，北京大学出版社2007年版。
08. 潘耀昌：《中国近现代美术史》（修订版），北京大学出版社2009年版。
09. 冯自由：《革命逸史》，新星出版社2009年版。
10. 李铸晋、万青力：《中国现代绘画史》（全三卷），浙江大学出版社2012年版。
11. 陈履生：《新中国美术图史：1949—1966》，中国青年出版社2000年版。
12. 王明贤、严善錞：《新中国美术图史，1966—1976》，中国青年出版社2000年版。
13. 李公明：《广东美术史》，广东人民出版社1993年版。
14. 庄申：《从白纸到白银：清末广东书画创作与收藏史》，东大图书公司（台北）1997年版。
15. 朱琦：《香港美术史》，四川美术出版社2007年版。
16. 闻立鹏主编：《20世纪中国油画》，北京出版社、北京摄影出版社2001年版。
17. 刘淳：《中国油画史》，中国青年出版社2005年版。
18. 李超：《上海油画史》，上海人民美术出版社1995年版。
19. 李超：《中国早期油画史》，书画出版社2004年版。
20. 李超：《中国现代油画史》，上海书画出版社2007年版。
21. 袁振藻：《中国水彩画史》，上海画报出版社2000年版。
22. 陈池瑜：《中国现代美术学史》，黑龙江美术出版社2000年版。
23. 潘耀昌：《20世纪中国美术教育》，上海书画出版社1999年版。
24. 潘耀昌：《中国近现代美术教育史》，中国美术学院出版社2002年版。
25. 陈瑞林：《20世纪中国美术教育历史研究》，清华大学出版社2006年版。

26. 丁悚：《上海早期的西洋画美术教育》，上海社会科学院出版社1986年版。
27. 朗绍君：《论现代中国美术》，江苏美术出版社1996年版。
28. 郑工：《演进与运动：中国美术的现代化》，广西美术出版社2002年版。
29. 李伟铭：《图像与历史：20世纪中国美术论稿》，中国人民大学出版社2005年版。
30. 孔令伟：《风尚与思潮：清末民国初中国美术史的流行观念》，中国美术学院出版社2008年版。
31. 王坚：《粤画史论丛稿》，广州出版社2008年版。
32. 陈振濂：《近代中日绘画交流史比较研究》，安徽美术出版社2000年版。
33. 刘晓路：《世界美术中的中国与日本美术》，广西美术出版社2001年版。
34. 韦承红：《岭南画派：中国现代绘画的变革者》，辽宁美术出版社2003年版。
35. 陈滢：《岭南花鸟画流变：1368—1949》，上海古籍出版社2004年版。
36. 刘瑞宽：《中国美术的现代化：美术期刊与美展活动的分析：1911—1937》，生活·读书·新知三联书店2008年版。
37. 梁江：《广东画坛闻见录》，岭南美术出版社2010年版。
38. 朱万章：《明清广东画史研究》，岭南美术出版社2010年版。
39. 吴瑾：《青年艺术社与广州现代美术（1927—1937）》，岭南美术出版社2010年版。
40. 广东省社会科学院历史研究室，中山大学历史系等：《孙中山全集》，中华书局1981年版。
41. 江门市对外文化交流协会编：《江门五邑习俗趣谈》，广东旅游出版社1991年版。
42. 徐晓星编：《鹤山史话》，鹤山县政协文史工作委员会出版1993年印刷本。
43. 张国雄、刘兴邦、张运华、欧济霖：《五邑文化源流》，广东高等教育出版社1998年版。
44. 梅伟强、张国雄：《五邑华侨华人史》，广东高等教育出版社2001年版。
45. 张国雄：《岭南五邑》，生活·读书·新知三联书店2005年版。
46. 陈照平、张忠林主编：《江门五邑名人辞典》，广东教育出版社2005年版。
47. 宋钻友：《广东人在上海：1843—1949》，上海人民出版社2007年版。
48. 谭乐生主编：《对话侨乡文化名人》，广东教育出版社2010年版。
49. 陈达：《南洋华侨与闽粤社会》，商务印书馆2011年版。
50. 田正平：《留学生与中国教育近代化》，广东教育出版社1996年版。

51. ［日］实藤惠秀：《中国人留学日本史》，林启彦、谭汝谦译，生活·读书·新知三联书店1983年版。

（二）论文集

01. 广州美术学院岭南画派研究室编：《岭南画派研究》（第一辑），岭南美术出版社1987年版。
02. 广州美术学院岭南画派研究室编：《岭南画派研究》（第二辑），岭南美术出版社1990年版。
03. 陈滢：《陈滢美术文集》，广东人民出版社1995年版。
04. 陈继春：《濠江画人掇录》，澳门基金会印行1996年版。
05. 谢文勇：《广东画人录》（修订本），广州美术馆1996年版。
06. 广东中华民族文化促进会、广州美术学院岭南画派研究室、岭南画派纪念馆合编：《岭南画派研究》，广州出版社1996年版。
07. 黄大德：《黄般若美术文集》，人民美术出版社1997年版。
08. 岭南画派纪念馆研究部编：《岭南画派研究：岭南画派纪念馆建馆十周年文集》，岭南出版社2001年版。
09. 郎绍君：《守护与拓进：二十世纪中国画谈丛》，中国美术学院出版社2001年版。
10. 卢辅圣主编：《岭南画派研究（朵云第59集）》，上海书画出版社2003年版。
11. 广东画院编：《镌美流花：广东画院50年·文集》，岭南美术出版社2009年版。
12. 朱万章、郭燕冰主编：《广东"国画研究会"研究》，岭南美术出版社2010年版。
13. 陈迹、陈栒主编：《岭南画派研究文集》，岭南美术出版社2010年版。
14. 上海文史馆、广东文史馆编：《海上潮、岭南风：海上画派与岭南画派研究文集》，上海书画出版社2011年版。

（三）论文

01. 简又文：《第二次全国美术展览会》（上），《逸经》1937年第28期，第3—8页。
02. 简又文：《第二次全国美术展览会》（下），《逸经》1937年第29期，第55—61页。
03. 陆丹林：《第二次全国美术展览会观后感》，《逸经》1937年第29期，第62—63页。
04. 傅抱石：《民国以来国画之史的观察》，《逸经》1937年第34期，第29—33页。
05. 李宝泉：《走出艺风社展览会以后》，《艺风月刊》1934年9月第9期，第18—21页。
06. 孙福熙：《艺风画展中的花果》，《艺风月刊》1934年9月第9期，第63页。

07. 吴琬（吴子复）：《二十五年来广州绘画印象》，青年艺术社编《青年艺术》1937年2月1日创刊号。
08. 黎光：《华侨工人华侨资本家在辛亥革命前的处境及其对辛亥革命运动的贡献》，《东北师大学报》（自然科学版）1957年第3期，第204—218页。
09. 孙健：《华侨与辛亥革命》，《历史研究》1978年第4期，第44—58页。
10. 逸东：《晚清至民初广东画界梗概》，载中国人民政治协商会议广东省委员会，文史资料研究委员会编《广东文史资料》，广东人民出版社1981年第33辑，第136页。
11. 陈孔立、陈在正、林金枝、李国梁：《华侨与辛亥革命》，《厦门大学学报》（哲学社会科学版）1981年第4期，第1—14页、28页。
12. 黄金海口述，余振驺整理：《广东国画研究会创立经过》，《广州文史资料选辑》1983年3月第28辑，第84—87页。
13. 谭雪生：《忆战斗在南方的革命美术团体："人间画会"》，《美术》1984年第2期，第14—15页、55页。
14. 左超英：《论桂林抗战木刻运动》，《社会科学家》1987年第3期，第95—103页。
15. 于风：《岭南画派何以历久不衰》，《雄狮美术》（台湾）1987年12月第202期，第134页。
16. 陶咏白：《中国油画历史的思考》，《美术》1988年第2期，第41—44页。
17. 张鸿奎：《试论美洲洪门致公堂华侨在辛亥革命时期的作用》，《史林》1988年第4期，第48—51页。
18. 李月梅：《复兴中国画之路：广工国画研究会略述》，《广州美术研究》1990年第4期（总第4期），第69—72页。
19. 黄大德：《癸亥合作社：广东国画研究会大事记》，《广州美术研究》1990年第4期，第74—77页。
20. 吴瑾：《民国时期广州最大的画家团体·广东国画研究会》，《羊城今古》1990年第1期。
21. 黄金海：《广东国画研究会始末》，载广州市文史研究馆编《羊城撷采》（上），上海书店出版社1994年，第87页。
22. 黄大德：《广东丹青五十年：1900至1949广东美术大事记（征求意见稿）》，《广东美术家通讯》1994年8月第28期，第21—47页。
23. 黄大德：《关于"岭南派"的调查材料》，《美术史论》（北京）1995年第1期，第15页。
24. 黄大德：《"岭南画派"名考》，《朵云》（上海）1995年第1期（总第44期），第47页。
25. 刘晓路：《为了忘却的历史：世纪初美术史上的中国留日学生》，《美术家通讯》1994年第12期。
26. 刘晓路：《寻找川端画学校》，《美术家通讯》1996年第8期。

27. 刘晓路：《让先辈们名垂史册〈东京美术学校中国留学生名簿〉的世纪沉思》（附吉田千鹤子原著，刘晓路整理订正《东京美术学校中国留学生名簿》），原载《美术家通讯》，1996年第3期，转引自赵力、余丁编《中国油画文献：1542—2000》，湖南美术出版社2000年版，第312—321页。

28. 刘晓路：《肖像后的历史、档案中的青春：东京艺大收藏的中国留学生自画像（1905—1949）》，《美术研究》1997年03期，第38—47页。

29. 刘晓路：《从中国风格到日本主义东西方视线的交错》，《新美术》1997年第3期。

30. 刘晓路：《各奔东西纪念近代留学东洋和西洋的中国美术先驱》，《新美术》1998年第3期，第23—29页。

31. 李伟铭：《康有为与陈独秀：20世纪中国美术史的一桩"公案"及其相关问题》，《美术研究》1997年第3期，第48—52页。

32. 陈池瑜：《二十世纪前期中国现代主义美术思潮管窥》，《文艺研究》1998年第4期，第139—145页。

33. 李伟铭：《艺术与政治二位一体的价值模式：二高研究中一个耐人寻味的问题》，载中山大学艺术学研究中心编《艺术史研究》第一辑，中山大学出版社1999年版，第391—443页。

34. 刘晓路：《青春的上野：李叔同和东京美术学校的中国同窗》，《荣宝斋》2000年第6期。

35. 刘晓路：《20世纪中国美术的留学生》，《中国美术世纪之交的回眸与展望》2000年第7期，第78—81页。

36. 胡光华：《20世纪前期中国美术留（游）学生与中国近现代美术教育》（上），《美术观察》2000年第6期，第60—62页。

37. 胡光华：《20世纪前期中国美术留（游）学生与中国近现代美术教育》（下），《美术观察》2000年第7期，第52—54页。

38. 闻立鹏：《百年风雨看油画》，《了望》2000年第31期，第48—50页。

39. 林木：《西部艺术断想》，《美术观察》2001年第12期，第12—14页。

40. 李伟铭：《旧学新知：博物国画与近代写实主义思潮：以高剑父与日本的关系为中心》，《艺术史研究》，中山大学出版社2002年第四辑。

41. 谭雪生：《广东艺术教育历史源远流长》，《美术学报》2002年第1期，第63—65页。

42. 朱万章：《论徐悲鸿与岭南画派之关系：以〈文艺因缘〉册为例》，《美术研究》2003年3期，第6—12页。

43. 崔广晓、李伟铭：《观念与实践：民国时期教育部主办第一、第二次全国美术展览会之比较研究》，《美术学报》2003年第4期，第68—69年。

44. 陈池瑜：《广东现代国画变革思潮》，《长春工业大学学报》（社会科学版）2004年第3期，第38—46页。

45. 黄大德：《国画研究会八十周年祭》，《收藏·拍卖》2005年第10期，第102页。

46. 黄大德：《黄宾虹与广东画坛》，《广州艺术博物院院刊2005年专辑》（总第3辑），第84页。

47. 林木：《二十世纪二三十年代中国画画坛的国学回归潮》，《文艺研究》2005年第12期，第112页。

48. 朱万章：《广东国画研究会之演变与艺事考》，《岭南文史》2006年第2期，第23页。

49. 汪晓曙、李茂宁、赵鑫：《20世纪岭南水彩画：缘起与传播》，《艺苑》2006年11期，第35—43页。

50. 李伟铭：《近代语境中的"山水"与"风景"：以〈国画月刊〉"中西山水画思想专号"为中心》，《文艺研究》2006年第1期，第107—120页、160页。

51. 陈池瑜：《中国画的改良思潮与现代进程》，《美术观察》2002年05期，第56—58页。

52. 陈瑞林：《油画作为中国艺术样式的机构化：立足于20世纪二三十年代的考察》，《清华大学学报》（哲学社会科学版）2006年05期，第43—48页。

53. 漆澜：《经典回顾：西风东来——先辈留日画家刍议》，《中国书画》2006年第6期。

54. 朱万章：《"天风七子"及其艺事考略》，《岭南文史》2007年第2期。

55. 李超：《决澜社研究》，《美术研究》2008年第1期，第71—79页。

56. 刘新：《20世纪广东美术的左翼生态：检视20世纪广东美术的主流走势》，《艺术探索》2008年第4期，第27—35页、158页。

57. 蔡涛：《中华独立美术协会的经纬》，《美术》2008年第11期。

58. 朱万章：《从"癸亥合作社"到"广东国画研究会"：近代美术语境中的岭南传统画家》，《文艺研究》2008年第12期，第129—136页。

59. 柴刚：《艺术与国运：抗战时期桂林美术界的文化救亡行动》，《广西师范大学学报》（哲学社会科学版）2009年第2期，第135—140页。

60. 胡斌：《岭南画派"兴衰起止"问题的论争与当代广东中国画坛的心态》，《吉林艺术学院学报》2009年第4期，第51—54页。

61. 徐沛之：《从移植到扎根：香港现代书法史研究（1945—2010）》，博士学位论文，中国美术学院，2010年。

62. 陈瑞林：《城市文化与大众美术：1840-1937中国美术的社会转型》，《清华大学学报》（哲学社会科学版）2009年第4期。

63. 祝帅：《包豪斯运动九十年：以包豪斯在中国的研究与接受为中心》，《美术观察》2009年第5期，第121—126页。

64. 张繁文：《高剑父绘画艺术及其"折衷"思想研究》，博士学位论文，上海大学，2010年。

65. 李超、李婷：《20世纪前半期外籍画家在上海的活动》，《美术大观》2010年第4期。

66. 徐立：《20世纪前期（1912—1937）上海粤籍美术家研究》，博士学位论文，上海大学，2011年。

67. 罗淑敏：《1940至1959香港亲中报章刊载的艺术家活动年表》，唐锦腾编《香港视觉艺术年鉴2010》，香港中文大学艺术系2011年版，第167—195页。

68. 刘曦林：《先行者的足迹：20世纪30至70年代新疆题材绘画概述》，《美术》2011年第12期，第82—89页。

69. 李文：《中国现代美术体制与写实美学意识的建构》，博士学位论文，西南大学，2012年。

70. 史怡婷：《民国前期上海地区西洋美术社团的发展演变（1912—1928）》，硕士学位论文，上海社会科学研究院，2013年。

71. 小谷一郎、王建华：《关于东京"左联"重建后中国留日学生的文学艺术活动》，《上海鲁迅研究》2011年第2期，第104—116页。

72. 曾阳漾：《清游会画坛一笑泯恩怨：岭南画派和传统国画研究所的恩怨解析》（上），《岭南文史》2012年第3期，第57—59页。

73. 吴杨波：《中国早期油画〈木美人〉考辨》，《美术》2013年第4期，第98—102页。

74. 崔广晓：《美展的筹办机构及作品评审制度：民国时期教育部主办第一、第二次全国美术展览会之比较研究》，《美术学报》2013年第6期，第78—84页。

75. 张文松：《梦在山外：民国（1912—1949）版画中的西方视角》，博士学位论文，中国美术学院，2013年。

76. 杨灵敏：《桂林抗战绘画的整体格局与主题特征》，《艺术探索》2015年第2期，第29—33页。

77. 吴雪杉：《血肉做成的"长城"：1933年的新图像与新观念》，《文艺研究》2015年第1期，第134—143页。

78. 陈畏：《明代油画二题》，《美术研究》2015年第3期，第109—111页。

79. 朱万章：《千年丹青垂风雅尽在岭南不曾休：粤博所藏绘画过眼录》，《中国书画》2015年第11期，第28—45页。

80. 刘晓婵：《"人间画会"研究》，硕士学位论文，浙江师范大学，2016年。

81. 尚辉：《水墨中国，浓缩香港回归20年的文化寻根》，《美术》2017年第9期，第9—10页。

82. 曾瑞炎：《辛亥革命和抗日战争期间华侨爱国运动比较研究》，《四川大学学报》（哲学社会科学版）1992年第4期，第72—80页。

83. 王中茂、王振国：《1894—1911年孙中山的筹款活动》，《郑州大学学报》（哲学社会科学版）1995年第4期，第106—110页。

84. 彭鹏：《试论华侨支持孙中山推翻清王朝的文化背景：以南洋及美洲华侨为中心》，《中山大学学报》（社会科学版）1996年第6期，第81—92页。

85. 谭天星：《华侨对辛亥革命贡献的再认识》，《中南民族学院学报》（哲学社会科学版）1996年第2期，第78—82页。

86. 任贵祥：《辛亥革命时期的华侨报刊》，《华侨华人历史研究》1997年第4期，第75—81页。

87. 赵红英：《八十年来海内外华侨与辛亥革命研究述略》，《华侨华人历史研究》1998年第3期，第31—36页。

88. 张国雄：《广东五邑侨乡的海外移民运动》，《华侨华人历史研究》1998年第3期，第43—48页。

89. 张国雄：《五邑文化刍议》，《五邑大学学报》（社会科学版）1999年第4期，第69—74页。

90. 吴金平、雷炳炎：《加拿大华侨与辛亥革命》，《南华大学学报》（社会科学版）2000年第2期，第38—41页。

91. 罗大正：《海外华侨与辛亥革命》，《齐鲁学刊》2001年第4期，第95—99页。

92. 沈斐斐：《试论辛亥革命时期孙中山的海外华侨统战工作》，《福建省社会主义学院学报》2011年第2期，第81—84页。

93. 陈云云、刘诚、周其卫：《华侨支持辛亥革命原因的多维透视》，《理论月刊》2011年第10期，第46—48页。

94. 刘婉明：《辛亥革命中海外华侨民族国家认同的困境：以冯乃超为例的研究》，《华侨华人历史研究》2011年第3期，第8—16页。

95. 章扬定、陈庆胜：《辛亥革命时期华侨民族民主意识的觉醒》，《广东社会科学》2012年第1期，第139—146页。

96. 张国雄：《唐人街中的五邑侨团》，《五邑大学学报》（社会科学版）2001年第1期，第24—29页。

97. 张国雄：《从粤闽侨乡考察二战前海外华侨华人的群体特征：以五邑侨乡为主》，《华侨华人历史研究》2003年第2期，第26—34页。

98. 张晓辉、孙利平：《民国前期粤商文化在上海的辐射效应》，《上海文化研究》2004年第4期，第57—62页、69页。

99. 邵雍：《兴中会时期孙中山与美国致公堂的关系》，《近代中国》2005年00期，第1—17页。

100. 王元林、邓敏锐：《近代广东侨乡生活方式与社会风俗的变化：以潮汕和五邑为例》，《华侨华人历史研究》2005年第4期，第56—62页。

101. 邵雍：《同盟会时期孙中山与美国致公堂的关系》，《广西师范大学学报》（哲学社会科学版）2006年第3期，第132—139页。
102. 张应龙：《输入与输出：广东侨乡文化特征散论：以五邑与潮汕侨乡建筑文化为中心》，《华侨华人历史研究》2006年第3期，第63—69页。
103. 秦宝琦：《海外洪门对辛亥革命的贡献》，《清史研究》2011年第4期，第124—132页。
104. 吴宏岐、于亚娟：《辛亥革命时期华侨经济援助的地域变迁及其原因》，《华南师范大学学报》（社会科学版）2011年第5期，第62—70页、159页。
105. 刘正刚、李贝贝：《清末侨乡的珠玑巷认同：以五邑方志为例》，《五邑大学学报》（社会科学版）2011年第13（04）期，第5—9页、91页。
106. 任贵祥：《华侨与辛亥革命百年研究述评》，《史学月刊》2012年第3期，第5—14页、24页。
107. 王蕊、刘平：《孙中山与美洲致公堂关系新论》，《福建论坛》（人文社会科学版）2012年第3期，第78—84页。
108. 刘红卫：《20世纪20-40年代五邑侨眷的生活状况：以开平、台山为例》，《五邑大学学报》（社会科学版）2012年第14（01）期，第16—19页、93页。
109. 马敏、洪振强：《百年来中国同盟会研究述评》，《史林》2012年第5期，第88—103页、190页。
110. 黄柏军：《近代五邑侨史文献中的"出洋史"诗》，《粤海风》2016年第4期，第66—69页。

六、个人分论

01. 李魁（1792—1842）

  01）欧阳云：《李魁：被画史遗忘的岭南名家》，《中国书画》2015年第11期，第46—51页。

  02）张亮：《厌守成法、自出机杼：论清末创新派画家李魁》，《艺术科技》2014年08期，第131—132页。

02. 郑绩（1813—1874）

  01）［清］郑绩：《梦幻居画学简明》，清同治三年（1864）聚贤堂刊套色印本。

  02）［清］郑绩：《画学简明》（即梦幻居画学简明），中国书店1983年影印版。

  03）常懿士：《新会郑绩"钱"字诗》，《岭南文史》1985年第2期，第38页。

  04）广州画卷第7期：《郑绩：画里云山归大隐，意中丘壑属长贫》，《南方都市报》2006年6月23日。

  05）刘燕、刘庭风：《郑绩〈梦幻居画学简明〉中的园林观》，《国画家》2017第2期，第63—64页。

03. 罗天池（1805—1866）

  01）梅伟强：《良溪古村落非物质文化遗产》，《五邑大学学报》（社会科学版）2009年11月第3版。

  02）李遇春：《岭南名士罗天池》，广东省珠江文化研究会岭南考古专业研究会编《岭南考古研究》，中国评论学术出版社2010年版第9期。

  03）蒙胜福：《土地庙与罗天池》，《良溪掌故》，岭南美术出版社2009年版，第25—27页。

  04）蒙胜福：《罗天池略述》，《良溪掌故》，岭南美术出版社2009年版，第28—33页。

  05）蒙胜福：《罗天池始创柑普茶》，《良溪掌故》，岭南美术出版社2009年版，第59—60页。

  06）蒙胜福：《进士井》，《良溪掌故》，岭南美术出版社2009年版，第68—69页。

  07）朱万章：《书画鉴藏家罗天池的绘画》，《中国文物报》2018年2月6日第7期。

04. 李铁夫（1869—1952）

  01）李铁夫照片及简介，上海《新银星》1929年第2卷第14期，第23页。

  02）谈月色：《李铁夫师事略》，《艺彀》1932年6月创刊号。

  03）《李铁夫个人画展下月中旬在省举行》，《香港华字日报》1936年5月23日。

  04）画迷：《画怪亦擅长导演》，《探海灯日报》（香港）1936年1月4日。

  05）张轮：《香港艺术会》，《大众日报》（香港）1936年12月26日。

  06）《李铁夫为刘纪文画像》，《天文台三日刊》1937年1月20日，第4页。

  07）《游桂画人返港》，《华字日报》（香港）1938年1月20日。

08)《征募蚊帐画家李铁夫周公理展览作品举行义卖》,《大公报》(香港版)1939年9月16日。

09)《募帐画展今日开始地点圣约翰礼拜堂三百余幅公开展售》,《大公报》(香港版)1939年10月8日。

10) 徐悲鸿:《中国新艺术运动回顾与前瞻》,《社会教育季刊》1943年第1卷第2期,第32—35页。

11)《陈海鹰李铁夫画展今天揭幕》,《大公报》(桂林版),1944年4月7日。

12)《致公堂老叔父,革命元勋,东亚画王:李铁夫传略》,《上海洪声》,1946年12月1日第7、8期。

13)《国际驰名老画师李铁夫画下周在沪首次展出》,《大公报》(上海版)1947年2月15日。

14)《李铁夫画今日预展》,《大公报》(香港版)1947年2月18日。

15)《李铁夫画展延至今日闭幕》,《大公报》(上海版)1947年3月1日。

16) 木龙·霞奇:《东亚第一画家李铁夫》,《人物杂志》1947年总第2年第3期,第6—9页。

17)《革命老画家李铁夫抵港,本港书画界筹备欢迎》,《大公报》(香港版)1948年12月20日。

18)《老画家李铁夫廿日举行画展》,《大公报》(香港版)1949年6月7日。

19)《李铁夫昨寿诞港九美术界举行茶会祝嘏李氏呼吁努力为人民服务》,《大公报》(香港版)1949年11月22日。

20) 廖冰兄:《李铁夫八十寿辰献歌(数白榄)》,《大公报》(香港版)1949年11月24日。

21) 黄学尧:《买一件美术品为祖国尽一份力介绍劳军美术展览会》,《大公报》(香港版)1949年11月26日。

22)《美术家们请快加油,踊跃参加购债美展》,《大公报》(香港版)1950年3月1日。

23)《画家李铁夫患半身不遂》,《大公报》(香港版)1950年7月6日。

24)《八十二岁老画家离港李铁夫回到广州去了》,《大公报》(香港版)1950年8月31日。

25) 陈江鸿:《革命老画家李铁夫回广州记》,《大公报》(香港版)1950年9月6日。

26) 马家宝:《李铁夫先生其人其画》,《华侨日报》(香港)1979年1月25、26、27日,分三期连载。

27) 吴朝晋口述,李滋汉笔记:《孙中山三赴纽约》,《近代史资料》(总64号)1987年1月版,第1—16页。

28) 梁添口述,陈庆斌笔记:《孙中山先生主持纽约同盟会成立及其活动概况》,《广东文史资料》第52辑,广东人民出版社1987年版,第1—3页。

29) 广州美术学院、鹤山县文化局编:《李铁夫诗联书法选集附文献资料及评论文章》1989年印刷本。收录:李铁夫五言诗四首、七言诗十三首,五言对联六十八副、七言对联九十二副、十二言对联一副,李铁夫书法十八幅;孙文、黄兴、程璧光、梁联芳《李铁夫画家事略》,邓家彦等《国民政府委员邓家彦等之介绍书》,

李济深《要学李铁夫先生》，郭沫若《一位奇人》，柳亚子《诗二首呈李铁夫》，香港钟声慈善社《李铁夫画展宣言》，徐咏青《为参观者进一言》，赵公璧等《为画师李铁夫拟定润例启事》，庆燕《画家李铁夫》，麦基尼《李铁夫先生的四幅画》，木龙·霞奇《东亚第一画家李铁夫》，廖冰兄《李铁夫八十寿辰献歌》，香港《大公报》报导《李铁夫回到广州去了》，天秀《李铁夫印象记》，戴文斯《记老画家李铁夫》，陈江鸿《革命老画家李铁夫回广州记》，黄永玉《李铁夫先生在广州》，刘栽甫《题李铁夫先生画松》，冰郎《李铁夫的饮食嗜好》，甄仕华《"画怪"李铁夫》，黄蒙田《写实主义画家李铁夫》，公孙龙《画家李铁夫的为人和治艺》，马家宝《李铁夫其人其画：孙中山先生曾誉为东亚画坛巨擘》，吕理尚《被遗忘的画家：李铁夫》，陈海鹰《来到李铁夫老师的母校》，陈海鹰《李铁夫画鱼的诀窍》，迟轲《画坛奇杰李铁夫和他的遗诗》，《广东美术通讯》记者《革命先驱画坛巨擘》，黎畅九《李铁夫轶事》，陈挺秀《追忆李铁夫逸事》，苏乾生《铁夫小记》，迟轲《李铁夫其人及其艺术》，司徒常《李铁夫先生的晚年点滴记事》，黄渭渔《追思补遗：记李铁夫先生的几次谈话》，李铁夫生前常用印章等。

30) 迟轲：《我国油画艺术的先驱：李铁夫》，《美术》1979年3月号，第11—13页。

31) 胡一川：《李铁夫与油画艺术》，《羊城晚报》1983年1月7日。

32) 迟轲：《画坛奇杰李铁夫和他的遗诗》，《羊城晚报》1983年12月15日。

33) 黄蒙田：《李铁夫启示》，收录于《艺苑交游录》，岭南美术出版社1985年版。

34) 黄蒙田：《"画怪"不怪》，收录于《艺苑交游录》，岭南美术出版社1985年版。

35) 广州美术学院选编：《李铁夫画集》，上海人民美术出版社1980年版。

36) 迟轲主编：《李铁夫》，岭南美术出版社1985年版。

37) 李学明：《画坛奇杰李铁夫》，《五邑大学学报》（社会科学版）1990年1月号，第75—81页。

38) 香港艺术中心、广州美术学院：《李铁夫作品展场刊》，香港艺术中心1991年版。

39) 祈大卫：《李铁夫与西方艺术》，香港艺术中心、广州美术学院《李铁夫作品展场刊》，香港艺术中心1991年版，第8—14页。

40) 何庆基：《李铁夫的艺术》，香港艺术中心、广州美术学院《李铁夫作品展场刊》，香港艺术中心1991年版，第15—21页。

41) 谭雪生：《画坛怪杰李铁夫》，台北中华文化出版社1992年版。

42) 谭雪生：《著名油画家李铁夫和他的油画艺术》，《美术》1994年02期，第33—36页。

43) 迟轲：《中国巨匠美术周刊·李铁夫》，台北锦绣出版事业股份有限公司1996年版。

44) 金水：《关于对李铁夫的遗忘及其他：兼评"中国油画肖像艺术百年展"》，《美术观察》1997年12期，第8—10页。

45) 傅爱国：《"奇人"李铁夫及其书法》，《书法之友》1998年05期，第39—43页。

46) 谭雪生：《李铁夫传略》，《岭南文史》1999年（鹤山文史专号）增刊第1期，第9—13页。

47) 徐翎：《在山泉水本清流：李铁夫人生与艺术谈》，《美术观察》1999年09期，第61—64页。

48) 李世庄：《李铁夫对本地画坛的影响》，《信报》（香港）1999年11月16日。

49) 李柏霖，杨志勤：《李铁夫：中国油画艺术的拓荒者》，《文化交流》2002年第3期。

50) 连晗生：《展览及藏品专题研究：广东美术馆藏李铁夫作品研究》，王璜生、朱皓华、蒋悦主编《广东美术馆年鉴2002》，澳门出版社2002年版，第81—87页。

51) 钟百凌、邓慕尧编辑：《东莞文史专辑·不蠹斋友人书札》，政协东莞市文史资料委员会出版2002年9月印刷本。收录：卢子枢与李铁夫来往书札2函。

52) 谭雪生：《晚归的独鹤：李铁夫》（纪实文学剧本），岭南美术出版社2004年版。

53) 蒋大可、梁小延：《广州美术学院美术馆藏品的构成与价值》，《美术学报》2006年第2期，第75—78页。

54) 钟耕略：《时空的错位：从历史角度看李铁夫的艺术》，《画廊》总114期，岭南美术出版社2007版，第129—130页。

55) 汪晓曙：《论李铁夫水彩画艺术的成就与影响》，《广州大学学报》（社会科学版）2006年第10期，第77—82页。

56) 《李铁夫：西画真传第一人，绝技傍身傲后生》，《南方都市报》2008年8月11日。

57) 刘春霞：《论李铁夫的水彩画艺术》，《美术观察》2008年第10期，第116页。

58) 郑均宜：《艺术先驱李铁夫》，《检察风云》2009年9月号，第79页。

59) 《李铁夫诞辰140周年纪念画册》，中国文艺出版社（香港）2009年10月版。

60) 曾庆钊：《革命先躯画坛巨擘：纪念李铁夫先生诞辰140周年》，《美术学报》2010年第1期，第34—37页。

61) 姚献平：《李铁夫绘画艺术浓厚的华侨文化色彩》，《办公室业务》2012年第6期，第71—72页。

62) 斯舜威：《翰墨往事："铁汉"李铁夫》，《光明日报》2012年11月29日。

63) 许以冠：《烈士真名：李铁夫〈二次革命失败蔡烈士锐霆就义时写实〉辨误及分析》，《美术学报》2013年第1期，第70—75页。

64) 曹庆晖：《从李铁夫遗作油画风景〈遥望瀑布〉谈起》，《中国美术》2013年第1期，第106—108页。

65) 许以冠：《李铁夫出生日期讨论》，《美术学报》2014年第4期，第71—75页。

66) 王见主编：《李铁夫研究》，岭南美术出版社2014年版。收录：李铁军整理《广州美术学院美术馆李铁夫研究工作组2011-2013年李铁夫研究工作报告及未来工作计划》，梁小红整理《广州美术学院美术馆李铁夫藏品的概况与现状》，李铁军整理《关于李铁夫研究的若干问题》，许以冠《李铁夫先生的年龄讨论》，许以冠整理《李铁夫年谱》，迟柯主编《李铁夫年谱》，薛燕整理《李铁夫与徐悲鸿交往二三事》，黄婷怡整理《对李铁夫国外求学经历的初步调查》，《馆藏李铁夫遗物及相关资料（美术作品除外）的整理研究（调查报告）》，《李铁夫油画保存修复及材料技法的初步研究》，梁小延《李铁夫作品〈妇人像〉的保存与修复信息考》，《李铁夫油画保护与修复工作的开展情况》，《魂归何处，李铁夫墓地》，黄婷怡《"第一届李铁夫研究学术报告会"综述》。

67) 李铁军：《"李铁夫年谱（表）"中若干问题的讨论：从李铁夫的身世说起》，《美术学报》2016年第3期，第110—116页。

68) 钟耕略：《从历史的角度看中国近代油画先驱李铁夫的艺术》，《美术研究》2016年第5期，第60—71页、94—95页。

69) 冯锦、王畅怀：《李铁夫出生时间各家观点考辨》，《美术学报》2017第4期，第78—84页。

70) 陈晓平：《如何重建李铁夫生平？》，《南方都市报》2017年9月19日。

71) 陈晓平：《李铁夫美国生涯仍是"黑洞"》，《南方都市报》2017年10月10日。

72) 岭南画院编：《李铁夫研究文集》（第一辑），广西美术出版社2017年版。

73) 李铁军：《李铁夫的影剧活动：兼论"生平重建"之话题》，《美术学报》2018年第3期。

74) 梁小延：《李铁夫油画与本土油画修复特点的关联性探讨》，《美术学报》2018年第4期。

75) 黄大德：《李铁夫的"革命艺术"观：从李铁夫的漫画〈今日时局〉说起》，《美术学报》2018年第5期。

76) 黄大德：《浅探李铁夫被边缘化之路》，《美术学报》2019年第1期。

77) 胡晶：《李铁夫的"中国意象"》，《荣宝斋》2019年第2期。

78) 高素娜：《"中国油国第一人"李铁夫》，《艺术市场》2019年第2期。

79) 若素：《被遮蔽的艺术先驱》，《公关世界》2019年第2期。

80) 王金坪：《"人中奇逸"开展，谁是"怪才"李铁夫》，《收藏》2019年第1期。

81) 赖志强：《重访李铁夫的生命世界："李铁夫艺术精品展"策展手记》，《美术观察》2019年第4期。

82）黄大德、李铁军：《李铁夫研究文献集》，广西美术出版社2019年版。

05. 易孺（易大厂，1874—1941）

01）易大厂编：《华南新业特刊》（第一集），上海华南印书社1925年版。

02）大厂居士撰：《双清池馆集》，1930年石印本。

03）易大厂撰：《大厂词稿》，商务印书馆1935年版，石印本。

04）郑春霆：《岭南近代画人传略》，广雅社（香港）1987年版，易大厂条，第81—83页。

05）何曼庵编：《易大厂居士书画印合编》（何曼庵丛书第十二种），出版年月不详，约20世纪90年代。

06）李万安：《易大厂篆刻艺术》，《荣宝斋》2007年第4期，第234—237页。

07）唐存才选编：《易大厂印举》，上海书画出版社2015年版。

08）乔宇：《易大厂篆刻研究》，硕士学位论文，中国艺术研究院，2010年。

09）李云并：《易大厂篆刻艺术研究》，硕士学位论文，南京艺术学院，2011年。

10）乔宇：《易大厂篆刻艺术研究》，《黑龙江史志》2013年第15期，第49页。

11）李云并：《易大厂生平及交游考略》，《荣宝斋》2013年第2期，第266—273页。

12）洪权：《易大厂与黄牧甫印学师承考》，《中国书法》2017年第22期，第154—158页。

13）李云并：《易大厂篆刻入印文字研究》，《中国书法》2017年第14期，第189—191页。

14）乔龙泉：《易大厂篆刻艺术考略》，《黑河学院学报》2018年9月第6版。

06. 赵浩公（1881—1948）

01）赵浩公：《花鸟画派》，广东国画研究会出版部1926年版。

02）赵浩公：《赵浩公花鸟画技法》，广东国画研究会1934年版。

03）陆丹林：《艺术与艺人：现代画家赵浩公》，《汉血周刊》1935年第23期。

04）《赵浩公画山水画》，《赵浩公画花卉便面画》，《文明之路》1936年第28期。

05）《赵浩公之雅量考》，《探海灯》（香港）1937年5月8日。

06）老黑：《郑漪娜预师赵浩》，《探海灯》（香港）1937年6月9日。

07）赵浩公：《国画研究会是怎样成长起来的》，《中山日报》1947年9月13日。

08）《赵浩公纪念专辑》，《越华报》1948年9月10日。

09）《赵浩公纪念辑》，《大公报》（香港），1948年12月4日。刊：林清霓《纪念赵浩公先生及其画法》，胡根天《赵浩公在连县》，王益伦《为赵浩公遗作展而写》，《敬悼赵浩公先生》。

10) 劳洁灵：《十二年受业的赵先师回忆录》，《越华报》1948年12月4日。

11) 《赵浩公遗作展特刊》，《星岛日报》（香港），1948年12月12日。刊：简友文题字，《赵浩公传略》，邓尔雅《记赵浩公》、《挽赵浩公》诗四首，黄般若《品艺并高的赵浩公》，林清霓《纪赵浩公先生及其画法》。

12) 若波：《赵浩公的画》，《艺林丛录》，商务印书馆香港分馆1962年第3辑，第85页。

13) 刘泽霖：《广州古董字画苏裱业的一些内幕》，《广东文史资料》1965年21期，第80—99页。

14) 余菊庵：《忆画师赵浩公》，《中山文史》1986年第8、9合辑，第98—99页。

15) 龚伯洪：《受宠的唐马》，载广州市文史研究馆编《羊城采撷》，上海书店出版社1994年版，第90页。

16) 赵瑞仪：《画人赵浩公》，载广东省文史研究馆编《岭峤拾遗》，上海书店出版社1994年，第179页。

17) 朱万章：《赵浩公的〈南越木刻斋图〉》，《大公报》（香港）2002年4月。

18) 黄大德：《赵浩公年表》，《广州美术研究》2003年6月号，第69—82页。

19) 朱万章：《"茫然老衲"非赵浩公》，《东方艺术·书法》2006第3期。

20) 朱万章：《赵浩公摹钱舜举》，《美术报》2007年3月31日。

21) 黄大德：《赵浩公年表》，载朱万章、郭燕冰《广东"国画研究会"研究》，岭南美术出版社2010年版，第178—204页。

22) 王可：《岭南人文图说之一一八：赵浩公》，《学术研究》2013年第10期，第161页。

23) 任文岭：《手摹心追守望传统：赵浩公的绘画艺术》，《书画世界》2017年第7期，第28—30页。

07. 冯钢百（1883—1984）

01) 李松庵、廖献周：《岭南不老松：记我馆老有所为的五老片段事迹》，《岭南文史》1988年第1期，197—201页。

02) 李燕祥：《我看冯钢百的油画》，《美术学报》2001年第1期，48—51页。

03) 广东美术馆编，《中国早期油画大家冯钢百》，人民美术出版社2003年版。

04) 邓义荣：《"中国人有中国人的色素"：冯钢百油画肖像艺术赏析》，《艺术教育》2006年第3期，86—87页。

05) 《广东省文史研究馆原副馆长冯钢百》，《岭南文史》2008年第1期。

06) 广州画卷第21期，《冯钢百：用古典的形式赋予万物以灵魂》，《南方都市报》2008年8月14日。

07) 邬胜利：《中国早期油画大家》，硕士学位论文，南京艺术学院，2007年。

08) 赵兴：《如钢百炼磨——冯钢百先生艺术生涯回望》，《天津美术学院学报》2014年4月。

09) 李松庵，廖献周：《岭南不老松——记我馆老有所为的五老片段事迹》，《岭南文史》1988年第1期。

08. 罗艮斋（罗卓，1890—1954）

01) 黄鸿光：《罗艮斋与癸亥画社》，《广州文博通讯》1984年第3期，第42页。

02) 广州画卷：《罗艮斋（1890-1954）：艺苑通才，名声淡隐》，《南方都市报》2009年5月14日。

03) 蒙胜福：《罗艮斋惜纸如金》，《良溪掌故》，岭南美术出版社2009年版，第45—46页。

04) 蒙胜福：《名画家罗艮斋》，《良溪掌故》，岭南美术出版社2009年版，第102—103页。

09. 胡剑庵（胡俊，1891—1961）

01) 郑春霆：《岭南近代画人传略》，广雅社（香港）1987年版，胡剑庵条，第100—102页。

10. 吕灿铭（1892—1963）

01) 郑春霆：《岭南近代画人传略》，广雅社（香港）1987年版，吕灿铭条，第72—74页。

11. 胡根天（1892—1985）

01) 胡根天：《艺术创造与实际生活》，《青年艺术》（半月刊）1928年7月10日第2期。

02) 胡根天：《从绘画的用途谈到艺术家的自觉》，《青年艺术》（半月刊）1928年7月25日第3期。

03) 胡根天：《看了第一次全国美展西画出品的印象》，《广州民国日报·艺术周刊》1929年7月3日第8期。

04) 根天（胡根天）：《艺术的综合与分离》，《广州民国日报·艺术》1934年8月25日第16期。

05) 胡根天：《艺术之下层的进展（民教馆艺术演讲会）》，《广州民国日报·艺术》1934年12月8日第31期。

06) 根天（胡根天）：《色彩的效能》，《广州民国日报·艺术》1935年2月2日第39期。

07) 胡根天：《关于全国美展广东的出品》，《广州市民日报·艺术周》1937年1—6月，存目。

08) 胡根天：《日本的美术在中国的摇篮中长大》，《天行报晚刊·艺术周》（广州）1946年12月25日第8期。

09) 胡根天：《第四届美术节的回顾与前瞻》，《中山日报·艺术周》（广州）1947年4月12日第1期。

10) 胡根天：《关于中学美术劳作两科的裁撤问题》，《中山日报·艺术周》（广州）1947年5月10日第5期。

11) 胡根天：《从战后都市计划说到都市艺术》（上），《中山日报·艺术周》（广州）1947年5月31日第8期。

12) 胡根天：《从战后都市计划说到都市艺术》（下），《中山日报·艺术周》（广州）1947年6月14日第9

期。

13) 胡根天：《从国民经济看战后的绘画》，《中山日报·艺术周》（广州）1947年10月10日第22期。

14) 胡根天：《国庆联合美展的检讨》，《中山日报·艺术周》（广州）1947年10月18日第23期。

15) 胡根天：《谈写实的绘画》，《中山日报·艺术周》（广州）1947年10月25日第24期。

16) 胡根天：《西洋绘画在中国的发展》（上），《中山日报·艺术周》（广州）1947年11月1日第25期。

17) 胡根天：《西洋绘画在中国的发展》（下），《中山日报·艺术周》（广州）1947年11月8日第26期。

18) 胡根天：《大人物与写画》，《中山日报·艺术周》（广州）1947年12月15日。

19) 胡根天：《谈自由画》，《中山日报·艺术周》（广州）1947年12月27日。

20) 胡根天：《美展的审查制度及其方法》，《中山日报·艺术周》（广州）1948年1月17日第36期。

21) 胡根天：《艺术在中国的移动》，《中山日报·艺术周》（广州）1948年1月31日第38期。

22) 胡根天：《战时美术界的回顾与战后美术界的展望》，《中山日报·艺术周》（广州）1948年2月14日第40期。

23) 胡根天：《一个建议：广州美术陈列馆的建立》，《中山日报·艺术周》（广州）1948年2月24日第41期。

24) 胡根天：《新国画与折衷》，《中山日报》（广州）1948年2月26日。

25) 胡根天：《新国画的建立问题》，《中山日报》（广州）1948年3月14日。

26) 胡根天：《赤社美术研究会的始末》，《广州文史资料》，广东人民出版社1979年版第17辑，第160—165页。

27) 胡根天：《记六十年前广东第一次全省美展的风波》，《广州文史资料》，广东人民出版社1981年版第23辑。

28) 胡根天：《记全国最早一间公立美术学校的创立和发展过程的风波》，载《广州文史资料》第27辑，广东人民出版社1982年版。

29) 曹思彬：《美术教育家胡根天》，《广州教育》，1988年第4期。

30) 陈滢主编：《胡根天作品集》，广州美术馆、开平美术馆1993年版印刷本。

31) 陈滢：《广东现代美术的先驱胡根天》，《胡根天作品集》，广州美术馆、开平美术馆1993年版印刷本，第7—19页。

32) 广州市文史研究馆编：《胡根天文集》，2002年版印刷本。收录：胡根天艺术论文及其他、美术史纲、诗歌及李桦、欧初、廖冰兄、黄笃维纪念胡根天文章。

33) 王祥，胡根天：《书法艺术浅析》，《岭南文史》2011年第3期。

34) 江鸥：《拓荒者的步履——胡根天与中国美术的现代化》，《美术学报》2016年第2期。

35) 杨凡舒：《岭南艺事——广州市市立美术学校校史回顾》，《中国美术》2017年第1期。

36) 胡宇清：《胡根天与广州市市立美术学校》，《书画世界》2017年第6期。

12. 陈抱一（1893—1945）

01) 陈抱一：《女性肉体美的观察》，《申报·艺术界》（上海）1925年10月7日。

02) 陈抱一：《油画鉴赏说》，《申报·艺术界》（上海）1925年10月8日。

03) 陈抱一：《油画艺术是什么》，《申报·艺术界》（上海）1925年10月14日。

04) 陈抱一：《日本洋画的发展概况》，《前锋月刊》1930年11月，第2期。

05) 陈抱一：《人物画研究》，世界书局1938年版。

06) 陈抱一：《静物画研究》，商务印书馆1938年版。

07) 陈抱一：《洋画欣赏及美术常识》，世界书局1940年版。

08) 陈抱一：《洋画运动过程略记》，《上海艺术月刊》，1942年第5—11期。

09) [日]菊地三郎：《陈抱一和中国的西画》，周燕丽译，作于1948年11月，载《美术画报》1981年，第1、2、3期。

10) 陈瑞林：《陈抱一和中国早期的油画运动》，《美术研究》1986年第2期，第29—34页。

11) 陈瑞林编：《现代美术家陈抱一》，人民美术出版社1988年版。收录：刘海粟《怀念陈抱一》、周碧初《回忆陈抱一先生》、阳太阳《怊怊长者谆谆教诲》、谢海燕《追思陈抱一师》、徐苏灵《纪念美术教育家陈抱一》、林镛《往事的回忆：怀念陈抱一老师》、沈之瑜《陈抱一先生与线上画会》、梁荫本《陈抱一的绘画风格》、陈绿妮《怀念我的父亲陈抱一》、[日]菊地三郎《陈抱一和中国的西画》纪念陈抱一的文章。

12) 林欣：《"像画人一样地画物"：中国早期油画家陈抱一的油画静物研究》，《数位时尚（新视觉艺术）》2010年第2期，第75—76页。

13) 徐立：《陈抱一与洋画运动》，《美苑》2011年第2期，第85—88页。

14) 房建平：《画家陈抱一的几个侧面》，《美术向导》201第2期，第55—57页。

15) 王韧：《上海洋画运动前夜研究》，《中国美术研究》2014年第3期。

16) 秦瑞丽：《并非"沉寂"的十年：1939-1949年上海西洋画展览活动论述》，《天津美术学院学报》2014年4月。

17) 陶大珉：《折衷化的意蕴表现——以陈抱一趋近"野兽派"绘画倾向为例》，《艺术科技》2016年第29期。

18) 周朝晖：《陈抱一与上海美专早期西洋画教学》，《艺术工作》2018年第3期。

13. 陈锡钧（1893—1951）

01)《雕刻家陈锡钧举行作品展览》，《工商晚报》（香港）1947年6月30日。

02)《介绍陈锡钧雕塑作品展》，《香港工商日报》1947年6月30日。

03) 林千石：《陈锡钧个展观后》，《华侨日报》（香港）1949年3月21日。

04) 赵少昂：《介绍陈锡钧先生》，《华侨日报》（香港）1949年3月29日。

05)《总督参观陈锡钧绘画雕塑展览》，《华侨日报》（香港）1949年4月2日。

06)《陈锡钧个展今日开幕》，《工商晚报》（香港）1950年1月23日。

07)《陈锡钧为陈符祥造像》，《华侨日报》（香港）1950年2月13日。

08)《我国名人像雕塑家陈锡钧病逝》，《华侨日报》（香港）1951年8月23日。

09)《陈锡钧遗体今日安葬》，《华侨日报》（香港）1951年8月24日。

10) 琥珂：《陈锡钧雕塑绘画作品集》，西泠印社出版社2011年版。

14. 谭华牧（1895—1976）

01) 李伟铭：《寻找"失踪者"的踪迹：谭华牧（1898—1976）及其绘画：兼论现代主义在20世纪中国美术历史中的命运》，《美术研究》2004年第4期，第17—31页。

02) 广东美术馆编，《谭华牧："失踪者"的踪迹》，岭南美术出版社2006年。

03) 吴瑾：《青年艺术社与广州现代美术（1927—1937）》，第五章第八节谭华牧条，岭南美术出版社2010年6月版，174—176页。

04) 蔡涛：《关良、谭华牧、丁衍庸的现代艺术实践与"东洋回顾"现象》，《文艺研究》2018年第8期。

05) 杨凡舒：《细读南国——关于展览"南国：谭华牧的画日记"》，《艺术当代》2018年第17期。

15. 何三峰（1895—1949）

01) 阮云光：《西洋画伯何三峰》，《工商晚报》（香港）1960年8月21日。

02) 赵世铭编撰：《穗美十七年：广州市市立美术学校的创立及开展》，香港1991年印刷本。

03) 吴瑾：《青年艺术社与广州现代美术（1927—1937）》，岭南美术出版社2010年6月版第五章第八节何三峰条，176—178页。

16. 黄潮宽（1896—1971）

01)《黄潮宽壁画》，《良友》1934年第90期。

02) 简又文：《黄潮宽的画》，《逸经》1937年第25期。

03)《十二人画展今最后一天》（黄潮宽、伍步云、陈海鹰），《华侨日报》1958年5月3日。

04)《黄潮宽等八人联合画展今开幕》，《华侨日报》1961年9月14日。

05)《画家黄潮宽病逝》，《大公报》（香港）1971年12月9日。

06)《画坛前辈黄潮宽前日逝世今出殡》，《华侨日报》1971年12月10日。

07) 敬群：《黄潮宽，画人的模范（为香港美专"黄潮宽副校长追悼会"而作）》，《华侨日报》1971年12月20日。

08) 李世庄、郑文豪编：《黄潮宽的绘画》，香港艺术历史研究会出版2002年版。收录：郑文豪《黄潮宽的绘画艺术》、李世庄《从黄潮宽看本地早期西画发展的困难》。

17. 冯缃碧（冯丙太，1896—1974）

01) 冯缃碧：《村晚口号》，《民国日报》1923年9月12日。

02) 冯缃碧：《夏初》《夏凉》《春郊》，《民国日报》1923年9月24日。

03) 冯缃碧：《题郑侣泉前辈山水》，《民国日报》1923年10月1日。

04) 冯缃碧：《二忠祠》，《民国日报》1923年10月9日。

05) 冯缃碧：《贫女行》，《民国日报》1923年10月15日。

06) 冯缃碧：《九日画怀》《九日登越秀山怀古》，《民国日报》1923年10月22日。

07) 梁广照：《冯缃碧画展启》，《广东文征续编》第二册，广东文征编印委员会1987年，第148页。

08) 李月梅：《广东国画杰出的山水画家冯缃碧》，《广州文博》1989年第3期。

09) 李航胜：《冯缃碧山水轴》，载广州市文物志编委会编《广州市文物志》，岭南美术出版社1990年版，第358页。

10)《广东国画研究会中的杰出山水画家冯缃碧》，《广州美术研究》1990年第4期，第61页。

11) 李稚：《山水画家冯缃碧》，载鹤山县政协文史资料委员会编《鹤山文史资料》，1993年第17辑，第35页。

12) 麦汉兴：《冯缃碧与梅兰芳的一段交谊》，载广州市文史研究馆编《羊城采撷》，上海书店出版社1994年版。

  13) 黄亮：《传统的守护者：冯缃碧山水画风格初探》，《大众文艺》2016年第8期，第75—76页。

18. 关墨园（1897—1945）

  01) 张巨川编《开平文化名人传略》，教育科学出版社2003年版。

19. 吕化松（1898—1982）

  01) 郑春霆：《岭南近代画人传略》，广雅社（香港）1987年版，第78—80页。

20. 李研山（李居端，1898—1961）

  01) 李允鉌等编：《李研山书画集》，东方文物图籍出版社（香港）1975年乙卯春初版。

  02) 李允鉌等：《李研山的书画艺术及其生平记要》，《李研山书画集》，东方文物图籍出版社（香港）1974年版，第7—27页，收入朱万章、郭燕冰主编《广东"国画研究会"研究》，岭南美术出版社2010年版，第92—119页。

  03) 《李研山、丘永沾书画合册》，1983年印刷本。

  04) 郑春霆：《岭南近代画人传略》，广雅社（香港）1987年版，第45—47页。

  05) 纵横：《中国山水画大师李研山》，《江门文史》1988年第16辑，第10页。

  06) 曹云峰：《记三十年代广州美专校长李居端》，《广州文史资料》1989年第40辑，第190页。

  07) 赵世铭编撰：《穗美十七年：广州市市立美术学校的创立及开展》，香港1991年印刷本。

  08) 吴瑾：《自唱自酬还自傲·我所知道的李研山先生》，《收藏·拍卖》2006年10期。

  09) 吴瑾《李研山的书画艺术略述》，广州艺术博物院官方网站2007年7月。

  10) 江门文史委员会：《中国山水画大师李研山》，《江门文史》1999年版第35辑，第56页。

21. 黄金海（1899—2001）

  01) 黄金海：《广东国画研究会始末》，广州市文史研究馆编《羊城采撷》，上海书店出版社1994年版，第87页。

  02) 黄金海口述，余振骠整理，《广东国画研究会创立经过》，《广州文史资料》1983年版第28辑。

22. 关金鳌（1899—1991）

  01) 关金鳌：《中国百绘》，海外出版，暂不详。

23. 伍蠡甫（1900—1992）

  01) 伍蠡甫：《中国古代山水画对自然美的处理》，《学术月刊》1962年第3期。

02) 伍蠡甫：《中国画论研究》，北京大学出版社1983年版。

03) 伍蠡甫主编：《山水与美学》，上海文艺出版社1985年版。

04) 伍蠡甫：《〈西方文艺理论名著选编〉代序》，载伍蠡甫、胡经之主编《西方文艺理论名著选编》，北京大学出版社1985年版。

05) 伍蠡甫：《名画家论》，东方出版中心1988年版。

06) 杨家润：《伍蠡甫先生的绘画艺术》，《复旦学报》（社会科学版）1999年第6期，第134—140页。

07) 陈左高：《伍蠡甫佚札（六通）》，《文教资料》2001年第3期，第76—79页。

08) 邹振环：《伍蠡甫创办黎明书局》，《民国春秋》2001年第4期，第38—41页。

09) 陈炳：《著名画家伍蠡甫情系辞书》，《出版史料》2011年第4期，第108—111页。

10) 曹延潼：《浅谈中国绘画的意境：读伍蠡甫"论中国绘画的意境"有感》，《剑南文学（经典教苑）》2011年第5期，第239—240页。

11) 蒋悦：《伍蠡甫绘画美学思想研究》，硕士学位论文，山东师范大学，2012年。

12) 汤胜天：《比较艺术学的先行者：伍蠡甫关于中西艺术的形式美观念研究》，《江南大学学报》（人文社会科学版）2015年第1期，第100—104页。

13) 刘媛：《论贯中西，艺通古今：伍蠡甫的艺术研究之路》，《美术观察》2016年第8期，第132—133页。

14) 王新：《伍蠡甫的古典画论研究及其启示：以〈董源论〉为例》，《美术大观》2017年第1期，第60—62页。

15) 孙琪：《浅谈伍蠡甫画论研究与山水画创作中的传统与创新》，《书画世界》2017年第7期，第31—36页。

16) 陈勇：《伍蠡甫学案》，《上海文化》2018年第4期。

24. 容大块（1900—1963）

01) 广州画卷：《容大块：壮游写生被桃李，不求盛名只求心》，《南方都市报》2008年12月11日。

25. 李抚虹（1902—1990）

01) 李抚虹：《唐代山水画略述》，《国画特刊》，广东国画研究会编印1932年1月第五号。

02) 李抚虹：《山水画起源》，《国画特刊》，广东国画研究会编印1933年10月第六号。

03) 邓国荣：《李抚虹教授小传》，《抚虹画集》1993年香港印刷版，第6—9页。

04) 李念云编：《抚虹画集》1993年香港印刷版。

05) 李抚虹：《剑父先生画虎讲话》，收录于《高剑父诗文初编》，广东高等教育出版社1999年版。

26. 司徒乔（1902—1958）

01)《名画家司徒乔逝世》，《美术》1958年第3期，第46页。

02)《司徒乔画集》，人民美术出版社1980年版。

03) 冯伊湄：《我的丈夫司徒乔》，上海书局（香港）1977年版。

04) 冯伊湄：《未完成的画》，人民文学出版社1978年版。

05) 韦君宜：《〈未完成的画〉读后》，《文艺研究》1979年第1期，第119—120页。

06) 艾中信：《司徒乔笔尖上的正义和激情》，《美术研究》1980第2期，第55—59页、40—54页。

07) 唐维华：《司徒乔与"国殇图"》，《四川文物》1987年第2期，第54—56页。

08) 虞积华：《司徒乔和他的〈馒店门前〉》，《上海鲁迅研究》1989年第00期，第84—87页。

09) 袁良骏：《沈从文先生的一篇佚文：〈看了司徒乔的画〉》，《新文学史料》1998年第2期，第130—131页。

10) 刘曦林：《司徒乔与新疆》，《美术研究》2003年第2期，第15—21页。

11) 刘新：《司徒乔与鲁迅及平民性：为纪念司徒乔百年诞辰而作》，《美术研究》2003年第2期，第22—24页。

12) 李浩：《探索之路：司徒乔的绘画创作略述》，《上海鲁迅研究》2003年第00期，第281—287页。

13) 郭绍纲：《艺术写生的光辉：纪念司徒乔诞辰一百周年》，《岭南文史》2004年第1期，第23—26页。

14) 沈从文、刘士聪：《我所见到的司徒乔先生》，《中国翻译》2006年第27（05）期，第90—93页。

15) 王坚、戴明远：《人道主义关怀与美的缔造：析广州艺术博物院藏司徒乔人物、风景画》，收录于王坚《粤画史论丛稿》，广州出版社2008年版，第77—92页。

16) 广州画卷：《司徒乔：不俗不媚独己之力领会时代艺术》，《南方都市报》2008年8月21日。

17) 凌夫：《司徒乔："狂飙"风格》，《寻根》2010年03期，第70—73页。

18) 曹庆晖：《一封家书：1950年3月画家司徒乔写给女儿司徒圆的信》，《美术向导》2014年第4期，第43—50页。

19) 陈都：《非左翼美术家：司徒乔的艺术人生》，《荣宝斋》2014年第12期，第110—145页。

20) 董帅：《司徒乔〈义民图〉研究》，《中国博物馆馆刊》2015年第1期，第103—112页。

21) 司徒乃钟、黄静仪主编：《黄金时代：司徒乔、司徒奇、司徒杰、司徒乃钟艺术作品展》，长城艺术出版社（香港）2015年版。

22) 黄碧赫：《从〈大公报·艺术周刊〉看后五四时期的司徒乔》，《中央美术学院2014年青年艺术批评奖获奖论文集》2015年第16页。

23) 宋金明：《司徒乔与鲁迅交往考：兼论美术史研究中的"名人效应"》，《天津美术学院学报》2015年第9期，第78—82页。

24) 姚梦桐：《特定历史场景构架下的艺术风貌：司徒乔〈放下你的鞭子〉》，《美术学报》2016年第2期，第70—76页。

25) 吴端涛：《他的画始终宣泄着人民的心声：司徒乔艺术展完整呈现司徒乔现实主义求索之旅》，《美术》2016年第5期，第52—59页。

26) 张娟：《又见司徒乔：鲁迅与司徒乔的生死邂逅》，《鲁迅研究月刊》2016年第5期，第73—76页。

27) 艾姝：《司徒乔的选择：〈空室鬼影图〉研究》，《艺术探究》2016年第30（06）期，第36—47页。

28) 艾姝：《现代图像语境与司徒乔创作中图文结合的探索》，《文艺研究》2016年第6期，第132—141页。

29) 安雪、宋永忠：《赤子之心：司徒乔、司徒杰艺术展研讨会综述》，《美术》2016年第6期，第111—113页。

30) 陈志云：《徐悲鸿的"自然主义写实"和司徒乔的"现实主义"：从两人同名油画〈放下你的鞭子〉说起》，《美术学报》2016年第4期，第66—75页。

31) 韩靖：《20世纪40年代"走向西部"的艺术写生热》，《西北美术》2017年第3期。

32) 蔡涛：《鲁迅葬礼中的沙飞和司徒乔：兼论战前中国现代艺术的媒介竞争现象》，《文艺理论与批评》2017年第5期。

33) 张绍敦：《中国油画中的地理环境因素》，《新疆艺术（汉文）》2017年第5期。

34) 李原原：《20世纪40年代边疆写生风潮与油画民族化探索》，《四川省干部函授学院学报》2018年4月。

35) 焦体盛：《赤子之心——司徒乔的现实主义艺术》，《艺术品》2018年第4期。

36) 盛葳：《黄胄与赵望云、韩乐然、司徒乔的交往和互动》，《美术》2019年第2期。

27. 李秉（1903—1994）

01)《港美术会昨日举行月展》，《大公报》（香港）1938年9月28日。

02)《港美术会昨日月展》，《大公报》（香港）1938年11月2日。

03)《香港美术会战后初次集会》，《大公报》（香港）1948年5月29日。

04)《香港美术会今天开二次大会》，《大公报》（香港）1948年6月11日。

05)《两个画展陈佐治油画预展三人联展将举行》,《大公报》(香港)1948年12月12日。

06) 朱琦:《"西画三杰"李秉、余本、陈福善》,《香港美术史》,四川美术出版社2007年版,第70—75页。

28. 叶因泉(1903—1969)

01) 蒋志华:《难忘〈抗战流民图〉》,《岭南文史》2005年03期,第6—9页。

02) 李焕真:《〈抗战流民图〉画家流亡途中的"报导画"》,《羊城晚报》2015年8月29日。

29. 潘思同(1904—1980)

01) 潘思同:《思同铅笔画集》,上海良友图书印刷公司1929年版。

02) 潘思同:《思同水彩画集》,上海良友图书印刷公司1932年版。

03) 潘思同:《思同铅画集》(二集),上海形象艺术社1935年版。

04) 潘思同:《怎样画水彩画》,上海人民美术出版社1959年版。

05) 潘思同:《潘思同水彩画选》,人民美术出版社1963年版。

06)《潘思同水彩画集》,浙江美术学院出版社1993年版。

07) 潘耀昌主编:《潘思同水彩画直观教材选》,中国美术学院出版社2005年版。

08) 潘耀昌:《潘思同:伟大独特之精神,坚贞热烈之怀抱(节选)》,《艺术当代》2017年第16期。

30. 伍步云(1904—1992)

01) 吴步乃:《画家伍步云先生及其作品》,《美术》1979年第9期,第45—29页。

02)《伍步云画集》,人民美术出版社1982年版。

03) 邵宇:《〈伍步云画集〉前记》,《伍步云画集》,人民美术出版社1982年版。

04) 伍步云:《〈伍步云画集〉自序》,《伍步云画集》,人民美术出版社1982年版。

05) 刘淑贤:《伍步云:中国油画的先驱》,《同舟共进》1994年第8期,第49页。

31. 余本(1905—1995)

01)《美术会年展定明日开幕》,《大公报》(香港)1948年11月24日。

02)《两个画展陈佐治油画预展三人联展将举行》,《大公报》(香港)1948年12月12日。

03)《余本画集》,上海人民美术出版社1951年版。

04)《余本画集》,人民美术出版社1982年版。

05)《余本画册》,岭南美术出版社1994年版。

06）黄蒙田：《余本的探索》，《美术》1979年第6期，第9—12页，原载《大公报》1979年5月31日。

07）黄笃维：《〈余本画册〉序言》，《余本画册》，岭南美术出版社1994年版。

08）黄笃维：《油画家余本》，《美术》1995年第1期，第36—39页。

09）郁风：《余本的写生方法》（1963），收录于《余本写生作品集》，岭南美术出版社2012年版。

10）《余本作品及文献辑》，台湾敦煌艺术股份有限公司1997年版。

11）广州画卷：《余本：以纯正西洋笔法描画故乡风物人情》，《南方都市报》2008年8月25日。

12）许钦松、余锦森主编：《余本写生作品集》，岭南美术出版社2012年版。

13）谢钧主编：《永恒的朴素：余本作品及评论集》，岭南美术出版社2017年版。

32. 伍千里（1906—1969）

01）伍千里：《广州学生摄影比赛经过》，《广州民国日报·艺术》1934年10月20日。

02）伍千里：《回忆的片断》，《广州民国日报·艺术》1935年1月15日。

33. 郑可（1906—1987）

01）郑可：《实用美术在现代社会的地位》（民教馆艺术演讲会），《广州民国日报·艺术》1934年12月29日第三十四期。

02）郑可：《关于小品展的几句话》，《广州民国日报·艺术》1935年1月5日第三十五期。

03）郑可：《图书装饰的意义》，《广州民国日报·艺术》1935年5月18日第五十四期。

04）郑可：《雕塑讲话》，《青年艺术》1937年2月1日创刊号。

05）郑可：《如何改进工艺美术》，《青年艺术》1937年6月1日第四期。

06）郑可：《关于连续图案制作法的检讨》，《青年艺术》1937年7月1日。

07）郑可：《郑可动物雕塑选》，《雕塑》1995年第1期，第页。

08）王培波：《郑可浮雕艺术作品》，《装饰》2005年第12期，第24—29页。

09）成阳：《郑可雕塑"技"与"道"之学术研讨》，《装饰》2006年第1期，第9—10页。

10）孙嘉英：《郑可先生百年祭》，《装饰》2006年第1期，第10页。

11）郑可：《郑可陶瓷作品》，《装饰》2006年第1期，第54—57页。

12）吴少湘：《异国忆恩师：郑可》，《装饰》2006年第1期，第7—8页。

13）马心伯：《培养"通才"的导师：忆郑可教授》，《雕塑》2006年第1期，第46—49页。

14) 郭秋惠：《郑可：跨越艺术与设计的大家》，《美术观察》2007年第5期，第2、33—36页。

15) 李正安：《追忆与思考：追思陶瓷艺术设计教育的先驱祝大年、高庄、郑可、梅健鹰》，《中国陶艺家》2006年第3期，第65—70页。

16) 李承华：《技艺为道：郑可的现代艺术设计教育理念》，《艺术探索》2010年第24（06）期，第72—74页。

17) 连冕：《柏林书柬：郑可先生》，《美术报》2011年2月19日，第38页。

18) 张威：《"技"与"道"：试论郑可先生的艺术历程》，《荣宝斋》2011年第8期，第36—43页。

19) 郗海飞：《以缅前人，以励后学：郑可先生教学笔记》，《雕塑》2012年第3期，第76—79页。

20) 郗海飞：《以缅前人，以励后学：郑可先生教学笔记Ⅱ》，《雕塑》2012年第5期，第72—75页。

21) 郗海飞：《以缅前人，以励后学：郑可先生教学笔记Ⅲ》，《雕塑》2012年第6期，第82—85页。

22) 郗海飞：《以缅前人，以励后学：郑可先生教学笔记Ⅳ》，《雕塑》2013年第1期，第80—81页。

23) 王培波：《郑可》，生活·读书·新知三联书店2014年版。

24) 范伟民：《感怀与感恩：记我的老师郑可先生》，《雕塑》2015年第2期，第68—70页。

25)《励精图治，垂范后学：郑可先生诞辰110周年研讨会会议纪要》，《雕塑》2015年第3期，第19—21页。

26) 常沙娜：《中国现代艺术设计先驱郑可诞辰110周年》，《上海工艺美术》2015年第2期，第2—3页。

27) 连冕：《"唯用一好心"，〈郑可研究：近现代中国设计产业及艺术教育先锋的东方回归〉编撰后记》，《新美术》2016年第37（04）期，第36—38页。

28) 连冕：《郑可研究暨重订郑氏简编年谱》，《装饰》2017年第1期，第37—47页。

29) 王小蕙：《郑可先生教学往事追忆》，《装饰》2017年第11期，第78—79页。

34. 黄幻吾（1906—1985）

01) 郑逸梅：《黄幻吾游美归来》，《机联会刊》1949年，第17页。

02) 谷凡：《岭南派画家黄幻吾及其绘画艺术》，《大世界》1980年第3期。

03) 刘家方：《访画家黄幻吾》，《朵云》1981年第1期。

04) 刘家方：《访画家黄幻吾》，《朵云》1981年第2期。

05) 刘家方：《访画家黄幻吾（续完）》，《朵云》1981年第3期。

06) 沈吉鑫：《南国奇葩，盛放江南：访著名中国画家黄幻吾》，《解放日报》1982年6月3日。

07) 陈坚樵：《留与人间笔底香：记归侨画家黄幻吾》，《羊城晚报》1986年11月8日。

08)《黄幻吾作品集》，上海人民美术出版社1992年版。收录：杨涵《黄幻吾作品集·序》。

09) 广州画卷：《黄幻吾（1906—1985）：花是娇艳的，水是空濛的，人是执着的》，《南方都市报》2009年2月26日。

10)《黄幻吾薛宇才双百书画遗珍合集》，浙江大学出版社2013年版。

35. 司徒奇（1907—1997）

01) 吴子复：《所谓新兴艺术的尽忠者：读司徒奇的参观春睡画院美展而作的〈艺术感言〉》，《民国日报》1939年11月8日。

02) 吴子复：《关于"新兴艺术"：司徒奇听着！》，《民国日报》1930年12月7日版。

03) 丁衍庸：《从广东精神说起：司徒奇画展感言》，《华侨日报》（香港）1961年11月5日。

04) 邓芬：《司徒奇兄画展会》，《华侨日报》（香港）1961年11月7日。

05) 司徒奇：《司徒奇画集》，艺术图书公司（台湾）1994年版。

06) 陈继春：《岭南春色：司徒奇的艺术》，临时澳门市政局编《司徒奇艺术回顾》2000年澳门出版，第11—60页。

07) 司徒乃钟手辑，陈继春参校：《司徒奇（苍城）年谱》，临时澳门市政局编《司徒奇艺术回顾》2000年澳门出版，第62—74页。

08) 司徒乃钟：《吾父吾师》，岭南画派纪念馆研究部编《岭南画派纪念馆建馆十周年文集》，2001年6月8日出版。

09) 司徒乃钟：《金戒换蕃薯，同窗称兄弟：司徒奇与关山月的兄弟情谊》，《老年教育（书画艺术）》2008年08期，第26—27页。

10) 王嘉：《岭南宗风：司徒奇的诗画艺术》，《国画家》2012年第5期，第26—33页。

11) 司徒乃钟、黄静仪主编：《黄金时代：司徒乔、司徒奇、司徒杰、司徒乃钟艺术作品展》，长城艺术出版社有限公司（香港）2015年版。

12) 司徒乃钟、司徒黄静仪主编：《奇笔纵横：司徒奇的艺术人生》，司徒氏苍城画院出版（香港艺术发展局资助）2016年版。

13) 司徒奇：《中国近现代名家画集：司徒奇》，人民美术出版社2016年版。

14) 司徒乃钟、梁立鸿、李日明：《司徒奇传》，广州出版社2016年版。

36. 朱沅芷（1906—1963）

01) 郑稚元：《一位早期旅美的爱国画家朱沅芷》，《美术》1982年第4期。

02) 台北市立美术馆编：《朱沅芷作品展》，台北市立美术馆1992年版。

03) 《常玉、朱沅芷作品集》，大未来画廊（台湾）1993年版。

04) 《朱沅芷》：大未来艺术（台湾）1995年版。

05) 周念慈：《华裔画杰朱沅芷》，方智出版社（台湾）1999年版。

06) 安东尼·W. 李（Anthony W. Lee）：《美国华人绘画简史，讫于1945年》，收录于美国古根海姆博物馆编著《美国艺术三百年》，上海辞书出版社2006年版。

07) 《行旅生涯：朱沅芷与朱礼银之绘画》，大未来画廊（台湾）2008年版。

08) 《"行旅生涯"：朱沅芷与朱礼银绘画展》，《中国艺术》2008年第4期，第1—3页。

09) 《朱沅芷：多重身份的现代主义者》，《艺术与投资》2010年第7期，第69页。

10) 顾跃：《吟游诗人、现代艺术家或钻石主义者：朱沅芷的艺术历程》，《荣宝斋》2011年第6期。

11) 包彧铭：《朱沅芷油画艺术研究》，硕士学位论文，杭州师范大学，2012年。

12) 顾跃：《世界名画家·朱沅芷》，河北教育出版社2014年版。

13) 刘合欢：《朱沅芷与常玉绘画对比浅析》，《现代装饰（理论）》2016年第11期，第143页。

14) 刘合欢：《朱沅芷绘画艺术研究》，硕士学位论文，江苏大学，2017年。

37. 王少陵（1909—1989）

01) 朱晨光：《王少陵》，（北美）东方文化事业公司/南粤出版社1989年版。

02) 香港艺术馆编：《王少陵》（香港艺术家系列），香港市政局1994年版。

03) 《旅美一代绘画大家：王少陵》，《美中画报》社（美国）2004年版。

04) 《与王少陵谈艺术》，载王震编《徐悲鸿文集》，上海画报出版社2005年版，第81页。

05) 《王少陵画展》，载王震编《徐悲鸿文集》，上海画报出版社2005年版，第134页。

06) 张大千：《张大千致王少陵诗稿》，《钟山风雨》2017年第3期，第2页。

38. 胡善馀（1909—1993）

01) 胡善馀：《胡善馀油画选》，上海人民美术出版社1980年版。

02) 胡善馀：《画余偶谈》，《新美术》1982年第1期，第4—7页。

03) 沉浮：《胡善余教授西北、西南之行》，《新美术》1984年第2期，第18页。

04) "胡善余先生从艺六十年油画作品回顾展"筹委会编印：《胡善余油画艺术研讨会文选》，1992年版印刷本。

05) 潘耀昌：《缘而葆真，清而容物：评胡善余油画的风格特性》，《新美术》1993年第1期，第17—18页。

06) 徐君萱：《胡善余先生的油画艺术》，《胡善余画集》，中国美术学院出版社1994年版。

07) 宋忠元主编：《胡善余画集》，中国美术学院出版社1994年版。

08) 《中国第一代留法艺术家：胡善余》，传承（经纪）有限公司1998年版。

09) 夏哲峰：《不系之舟：胡善余的生平与艺术研究》，硕士学位论文，中国美术学院，2016年。

10) 吴为山主编：《善彩馀韵：20世纪中国油画名家胡善馀》，人民美术出版社2017年版。

39. 李慰慈（1909—2003）

01) 李慰慈：《1937年国际联展》，《广州民国日报·艺术》1936年11月11日第十一期。

02) 李慰慈：《雕刻家堡尔丹》，《广州民国日报·艺术》1936年11月18日第十二期。

03) 李慰慈：《皇朝时代的三个民众画家》，《广州民国日报·艺术》1936年11月25日第十三期。

04) 李慰慈：《林布兰与鲁奔兹的素描》，《广州民国日报·艺术》1936年12月10日第十五期。

05) 彭兑（李慰慈）：《写在"广州商业美术作者协会"成立之前》，《广州民国日报·艺术》1936年12月17日第十六期。

06) 李慰慈：《西班牙绘画概况》，《青年艺术》1937年2月1日创刊号。

07) 李慰慈：《西班牙十八世纪后之绘画》，《青年艺术》1937年4月1日第二期。

08) 李慰慈：《俄国彼得大帝前之建筑》，《青年艺术》1937年5月1日第三期。

09) 李慰慈：《林布兰》（慰慈）、《林布兰的代表作》（笔名彭兑）、《林布兰的自画像》（笔名杜金），《青年艺术》1937年5月1日第三期。

10) 慰慈、李桦：《西洋美术家人名小辞典》，《青年艺术》1937年5、6、7月1日第三、四、五期。

11) 李慰慈：《图案讲话》，《青年艺术》1937年6、7月1日第四、五期。

12) 李慰慈：《黑人雕塑》，《青年艺术》1937年7月1日第五期。

13) 杜金（李慰慈）：《关于康斯他堡》，《青年艺术》1937年7月1日第五期。

14) 李慰慈：《实用色彩学》，上海商务印书馆1939年版。

15) 李慰慈：《西班牙的"波得贡"画》，《广州市民日报·艺术周》1937年1—6月，存目。

16) 李慰慈：《现代家庭设计家沙鲁》，《广州市民日报·艺术周》1937年1—6月，存目。

17) 李慰慈：《瑞士的哥特艺术》，《广州市民日报·艺术周》1937年1—6月，存目。

18) 李慰慈：《文艺复兴时期瑞士的艺术》，《广州市民日报·艺术周》1937年1—6月，存目。

19) 李慰慈：《瑞士十七八世纪的美术》，《广州市民日报·艺术周》1937年1—6月，存目。

20) 李慰慈：《现代瑞士的美术》，《广州市民日报·艺术周》1937年1—6月，存目。

21) 杜金（李慰慈）：《法国现代动物雕刻家蓬蓬》，《广州市民日报·艺术周》1937年1—6月，存目。

22) 《访问西蒙利西之后》，杜金（李慰慈）译，《广州市民日报·艺术周》1937年1—6月，存目。

23) 《中国古代的殉葬物》，彭兑（李慰慈）译，《广州市民日报·艺术周》1937年1—6月，存目。

24) 杜金（李慰慈）：《黑人的面具雕》，《广州市民日报·艺术周》1937年1—6月，存目。

25) 杜金（李慰慈）：《一九三七年巴黎国际博览会》，《广州市民日报·艺术周》1937年1—6月，存目。

26) 彭兑（李慰慈）：《现代建筑家科柏士埃的思想与生活》，《广州市民日报·艺术周》1937年1—6月，存目。

27) 彭兑（李慰慈）：《二全美展与提倡美育》，《广州市民日报·艺术周》1937年1—6月，存目。

28) 司徒尚纪：《吴尚时》（吴尚时为李慰慈丈夫），广东人民出版社1995年版。

40. 曾景文（1911—2000）

01) 曾景文，彭册之译：《曾景文水彩示范》，艺术图书公司（台湾）1981年版。

02) 黄蒙田：《曾景文的水彩画》，收录于《艺苑交游录》，岭南美术出版社1985年版。

03) 曾景文，郁斐斐译：《曾景文水彩画》，艺术家出版社（台湾）1994年版。

04) 江启明：《"纯色"水彩画家曾景文》，《文汇报》（香港）2003年1月1日。

05) 安东尼·W. 李（Anthony W. Lee）：《美国华人绘画简史，讫于1945年》，收录于美国古根海姆博物馆编著《美国艺术三百年》，上海辞书出版社2006年版。

06) 张晓帆：《用童真的眼光看世界：论曾景文绘画的艺术特色》，《艺海》2008年第1期，第99—100页。

41. 陆无涯（1912—1984）

01) 陆无涯：《风雨集》，艺学社（香港）1948年版。

02) 陆无涯：《中国山水纪游画集（第一辑）》，劭华文化服务社（香港）1971年版。

03) 陆无涯：《中国山水纪游画集》，雅文画社（香港）1975年版。

04) 陆无涯：《欧洲写生》，雅文画社（香港）1978年版。

05) 陆无涯：《中国古画鉴辨知识》，《摄影画报》1983年版。

06) 罗琅：《忆画家陆无涯》，《大公报》（香港）2012年7月15日。

42. 林达川（1912—1985）

01) 徐君萱：《心灵的艺术：林达川先生画风浅析》，《新美术》1986年第4期。

02) 王流秋：《半生求索，自成画风：林达川逝世五周年感怀》，《新美术》1991年第1期，第10—12页。

03) 金冶：《忆油画家林达川：油画民族化的探索者》，《美术》1991年第7期，第30—32页、73页。

04) 《大璞不雕：林达川油画作品集》，中国美术学院出版社2006年版。

05) 许江：《直邀山水入窗来：林达川的绘画人生》，《艺术与投资》2007年第3期，第76—80页。

06) 潘耀昌：《孤独的先行者林达川的艺术之路》，《艺术与投资》2007年第3期，第77—80页。

07) 潘耀昌、龚鹰主编：《大璞不雕：纪念林达川诞辰一百周年文献·作品集》，中国美术学院出版社2012年版。

08) 张丹萍：《画史断章：浅析林达川的艺术人生》，《现代装饰（理论）》2012年第11期，第97—99页。

09) 张丹萍：《林达川绘画艺术研究》，硕士学位论文，浙江理工大学，2013年。

43. 汤由础（1912—1971）

01) 广东美术馆编：《汤由础恬静的故土》，2008年印刷本。

02) 罗宗海：《归侨荣光：画家汤由础及其艺术》，载广东美术馆编《汤由础恬静的故土》，2008年印刷本，第6—7页。

03) 吴瑾：《归侨画家汤由础的生平和艺术》，载广东美术馆编《汤由础恬静的故土》，2008年印刷本，第63—67页。

04) 汤由础：《新中国和我的艺术生命》，载广东美术馆编《汤由础恬静的故土》，2008年印刷本，第96—97页。

05) 王嘉整理：《汤由础艺术活动年表》，载广东美术馆编《汤由础恬静的故土》，2008年印刷本，第98—101页。

44. 余所亚（1912—1991）

01) 吴瑾：《余所亚和广州早期的电影广告》，《广州文化史志通讯》1988年第1期。

02) 吴瑾：《青年艺术社与广州现代美术（1927—1937）》，第五章第八节余所亚条，岭南美术出版社2010年版，第179—180页。

45. 杨善深（1913—2004）

01) 徐悲鸿：《杨善深画展序》，收录于徐伯阳、金山合编《徐悲鸿艺术文集》（下），艺术家出版社（台湾）1987年12月15日版。

02) 司徒无弱：《杨善深及其画》，《艺海杂志》（台湾）1978年第2卷第1期，第44—45页。

03) 莫瑞添：《略谈杨善深的画》，《明报》（香港）1978年第13期。

04) 黄蒙田：《杨善深的艺术》，载黄蒙田《艺苑交游录》，岭南美术出版社1985年版。

05) 黄蒙田：《杨善深画虎》，载《艺苑交游录》，岭南美术出版社1985年版。

06) 黄蒙田：《杨善深与岭南画派》，载《读画文钞》，三联书店（香港）有限公司1991年版。

07) 赵榆、吴京波：《耄耋更爱国，巨松献赤心：记杨善深先生向人民大会堂捐赠巨幅国画〈万古长青〉》，《艺术市场》2002年01期。

08) 陈继春：《融合中西新艺术》，硕士学位论文，南京师范大学，2002年。

09) 黄蒙田：《杨善深书画简论》，《荣宝斋》2003年第1期，第84—97页。

10) 唐辉：《满纸春心墨未干：追忆先师杨善深先生》，《荣宝斋》2004年第5期。

11) 陈浩星：《杨善深先生的书画艺术》，《荣宝斋》2004年第5期，第124—131页。

12) 梁照堂、卜绍基：《翰墨表意，丹青写心：杨善深先生和他的书画艺术》《美术大观》2004年第11期。

13) 正年：《现代名家走兽作品及市场行情》，《中国拍卖》2004年第5期。

14) 张素娥：《杨善深对岭南派艺术的传承》，《艺术市场》2005年第1期，第23—25页。

15) 饶宗颐：《春风桃李花开日：怀杨善深先生》，《中国书画》2005年第5期，第1、60—69页。

16) 何智扬：《大师风范，布衣情怀：怀念国画家杨善深》，《美术》2005年第5期，第76—77页。

17) 骆驰：《伸向香港的木棉树》，《光明日报》2007年6月29日。

18) 陈伟安：《神猿归古洞，驯虎过幽溪：杨善深的动物画及其艺术特色》，"岭南画派与20世纪中国美术"学术研讨会论文，2007年11月3日。

19) 何智扬：《大师风范布衣情怀：怀念国画家杨善深》，《老年教育（书画艺术）》2008年第1期。

20) 广州画卷：《杨善深（1913—2004）：用传统水墨打破折衷局限》，《南方都市报》2009年2月23日。

21) 马旭、丁花：《岭南大家杨善深：访谈杨天颐》，《收藏界》2011年第10期，第142—143页。

22)《墨池清兴：杨善深艺术作品集》，渔歌出版有限公司（香港）2011年版。

23) 刘晓丹：《岭南画派，艺术品投资的潜力股》，《美术报》2012年6月2日。

46. 黄新波（1916—1980）

01)《路碑》（画集），上海潮锋出版社1937年版。

02)《老当益壮》（画集），桂林文化供应社1940年版。

03)《新曲》（画集），桂林春草出版社1943年版。

04) 余所亚：《推荐六人画展》，《华商报·热风》（香港）1947年12月15日。

05) 何为：《人间画会六人画展》，《华侨日报》（香港）1947年12月18日。

06) 荃麟（邵荃麟）：《略论新波的画》，《华商报·热风》（香港）1947年12月29日。

07) 黄新波：《新波画册：1943-1948》，香港殷社出版1949年。

08) 黄永玉：《未完成的震动》，《大公报》（香港）1949年1月17日。

09) 任真汉：《评黄新波画展》，《星岛日报》（香港）1949年1月20日。

10) 邹伟：《人间画会预展漫谈》，《华商报》（香港）1949年2月9日。

11) 骆文宏（黄新波）：《小论美术批评》，《大公报》（香港）1949年2月13日。

12) 新波（黄新波）：《永玉的画》，《大公报》（香港）1949年3月13日。

13) 骆文宏（黄新波）：《保卫和平》，《大公报》（香港）1949年4月3日。

14) 新波：《三月书：致〈清明小简〉作者（黄蒙田）》，《大公报》（香港）1949年4月18日。

15) 骆文宏（黄新波）：《丰子恺的画》，《大公报》（香港）1949年4月24日。

16) 新波（黄新波）：《吴霭凡的画》，《大公报》（香港）1949年5月22日。

17) 新波（黄新波）：《敬礼》，《文汇报》（香港）1949年6月30日。

18)《新波木刻选集》，人民美术出版社1958年版。

19)《不倒的红旗》（画集），广东人民美术出版社1959年版。

20) 黄新波、杨讷维：《广东十年来的美术创作》，《美术》1959年第11期，第10—12页。

21) 黄新波：《坚决实行艺术民主，认真贯彻"双百"方针》，《美术》1979年第11期，第33—34页。

22) 王立：《读〈新波木刻选集〉》，《羊城晚报》1959年4月25日。

23) 汤集祥：《多彩的版画语言：试谈新波木刻作品的几个特色》，《羊城晚报》1961年4月28日。

24) 周佐愚：《无声的诗：试谈新波木刻的意境》，《羊城晚报》1962年1月4日。

25) 《三年》（画集），广东人民美术出版社1962年版。

26) 林密：《访著名木刻家黄新波》，《文汇报·文艺》（香港）1962年7月11日。

27) 迟轲：《〈卖血后〉的控诉：新波在香港时期作的一幅版画》，《羊城晚报》1962年7月14日。

28) 本刊记者：《作家美术家谈报纸工作：欧阳山、杜埃、萧殷、黄新波访问记》，《新闻业务》1962年第6期，第14—18页。

29) 洪文：《新波版画艺术浅探》，《南方日报》1963年1月6日。

30) 《黄新波作品选集》，人民美术出版社1963年版。

31) 余白墅：《读黄新波、杨讷维的版画》，《文汇报》（上海）1963年4月19日。

32) 黄笃维：《战斗的版画艺术：谈新波作品随感》，《美术》1964年第1期，第36—40、53页。

33) 郎绍君：《新波、讷维的版画艺术》，《天津晚报》1964年1月21日。

34) 《版画选集（第一辑）：黄新波》，人民美术出版社1964年版。

35) 《春华散记》（画集），香港三联书店1977年版。

36) 《新波版画集》，人民美术出版社1978年版。

37) 黄新波：《鲁迅先生和木刻展》，《文汇报》（香港）1978年7月28日。

38) 陆无涯：《回忆四十年代的"人间画会"：那个丈夫强得项，满头霜雪不知寒》，《新晚报》（香港）1979年5月27日。

39) 陈肃：《一把战斗不息的刻刀：参观黄新波版画展随感》，《美术》1979年第6期，第6—9、22—23页。

40) 《优秀的无产阶级文艺战士、版画家黄新波同志追悼会在穗举行》，《美术》1980年第4期，第10页。

41) 康朗：《中国现代木刻艺术的拓荒者：纪念版画家黄新波》，《今日中国》（中文版）1981年第5期，第45—47页。

42) 黄元：《一个版画家的战斗历程：记我爸爸黄新波在桂林的片断》，《学术论坛》1981年第6期，第74—78页。

43) 华嘉：《香港人间书屋二三事：纪念故友黄新波、黄宁婴同志》，《新文学史料》1982年第1期，第168—172页。

44) 谭雪生：《忆战斗在南方的革命美术团体："人间画会"》，《美术》1984年第2期，第14—15、55页。

45) 黄蒙田：《爱书人新波》，《读书》1985年第11期，第137—140页。

46)［美］戈云：《艺术的幻想性与幻想的科学性：从版画家黄新波的〈创世纪〉谈起》，《新晚报》（香港）1986年3月30日。

47) 王立：《一座艺术的丰碑：重读黄新波的版画遗作》，《广州日报》1990年4月5日。

48) 关山月：《长艳春华正着红：新波十年祭》，《美术》1990年第6期，第41—42页。

49) 周佐愚：《弘扬革命文艺传统："新波十年祭学术讨论会"在穗举行》，《美术》1990年第6期，第49页。

50) 刘骁纯：《气象与气量：谈黄新波的艺术》，《江苏画刊》1994年6月9日。

51) 黄永玉：《情感寓于人格之中：黄新波木刻纪念展》，《明报》（香港）1994年7月8日。

52) 迟轲：《新波的艺术道路》，《光明日报》1994年7月25日。

53) 王璜生：《战士与艺术家：一个历史使命的思考》，《中国文化报》1994年7月31日。

54) 迟轲：《新波的独创性和他艺术道路上的曲折》，《美术》1994年第10期，第66—69页。

55)《黄新波油画》，香港天地图书有限公司2000年版。

56) 陈原：《新波和他的油画：〈黄新波油画〉序》，《大公报》（香港）2000年11月19日。

57)《20世纪广东美术家系列作品集：黄新波、符罗飞》，江西美术出版社2004年版。

58) 陈迹：《未被规训的激情：黄新波香港时期（1946-1948）的油画创作及其相关问题》，《广州美术研究》2006年总第37期。

59) 广东省美术家协会编：《黄新波木刻：1933-1949》，岭南美术出版社2006年版。

60) 广东省美术家协会编：《黄新波纪念文献集》，岭南美术出版社2006年版。收录：章道非（黄新波夫人）《春华长艳：忆新波》《黄新波画作编年：1933-1980》《黄新波已刊画集》《主要画展》《黄新波诗文编年：1935—1980》《黄新波研究文献索引：1934-2000》，黄元（黄新波女儿）编《黄新波艺术活动年表：1916—1980》。

61) 黄媛：《他律强音下的中国现代艺术：黄新波及其表现主义绘画》，《三峡大学学报》（人文社会科学版）2007年增刊第2期，第86—87页。

62) 文吉：《铁笔韵板：黄新波的艺术人生》，《美术观察》2009年第3期，第2、35—38页。

63) 郭秀媚：《黄新波的版画艺术》，《上海鲁迅研究》2010年第2期，第110—123页。

64) 李浩：《"赞美人的意志"：黄新波的木刻及油画琐谈》，《上海鲁迅研究》2011年04期，第205—213页。

65) 黄蒙田、陈实等著，黄元编：《刀笔、画笔、文笔：黄新波在香港》，天地图书有限公司（香港）2011年版。收录：《黄新波传略》，黄蒙田、陈实、陈原、黄永玉写给黄新波的文章，人间画会·人间书屋文献资料，六人画展·《新波画册》文献资料，评介·访谈、回忆·纪念文献资料，黄新波香港著述，黄新波香港画作编年，黄新波香港艺术活动年表。

66) 黄元编：《深刻人间：黄新波版画集》，三度出版有限公司（香港）2011年版。

67) 杨益群：《中国现代版画园地一奇葩：试评抗战时期黄新波的版画创作》，《抗战文化研究》2012年00期，第251—264页。

68) 小谷一郎、王建华：《关于黄新波的几张照片：1930年代后期中国留日学生的文学、艺术活动断章（一）》，《上海鲁迅研究》2014年第3期，第143—148页。

69) 小谷一郎、王建华：《关于黄新波的几张照片：1930年代后期中国留日学生的文学、艺术活动断章（二）》，《上海鲁迅研究》2014年第4期，第144—157页。

70) 小谷一郎、王建华：《关于黄新波的几张照片：1930年代后期中国留日学生的文学、艺术活动断章（三）》，《上海鲁迅研究》2015年第1期，第166—183页。

71) 沈雪晟：《黄新波和他"平凡的故事"》，《上海鲁迅研究》2015年第4期，第118—122页。

72) 陈迹：《亡命路上的孤独：黄新波"鹰山时期"（1942—1943）的另类木刻》，《美术学报》2016年第6期，第63—74页。

73) 陈国辉：《黄新波结缘鲁迅艺事考》，《荣宝斋》2016年第6期，第234—243页。

74) 沈雪晟：《黄新波的版画研究》，《纪念鲁迅倡导新兴版画85周年暨张望诞辰100周年学术研讨会论文集》，上海鲁迅纪念馆2016年版。

75) 吴雪杉：《祖国的防卫：黄新波与1930年代的义勇军图像》，《文艺理论与批评》2017年第5期，第144—157页。

76) 黄元：《黄新波与日本作家鹿地亘和池田幸子》，《新文学史料》2018年第1期。

77) 李公明：《"高贵的人道精神"与黄新波的左翼木刻艺术——以黄新波在香港时期(1945—1949年)的版画创作为中心》，《文艺理论与批评》2018年第5期。

78) 李公明：《从悲悯到解放：左翼美术的初心与遗音——以黄新波〈控诉〉与胡一川〈开镣〉为例》，《文艺研究》2019年第1期。

47. 黄蒙田（黄茅）（1916—1997）

01) 黄茅：《漫画艺术讲话》，商务印书馆（长沙）1947年版。

02) 黄蒙田：《画廊随笔》，上海书局有限公司（香港）1970年版。

03) 黄蒙田：《鲁迅与美术》，大光出版社（香港）1973年版。

04) 黄蒙田：《汉唐美术杂记》，大光出版社（香港）1975年版。

05) 黄蒙田：《欣赏独白》，上海书局有限公司（香港）1976年版。

06) 黄蒙田：《鲁迅与美术二集》，大光出版社（香港）1977年版。

07) 黄蒙田：《美术访古集》，上海书局有限公司（香港）1977年版。

08) 黄蒙田：《美术欣赏文集》，大光出版社（香港）1978年版。

09) 黄蒙田主编：《中华人民共和国出土文物展览》，中国出土文物香港展览委员会1978年版。

10) 黄蒙田：《画家与画》，上海书局有限公司（香港）1981年版。

11) 黄蒙田：《山水人物集》，万叶出版社（香港）1981年版。

12) 黄蒙田：《艺苑交游录》，岭南美术出版社1985年版。其中收录五邑籍画家交游随笔及画评有：《杨善深画虎》《杨善深的艺术》《由赤社到尺社》《百岁老人冯钢百》《版画家新波》《痛悼新波》《新波未完成的版画》《记余所亚》《校庆抒怀》《李铁夫启事》《"画怪"不怪》《余本的探索》《华裔画家王少陵》《胡善余创作半世纪》《曾景文的水彩画》《七十年代的伍步云》《水彩画旧事》《水彩画话旧谈新》等。

13) 黄蒙田：《读画文钞》，三联书店（香港）有限公司1991年版。

14) 黄蒙田：《敦煌夜话》，天地图书有限公司（香港）1994年版。

15) 黄蒙田：《黄蒙田散文：回忆篇》，天地图书有限公司（香港）1996年版。

16) 黄蒙田：《黄蒙田序跋集》，天地图书有限公司（香港）1998年版。

48. 罗工柳（1916—2004）

01) 罗工柳：《抗战两年来的木刻运动》，《新华日报》副刊《敌后方木刻》1939年7月1日创刊号。

02) 罗工柳：《和人民在一起：纪念左参谋长》，《解放日报》1942年8月15日。

03) 罗工柳：《关于年画的意见》，载沃渣编《新美术论文集》，东北书店牡丹江分店1947年版。

04) 罗工柳：《关于油画习作技巧的一些问题》，1959年9月（当时未发表，是为中央美术学院油画系同学所作的报告，根据会议记录整理，由中央美院档案室提供的油印件），载陈琦编《罗工柳研究文献集》，浙江大学出版社2015年版，第10—14页。

05) 罗工柳（孙美兰记录整理）：《列宾给我们的启示：纪念列宾诞生115周年》，《美术》1959年第8期，第48—50页。

06) 罗工柳：《鲁艺木刻工作团在敌后方》，《版画》1960年3月总第23期。

07) 罗工柳：《关于油画的几个问题》，《美术》1961年第1期，第41—44页。

08) 罗工柳：《略谈油画的创作活动与技巧磨炼》，《光明日报》1961年5月12日。

09) 罗工柳：《谈变》，《美术》1961年第4期，第49—51页。

10) 罗工柳：《油画杂谈》，《美术》1962年第2期，第10—12页。

11) 罗工柳：《"大鲁艺"》，《人民日报》1962年5月30日。

12) 罗工柳：《看〈阿尔及利亚绘画展览〉》，《光明日报》1978年7月14日。

13) 罗工柳：《生活源泉与民族形式：谈延安木刻工作团的创作经验》，《美术研究》1980年第2期，第1—3页。

14) 罗工柳：《怀念邹雅同志》，《工人日报》1980年8月22日。

15) 罗工柳：《人民艺术教育家江丰同志永生》，《工人日报》1982年10月8日。

16) 罗工柳：《〈全山石新疆写生〉序言》，《新美术》1983年第1期，第60页。

17) 罗工柳、水中天：《访问罗工柳：关于油画创作和美术教育的对话》，《美术》1983年第10期，第52—54页。

18) 罗工柳：《我的想法》，《美术研究》1984年第1期，第7—8页。

19) 罗工柳：《谈学油画》（对中央美术学院油画系学生讲授），《美术研究》1980年第4期，第7—11页。

20) 罗工柳：《教学的回顾》，《美术研究》1985年第1期，第39、40、49页。

21) 罗工柳：《引玉谈》，《美术研究》1985年第3期，第73页。

22) 罗工柳：《油画ABC：致初学油画的青年》，《美术之友》1985年第5期。

23) 罗工柳：《基础·生活·遗产：一九八四年十月在我院的讲话稿》，《齐鲁艺苑》1985年版，第3—5页。

24) 罗工柳：《油画随想》（1986年5月30日在太原一次座谈会上的发言），《美术耕耘》1986年第2期。

25) 罗工柳：《谈纸手工艺术》，《人民日报》1988年6月20日。

26) 罗工柳：《"讲话"原理决不会过时》，《美术》1992年第2期，第46—47页。

27) 罗工柳：《纪念延安整风50周年》，《领导科学》1992年第2期，第2页。

28) 罗工柳：《忘不了》（为阳翰笙九十大寿而作），1992年10月，载陈琦编著《罗工柳研究文献集：全3辑》，2014年12月版第1辑，第123—125页。

29) 罗工柳：《反映时代风貌的大型画册：在〈中国美术五十年〉首发式上的发言》，《美术》1993年第1期，第85页。

30) 罗工柳：《画家独白》，《人民日报》1993年4月1日。

31) 罗工柳、吴冠中：《回忆与期望：国美附中65周年校庆笔谈》，《新美术》1994年第3期，第7—14、51页。

32) 罗工柳：《关于抗战美术的几点回忆》，《美术》1995年第8期，第12—13页。

33) 罗工柳：《悼念古元》，《文汇报》1996年9月25日。

34) 罗工柳：《悼黄胄》，《中国文化报》1997年5月10日。

35) 罗工柳：《悼念吴作人》，《人民日报》1997年5月28日。

36) 罗工柳、李燕朝：《美好的岁月留在我心中》，《侨园》1998年第1期，第34—35页。

37) 罗工柳：《悼念刘祖春》，《中国文化报》1999年11月2日。

38) 罗工柳：《丹心不改》，《文汇报》1999年12月26日。

39) 罗工柳：《世纪老人跨世纪感言》，《美术》2000年第1期，第16页。

40) 罗工柳：《质朴的艺术，诚挚的人格：胡一川画集序》，《美术》2000年第3期，第28—31页。

41) 罗工柳：《胡一川的画品人品》，《人民日报》2000年4月27日。

42) 罗工柳：《思青坡》，《人民日报》2000年4月28日。

43) 罗工柳、曲彦萍：《我愿做艺术发展的垫脚石：访油画家罗工柳》，《中国文化报》2000年7月1日。

44) 罗工柳、陈小素：《为人民共和国设计"名片"的人：访著名画家罗工柳》，《北京党史》第45—46页。

45) 罗工柳：《我画〈地道战〉》，《美术报》2001年6月30日。

46) 罗工柳、陶宏：《艺术创造的生命奇迹：访油画家罗工柳》，《中国文化报》2001年7月4日。

47) 罗工柳：《悼念张光年》，《人民日报》2002年2月21日。

48) 罗工柳、徐怀谦：《学到手再变：访画家罗工柳》，《人民日报》2002年5月2日。

49) 罗工柳：《小鲁艺与大鲁艺》，《人民日报》2002年5月23日。

50) 罗工柳：《有容乃大》，《美术研究》2003年第2期，第4—6页。

51) 罗工柳、杨萍：《在普及中提高：罗工柳访谈》，《美术观察》2003年第3期，第32—36页。

52) 罗工柳：《人淡如菊》，《人民日报》2004年1月29日。

53) 罗工柳：《缅怀马达》，《天津日报》2004年6月6日。

54) 罗工柳、包立民：《无声的榜样：罗工柳谈胡一川》，《艺术中国》2005年11月7日。

55) 罗工柳：《罗工柳"油画研究班讲课记录稿"》（1960—1961年），载陈琦编著《罗工柳研究文献集：全3辑》，2014年12月版第1辑，第260—278页。

56) 闻立鹏：《油画研究班的启示》，《美术研究》1985年第1期，第49—53页。

57) 闻立鹏：《历史的贡献：罗工柳先生的油研班教学实践》，《美术研究》1997年第4期，第13—17页。

58) 钟涵：《评罗工柳回顾展并议创造意兴》，《美术观察》1997年第12期，第32—33页。

59) 孙芙蓉：《奇思佳构，美在其中：著名油画家罗工柳谈人民币的设计》，《中国金融》1998年第12期，第74—75页。

60) 刘骁纯编：《罗工柳艺术对话录》，山西教育出版社1999年版。

61) 《罗工柳油画》，山东美术出版社2004年版。

62) 王琦：《悼罗工柳同志》，《美术》2004年12月，第83页。

63) 闻立鹏：《有限生命的真价值：纪念恩师罗工柳先生90诞辰》，《美术研究》2006年第4期，第17—20页。

64) 钟涵：《罗工柳在六十年代初那几年》，《美术研究》2006年第4期，第20—22页。

65) 吴冠中：《闻香下马：品〈罗工柳艺术回顾展〉》，载陈琦编著《罗工柳研究文献集：全3辑》，2014年12月版第2辑，第95—96页。

66) 吴冠中：《催人泪下听君言：读〈罗工柳艺术对话录〉》，《艺术市场》2007年第10期，第138—143页。

67) 刘骁纯：《罗工柳：中国写意油画的开拓者之一》，《荣宝斋》2011年第10期。

68) 钟涵、陈琦：《罗工柳与油研班：钟涵先生访谈》，《美术研究》2012年第2期，第14—20页。

69) 中央美术学院编：《罗工柳》，人民美术出版社2016年版。

70) 范迪安：《纪念罗工柳先生，弘扬罗工柳艺术精神：创新先驱之路：罗工柳百年诞辰纪念展前言》，《美术研究》2016年第3期，第2、4—5、33页。

71) 范迪安：《写在罗工柳百年诞辰纪念展之际》，《美术》2016年第7期，第52—54页。

72) 郭文宁：《写意油画的开拓：罗工柳先生晚年的艺术实践与探索》，《美术》2016年第7期，第55—59页。

73) 刘乐：《创新先驱之路："罗工柳百年诞辰纪念展"评述》，《荣宝斋》2016年第6期，第82—117页。

74) 秦建平：《杨筠：从北京到延安，从延安到北京》，《美术研究》2017年第3期，第24—28页。

75) 莫艾：《一次令人惊艳的"冲锋"——浅议罗工柳与〈地道战〉》，《读书》2018年第2期。

76) 唐莹：《罗工柳、妥木斯的油画民族化之路》，《内蒙古艺术》2018年第3期。

77) 张冰：《从"悲惨"到"悲壮"——以油画<前赴后继>和<英勇不屈>为例》，《艺术品》2018年第8期。

49. 黄笃维（1918—2004）

01) 黄笃维：《黄笃维画辑》，人民美术出版社1980年版。

02) 黄笃维：《黄笃维水彩画》，上海人民美术出版社1980年版。

03) 黄笃维：《黄笃维画选》，岭南美术出版社1982年版。

04) 黄笃维：《黄笃维画集》，岭南美术出版社1991年第1版。

05) 黄笃维：《黄笃维水彩写生集》1996年版。

06) 黄笃维：《黄笃维书法集》，广东美术印刷厂1996年版。

07) 黄笃维、梁江：《探索者的艺术：读黄笃维近作》，《美术》2000年第7期。

08) 张桐瑀：《千里云山意不尽：读已故著名画家黄笃维的山水画》，《国画家》2011年第4期。

09) 《黎雄才、黄笃维书法集》，岭南画院（东莞）2011年印刷本。

50. 陈海鹰（1918—2010）

01) 台湾省立美术馆编：《陈海鹰回顾展》，台湾省立美术馆1993年版。

02) 时代艺术研究会主编：《画坛教父：陈海鹰》，天地图书有限公司（香港）2014年版。

03) 钟跃英：《一个有精神操守的人——香港著名画家、美术教育家陈海鹰》，《美术》1996年第7期。

04) 《陈海鹰油画作品》，《美术》1996年第7期。

05) 子人：《美育"苦行者"画界"开荒牛"——香港著名画家、美专校长陈海鹰访向追忆》，《新文化史料》1997年第5期。

06) 张茅：《陈海鹰与"香港美专"六十六年》，《大公报》（香港）2018年12月9日。

51. 关曼青（1918—）

01) 关曼青：《关曼青画集》，岭南美术出版社1993年版。

02) 林春鹏：《以形写神匠心独运：记省人大代表、老画家关曼青》，《人民之声》1994年02期，第32—33页。

03) 李静荷：《归侨女画家关曼青素描》，《岭南文史》1998年第2期，第29—30页。

04) 康健娥：《妙笔绘出民族魂：访归侨著名女画家关曼青》，《岭南文史》2004年第4期，第31—32页。

05) 《广东省文史研究馆馆员关曼青》，《岭南文史》2010年第2期，第65页。

52. 黄志坚（1919—1994）

01) 黄志坚：《龙虬集：黄志坚画集》，岭南美术出版社1993年版。

02) 广东美术馆编：《黄志坚诗文选集》，澳门出版社2002年版。

03) 方楚娟：《浓墨重彩直抒胸臆——浅谈黄志坚花鸟画的艺术特色》，《岭南文史》2008年第4期。

53. 吕寿琨（1917—1975）

01) 吕寿琨：《国画的研究》，香港明生出版1957年。

02)《吕寿琨的世界（The world of Lui Shou Kwan）》，香港市政局1976年。

03) 王无邪、张树新、靳埭强、梁巨廷编辑：《吕寿琨纪念画集（Lui Shou-kwan, 1919—1975）》，吕梅倩萍出版，香港SS设计制作公司设计经销1979年版。

04)《香港墨韵：吕寿琨山水画》，香港大学冯平山博物馆1985年。

05) 郑春霆：《岭南近代画人传略》，广雅社（香港）1987年版，第75—77页。

06) Lui Shou-kwan, New ink painting, Hong Kong:Leisure and Cultural Services Department, 2002.

07)《吕寿琨手稿》，香港靳与刘设计顾问2005年版。

08) Lui Shou-kwan:Zen ink art, Hong Kong:Alisan Fine Arts, 2013.

09) Josh Yiu, Two masters, two generations, and one vision for modern Chinese painting:paintings by Gao Jianfu(1879—1951)and Lui Shou-Kwan(1919—1975)in the Chinese University of Hong Kong and the University of Oxford, Hong Kong:Art Museum, the Chinese University of Hong Kong, 2013.

10) Lui Shou-Kwan, A legacy of ink:Lui Shou-kwan 40 years on:an exhibition of Lui Shou-kwan(1919—1975), his students and a new generation of artists, Hong Kong:Alisan Fine Arts, 2015.

11) 姚进庄：《古法新创：吕寿琨的古典绘画研究》，《美成在久》2016年第6期，第64—75页。

12) 杨庆荣：《20世纪七八十年代的香港新水墨》，《书画艺术》2018年第1期。

13) Lui Shou-kwan, A tribute to Lui Shou-kwan:Ink Asia, Hong Kong:Ink Society, 2018.

54. 谭雪生（1921—2011）

01) 谭雪生：《忆战斗在南方的革命美术团体："人间画会"》，《美术》1984年第2期，第14—15页、55页。

02) 谭雪生：《著名油画家李铁夫和他的油画艺术》，《美术》1994年第2期，第33—36页。

03) 谭雪生：《李铁夫传略》，《岭南文史》1999年（鹤山文史专号）增刊第1期，第9—13页。

04) 谭雪生：《透过历史的尘封》，《文艺报》2000年10月26日。

05) 谭雪生：《广东艺术教育历史源远流长》，《美术学报》2002年第1期，第63—65页。

06) 谭雪生：《开花结果在异邦》，《美术学报》2003年第3期，第63—71页。

07) 谭雪生：《记"阿、罗、南"三国游》，《美术学报》2003年第2期，第64—71页。

08) 谭雪生：《中国近代第一间公立美术学校创立者：郑锦》，《美术学报》2008年第3期，第28—30页。

55. 陈洞庭（1929—1987）

01) 陈洞庭：《印度舞蹈速写》，《美术》1957年第5期。

02) 陈洞庭：《广州解放了》，《美术研究》1959年第2期，第114页。

03) 黄新波、杨讷维：《广东十年来的美术创作》，《美术》1959年第11期。

56. 黄磊生（1928—2011）

01) 黄磊生：《黄磊生画集》，艺术图书公司（台湾）1982年版。

02) 《黄磊生水墨画集》，南京博物院、广东美术馆、广州海外联谊会2004年版印刷本。

03) 黄磊生：《黄磊生水墨画选》，天津人民美术出版社2005年版。

04) 黄磊生：《台湾名家美术100：黄磊生》，2010年版印刷本。

57. 黄云（1931—2007）

01) 广东省江门美术馆编：《黄云艺术人生》，中国文艺出版社（香港）2009年版。

02) 李伟铭：《阅读黄云》，《美术研究》2010年第3期，第118—119页。

后记

后记

王畅怀

十年了，书即将出版，"井喷的年代：1869—1949江门五邑籍美术名家文献展"（后简称"井喷的年代"）也假江门市美术馆全面启用之际展示在大家面前了。想说的话很多，但一提起笔来就不知从何说起，想想还是要回到十多年前。

十多年前的某天，我还在江门市群众艺术馆工作，由于工作需要正挂职在恩平南平村委副书记，当时的市局分管领导来我挂职的村委会了解扶贫工作情况，后告诉我说，局党组决定将即将建成的市美术馆交由市群众艺术馆（现在已更名文化馆）来管理。从那一天起，我就开始思考该如何进行江门市美术馆的建设，以什么样的学术主题来定位将来的市美术馆。自从我来到江门这片土地工作，发现近现代时期江门五邑地区曾经涌现出一大批影响整个中国近代美术发展的人物，那是我们江门值得骄傲的一段精彩的美术文化历史！对于我们的文化，应该先有继承，才会有发展，通过梳理江门五邑地区的美术史和画家以及流派，让我们更清晰地了解到前辈做了什么，当地的美术史发展是一个什么样的过程。美术馆不仅要关注当下，应该更多地整理历史，然后把好的东西展示出来，才能推动当下的文化发展。把美术馆展览放在大的历史背景下才有叙事性、趣味性、视觉性、教育性、宣传性，才能让当下的人们产生认知。只有对自己的本土文化有了认知，人们才能热爱它，才能不断提高人民对本土文化的自信。

几年后我被组织安排到了市美术馆负责全面工作，于是我便主持着手收集和整理这一段历史。通过近4年的努力，我们整理出一个30人名单的简略资料，还把资料汇集编成了一本小书。但如果要出版，甚至展示出来，却还远远不够！于是就开始寻找这方面的人才，通过五邑大学汤佩文教授的推荐，终于找到了江门职业技术学院的冯锦老师。经过交谈，冯老师在了解到我馆既没有专题经费又可能没有帮手的情况下，却依旧欣然地接受了我的邀请，其后便利用她的一切业余时间全情投入该项工作，正式开始整理这段辉煌历史的资料。事后才知道，冯老师不仅是被我的诚意所打动，更主要的还是这段历史非常让她感动，确实需要有人出来整理。当时过境迁时再来回首往事，许多东西就会消失，消失了很难找回来。正是出于这样的担当，冯锦老师坚定地接受了我的邀请，经过6年艰辛的劳动，终于有了这几十万字的书稿。我在这里对冯老师的多年无偿付出深表感恩之情！

为了本书能够顺利出版，文献展能够顺利展出，我们还得到了江门市委宣传部、江门市文化广电旅游体育局等相关部门和领导的大力支持，从中拨出专款，我们才有今天的展示成果，在此我对关心和支持过本书和展览的我局老领导廖振明、梅新潮同志，以及市委宣传部杨林贵副部长，市文旅体局汤惠红局长、柳超球副局长，驻京办马琳副主任，鹤山市委招文娟常委，江门市委宣传部杨晓副处长，市文旅体局黄健勇、王雨红等领导和同志们表示最真挚的谢意，是你们成就了这么一个成果！

我这里还得重点提出来感谢的是各位艺术家们的夫人和哲嗣们，是你们为我们提供了大量的第一手资料，为我们的著作增强了有力的信史！在此我们深深地感恩黄新波之女黄元教授，余本之子余锦森先生，司徒乔之女司徒双教授，司徒杰之女司徒蒙女士，司徒奇之子司徒乃钟贤伉俪，胡根天孙女胡宇清女士，黄云夫人曾肖燕女士，黄磊生夫人张安平女士，张影之子张竞能先生，关墨园之孙关夏敏先生等。

另外我们还得到了当代中国美术理论界好几位著名评论家的关心和支持，他们不但为我们指导如何编排和展示这段历史，还在百忙中抽出时间为著作书写序，他们分别是原中国美术馆副馆长、著名理论家梁江老师，原广东省美术馆馆长、省美术馆学会会长、著名理论家罗一平老师，以及著名青年理论家朱万章老师，省美术馆馆长王绍强老师等。另外，特别感恩清华大学美术学院教授、中央文史馆特约研究员陈瑞林老师的指导。我在这里一并表示最衷心的感谢！

　　同时，"井喷的年代"文献展览之际，我们亦得到了我市文博部门的积极配合和支持，也得到了一些民间机构和个人的大力支持，他们无偿地拿出藏品成就了这次展览和书籍图片的需求，他们分别是开平市文联冯永胜主席，开平美术馆李强稳馆长，新会博物馆黄炳壮馆长，东西文化有限公司钟耀荣先生，还有老领导梁保全先生等，在此对以上同志表示真挚的谢意。

　　再次，我还要感谢江门市美术馆的各位同事的积极配合与协助，在项目开启之初，在苏志同志的具体带领下，冼为农、温利兰、赵红兵等同志的配合下很快就整理出来了近30人的资料，后来冯锦老师的带队下又得到了马雪、王娟、陈雪颖、冼嘉慧、刘瑶、何莹、梁银取、苏逸川、黄华欣等诸多同志的支持，只要有需要，他们便默默地积极配合冯老师查找资料、扫描复印、整理文献等。

　　关于此书的出版我还要感恩一位企业家，在刚刚起步初期，是没有预算来启动这个项目的，江门三星装饰公司的余栗同先生听了我的设想和计划，立马支持了2万元。这对于一个企业，就是一个家庭也许算不了什么，但对当时的我启动这个项目是一笔不小的资金来源！遗憾的是老余看不到我们的今天的展示成果了，但仍然要感恩他当初的支持！

　　最后由于时间跨度大，牵涉名家多，收集的历史资料有限，加上人力财力不足，难免有许多遗漏和疏忽，敬请各路方家指正，留待继续修订补充。

2019年1月
于江门净墨斋

冯锦

行笔至此，一份并不完善的江门五邑籍美术家活动年表呈现在大家面前。时光回到2012年，受五邑大学汤佩文教授引荐，第一次在江门市美术馆接触到这个课题。2006年我就来到了江门工作，虽是学美术史出身，但在专业上却荒废多年，不曾关注到近现代史上五邑地区如此波澜壮阔的美术史发展。惭愧之余，也生出了做一些事情的心思。多年来利用工作之余，陆续前往广州、北京、上海、香港、澳门各地寻找资料，集腋成裘。一路感恩各位师长学友的教导指点，感谢各地美术馆、博物馆、图书馆的收藏和展览，感谢各位私人藏家和艺术家家属提供的各项材料，感谢工作单位江门职业技术学院所提供的科研支持，感谢江门市美术馆各位同仁的无私帮助。

史料的搜集整理是地域美术史研究开展的前提，年表的编撰也是一次史料挖掘、收集与整理的过程。虽然该部年表中的多数信息仅仅是已有材料的汇编，一手史料的发掘收集存在明显的不足，但在从无到有的过程中，试图为江门五邑地域美术初步画出一个大概的轮廓，呈现一个大体的面貌，将近现代美术史发展上极具特色的侨乡一隅披露于世人面前。遂不揣谫陋，以抛砖之心将其公布，希望在这个领域得到更多专家学者的指点与关注。

作为地域的江门五邑美术研究，如何挖掘当地的特色史料，提供中国近现代美术史发展的侨乡视角，也是未来的研究方向之一。华侨青年在海外进行美术学习的一手材料很少，他们的求学经历往往几经辗转，或在各种私人画室、学校进修，很难查到诸如注册学生名单、学籍记录等客观材料明证，其求学经历多数为个人及家属叙述，几乎是史料上的"黑洞"。在美术留学生"外史"几乎无从查考的情况下，通过江门五邑华侨遗存在家乡的民间文献，包括证件、契约、口供纸、票据、账簿、书信、日记、族谱、侨刊等各种与华侨移民生活密切相关的文书，或许能够在一定程度上侧写这些在华侨文化所滋养出的美术家的留学动机、出国途径、过程以及与家乡的互动状况。虽然这些侨乡文献中几乎没有直接提及美术家的原始文献，但在相同的历史时空下，相似历史背景下的人群活动具有一定的共性，我们或许能够依据这些民间文献与美术留学生们的自述及各种他人叙述进行相互印证，更完整地展示这个群体的面貌，进而探究在华侨移民中开展的中外美术交流现象，呈现在特定历史时期该地域的华侨移民背景对文化艺术发展的巨大推动力。

史料的不断发掘对历史的研究有深化、澄清、补遗等多重价值，除此以外，运用材料的方法和视角也是非常重要的问题。美术通史的书写结构决定了聚光灯只照耀在极少数最具原创性和影响力的"大师"身上，大量旁逸斜出的细节被模糊掉、边缘化。在论述框架之外，难以被纳入某个系统的一些艺术家，最终只能成为美术史上的"失踪者"。在该部年表的编撰过程中，我们就寻找到大量处于"失语"状态的美术家，而探寻这些被遗忘、遮蔽、混淆的现象，能够更多地还原当时美术发展状貌的丰富性，补充中国近现代美术史有关华侨华人的艺术探索环节的不足。这既是地域美术史工作者的研究出发点与立足点，也是其责任所在。感恩过往，奋力前行！

2019年9月
于江门五邑华侨广场